伽达默尔传
理解的善良意志

[加] 让·格朗丹(Jean Grondin) 著

黄旺 胡成恩 译

上海社会科学院出版社

纪念我的母亲
皮尔丽特·ST-阿诺
(Pierrette ST-ARNAUD,1925—2009)

目录

缩写表 / III
引言 / V

1 1900年：群星璀璨的诞生之年 / 1
2 家族的遗产：人们真的爱自己的父亲吗？ / 7
3 布雷斯劳的童年（1902—1918） / 31
4 布雷斯劳的早年求学岁月（1918—1919）：西方的没落和科学哲学的困境 / 51
5 与海德格尔相遇前的马堡岁月（1919—1923） / 69
6 海德格尔：1923年的一见倾心 / 91
7 返回马堡：希腊人的庇护（1923—1924） / 117
8 暴风雨前不确定的自由（1928—1933） / 147
9 1933年：表态，还是沉默 / 177
10 危险的职业生涯（1933—1939） / 201
11 这将会过去（1939—1945） / 241
12 阶级斗争标志下的校长任期 / 281

13 法兰克福与海德堡：在通向解释学的道路上
（1947—1959） / 319

14 《真理与方法》：一部出人意料的作品 / 353

15 来自意识形态批判的攻击 / 387

16 第二春 / 405

17 与雅克·德里达的交锋 / 425

18 尾声：百岁老人！ / 449

年　表 / 465

附　记 / 487

参考书目 / 493

AAP	《哲学的学徒生涯》(HGG, *Années d'apprentissage philosophique*, Paris, Criterion, 1992)，它是《哲学学徒》的译本。
AC 1, 2	《理解的技艺》(第一卷和第二卷)(HGG, *L'Art de comprendre*, Aubier, tome 1, 1982; t. 2, 1991)
CH	《海德格尔的道路》(HGG, *Les Chemins de Heidegger*, Vrin, 2002)
DLA	马尔巴赫德国文学档案馆 (Deutsches Literaturarchiv Marbach)
FAZ	《法兰克福汇报》(*Frankfurter allgemeine Zeitung*)
GA	《海德格尔全集》(*Gesamtausgabe*, Francfort, Vittorio Klostermann, depuis 1975)
GW	《伽达默尔文集》(*Gesammelte Werke*, Tübingen, Mohr Siebeck, 10 tomes, 1985—1995)
HGG	汉斯-格奥尔格·伽达默尔（Hans-Georg GADAMER）
HR	《回顾中的解释学》(HGG, *L'Herméneutique en rétrospective*, Vrin, 2005)
Hua	《胡塞尔全集》(*Husserliana*, La Haye, M. Nijhoff)
JMHG	《海德格尔学会年鉴》(*Jahresgabe der Martin-Heidegger-Gesellschaft*)

Ms.	手稿（未出版）
PA	人事档案，在档案馆中可以找到
PH	《哲学解释学》(HGG, *La Philosophie herméneutique*, PUF, 1996)
PL	《哲学学徒》(HGG, *Philosophische Lehrjahre*, Francfort, Vittorio Klostermann, 1977)
PSD	《哲学自画像》(*Philosophie in Selbstdarstellungen*, dirigé par L. J. Pongratz, Hambourg, Felix Meiner, t II: 1975, t. III: 1977)
REM	国家教育部
SG	伽达默尔与米斯格尔德 (D. Misgeld)、尼克尔森 (G. Nicholson) 访谈的笔录，这些笔录是两人主编的著作《汉斯-格奥尔格·伽达默尔论教育、诗学和历史》的蓝本。两位慷慨地将采访的德文笔录惠赠笔者，这些笔录包含比出版的文本更多的细节 (SG = Suny-Gespräche)。
SMAD	德国苏维埃军事当局
SZ	《存在与时间》(M. HEIDEGGER, *Sein und Zeit*, 1927)，援引的页码为原页码。
VM	《真理与方法》(HGG, *Vérité et méthode*, Seuil, 1996)
WM	《真理与方法》(HGG, *Wahrheit und Methode*)，援引的版本写作 GW, t.1.
UAH	海德堡大学 (Universitätsarchiv Heidelberg)
UAL	莱比锡大学 (Universitätsarchiv Leipzig)
UAM	马堡大学 (Universitätsarchiv Marburg)
UAT	图宾根大学 (Universitätsarchiv Tübingen)

事实上,历史并不归属于我们,而是我们归属于它。
——汉斯-格奥尔格·伽达默尔[1]

    汉斯-格奥尔格·伽达默尔曾说过,他不喜欢传记。所以他未曾想过要写自传。但在1977年,当他还"只有"77岁之时,他却发表了一部自传。这本名为"哲学的学徒生涯"[2]的自传主要由他向师友致敬的应时文本组成。他还在书的扉页上援引了培根的那句名言,即康德放在《纯粹理性批判》题头上的那句话:"关于自己,我们宁可沉默"(De nobis ipsis silemus)。或许有人会说,对一本自传来说,这个开头显得有些古怪,但它却完全符合这本伽达默尔谨慎地面向公众出版的书,因为这本书更多的是关于他自己同那些伟大哲人们的相遇,其中首先就是他著名的导师海德格尔。

    这种对传记的反感究竟是怎么回事?伽达默尔当然有理由认为,一个哲学家的思想比他的生活更重要。在这方面,他也是他

---

1 Hans-Georg Gadamer, *Vérité et méthode* [VM], Paris, Seuil, 1996, 298 ; édition des Œuvres complètes (Gesammelte Werke, [GW]), t. I, 281.
2 中译本见伽达默尔:《哲学生涯》,陈春文译,北京:商务印书馆,2003年。——译者注

老师海德格尔的继承人，1924年的某一天，在讨论亚里士多德的课上，海德格尔一开始就说道："关于哲学家个人，我们想要知道的仅限于他在某个时候出生，他劳作，然后他死去。"[1] 这是一种十分概念化，也很值得尊敬的哲学看法，它将其限定在纯粹智力劳作的范围之中。如果说这种观点是值得称赞的，那么其不足之处就在于它给出了一个有点脱离现实的哲学形象。一种思想的出现难道不是对那个时代之焦虑的一种回应吗？这种思想难道不是内在于每个特定时代下接受这样或那样教育的个体的经历之中吗？哲学的任务难道不是去思考生活本身，去理解一种生活和一种思想是如何在它们的时代中紧密交织的吗？尽管它们都声称自己从其中挣脱了出来。

事实上，哲学家们对其他哲学家的生活都是很感兴趣的，尽管他们拒不承认。伽达默尔也是如此，他喜欢了解那些伟大哲学家的奇闻逸事，就像他喜欢了解他同事的那些八卦一样。正如孔特－斯蓬维尔（Comte-Sponville）所写的那样，实际上没有什么哲学，只有哲学家。一个哲学家始终是"某个"有血有肉的人。

伽达默尔是谁？他在海德堡的墓碑说出了全部："哲学家汉斯－格奥尔格·伽达默尔（1900—2002）"。他是一位哲学家，发展了一种以解释学这个名称多少为人所熟知的新思想，这种思想的指导原则呈现于他的杰作——它出版得相当晚——《真理与方法》（1960）之中。直到那时，伽达默尔都不是一个为公众所知的作家。他是海德格尔很早时候的学生，他与这位20世纪最富影响和争议的哲学家密切交往了50多年：在海德格尔举世闻名的著作《存在与时间》（1927）出版前的1923年，伽达默尔

---

[1] Martin Heidegger, *Grundbegriffe der aristotelischen Philosophie, Gesamtausgabe* [GA], t. 18, 5.

就在弗莱堡（位于布赖斯高 [Brisgau] 地区）与他相识了，并紧紧追随他直至其1976年去世。在此之后，伽达默尔取代他成为在世的最伟大的德国哲学家。伽达默尔经历了与海德格尔所经历的相同的历史，20世纪德国的历史，可以说他已是20世纪历史进程的标志：他成长于德皇威廉二世统治时期，历经了"一战"、魏玛共和国的垮台、纳粹的崛起，然后是"二战"、德国的分裂与欧洲的"冷战"。但他比海德格尔多活了26年，这使他又见证了柏林墙的倒塌与2001年的"9·11"恐怖袭击。对一个德国人来说，这些并非无关紧要的事件，更何况（a fortiori）他还是海德格尔的学生。事实上，人们知道海德格尔在1933年热情地参与了纳粹运动。对服膺于其老师之思想的学生来说，追随老师的脚步不是很自然的事吗？在纳粹统治期间，伽达默尔本人及其行为也因此遭到了怀疑。对一本伽达默尔的传记来说，这些事情应该是令人感兴趣的，我们会在后面详细讨论这个问题。就目前而言，知道伽达默尔在纳粹政权下的态度具有标志性的"谨慎"（prudence）特点就可以了，一些人会认为这种态度太模糊不清（尤其是那些没有在一种极权统治之下生活过的人）：与海德格尔不同，他从未成为国社党的成员，从未用自己的思想来为这种政权服务，但他也没有抵抗（或成为一个公开的抵抗者，这意味着自杀），没有遭受过纳粹政权的实际迫害，他似乎与这一政权处在一种相安无事的共存状态。从1939年到1945年，他在莱比锡大学继续他的教学，似乎什么也没有发生，在那里，他是哲学系的主任。"似乎什么也没有发生"，因为只要看一下他在那一黑暗时期所进行的教学就会知道，他在继续讲授那些哲学领域中的传统作者和传统主题：前苏格拉底哲学家、亚里士多德、柏拉图、黑格尔、莱布尼茨、康德，还有里尔克（Rilke）。由于健康原因，他没有被动员参战（否则到最后肯定会待在一个悲惨的部队里）：1923年他感染过脊髓灰质炎，腿跛了，所以被当成了残疾人。正是这个缺陷发挥了作用。有人会说，当很多哲学家都在颂扬着种族和德意志腾跃之高贵的哲学时，这种"正常的"教学本身就表现为一种抵抗的形式。这些说法与伽达默尔的实际情况相距甚远。虽然他没有参与过积极的抵抗，但他与莱比锡的抵抗者们有着密切的来往，其中包括莱比锡的前市长，卡尔·弗里德里希·戈德勒（Carl Friedrich Goerdeler），这个重要的政治家在1944年7月20日的刺杀行动中扮演了一个活跃的角色（在暗杀希特勒之后，作为同谋者的戈德勒有望被任命为总理），1945年2月2日，他与其他很多人一起被处以死刑。伽达默尔没有参与密谋（否则他也会被处死），但是他曾在以戈德勒为首的一个私人圈子里作过演讲的事实也引发了怀疑。"我们屏住了呼吸"，伽达默尔在其自传中提到这一插曲时谨慎地说道。但这种焦虑和谨慎还有另外一个原因。当时，他的第一段婚姻走向失败，与其经常来往的美丽迷人的23岁女学生凯特·莱克布施（Käte Lekebusch），在刺杀希特勒失败后的第二天说了一句平常但危险的话（她在公共汽车站当着同事的面说，"这条狗被杀的一天将是我生命中最快乐的一天"）。在被一个学生告发之后，她随即被关进监狱，还差点被送去了集中营，但她幸存了下来，1945年4月，她从监狱中逃了出来。1950年，她嫁给了汉斯－格奥尔格·伽达默尔。

因此，虽然伽达默尔不是抵抗分子，但他多次卷入了抵抗活动。他的传记也因此不同于海德格尔。如果说海德格尔是1933年4月成为校长的话，那么伽达默尔于1946年在后来占据德国"东部"的苏联当局的支持下被任命为莱比锡大学的校长，这已经是

引 言

战争之后了。而苏联支持他，恰恰是因为他在纳粹统治期间没有向纳粹妥协。但一种新的意识形态在威胁着莱比锡大学。在尝试阻止正在发生的政治化倾向之后，伽达默尔于1947年选择放弃，并在西德的法兰克福大学接受了一个教授职位。1949年，他成为海德堡大学卡尔·雅斯贝尔斯的继任者，后者对德国已不抱希望而宁可接受来自瑞士巴塞尔的一个职位。正是在海德堡这个富有浪漫色彩的城市，伽达默尔度过了他的后半生，这里鲜有政治动荡，哲学方面却十分富有成果，正是在那时，伽达默尔推动了自己的哲学（解释学）的发展，并且让它为人所知。1960年后的德国，解释学已成为所有思想争论中的一部分。他逐渐被认为是继其导师海德格尔之后最伟大的德国哲学家，他从海德格尔那里获益良多，尽管他的思想和生活与海德格尔十分不同。

他最后一个荣誉头衔是其令人难以置信的长寿：他逝世于2002年3月13日，享年102岁。在他最后的岁月里，这对他的名望和魅力贡献不小。除了身体之外，伽达默尔还拥有非凡的精神状态，这使得他在哲学上一直都积极而活跃，参加大量的会议、访谈和会面，直到最后离世。2000年2月11日，伽达默尔100岁生辰纪念日成为德国的一个非同寻常的事件。当时所有伟大的知识分子，如保罗·利科、哈贝马斯、卡尔-奥托·阿佩尔、理查德·罗蒂、詹尼·瓦提莫（Gianni Vattimo）等，还包括像德国总统和巴登-符腾堡州州长（一个伽达默尔无条件的支持者）这样的政要，都聚集到海德堡向其表达敬意。

*

本书是1999年在德国首次出版的伽达默尔传记的法语版。[1]

---

[1] *Hans-Georg Gadamer. Eine Biographie*, Tübingen, Mohr Siebeck, 1999.

自那以来，它已经被译成了西班牙语、英语、意大利语和波兰语。出版于 2003 年的英语版和意大利语版包含了一个后记，该后记写于 2002 年伽达默尔逝世之后。这个法语版本并非德语原版的精确译本。如果说伽达默尔一生的历程必定是相同的，而我说了不同的事情，那是因为考虑到认识的进步和伽达默尔的去世所创造的距离。

1
1900年：群星璀璨的诞生之年

> 只有了解了一个人的生平故事，即他的传记（在那里他是他自己的英雄），我们才知道他是**谁**或他曾是**谁**；而我们所了解的他的其他方面，包括他可能留下的全部作品，只是告诉我们他是**什么**或他曾是**什么**。因此，尽管苏格拉底没写下一行字，没留下任何著作，但与柏拉图和亚里士多德相比，我们对他有更好的了解，因为我们知道他的生平故事，而我们对亚里士多德则不太了解，尽管他的观点我们很熟悉。
>
> ——汉娜·阿伦特[1]

传记的第一行最好写：伽达默尔，1900年2月11日生于马堡。不过，这个出生日期和出生地点都不寻常。

伽达默尔来到世界上的那天，是勒内·笛卡尔去世（1650年2月11日）整整250年后，即四分之一个千年后的同一天。假如说这个巧合令人惊讶，那是因为笛卡尔的《谈谈方法》（1637）可能标志着现代哲学及其统一方法的观念的诞生，在《谈谈方法》的完整标题中后面跟着的是"为了更好地在诸科学中引导理性和探求真理"。然而，如果关于伽达默尔有一件事是人们知道或应该知道的，那就是他的解释学寻求的正是使人文科学工作中方法的重要性失去绝对地位。就像艺术一样，这些科学努力地追求真理的经验，而不只是去借助于有关方法的现代观念。因而这是伽达默尔所辩护的一个非常严厉的反笛卡尔主义的观点。伽达默尔

---

[1] H. Arendt, *Condition de l'homme moderne*, Paris, Calmann-Lévy, «Pocket Agora», 1983, 244.

诞生于19世纪而非20世纪（有关2000年是进入第三个千年的错误交替点的争论，让我们认识到：一个世纪的第一年应该是01年而非00年），这个世纪承认在科学工作的定义中方法的至高重要性。另一个不同寻常之处是：他诞生在19世纪末，这意味着伽达默尔的生命跨越了三个世纪，对于一个同样坚持思想与他的生平故事之间关系的哲学家来说，这并非无关紧要。

马堡也不是一个寻常的地方。的确，青年伽达默尔并没有在那里待很长时间，因为1902年他家迁居到西里西亚的布雷斯劳（更靠近东部），在那里，伽达默尔的父亲被任命为药物化学教授。布雷斯劳也是他父母名副其实的故乡，因而对伽达默尔一家来说，这次离开象征着回到原点。但是，马堡是一个小型的大学城，当时许多哲学和药物化学的师生住在那里。而且在这两个学科中，人们会谈到一个"马堡学派"。哲学的马堡学派可能是最为人所熟知的，因为它主导了那个时候的德国思想。这个马堡的"新康德主义"学派与赫尔曼·柯亨（Hermann Cohen，1842—1918）和保罗·纳托普（Paul Natorp，1854—1924）等强有力的人物联系在一起，它试图延续康德哲学，这种哲学确信哲学应该首先是一个科学认识之基础的理论，其中最珍贵的部分是数学和物理学。

这是以另一种方式说，哲学应该避免成为一种形而上学，这种形而上学自称是自在存在的现实本质，它满足于作为支配着现实的科学认识的先天原则的理论。当然，在1900年，年幼的伽达默尔错过了所有这些事情，但从1919年起，他开始学习这些理论。此时他们一家回到马堡定居，在那里，他父亲被任命为教授并成为药物化学马堡学派的负责人。既由于他父亲，也由于他的学习环境，伽达默尔受到了严格科学氛围的熏陶。记住这点很重要，因为人们经常指责伽达默尔后期忽视了人文科学中方法论知识的贡献。人们忘记了他成长早年所接受的教育，即使不算他在马堡的摇篮时期。

对哲学来说，1900年也是一个群星璀璨的年份。伟大的虚无主义预言家弗里德里希·威廉·尼采于1900年8月25日逝世，他的亡灵笼罩着整个20世纪。如果说他是虚无主义的思想家，这很大程度上是因为他发展了一种认为一切都是解释的哲学：没有事实，只有服务于一种强力意志的解释。我们现在已经可以把这种观念称作解释学。假如解释学的确总是意味着解释的艺术，那么这种艺术在伽达默尔的《真理与方法》中则以深邃的方式得到了重新改造。

1900年也见证了另一个重要哲学流派即现象学的诞生。现象学的魅力很难描述，它与胡塞尔和海德格尔的名字联系在一起，宣告了哲学的一个新起点的时代。这个学派把自己放在"回到事情本身"这一非常简单的命令式口号之下。这意味着哲学应该一劳永逸地摆脱叠加在事物上的抽象"构造"，以便让现象自身说话，就如同它们直接地向意识呈现。这是反对哲学中的新"经院哲学"（新康德主义，尽管它没被冠以这个名称）的一种方式。

1900年也出现了弗洛伊德《梦的解释》，它开辟了精神分析的道路。这里再一次存在一个解释（解释学反思的关键词，如果存在的话）的问题。弗洛伊德允诺要表明"存在一种精神分析的技术，它能够解释梦，并且运用这一方法，所有的梦都显得仿佛可能是被嵌入了精神生活中一个合乎情理的心理整体。"[1] 弗洛伊德没有直接说解释学，但"解释技术"的观念完全符合这个时代

---

1 Sigmund Freud, *Die Traumdeutung*, Leipzig et Vienne, Verlag Franz Deuticke, 1900; 引文出自 S. Freud, *Gesammelte Werke*, t.2, Frankfurt am Main, Fischer Verlag, 5e éd. 1973, 1.

的解释学，即便它对解释学只有外行的贫乏认知。

它是这样的一种"解释学技术"：哲学家威廉·狄尔泰（Wilhelm Dilthey，1833—1911）在他有关解释学出现的创造性论文[1]中展现的技术，该文据猜测面世于1900年。他有些模糊地回顾了解释学演进的主要脉络，这门学科试图给出一种致力于正确解释文本[2]、特别是神圣文本的方法。这样的解释学在新教内部、在回到"唯有圣经"的口号下得到了蓬勃发展。人们所提出的解释学因而广泛地由一些散乱的规则戒律组成，它们大多借自修辞学，能够帮助解经者破解神圣文本中的晦涩段落。德国神学家弗里德里希·施莱尔马赫（Friedrich Schleiermacher，1768—1834）——狄尔泰为他撰写了传记，这对我们目前的工作来说是一个范例，在这里我们应该感谢狄尔泰对我们的启发——在浪漫主义时代给予了这门科学很多关注，甚至预言它是一门普遍的艺术。这一在它的继承人狄尔泰那里得到体现的解释学在我们的时代能够焕发新的生命，在这里人们同样关心科学认识的基础。是否纯粹科学的方法论基础是可靠的，人们不希望借鉴那种致力于理解独特文本和个体性的解释学；是否人们想要抛弃精神科学知识的基础？由此，解释学能够填补一个明显的空白，因为很显然，精神科学所缺少的，就是对其科学地位的一个辩护。人文科学真的是科学吗？这个问题现实存在着，且深深地吸引了伽达默尔。狄尔泰的预感是，解释学作为解释科学的方法论学说，能够成为整个精神科学的基础。伽达默尔也这样认为，但他在解释学中所看到的

---

[1] « Origines et développement de l'herméneutique » (1900), *Le Monde de l'esprit*, Aubier, 1947, t. I, 313-340.
[2] 关于解释学的古典概念，见我的两本著作：*L'Universalité classique de l'herméneutique*, PUF, 1993 ; *L' Herméneutique*, PUF, «Que Sais-je? », 2006, 3e éd. 2011.

是不同于方法的东西。

这就是他将要从他的杰出老师马丁·海德格尔那里学到的东西，两人在1923年相识。伽达默尔那一年赴弗莱堡以推进他对亚里士多德的研究。然而海德格尔那年夏季所开的课程是"实际性的解释学"（GA 63）。这是海德格尔赖以成名的著作《存在与时间》中将涉及的新奇主题，它为之前已经是解释学的东西提供了一个新的转折：它不再应该指向文本，而应该指向"实际性"（facticité），理解每个个体的生存，这对个体自身来说是一个问题。解释学同时意味着实行它自身生存的解释和针对这一解释能力的反思，后者与唤醒自身有关。不要忘记下面这点：人的生存是解释学，因为它是自身解释的，因为它需要解释且总是处于解释之中。[1] 这就是决定性的转向：解释学不再是一种特殊类型科学的方法论，它转变为我们的"存在模式"、我们之所是的一个至关重要的特征。当命运使我们来到1900年时，这一观念表现得尤为明显。

---

[1] GA 63, 14. 关于海德格尔实际性的解释学及其与伽达默尔的联系，参见我的小书 *Le Tournant herméneutique de la phénoménologie*, PUF, 2003, 59 s.

2

**家族的遗产:
人们真的爱自己的父亲吗?**

> 我不希望我年轻时接受的教育再被施加于任何人。今天没有人可以毫无反抗地忍受它。[1]

遗产不可避免地首先是来自家族的遗产。伽达默尔的祖辈来自吕恩（Rhön）的山区，弗兰肯（Franconie）的一条小河边，在维尔茨堡（Wurzbourg）附近。在18世纪，伽达默尔家的好些人和其他德国人一样，迁居到美国，来到威斯康辛州（Wisconsin）。后来汉斯－格奥尔格·伽达默尔在美国旅行期间路过威斯康辛州，他翻阅了当地电话簿想看看是否可以找到伽达默尔的名字。上面没有这个名字，倒是有好些个"Gad"。伽达默尔说，与这三个音节相比，"Gadamer"对美国来说可能太长了。

但伽达默尔家族中有一个人留在了德国，并且参加了腓特烈大帝（Frédéric le Grand）著名的"波茨坦高小伙"（langen Kerls）部队。这位先辈参加了腓特烈二世的战争和征服直到实现和平。伽达默尔喜欢讲述这个小故事。当和平到来时，一个士兵该干什么？士兵们只有两个选择：或者选择教训小孩并成为老师，或者选择教训树木成为伐木工人。他的祖先选择了更为人性的职业，成了伐木工人，最先在瑞典，后来在位于西里西亚（Silésie）茂密森林中的瓦尔登堡（Waldenbourg）安了家。

---

[1] HGG, « Humanismus heute ? », dans *Humanistische Bildung*, 1992(15), 65.

2 家族的遗产：人们真的爱自己的父亲吗？

伽达默尔的祖父母都来自瓦尔登堡，布雷斯劳西南的一个小镇。布雷斯劳是西里西亚的首府，离苏台德（Sudètes）山脉不远。西里西亚现在属于波兰，瓦尔登堡现在名为瓦乌布日赫（Walbrzych），布雷斯劳现名为弗罗茨瓦夫（Wroclaw）。苏台德与布雷斯劳之间是雄伟的祖博腾山（Zobten），高718米，这里曾是年轻的伽达默尔无数遍来回徒步上学的地方。1980年，伽达默尔应天主教神学院举办的研讨会邀请，战后第一次去波兰，当会议方给他安排会议行程时，他坚持要从克拉科夫（Cracovie）坐火车到布雷斯劳去重访他童年时的祖博腾山。[1]

伽达默尔的祖父母都是路德宗的信徒（在德国被称为新教）。他的祖父，奥斯卡·伽达默尔（Oskar Gadamer，1861—1887）原来信奉天主教，后与路德宗教徒安娜·普施曼（Anna Puschmann，1832—1909）结婚后改信路德教。那些认为伽达默尔对传统的偏爱可以被理解为天主教气质的人，可以在这里找到其家系的根源……

奥斯卡·伽达默尔拥有一家小企业，他也是市政委员会的成员。他的企业生产火柴，这无疑与做伐木工的祖辈有着连续性。伽达默尔记得"一战"期间，当消费物资面临灾难性的短缺之时，他家总是不缺珍贵的火柴储备。

伽达默尔的外祖父母为雨果·格威尔（Hugo Gewiese，1832—1887）和阿黛尔·贝克尔（Adele Becker，1838—1905）。外祖父是一个木匠，在海德堡（Heidelberg），伽达默尔曾自豪地展示过由他外祖父制作的一个比德迈风格（style Biedermeier）

---

[1] HGG, *Breslauer Erinnerungen*, dans K. Bal et J. Wilk (dir.), *Gadamer und Breslau (Gadamer I Wroclaw)*, Acta Universitatis Wratislaviensis No 1922, Wroclaw, Wydawnuctwi Uniwersytetu Wrockawskiego, 1997, 206.

的小课桌。[1]

伽达默尔并不了解他的两个（外）祖父，他们都死于1887年，但是他有关于他三个（外）祖母的美好记忆。之所以是三个，是因为1904年伽达默尔的母亲去世后，他父亲很快与他妻子的朋友海德薇格·海丽（Hedwig Hellich）再婚，这给年幼的伽达默尔带来了一个继母，以及至少是第三个祖母。他们在布雷斯劳定居下来之后，他父亲从1902年开始在布雷斯劳从教，每当他们回到瓦尔登堡探亲时，他都必须向他的三个（外）祖母问好并接受她们潮湿的亲吻，对此，年幼的伽达默尔其实并不喜欢。[2]但在其母亲离世之后，三位（外）祖母和故乡瓦尔登堡给了他某种安慰。

至于他母亲，艾玛·卡洛琳·约翰娜·格威尔（Emma Karoline Johanna Gewiese，1869年7月30日生于瓦尔登堡，逝世于1904年5月24日），伽达默尔不是十分了解。当母亲因糖尿病死于波美拉尼亚（Poméranie）的阿尔伯蒂宁堡（Albertinenburg）时，他只有4岁。在母亲病危期间，年幼的汉斯－格奥尔格及其哥哥威利（Willi）是由其母亲的朋友代为照看的，这个朋友在波美拉尼亚有一个农场。他还记得，当他父亲叫他和他哥哥的时候，他正在羊圈里同牧羊人和那些绵羊玩耍。他父亲只是说："妈妈现在在天上。"汉斯－格奥尔格不太理解，但注意到一大颗泪珠从他哥哥的面颊上流下来。当伽达默尔讲述这段往事时，他抬起双眼望向天空，仿佛在寻找他的母亲。在那时，4岁的小男孩也肯定用他的大眼睛察看过天空。

---

[1] 比德迈风格（style Biedermeier）在艺术上是一种介于新古典主义和浪漫主义之间的过渡时期风格。比德迈风格家具最大缺陷是笨重和稚拙，但以其技艺精湛简易和实用而受人称赞。——译者注
[2] 伽达默尔1995年10月4日致卡罗尔·巴尔（Karol Bal）的信。

2 家族的遗产：人们真的爱自己的父亲吗？

在伽达默尔的著作、访谈和回忆中，谈及母亲[1]要比父亲少得多（其中几乎从没有提到过他那从小患有慢性癫痫病的哥哥）。关于父亲，伽达默尔总是反复提及同一件事，就是他普鲁士式的、铁一般的纪律，他总是竭尽所能地将他的儿子往精确科学方向上引导。因此，伽达默尔说，当看到他的儿子被精神科学所吸引的时候，他感到极度失望，因为在他看来，那都是些"信口胡诌"的科学（des sciences de la « salivation »）。1995 年伽达默尔 95 岁生日之际，一个德国杂志请我写过一篇描绘伽达默尔形象的小文章。在其中我说到，伽达默尔对人文科学和艺术世界的选择可以被理解为对专制父亲的一种小小的反抗。[2] 也许我这里所写的内容是一种间接的口述，伽达默尔认为没什么问题，但是——哲学家的矛盾精神发挥了作用！——这让我了解到，也许我低估了他母亲的影响，或准确地说是其缺席的影响。

毫无疑问，他母亲的缺席或猝然离世，在伽达默尔身上留下了烙印。在母亲身边度过的那些岁月也留下了其他命运打击的痕迹。在伽达默尔出生一年后，他母亲生了妹妹伊尔泽（Ilse），但五个月后便因患白喉而夭折。那时他最多注意到他父母的注意力已发生转移，但未真正意识到有了一个小妹妹，之后他也从未提及过她。在这次分娩后，他母亲再次怀孕，但最终以流产告终。伽达默尔说这次流产可能是她患上糖尿病的原因之一（？）。在那时，糖尿病是不治之症。从她最后一次怀孕开始，她就时常感到疲劳，不得不经常在用餐期间上床休息。她用法语哀叹，感觉

---

[1] 我们找到一些他对母亲的回忆，例如 GW 3, 356 ; 8, 356, 以及 «Fortwirken durch Verwandeln. Ein MUT-Interview mit dem Philosophen Hans-Georg Gadamer », in MUT. Forum für Politik und Geschichte, n° 358, 1997, 34.
[2] «Die Weisheit des rechten Wortes. Ein Porträt Hans-Georg Gadamers », in Information Philosophie 1994, Heft 5, 28-33.

自己"奄奄一息"（bleu-mourant）。伽达默尔尤其记得他父亲的撇嘴，作为一个药物化学教授，他深知这一疾病已无可救药。

伽达默尔可能缺乏的是他母亲更为敏感，甚至更为虔敬的那一面，它可以同他父亲专制的形象形成一种平衡。后来，当他能够查看她的"遗物"（Nachlass）（这是一个优美的德语词，用法语表达不够贴切，它指人去世后留下的所有文件、财产和物品）时，他才了解到母亲的这一面。在其遗物中，伽达默尔发现了一些宗教画像、祈祷书，一本门德尔松版的探讨灵魂不朽问题的《斐多篇》。其中令他印象深刻的是一本恩斯特·冯·福伊希特斯勒本（Ernst von Feuchtersleben）男爵的虔诚派书籍《灵魂的营养》（*La Diététique de l'âme*），在当时，这本书非常流行，她母亲的名字以金色的字体庄重地写在上面。他母亲拥有一个认真而虔诚的灵魂。当时德国的新教具有严厉的（austérité）特征，福伊希特斯勒本男爵的虔诚派复兴了一种虔诚的观念，它首先关注的是内心，依赖于灵魂的一种内在皈依。众所周知，虔诚派深受德国哲学家的影响，特别是康德，也包括谢林、黑格尔，在某种程度上还包括作为天主教徒的海德格尔。毫无疑问，在这个家庭里，这种内在的虔诚是约翰娜·伽达默尔唯一能允许自己拥有的东西，对其严厉的丈夫来说，他们的宗教就是科学。有时伽达默尔会跟我说他的"宗教气质"（religiöse Veranlagung）可能源自他的母亲。借此他意在说明，他对所有那些超越理性和科学界限的东西具有一种易接受性（réceptivité），但是他也可能将其看作他在美学和诗歌方面的敏感性。

伽达默尔绝不只是拥有一种模糊的宗教气质。他曾受洗接受新教信仰，并在1914年的复活节行了按手礼（confirmé）（与他哥哥一起），而且他也自称是一名新教徒。[1]但是他这么说主要是为了区别于海德格尔的"天主教"。天主教在他那里唤起一种他无法理解的礼拜、仪式和艺术性的宗教情感，以及一种对上帝的经院哲学的观念，也就是将其理解为确保造物世界之秩序的无限理智（intellectus infinitus）。按照他的理解，新教更多地聚焦于上帝之死而不是象征耶稣受难日，将他的哀伤变成一种表象和安慰。对新教来说，核心的东西并非造物的等级秩序这种观念，而是有限之人的罪性（la nature pécheresse）。关于人类的有限性这一维度，伽达默尔很喜欢援引新教徒克尔凯郭尔的格言来加以阐述："在思想中令人安慰的是，在上帝面前我们总是错的。"[2]此外，伽达默尔也乐于承认，他的"自我理解"概念具有一种"虔诚派的语气"，因为它意味着"人对自己的理解不可能真正地获得成功，因此正是这种理解和自我确信的失败必须为信仰开辟道路"。"经过必要的更改（mutatis mutandis），将这一术语运用到解释学中也是如此。对人来说，自我理解是无法实现的，它是一项永远需要重复和总是遭遇失败的事业。"[3]

当然，这些哲学观念是伽达默尔后来想从其新教教育中引申出来的。但是在这种"自我理解和自我确信的失败之外"，他自己从未有过对来世和人格上帝的真正信仰，尽管他从母亲那里接受了一种宗教上的"倾向"（prédisposition）。纵观他的一生，他都与神学和各种教会的机构保持着良好的关系。在马堡学习期间，伽达默尔与新教神学家鲁道夫·布尔特曼（Rudolf

---

[1] GW 8, 126.
[2] GW 10, 70 等各处。
[3] HGG, «Déconstruction et herméneutique» (1988), dans GW 10, 142; *L'Herméneutique en rétrospective* [HR], Vrin, 2005, 182.

Bultmann)来往密切,始终将他当作一位导师,毫无疑问他也是伽达默尔解释学的一个灵感来源。在马堡,伽达默尔参与布尔特曼的"格雷卡"(Graeca)[1]有15年的时间,与其他神学家、哲学家和文学家们每周聚在一起研读希腊语著作。在其作品中,伽达默尔也喜欢援引奥古斯丁、托马斯·阿奎那或库萨的尼古拉(Nicolas de Cues)这样的神学人物。而在他退休后应邀到美国期间,在许多邀请他去的神学院里,他都有种在家的感觉,尤其是在波士顿学院和华盛顿天主教大学,他是那里的客座教授。在这些地方,他很少会感到不舒服,因为天主教的环境意味着希腊和他所钟爱的古代作家的知识都会受到重视。[2]

在其公开或私下的谈话中,在宗教意义上的信仰面前,他都保持一种苏格拉底式的距离,即无知的博学者态度。1993年,当《时代报》的伯恩哈德·波吉司(Bernhard Borgeest)问他是否相信有来生时,他回答说:"就个人而言,不。至少在宗教的意义上我不相信。"因此他有一点模棱两可,特别是当他补充说:"我认为,在精神和个人世界中,我们都不知道我们的界限。我们既不知道在我们实存之前我们表现为什么,也不知道我们不再实存之后将会表现为什么。彼岸(l'au-delà)总已在那里。那里就是我们从未生活过的未来和已被遗忘的过去。关于这两个部分,我们一无所知。在我们的意识中我们所经历的光明的狭小世界,并非我们存在的全部。"[3]

在同一年接受一家西班牙日报的访谈中,他被描述为"不

---

[1] 字面义指"希腊语",这里用来指对希腊的古典语文学研究。——译者注
[2] HGG, *Mit der Sprache denken* (1990), GW 10, 347, 在书中他谈到了他在美国的经历。
[3] HGG, «*Die Kindheit wacht auf. Gespräch mit dem Philosophen Hans-Georg Gadamer*», *Die Zeit*, n° 13, 26.3.1993, p. 22. 另见他去世前几天的采访记录, J. Zimmermann, « Ignoramus : Gadamer's 'Religious Turn' », in *Symposium* 6 (2002), 203-217.

幸的不可知论者"[1]，因为他认为自己在他那个年纪已经没有在两个论点中支持一个或另一个的能力。他说他最多愿意承认柏拉图称之为"神性"（le divin）的东西，但他通过这种中性所展示的东西有些不确定，因为这个神性（das Göttliche）是德语也是希腊语所允许的。而此"神性"并未指出一个有灵的人（un être vivant）在亚里士多德或天主教会那里的将来会如何。它只是提醒我们，我们并非自己的创造者，命运并不掌握在我们的手中。这就是为何伽达默尔要补充一种继承于苏格拉底的反讽，而天主教会能够依靠的只能是亚里士多德，而非柏拉图。对后者来说，柏拉图太过精神化（spirituel）。[2] 因此，在柏拉图的意义上，神性的这一维度首先被表达为对一种界限的意识，在其中，"超越"首先标志着对我们所能知道的范围之极限的超越。这种"不可知论"与他自己的家庭星座（constellation familiale）相契合。在一次访谈中，他曾向我描述过这一立场。考虑到更广泛的传记兴趣，我在此大段摘录如下：

> 我来自一个非常专注于自然科学而对新教的关注几乎为零的家庭。这并非一种理论上的无神论。我父亲是一位科学家，毫无疑问，他承认大自然的神秘证实了存在某种不能成为自然科学研究对象的东西。这种情况是存在的，但对他来说教会完全不重要。至于我的母亲，情况则完全不同。我不了解她，因为在我很小的时候她就去世了。她具有虔敬和沉思的特质，同时也富于艺术性，因为这两者是成对出现的。我父亲的天赋更多是批判性的。他取得了很大的成就。他最

---

1 « *Desgraciadamente agnostico* », « *Gadamer: El alma de la política es el compromiso, Entrevista con Isidoro Reguera* », *Diario 16*, 27 février 1993.
2 Ibid.

后的发现之一空褐鳞碱（bulbocapnine）广为人知。这是他通过实验工作发现的。它现在被用于几乎所有精神药物之中。当然，这些事情我很晚才知道。而我父亲没能在世时享受这一成功。他也因其他领域的工作而为人所熟知。有一次我遇到[生物化学家和诺贝尔奖获得者]费奥多尔·吕南（Feodor Lynen），当他知道我是他的儿子时，一把抱住了我并说道："啊！你是他的儿子！你给了我双重的好感！"我特意提到这段历史，是因为它背后的故事很曲折。因为我的父亲在很长时间里想尽办法要把我引向自然科学。这自然遭到了反抗。我的继母是我已故母亲童年时的朋友。她自己是寡妇，没有孩子，所以她那边没什么困难。我记得我曾告诉过你，我哥哥是癫痫患者。他本人受到教会的极大关照，这对他的疾病也有很大的帮助。那时，我们在一起上学并一起行按手礼。对我来说，这可能太早了，因为我不能说我已经完全准备好了。我只是在中学高年级时才读过希腊语的新约圣经。当然，旧约的故事也是非凡的。然后，我的道路慢慢地把我引向马堡并越来越——尤其是受了布尔特曼的影响——靠近神学。我童年时与天主教徒没什么联系。只是到了后来，通过我父亲最好的朋友之一，物理学家克莱门斯·谢弗（Clemens Schaefer），我才与天主教徒有了一些接触。他来自一个天主教家庭，因此，对于这里可能存在的障碍，我多少了解一点。我父亲有时谈及这一问题，他说要达到对圣餐变体问题的理解是根本不可能的。对一个化学家来说这当然不可能！

　　因此，总的说来，我会说：不，事情总是这样，也就是说我不是没有被那些问题触动过。我读过一点圣经，但要达到信仰的程度，我还从未成功过。因此，我的情况非常不同于海德格尔生活的使命，他在寻求一种比天主教教义更合适的语言来表达他的宗教探索。布尔特曼并未为他提供这一语言。他最终在荷尔德林那里找到了这种语言,尽管在我看来是以一种特别的方式。因此,我的宗教经历,像许多新教徒一样,很大程度都发生在教会的边缘地带。当我读普洛丁(Plotin)或别的类似哲学家时,我意识到他们也是站在边界线上的。而我关于托马斯(Thomas)的亚里士多德主义的立场,当然受到了柏拉图主义的强化。在柏拉图那里,人们立即发现了无知的优越地位。在接触了海德格尔之后,我开始阅读托马斯。作为海德格尔的助手,我必须做的第一件事情就是把托马斯的书带进马堡。那里的哲学系没有这些书。在1923年要找到一些书籍是非常困难的。我最终在米兰找到了其著作的马里埃特(Marietti)版。——因此,我完全没有信仰,说起这个总有些遗憾。[1]

此外,对于那些在他看来有勇气(Mut)声称自己为信教者的人,伽达默尔都抱有极大的敬佩。他承认自己还未到达这一点,每次提及总会有一点伤感。有时候他会说,这种信仰的能力依赖于我们在童年所接受的教育。他常常喜欢说,那些早年便被反复灌输"上帝"观念的人,更容易完成这一任务。但在他的教育中这一维度几乎完全缺失了。他父亲最多算一个潜在的"理智的自然神论者",其信条让他仅限于认为整个自然是某种无法被解释的东西,当然也不能被言说。而在他哥哥那里,他碰到的是一种有点幼稚的虔诚,不过他将这归因于他哥哥的疾病。汉斯-格奥尔格必须在周日陪他哥哥去教堂,因此他知道一点教堂仪式方面

---

[1] 1994年9月28日的访谈记录。我照原样重现了这段话,并保留了它的联想性质,因为它揭示了伽达默尔在被问到这些问题时所唤起的各方面的多样性回忆。我们会再次回到它。另见近期的采访,毫无疑问是对伽达默尔的最后一次采访,« *Ethos mondiale et giustizia internazionale. Dialogo a cura die Damiano Canale* », dans *Ars Interpretandi* 6 (2001), 6:"我是新教徒,但只有在有限的范围内才能说类似的话。关于这一点,我指的是这样一个事实:首先,我愿意相信宗教所说的一切,但大多数的时候,我做不到。"

的情况,尽管在新教中这是无足轻重的,特别是在那个时期。布雷斯劳的牧师总是以援引《马可福音》的诗句来开始他的讲道:"我信,但我信不足,求主帮助。"可以说,无信仰(l'incroyance)是伽达默尔的初始状况。但好的讲道所具有的说服力有时也令他印象深刻(在《真理与方法》中,他甚至将其看作一种出色的理解模式,因为对书面语言的理解已经同其在当下情境中的运用融合在了一起)。他也为巴赫的《受难曲》(Passions)所倾倒。人们通常在其中看到的只有审美印象。然而,正是《受难曲》使伽达默尔发现了另外一种他在《真理与方法》中为之极力辩护的观念,即《受难曲》的艺术,以及一般的艺术,并非单纯的审美现象,因为它们追问了我们的存在整体。任何知道如何聆听音乐的人都会同时被其宗教方面所触动。但在他年轻时,新教的宗教仪式在这方面是相当贫乏的:

> 在"一战"以前,你根本无法想象在这一方面情况是怎样的。礼拜仪式是一种糟糕的东西,它丧失了所有的魅力。再有就是新教教会内的各种改革运动:祝圣音乐再次复兴,尤其是有了更多的管风琴音乐,它让我们重新发现了什么是管风琴。随着电子技术的运用,管风琴在19世纪就已被淘汰。但其实那就是一种巨大的嘈杂声,你什么也听不到。这就是我童年时代的宗教仪式。它糟糕透了。但我也要补充的是,这是一种整理(un dépouillement),是新教本身的一部分。[1]

如果伽达默尔感觉自己具有一种美学的,甚至宗教的敏感性,那么那时的教会对此无论如何也没有起到什么作用。只有柏拉图

---

[1] 访谈同前引。

中性的"神性"（divin），作为人类有限性的标志，才真的与之有关。但这种倾向是否来自他的母亲则无法知晓。但是如果伽达默尔为没有这样的怀乡病（nostalgie）而感到惋惜，那是因为他隐约感到它能给自己指出别的方向。然而在他生活的其余部分，父亲威严的形象仍是决定性的。在其职业选择中，儿子总是被他们的父亲以一种特别的方式留下印记，而当一个人失去了母亲而只有一个父亲时，这一点似乎更为真实（但我们会看到，伽达默尔还拥有其他"精神上的"父亲）。

1867年4月1日，他父亲约翰内斯·伽达默尔（Johannes Gadamer）出生于瓦尔登堡，并在那里度过了他的整个童年。在取得中学毕业文凭（Abitur）后，他决定要成为一个药学家[1]，对一个小火柴工厂主的儿子来说，这代表着社会地位的提升。他的天赋和雄心让他成了一名大学教授，在德国，这属于最高的社会阶层。他曾于1886—1888年在马格德堡（Magdebourg）跟随一位名为旦科沃特（Danckwort）的医生做见习药剂师，这个医生似乎对他产生了持久的影响。在几年的实践锻炼后，他于1891年决定在马堡大学跟随以药学工作闻名的化学家恩斯特·施密德（Ernst Schmid）继续他的学业。约翰内斯·伽达默尔在那里展开迅速而成功的研究，这体现了他的雄心。1893年5月，他通过了国家考试，并于两年后在施密德的指导下以一篇有关丙烯硫脲（la thiosinamine）的论文取得博士学位，他曾在1893—1894年做过施密德的助手，这篇博士论文也让他获得了优等生的荣誉。在马堡学习的八个学期期间，约翰内斯·伽达默尔说他曾上过马

---

[1] 所有关于伽达默尔父亲的信息都来自弗罗茨瓦夫大学档案馆里他在1900年的简历。

堡学派的奠基人——哲学家赫尔曼·柯亨的课程。[1] 在那时，为了获得哲学博士的头衔，所有的学生都必须通过一个哲学考试（le Philosophicum）。不过后来约翰内斯的儿子纠正说，他很可能并未真正听过柯亨的课，他实际上听的是其年轻助教阿尔伯特·格兰德（Albert Görland）的课，后者曾担任过辅导教师。[2] 格兰德会快速总结他需要知道的有关柯亨的东西。康德的《纯粹理性批判》作为新康德主义的圣经也是必读书目之一，约翰内斯·伽达默尔就有一本。1918年春，当他的儿子开始转向阅读哲学类的基础性著作时，曾从他的书架上拿来阅读过（只是那时还不甚理解）。[3]

两年后的1897年，约翰内斯·伽达默尔提交了他的教授资格论文（相当于完成一篇博士学位论文），这篇文章看上去很有独创性，其名为"黑白芥末籽的组成元素"（Les Eléments des graines de moutarde noire et blanche）。这篇文章让他获得了作为私人讲师（Privatdozent）在马堡大学授课的资格，在那里他发表的其他大量作品让他成了一位著名的研究员。不同于这些作品的作者，一个外行观察者不太适合去评判这些专业性工作，例如围绕诸如生物碱（les alcaloïdes）、莨菪胺（la scopolamine）或斑蝥素（la cantharidine）这些元素的研究，但专家们向我保证，约翰内斯·伽达默尔在他的领域取得了令人瞩目的科学突破。[4] 他的工作是其导师恩斯特·施密德研究工作的延续，并且不仅仅是理论研究：药学应用始终是其工作的中心。约翰内斯·伽达默尔依然忠诚于他

---

[1] 1896年的简历，在约翰内斯·伽达默尔的个人档案中（Staatsarchiv Marburg, Akten der königlichen Universität Marburg, n° 195）。
[2] PL, 12；AAP, 19.
[3] 同上。
[4] 我要特别感谢乌韦·沃夫尔（Uwe Wörffel）博士给予我的提示，他于1920年代曾在马堡上过约翰内斯·伽达默尔的课程。

药剂师的出身。在马堡和布雷斯劳作为一名教授，他还为医学与药学专业的学生指导了一个学期的见习，一门实践课程。

恩斯特·施密德认为他弟子工作的最大优点就是他所欣赏的"稳定的热情"（le zèle sûr）。1902年，施密德甚至想任命他为马堡的破格教授。[1]但是，那一年约翰内斯（通过德国人称作聘任[Ruf]的方式，即一种请求或邀请出任教授职位的方式）得到了位于其故乡西里西亚的布雷斯劳大学的药物化学教职。他在那里待了17年。但是1919年，当马堡大学邀请他接替恩斯特·施密德留下的教职空缺时，他实在无法抵抗继承（早已声明卓著的）马堡学派传统的诱惑，又回到了马堡，这一切都是命运的安排。1919年，在预定的求职者名单中，他是唯一的候选人（unico loco），而教育部通常要求有三名候选人。在这一职位的推荐信中，我们可以读到："鉴于缺乏活跃而又经验丰富的药物化学教师，院系很遗憾无法提供其他具有科学声望的候选人，伽达默尔的成就和经验让他有能力接替恩斯特·施密德教授的职位。"[2]这一邀请本来可以发生得更早，因为1912年恩斯特·施密德就要求解除自己的职务，但人们要求他继续留任。当他的请求于1919年4月被接受之时，他已经73岁了。约翰内斯·伽达默尔从1919年4月25日开始在马堡任教，马堡享有盛名的教职给他带来了新的成功和更为广泛的影响。事实上，确实是在马堡，他才能完成他著名的《化学毒理学手册》的第二版（1924），并在恩斯特·施密德于1921年7月5日逝世后，承担了其《药物化学手册》第六版的编辑工作。1922年，他被任命为马堡大学的校长，这是他拥

---

[1] 约翰内斯·伽达默尔的个人档案（Staataarchiv Marburg）。
[2] 约翰内斯·伽达默尔的个人档案（Geheimes Staatsarchiv Berlin, 1. HA, Rep. 76, Va, sect. 12, tit. 4, n° 2, t. 18, 48）。

有崇高威望的标志，同时他也是药物化学研究所的主任。这意味着汉斯－格奥尔格·伽达默尔在同一年获得的博士学位证书上，写有已经成为校长的父亲的名字和签名！[1] 我们可以猜想年轻的伽达默尔可能得到了老师们的特别关照。

但是，约翰内斯·伽达默尔在马堡的职业生涯却有个悲剧性的结尾。1927年1月13日，"一种严重而又无法治愈的疾病"让他卧床不起。[2] 他罹患癌症。后来据他儿子推测，不排除这是他工作中经常接触化学物质所导致的。这一可怕疾病的迅速恶化不禁让他儿子想起他曾说过的自己父亲的死，即死于56岁的奥斯卡·伽达默尔。后者体重急剧下降，人们称他患上的是"肺结核"。他儿子认为这可能是同样的疾病，而且始终认为自己无法避免这一命运，因而，他能活到102岁，应该是遗传学的一个奇迹。

1927年4月1日，约翰内斯过60岁生日时已经卧床不起。疾病的严重程度是显而易见的，他的朋友和学生想向他表达敬意，于是在4月29日和30日举行了一次小型的聚会，并庄重宣布他们筹集到一笔总计9196帝国马克的资金用于成立"约翰内斯·伽达默尔基金"。这一基金的利息旨在"资助具有特别天赋的制药专业的学生完成博士学业及获得教授资格"。这个奖学金面向来自马堡大学和布雷斯劳大学的学生，这两个地方都是约翰内斯·伽达默尔的故乡。这个小仪式无疑代替了在德国更为传统的65岁寿辰的纪念活动，所有人都知道，后者不会发生了。

在遭受长期而又巨大的痛苦之后，约翰内斯于1928年4月15日逝世。但甚至在临终时，他仍在担心他的儿子汉斯－格奥

---

1 UAM, dossier personnel de HGG, Akte 307d, 1966/10, n° 112.
2 正如在马堡大学的《年鉴》（1927[！]，36.）中可以读到的。

尔格。因此他请来了儿子的导师马丁·海德格尔。随着1927年《存在与时间》的出版，海德格尔刚成为德国哲学界冉冉升起的新星。海德格尔立即来到诊所并问他："枢密院大臣先生（Herr Geheimrat，这是约翰内斯·伽达默尔接受的一个荣誉头衔），我能为您做点什么？""哎！"他说道，"我很担心我的儿子。""但是为什么？"海德格尔反问道，"他做得很好，我对他很有信心，他明年就能通过他的教授资格答辩。""是的，是的，"他父亲叹了口气，"但您认为哲学真的可以作为一个终生职业吗？"[1]

直到最后，约翰内斯还在牵挂他儿子的命运。后者每次说起他父亲，总是以一种明显伤感的语气强调，在他父亲的科学精神（l'éthos scientifique）和他自己更为文学和哲学的倾向之间存在着持久的冲突。约翰内斯似乎"打心眼里"就反对儿子"对文学、戏剧和艺术这些人们无法赖以为生的事物的爱好"。[2] 毫无疑问，对一个父亲来说，这些都是正常的忧虑，尤其是在战后德国不太确定的氛围下，但这对他儿子的职业生涯施加了沉重的压力。如果说后者很早就拿到了博士学位（当时他只有22岁），这并不完全是一个例外，其部分原因是为了向他父亲证明自己可以干成一些事情。但这都是徒劳。直到最后，"我依然是一只迷途羔羊，对他来说，"伽达默尔忧伤地回忆道，"这一冲突永远都不会有所缓解。他应该是这样跟自己说的：见鬼，这个孩子真的有点天赋，他本可以干成些聪明的事情，但现在他却与那些夸夸其谈的教授们（Schwätzprofessoren）为伍。"

---

[1] Entretien de HGG avec Ralph Ludwig du 9 janvier 1995, *Norddeutscher Rundfunk, transcription*, p. 8. 另见 Ingeborg Bördlein, « Ein geachteter Grossvater lehrt das Verstehen », dans la *Berliner Zeitung* du 11-12.2.1995, p. 37. 本传记的第一版出版后，沃尔夫冈·威兰告诉我，在海德堡为伽达默尔60岁生日所举行的一次小型聚会上，伽达默尔从海德格尔那里听说的这个小故事。

[2] PL, 10；AAP, 16；GW 2, 479；PH, 11-12 等各处。

约翰内斯对儿子的巨大影响被其专制的态度所强化，但这同时也促使后者采取了一种理智的反叛形式。后者在他的传记中谈到父亲时曾小心翼翼地暗示过，"他是个个性骄傲的人，为自己的成就、充沛的精力和强大的能力而自豪，他以极端的方式实践着对孩子的一种最糟糕却有着最好意图的专制教育。"[1]这种委婉的说法背后暗指的是身体上的"惩罚"，对此读者只能自己去加以想象，但在那个时代这被认为是可以接受的。对传说中的普鲁士式教育而言，这种思想并不奇怪，对此，伽达默尔也在同一语境中给予了暗示。布雷斯劳的总体情形是"比普鲁士人还普鲁士"。[2]由于西里西亚是接近斯拉夫民族的前哨地区，这种普鲁士式的特点得到了强化。这就是青年伽达默尔被禁止说任何形式的西里西亚方言的原因所在。而在德国的东部地区也是如此，那里的上层社会都会尽量避免说任何形式的方言。[3]

在政治上，约翰内斯是德国统一的缔造者俾斯麦的无条件支持者。对俾斯麦的这种赞赏同他对德皇威廉二世的质疑密切相关。1895年，他曾是带着火把去弗里德里希斯鲁（Friedrichsruh）为俾斯麦庆贺80岁生日的学生代表团成员。1890年，威廉二世逼迫俾斯麦辞职。约翰内斯经历了"一战"爆发，"一战"是俾斯麦被皇帝解职的一个深远的后果（皇帝借此得到了一点自信），尽管如此，作为教师，约翰内斯仍是顺从的仆人。约翰内斯对俾斯麦的这种崇拜可能是在民族主义的学生联谊会（fraternité d'étudiants）中培养起来的，在学生时期他曾参加过这个联谊会。

---

[1] PL, 9 ; AAP, 32.
[2] Ibid.
[3] HGG, *Schule und Hochschule in Geschichte in Gegenwart. Festvortrag von Prof. Dr h.c. Hans-Georg Gadamer*, dans la *Festschrift Schule zum Heiligen Geist in Breslau gegründet 1538. Ein Rückblick nach 450 Jahren*, 1988, p.10, 17.

2　家族的遗产：人们真的爱自己的父亲吗？

从他保存在布雷斯劳档案馆的照片上可以看到，一个年轻人很骄傲地佩戴着联谊会的小旗，不难想象他当时正处在一场事关荣誉的战斗中。在马堡，他的联谊会属于"黑森的普鲁士人"联谊会。他终生都保持着对它的忠诚，按照德国的传统，联谊会中的年长者要对年轻者的学业给予经济方面的赞助。在布雷斯劳的家中，俾斯麦的石膏半身塑像被放在沙发上方。在他的周围陈列着两把匕首，以及其联谊会的帽子，它被纪念弗里德里希斯鲁召开的退休火把集会的火花环绕……即使在1920年代通胀高涨的时期，约翰内斯·伽达默尔依然在给马堡的联谊会寄钱，这些钱都是他从儿子那里夺来的。"对他来说，联谊会无疑更为重要"，他的儿子感叹道。很难知道这是不是真的，但这是他儿子的感觉。对俾斯麦和联谊会的崇敬代替了宗教的位置。

作为俾斯麦的崇拜者，约翰内斯更接近于民族自由党，这个党通常是上层阶级和教授们的党派，在德国以无条件地尊重权威而著称。[1] 但对他来说，就像其他很多教授一样，这不是一种政治偏见，而是一种"非政治"的态度，它本着象征了普鲁士传统的服从权威的精神。因而，尽管他们是国家公职人员，也鲜有大学教授会关心或公开地卷入政治。人们在这里谈到一种"政治的非政治主义"（apolitisme politique），它保持着一种德国大学官员

---

[1] David Cassidy, *Uncertainty. The Life and Science of Werner Heisenberg*, New York, W. H. Freeman and Co., 1992, 50 s.："作为中上层专业人士——工业家、商人、教授、官僚——的政党，自由主义者强烈支持普鲁士领导下的民族团结，认为这有利于商业扩张。他们为个人公民自由的最终制度进行游说，但并不以牺牲国家观念为代价。"伽达默尔的朋友，青年时期生活在布雷斯劳的朱利叶斯·艾宾豪斯（Julius Ebbinghaus, 1885—1981）在其自传中说，他的父亲，著名哲学家赫尔曼·艾宾豪斯（Hermann Ebbinghaus）也是民族自由党的支持者。见 *Philosophie in Selbstdarstellung* [PSd], sous la dir. de L. Pongratz, Hamburg, Felix Meiner Verlag, 1977, t. 3, 1："在政治上，他是1970年代和1980年代重要的民族自由党的进步翼的一员。他是爱国的，是俾斯麦的崇拜者。他对普鲁士国家的军方和其他国家官员的优越感感到失望，他拒绝或不使用授予他的'国家秘密顾问'头衔。"

所具有的或多或少可敬的特性，甚至到魏玛共和国和第三帝国时期也是如此。对大部分教授来说，不问政治成了他们的一种社会特征[1]，而政治则被看作一种有点庸俗的事情。这种不问政治的态度可以在托马斯·曼著名的《一位非政治人士的沉思》（1918）中找到它的表达。

尽管约翰内斯认同民族自由党，但他终其一生都是其皇帝忠诚而又"不问政治"的仆人。1916年3月24日，他被任命为枢密院大臣，"国家秘密顾问"（由皇帝本人正式任命），即使对最杰出的教授来说，这一荣誉头衔也是不寻常的。他是一个相信权威的人，并且认为作为一个父亲应体现出权威。这种为权威而权威的作风，约翰内斯无疑在自己仍以"您"来称呼的父亲身上经历过。[2] 即使1918年德意志帝国的崩溃和皇帝统治的垮台让年轻的汉斯-格奥尔格接触到了"对其学校和父母的家庭来说陌生的民主和共和理念"[3]——这种理念激起了一定的反抗精神——但他承认在家庭中接受的专制教育仍给他留下了痕迹。[4] 那些批判他在《真理与方法》中对传统进行辩护的人们可能会提出这样的问题。年轻时，他也受到了普鲁士军事传统的浸染。12岁时，他很喜欢有关士兵的游戏并被预测会从事军官职业。[5] 但具有讽刺意味的是，由于健康原因，他是他那一代德国人中少数免于服兵役的人之一。

---

[1] 见 Wolfgang Klafki, « Theodor Litts Stellung zur Weimarer Republik und seine Auseinandersetzung mit dem Nationalsozialismus », dans Peter- Martin Roeder (Hg.), Pädagogische Analysen und Reflexionen. Festschrift für Elisabeth Blochmann zum 75. Geburtstag, Weinheim/Berlin, Verlag Julius Beltz, 1967, 201.
[2] HGG, Schule und Hochschule in Geschichte in Gegenwart, 16.
[3] PL, 11 ; AAP, 18.
[4] Ibid.
[5] PL, 8 ; AAP, 14.

2 家族的遗产:人们真的爱自己的父亲吗?

关于约翰内斯的私生活,我们知之甚少。1897年,他娶了比他小两岁的约翰娜·格威尔。她是一位社会工作者。她拒绝约翰纳斯的第一次求婚,想要表明自己的独立性,因为她不想放弃她的职业。但是充满激情的伽达默尔不是一个允许自己被打败的人,因而他反复求婚直到她(或她父母?)最终接受。在她1904年3月去世以后,约翰纳斯只隔了18个月就与寡妇海德薇格·海丽完婚。由此他履行了在妻子临终前对她许下的承诺。约翰娜·格威尔与海德薇格·海丽是童年好友。在中学毕业会考以后,她们曾一起去洛桑(Lausanne)学习法语。因为她没有孩子,所以她可以做约翰内斯无力独自照顾的年幼孩子们的继母。在那时,这种情况并不少见,当母亲早亡,会委托母亲这边的亲戚照料年幼的"孤儿",因为父亲们都被认为无力独自教育她们的孩子。时代已经变了。

特殊照顾的需要在汉斯-格奥尔格的长兄威利身上表现得尤为明显,他患有慢性癫痫病,表现为突发性的痉挛和抽搐。因此他需要长期处于观察之下。汉斯-格奥尔格记得他童年花了大量时间充当长他两岁的可怜哥哥的护士。[1] 他们同在一所高中(圣灵中学)读书,汉斯-格奥尔格必须时刻保持警惕,因为他哥哥的疾病随时可能发作。伽达默尔的父亲在柏林认识一个优秀的医生,但在那里并没有治愈威利的痛苦。更糟糕的是,威利的情况在持续恶化。医生们希望青春期能够遏制这一疾病,但不寻常的事情出现了,青春期从未到来。整个青春期他都是个儿童。他的父亲

---

[1] 这在伽达默尔的描写中呈现得栩栩如生,见 « *Lieb ist mir Plato, aber noch lieber die Wahrheit* », *Philosophie heute*, émission de la télévision WDR, 28 mars 1988 (rédaction d'Ulrich Boehm);以及 "*Galeriegespräch*", « *Zukunft ist Herkunft* ». *Hans-Georg Gadamer und Emil Schumacher – Ehrenbürger der Universität*, Jenaer Universitätsreden, Jena, 1997, 25.

不知所措。1916年，他的父亲决定将他送去疗养院。威利·伽达默尔在离比勒费尔德（Bielefeld）不远的伯特利（Bethel）的一家疗养机构度过了余生。他在纳粹时代结束时死于脑血栓。伽达默尔是在从葡萄牙参会返回的途中得知其哥哥离世的消息的。他猜想，不良的饮食习惯很可能是其死亡的原因。不，不，伽达默尔告诉我，他并非纳粹"优生"政策的牺牲品。

在伽达默尔的父亲于1928年去世以后，主要都是伽达默尔的继母在照料威利。起初伽达默尔还经常去探望他，但他后来意识到那些会面对威利来说是很痛苦的。他很难忍受过着正常而又成功生活的兄弟的出现。之后，伽达默尔便很少再去看他。

我们猜测将威利送去疗养院的决定，对其父亲，也包括对汉斯－格奥尔格·伽达默尔，都是一个沉重的心理负担。对这个家庭来说，也包括伽达默尔，这当然意味着"解放"，但这个决定是在尝试过那个时代所有力所能及的医学手段之后才做出的。在其母亲和小妹妹伊尔泽去世以后，这是第三次亲密的家人被夺走。之后只剩下汉斯－格奥尔格与父亲和继母生活。因而汉斯－格奥尔格明显地感到，父亲在他遗留下的唯一儿子身上投注了更多的希望。因此，在满足他父亲合理期望的意愿与遵循自己的道路、反抗父亲的专制的本来意志之间，他的内心被撕裂了。对于这种父子关系，他有时会援引赖纳·马利亚·里尔克（Rainer Maria Rilke）《时辰祈祷书》中的诗句来进行描述：

> 人们真的爱自己的父亲吗？人们不是
> 如同你离开我一样，神色严峻，
> 离开父亲无助而空虚的手？

人们不是悄悄将他枯萎的话
放入陈旧的、罕有人翻阅的书?
人们不是从他的心中,如同从分水岭中,
分别流出喜悦与悲伤?

难道这个父亲不是我们曾经的父亲:
追忆往昔,倍感陌生,举止过时,衣衫褴褛,
双手枯槁,两鬓飞霜?
纵然他曾是他那个时代的英雄,
而现在则成了一片落叶,在我们成长之时。

他的细心对我们如同一个梦魇,
他的声音对我们如同一块山岩,
我们想要听从他的话语,
但他的话我们只听了一半。
冗长的剧本在他和我们之间
为了彼此理解而喧声震天,

而我们仅仅看见他的口型,
看见音节从他的口中掉落、消逝。
就这样我们离他比远方还远,
尽管爱远远地将我们牵连,
只当他在这个星球上死去时,
我们才知道,他曾在这里活过。

这就是我们的父亲。[1]

---

[1] 此处诗文引自里尔克《时辰祈祷书》中的"朝圣之路"。中译本见:赖纳·马利亚·里尔克:《里尔克诗全集》第一卷,陈宁译,北京:商务印书馆,2016年,第375-376页。——译者注

3
布雷斯劳的童年
(1902—1918)

伽达默尔很少谈到他的童年。每次谈及都是为了唤起他父亲君王般的形象,仿佛这就是那些年月的精粹。但考虑到他4岁丧母,身患疾病,后来又经历了哥哥被收容并伴随着苦难和匮乏的第一次世界大战(1914—1918),毫无疑问,他的童年是相当孤独和贫困的。他研究的早期岁月也经历了诸多磨难:1922年感染严重的脊髓灰质炎,之后是一桩"过早的"婚姻[1],1923年的经济危机,更不用说魏玛共和国的崩溃、极端主义的强势崛起,以及同那些巨人们相遇所面临的挑战,如理查德·赫尼希斯瓦尔德(Richard Hönigswald)、理查德·哈曼(Richard Hamann)、恩斯特·罗伯特·库尔提乌斯(Ernst Robert Curtius)、保罗·纳托普(Paul Natorp)、尼古拉·哈特曼(Nicolai Hartmann)、鲁道夫·布尔特曼和马丁·海德格尔。正是那些年间的成长所积累的经验才成就了他的作品。

伽达默尔几乎所有的童年回忆都带有"技术文明的进步"的标记,[2]从这些记忆中他将发展出一种模棱两可的关系,这部分是因为他对父亲的反应,部分是受海德格尔及其采取的对现代技术的批判性观点的影响。他记得由笨重的母马拖拽的消防车(在当时,这是巨大的技术革新)、从光到气再到电的过渡、第一部电

---

[1] PL, 30; AAP, 30. 我们在那读到的不是"非常年轻"(très jeune),而是"过于年轻"(trop jeune)的表达。
[2] PL, 7; AAP, 13.

话（他还记得号码是 7756）、布雷斯劳上空的第一艘飞艇[1]、最早的汽车和第一家影院——美好的时代！——但同时也包括 1912 年 4 月 15 日泰坦尼克号的沉没。[2] 他的自传告诉我们，泰坦尼克号的命运比巴尔干的火药桶更吸引他的关注。[3] 这一海难打击了人类的想象，因为它被看作对进步和巨人症的否认，对"泰坦尼克"的追忆只是在不断地强化它。[4] 奥斯瓦尔德·斯宾格勒（Oswald Spengler）出版于 1919 年的畅销书《西方的没落》凝聚了那个时代的精神。巨轮沉入大海的著名景象直到今天也没有失去它的冲击力，它构成了诸如广岛核爆和"9·11"双子楼倒塌这种令人难以忘却的图像的一部分。

泰坦尼克号的灾难成为家庭讨论的话题。当他的父亲解释说罹难的人数相当于一个大村庄的人口时，13 岁的男孩惊呼道："天呐，为了几个农民……"为此他不得不向家里来自农村的女佣道歉，这是他永远不会忘记的有关谦逊的教训。[5] 谦逊也是其哲学所持有的一种重要美德。我们从那些强大的人格那里很容易学到这一点。

这一情景表明年轻的伽达默尔将自己视作城市居民，这完全与他老师海德格尔形成对照，海德格尔非常自豪地显示自己农民的出身。后来哈贝马斯对此说过一句著名的话，伽达默尔"城市化了"海德格尔的乡村。当时，布雷斯劳是一个重要的大都市。

---

1 *Das Erbe Europas*, Francfort, Suhrkamp, 1989 8；*L'Héritage de l'Europe*, Paris, Rivages, 1996, 4.
2 PL, 7；AAP, 14. 另见 Breslauer Erinnerungen, in K. Bal und J. Wilk (Hg.), *Gadamer und Breslau/Gadamer I Wroclaw*, op. cit.
3 PL, 7；AAP, 14.
4 可对比恩斯特·荣格（Ernst Jünger）与格诺利（A. Gnoli）和沃尔比（F. Volpi）谈话录中的相关回忆（*Les Prochains Titans*, Paris, Grasset, 1998, 113）："泰坦尼克号的沉没是一个宏伟的象征，从它的名字到它的沉没方式。这就是进步理念的沉没：技术的完美被意外干扰；无畏的乐观伴随着恐慌，伴随着最大的奢侈、破坏、自动化和灾难。"
5 PL, 8；AAP, 14.

在19世纪中期，它是德国第三大城市，排在柏林和汉堡之后，直到1900年才开始被莱比锡和慕尼黑，以及德累斯顿和科隆赶超。这座城市是与东欧国家贸易的必经之地，也是西里西亚南部高度工业化地区与北方港口之间的贸易通道。从1848年到1900年，它的人口从10万增长到了42.6万。这里很早就完成了新教改革。但是1900年，这个城市成了很多教派的聚集地，除了属于多数的新教徒（57%），还存在大量属于少数派的天主教徒（37%），也包括一个巨大的犹太社区（5%），它在当时是德国的第三大派别。

伽达默尔的最初童年回忆大都与他们家1902年10月搬去布雷斯劳后居住的那间公寓有关。当他的父亲在布雷斯劳得到教授职位后，除了4000马克的薪水，他还有权住在药物化学研究所大楼的公寓里。[1]但是，大学有权收回这间公寓，不过如果收回的话，学校必须支付约翰内斯·伽达默尔660马克的住房津贴作为补偿。这种情况发生在1909年，大学因需要而收回了这间公寓。随着住房津贴增加到900马克，约翰内斯·伽达默尔便可以在舍尼希区（Scheitnig）的市郊住上一间很不错的公寓。

后来伽达默尔说，很高的安全费用可能符合公务用房的原则，尤其是对一个制造化学产品的研究所来说。伽达默尔认为这个原则是明智的："当教授和主任住在这样的研究所中，一切都运转得很好。"[2]这幢有着美丽的装饰风格的粉色建筑至今仍然存在，并仍是药物化学研究所的所在地（它的名字仍可辨认，还是波兰语）。它坐落于市中心附近，也是大学的主楼，可以直接鸟瞰奥得河（Oder）及风景如画的大教堂岛（Dominsel）。当时，年幼

---

[1] PA de Johannes Gadamer, *Staatsarchiv Marburg*, n° 195, 2579.
[2] *Schule und Hochschule in Geschichte und Gegenwart*, 15.

的伽达默尔和看门人的儿子常在房前的小公园里愉快地玩耍。有一天，两个孩子正在水坑里玩着船，汉斯－格奥尔格突然在窗户中看到他父亲气到发红的面孔。这是另外一个他没有忘记的教训……

伽达默尔是在圣灵的"改制中学"（lycée réformé）读的初级课程，这所学校就在研究所的附近。这座建筑物在"二战"期间被彻底摧毁，但是学校的校友们在 2000 年为它立了一块纪念牌。圣灵中学建于 1538 年，享有良好的声誉，伽达默尔在那里学习时，它还不是像布雷斯劳其他很多中学一样的传统意义上的"人文主义"中学。那些人文主义的中学强调古典教育、拉丁语和希腊语学习。圣灵中学本质上就是一所"改革的"文理中学（Reformgymnasium），它想要变得更加进步，或者就像人们当时说的，更加"新现实主义"。这类学校想要满足那些希望孩子接受更多实践或有用的训练，少花时间学习古老语言的家长们的需求。实际上[1]，这意味着在中学的头两年（从小学四年级后开始）学校没有教拉丁语。直到第三年，也就是 12 岁时学生才开始学习拉丁语，两年后，学生可以在两种教育间选择：一种很少讲拉丁语而更多地讲英语，另一种则仍然有很多的拉丁语和希腊语。

汉斯－格奥尔格·伽达默尔选择了后一条道路，或者说人们为他选择了后者。他后来成了古典学研究的专家，对此，他总是感到很自豪。有必要指出的是，在他的学校，拉丁语只学习六年，希腊语学四年，而在很多人文学校，拉丁语要学九年，希腊语则要学六年。伽达默尔说他后来觉得有点惋惜，这也许是他 1924—

---

[1] 在我的 1999 年德文版传记的第 40—42 页，有对这些学校规则的更为详细的介绍。在此，我要再次感谢乌韦·沃夫尔博士，他是圣灵中学长老会的主席，这所学校至今仍然存在，伽达默尔非常眷恋它。

1927 年坚持学习古典语文学课程的原因之一,似乎他想要补上这个学校没有提供给他的教育。他在自传中承认他的父亲(他永恒的比照对象)"在对贺拉斯的引用方面比他更加优秀",因为他接受过古典学教育:"由此也可以看到,老派的学校已是何等的衰落。"[1]

但是他的父亲为他的儿子选择一所更加现代或更加"革新的"学校是可以理解的。无疑,它能更好地为现代世界做准备,并将其引入精确科学的严格性之中。他父亲在老派学校受过训练,很有资格做出如下判断:在工业革命和科学的时代,老派学校的教育有点过时了。汉斯-格奥尔格直到很晚才学拉丁语,在学拉丁语之前他也已经学了法语。在最后两年,中学生可以在英语和希伯来语(毫无疑问是为了培养未来的牧师)之间进行选择,伽达默尔选择了英语,因而关于英语他有一点初步的知识。

这一训练的结果是伽达默尔很早便获得了非常卓越的法语知识。但其学习的方法是很特别的:在学习词义、语法和句法之前,学生们花了一年时间跟一个叫比德尔曼(Biedermann)的老师学习发音学,学生们给他取了个绰号叫"Bédé"。他们一年时间都在背诵不明意义的发音。对 9 岁的孩子而言,这有时是一种游戏,有时则是一种折磨。但正是这种"折磨"让伽达默尔拥有了无可挑剔的法语发音。因此,法语一直是他的第二语言,从那时起,法语就成了他了解外部世界的窗口,直到 1968 年他开始被邀请到美国为止。说到这一点他都会有一种真正的喜悦,几乎像小孩子一样。每次有人恭维他的法语时,他都会面带微笑地称赞他就读的中学的优点。他总是很遗憾从没有被邀请到一个说法语的国

---

[1] PL, 10;AAP, 16.

家长久逗留。后来，美国，然后是意大利经常邀请他去授课。那之后，他也勇敢地去学习英语和意大利语，以及一点西班牙语，但是，正如他自己所承认的，当他说这些语言时，听起来有点"翻译的"感觉。法语更加直接地出自他的心灵。因而，如下情况不是不可能的：他对法语的偏爱，在他所主导或想要主导的1980—1990年与雅克·德里达的对话中扮演了一个隐秘的角色。

在布雷斯劳除圣灵中学外，伽达默尔从来不知道其他学校，因为他的小学和中学都是在那里度过的。那里有相当严厉而又专制的校风[1]，不过他已经从他父亲那里领教过这些了。还有一个名为格鲁斯（Gruss）的有点下士派头的老师，他经常向那些不专注的学生头上扔粉笔头。[2]但是伽达默尔发现在那里偶尔也吹拂着对他的家庭来说完全陌生的"自由空气"。[3]学校的功能之一难道不是始终让我们去遭遇全新而有吸引力的生命和生活方式吗？

伽达默尔一家1909年搬入的位于奥恩大街（Auenstrasse）的住宅，坐落在布雷斯劳西郊舍尼希区的高档小区。伽达默尔还记得这所房子，它在"二战"期间被摧毁了，它真的像一座宫殿一样。因此，伽达默尔一家在那里住得很舒服。家里总是有很多女佣和仆人。对一个教授家庭来说这是自然的，但是随着1920年代经济危机的到来，这一切很快就发生了改变，因为它将导致资产阶级和伽达默尔一家本身的系统性贫困。伽达默尔的继母不用做饭。每当需要接待同事用晚餐时，家里都会雇佣私人服务。正是在晚餐这样的场合，年轻的汉斯-格奥尔格能够结识他经常打交道的布雷斯劳大学的教授们，例如物理学家奥特·卢默尔（Otto

---

[1] *Schule und Hochschule in Geschichte und Gegenwart*, 9. PL, 8；AAP, 15.

[2] PL, 8；AAP, 15.

[3] *Schule und Hochschule in Geschichte und Gegenwart*, 16.

Lummer）和克莱门斯·谢弗（伽达默尔后来长期与他保持联系）、古典语文学家威廉·克罗尔（Wilhelm Kroll）、莱文·路德维希·许京（Levin Ludwig Schücking；英语研究）和新教神学家海因里希·肖尔兹（Heinrich Scholz，1884—1956）。

在奥恩大街的别墅中，年轻的汉斯-格奥尔格能够在一个很大的花园里玩耍，在那里他学会了骑自行车："我有一个孤独的童年，他们给了我一辆自行车让我支配，我只能独自学习骑车。在我的花园里有一座小山丘，我从上面往下骑。在失败几次以后，我有了一个重大的经验：只要我紧紧地攥住车把，我就总是摔倒。但当我放松时，它就会自己向前。直到今天，这个例子让我明白了政治家也明白的事情以及构成其使命的东西：如果他想要能够领导和实现其目标的话，他必须创造平衡的局面。"[1]因此，在布雷斯劳他的花园里，伽达默尔自己学习到了始终被其看作政治之基本规律的东西。

从舍尼希区到学校的路程比较长。于是，他父亲就给他每周50芬尼的钱坐有轨电车。但是他经常把钱节省下来，一开始是去买糖果吃，后来开始去买书。因此，有一天他得到了一本现代诗歌选集，由雷克拉姆（Reclam）出版社出版，这个出版社以其出版物的廉价而闻名。这一由本兹曼（Benzmann）编订的文集将他引入斯特凡·格奥尔格（Stefan George）诗歌的迷人世界中。[2]这使得他必须跑步去学校，不过他是有一点运动天赋的。他曾有一段时间担任过他们学校体操社的社长。[3]他还曾以极大的热情参加

---

[1] HGG, *Vom Wort zum Begriff. Die Aufgabe der Hermeneutik als Philosophie*, dans *Menschliche Endlichkeit und Komposition*, Bamberg, Fränkischer Tag, 1995, 120 (maintenant dans *Gadamer-Lesebuch*, Tübingen, Mohr, 1997, 107）.
[2] GW, 262. 另见 *Breslauer Erinnerungen*.
[3] *Schule und Hochschule in Geschichte und Gegenwart*, 13.

由学校的管理者威廉·里克特（Wilhelm Richter）组织的在西里西亚的森林中进行的徒步旅行（往往超过40公里）。但是整个童年的小天堂在1914年突然倒塌了。

战争爆发了，一股强劲的爱国主义热潮席卷了德国（还不仅仅是德国）。像他的大多数同胞一样，伽达默尔经历了一场"保卫"德国的战争，作为对一种挑衅的回应。此外，纪念1813年"解放战争"的百年庆典也激发了学生们对军事荣誉感的兴趣。对年轻的伽达默尔来说，知道他的花园中有一座岩石雕像曾被为百年纪念所举办的展览使用过，是一种荣誉。刚刚被颂扬过的军人美德，可以在实际中被展现出来。当战争爆发时，伽达默尔激动不已："哦，太棒了！"但是他的父亲反驳道："你根本不知道你在说什么。"[1] 我们曾在前文提到过，他父亲认为这场战争是俾斯麦辞职导致的最终结果。但伽达默尔的父亲并不是一个和平主义者，毫无疑问，他像大多数德国人（及哲学家）一样，强烈支持这场防御战争，但他更关注的是这场战争的致命后果，特别是他的科学工作使他与来自好几个国家的研究者都保持着联系，其中就有英国。但是在1914年10月4日所发布的声明《对文化界的号召》上，我们并没有找到他父亲的签名，这份声明中几乎包括了所有的德国教授，尽管他们"不问政治"，但都支持捍卫德国的利益。这份声明是由著名的科学家和哲学家们联名签署的，其中包括鲁道夫·奥伊肯（Rudolf Eucken；1908年诺贝尔文学奖获得者）、阿道夫·冯·哈纳克（Adolf von Harnack）、马克斯·普朗克（Max Planck）、阿罗伊斯·李尔（Alois Riehl）、乌尔里希·冯·维拉莫维茨－默伦多夫（Ulrich von Wilamowitz-Moellendorff）、威廉·文

---

[1] *Das Erbe Europas*, 8；*L'Héritage de l'Europe*, 4.

德尔班（Wilhelm Windelband）、威廉·冯特（Wilhelm Wundt）等。[1]

圣灵中学也未能幸免于战争和爱国狂热的影响。从1914年起，学校就被军队占领，变成了临时医院。教学被转移到另一所学校，腓特烈国王文科中学（le gymnase du Roi-Frédéric），在那里，圣灵中学的学生被当成入侵者。[2]在1914—1915年寒冷的冬天里，圣灵中学的学生课间休息时不得不经常在院子里，而腓特烈国王学校的学生则可以待在温暖的房间里休息。这仅仅是对这场战争即将强征的沉重税赋的一个预兆。

军事民族主义点燃了圣灵中学学生们的心灵。学生们匆忙地赶作业和完成课程内容，以便能在上课时间讨论战争的进展情况。[3]学生们也被鼓励清空他们的储蓄账户和捐献贵重物品来支援战争。从被要求在布雷斯劳火车站帮助返回休假的士兵分拣行李开始，年轻的伽达默尔就全身心地参与其中：

> 这个事发生在战争总动员的头几天，在战争爆发于1914年8月期间。当时我14岁，但仍是一个鲁莽冒失的年轻人。然而，这是我生命中第一次感到非常重要。在这些重大的日子里，碰巧赶上假期结束，所有的铁路货运都因战争的爆发而不堪重负。其结果是，当时在我看来很巨大的车站大厅塞满了堆积如山的行李。车站管理局没有人手应付此事并将它们送往市区。由于圣灵中学隶属于公共教育部，我们被动

---

[1] 签名表见 *Frankfurter Zeitung* du 4.10.1914, n° 275; Hermann Kellermann, *Der Krieg der Geister. Eine Auslese deutscher und ausländischer Stimmen zum Weltkrieg 1914*, Weimar : Duncker, 1915, 64-68; Klaus Schwabe, *Wissenschaft und Kriegsmoral. Die deutschen Hochschullehrer und die politischen Grundfragen des Ersten Weltkrieges*, Göttingen/ Zürich/Frankfurt : Musterschmidt Verlag, 1969, 22; et D. Cassidy, *op. cit.*, 29.
[2] 见理查德·恩斯特与约翰内斯·巴特扎克的回忆（*Festschrift zur 400 jährigen Jubelfeier der Schule zum Heiligen Geist in Breslau* [1538-1938], 93 s.）。
[3] 比较 J. Bartzack, 95.

员起来去寻找与行李票相对应的行李并把它们送到运输服务处。在你长大以后,再去思考当你仍然年轻时能做什么的时候,你会微笑。也许我对这个车站的大量回忆都与我搜寻行李时所具有的巨大优点有关[……]我们更容易回忆起我们曾经出色的时刻,而不是那些我们曾怀疑自己而宁愿不记得的时刻。"[1]

圣灵中学年纪较大的学生,包括老师,很快被召到前线。随着老师和同学们的死亡通知开始到来,爱国热情逐渐消退。为了几米土地而战斗的堑壕战的荒谬很快让大家清醒过来。在学校里,课堂变得越来越冷清。1918年,在他的学校,汉斯-格奥尔格·伽达默尔是仅有的获得中学毕业文凭的八个学生之一。有人可能好奇,他自己为什么没有被召到前线,即使不在1914年(当时他仅有14岁),至少也可以迟一点。在战争爆发以后,被爱国热情裹挟,确实有一些他这个年纪的年轻人志愿参战。后来成为伽达默尔至交好友的赫尔穆特·库恩(Helmut Kuhn)就是一个例子,他出生于1899年(两人后来共同创办了《哲学评论》[*Philosophische Rundschau*]杂志)。1914年9月11日,他离开了学校去为他的祖国服务,这使他的父母感到惶惶不安。[2]他作为一个士兵在西边前线服役到1918年10月。似乎是健康原因拯救了汉斯-格奥尔格。他说,在1918年春天,"我是个营养不良的市民,作为一个士兵一点用也没有"。[3]伽达默尔回忆到,发生战争的那些年就是战争的负担和盟国对德国的封锁造成的"饥荒年"。[4]他的父亲当然不穷,

---

[1] HGG, *Breslauer Erinnerungen*, 208. 另见 *Schule und Hochschule in Geschichte und Gegenwart*, 14.
[2] 见赫尔穆特·库恩的回忆,他也来自布雷斯劳,载于 PSD, t. III, 236.
[3] PL, 10 ; AAP, 17.
[4] PL, 9 ; AAP, 15.

但他拒绝在黑市购买食物,因为那是非法的。肥胖的约翰内斯·伽达默尔自己也开始掉体重。他的一些助教注意到了这种情况,因此也帮他采购了各种食物,火腿或鹅,它们来自助教们在波美拉尼亚所认识的农场。约翰内斯·伽达默尔可以心安理得地接受这些礼物。但他的儿子汉斯-格奥尔格已经瘦骨嶙峋,遭受着营养不良之苦。为了弥补这一点,他父亲送他去西里西亚的一个农场度过漫长的暑假,他从那里回来后营养状况变得好多了。经他的学校介绍,汉斯-格奥尔格在多纳-马尔维茨(Dohna-Mallwitz)男爵家做暑期家庭教师。给这个家里年轻孩子们上课的报酬就是能得到良好的饮食。

但是供给一年比一年少,在德国投降以后情况还更加恶化。木炭越来越稀缺,即使是在其主要产地之一的西里西亚。教室供暖不能超过16℃。原材料尤其是皮革和羊毛短缺,这意味着学校的孩子们穿着都很单薄。[1]这种短缺的状况仍将持续很长一段时间,因为魏玛共和国(1919—1933)本身就是以一连串的经济危机为标志的,其原因是德国必须向盟国支付赔款。纳粹时期,尽管初期有一点经济"成就",但一场新的战争经济将再度袭击德国。可以说,伽达默尔只有1949年在海德堡大学任职以后才体验到了繁荣和富足的滋味。他终生都保有一种生存所强加的贫困意识和为了活下去必须做出牺牲的意识。

这种食品短缺和营养不良的情况却有一个有利的结果:这让他免于作为一个士兵去直接经历战争,这在其德国的同代人中是较为罕见的。在第二次世界大战期间,脊髓灰质炎引起的残疾,使他几乎不能从事任何军事服务。直到战争接近尾声,他才被动

---

[1] J. Bartzack, 95.

员参战,在一个可笑的"高射炮"部队服役,这是个在德国众所周知的部队:这个"炮手"部队必须保卫德国免受盟军系统性的空袭。但伽达默尔服役的部队中存在的问题是,高射炮没有用以填弹的炮弹,然后,他们只能往里面填土和烂土豆……哲学的后代们也许会感谢这种军事上的失能。它在海德格尔那里也发挥了作用,他因心动过速的问题而免除了兵役。但这些健康问题并不会损害海德格尔(他活了86岁)和伽达默尔的长寿及创造力。也许相反的情况才是真的,当被问到长寿的秘诀时,晚年的伽达默尔有时会说:异常艰难的早年生活有可能就是其健康长寿的最好保证。

在这些战争的苦难和灰暗中,只有诗歌提供了安慰。尽管他被预示会从事公务员这个职业,但年轻的伽达默尔还是逐渐被"内在性、诗歌和戏剧的梦想"所分心。[1]那时,他被诗人斯特凡·格奥尔格(1868—1933)的作品和灵韵强烈吸引。在20个世纪的头几十年,这个作家的诗歌成了真正崇拜的对象[2],催生了众所周知的格奥尔格圈子(George-Kreis),它对文学和文化领域都产生了深远的影响。伽达默尔也不例外。格奥尔格圈子围绕格奥尔格的诗歌而凝聚在一起,其特点是他们对世界事务及其庸俗,以及对现代科学的炫耀式放弃,以有利于一种纯粹诗性的崇拜,在大战期间以及德国经受灾难的那些年,这种特点有助于增强它的吸引力。"格奥尔格主义"的现象在今天是很难去描绘的,因为它的

---

[1] PL, 8; AAP, 14.
[2] 再次参见赫尔穆特·库恩的回忆(PSd, t. III, 242-244)。关于"格奥尔格圈子"更社会学的陈述,见 Stefan Breuer, *Ästhetischer Fundamentalismus. Stefan George und der deutsche Antimodernismus*, Darmstadt, Wissenschaftliche Buchgesellschaft, 1995. 更为详细的研究,见 Carola Groppe, *Die Macht der Bildung. Das deutsche Bürgertum und der George-Kreis 1890-1933*, Köln/Weimar/ Wien, Böhlau Verlag, 1997, 这部作品对伽达默尔与格奥尔格圈子的关系也很感兴趣(第385-399页)。

仪式、时髦和精英主义对我们来说已变得相当陌生。那时格奥尔格被称赞为一位富有远见的诗人，他指引着德国，有时他也被尊为新歌德。格奥尔格沉浸于自己的重要性，发动了针对德语的一些改革，例如，放弃大写字母（在德国所有的普通名词都被强制要求以大写字母来书写），以及引进新的标点符号，包括在朗读中用以标志停顿的"凸点"（point surélevé）（想象一个没有下面那个逗号的分号）。这些改革没有被强迫推行，但仍然是格奥尔格式诗歌鲜明的特点。格奥尔格自己会选择合格的成员成为其圈子的一员。他们往往都是文学和科学方面的重要人物，但他们全都无条件地崇拜导师，他们也称其为"领袖"（Führer）。导师和他信徒(那些男孩……)之间的关系常常是色情的(érotique)。

伽达默尔有许多老师和亲密的朋友接近格奥尔格本人。文学评论家马克斯·科默莱尔（Max Kommerell）就是其中之一。1928年，当时只有26岁的他在格奥尔格认真的监督下出版了著作《德国古典时期的桂冠（Führer）诗人》，在其中，他将格奥尔格的地位同之前占据这个位置的歌德、席勒以及荷尔德林相比较。荷尔德林是由格奥尔格圈子的一个成员，诺贝特·冯·黑林格拉特（Norbert von Hellingrath）于20世纪初重新发现的。科默莱尔后来远离了自己这本著作中的立场，也远离了格奥尔格本人，这也导致他被格奥尔格及其圈子所排斥。很显然，对现代及流俗世界的拒绝产生了一个"新的国度"（nouvel Etat），它也成了格奥尔格在他的诗歌中所歌唱的秘密德国（geheimes Deutschland）的守卫者。格奥格尔的最后一本诗集，由马克斯·科默莱尔编辑出版于1928年，其标题为"新王国"（Das neue Reich）。这样的标题对削弱战后歌德圈子声誉的帮助并不大。[1] 讽刺或悲剧的是，格奥尔格的圈子必定会吸引很多"民族主义的"人物（例如财务主管弗里德里希·沃尔特斯[Friedrich Wolters]，伽达默尔的一位老师），他们中的一些人将变成虔诚的纳粹分子，不过这个圈子也包括许多犹太人。众所周知，1944年7月20日英勇刺杀希特勒的那些人——由主谋克劳斯·申克·冯·施陶芬贝格（Claus Schenk von Stauffenberg）策动——都是格奥尔格的忠实信徒，他们都受到了由格奥格尔所发展的秘密德国这一观念的启发，他们认为希特勒正在毁灭它。[2]

秘授团体的理念不禁让人想起柏拉图所创立的学园。因而，格奥尔格圈子对那些柏拉图研究专家们有着强大的吸引力也就并非偶然了，这些专家们又转而影响了伽达默尔，他的学术职业就开始于那些论柏拉图的作品。人们可以想到的专家有海因里希·弗里德曼（Heinrich Friedemann）（《柏拉图，他的肖象》，此作品出版于1914年，收录在由格奥尔格主编的《艺术手册》这一文集中）、海因里希·巴特（Heinrich Barth）（《柏拉图哲学中的灵魂》，出版于1921年，他是新教神学家卡尔·巴特的哥哥）、卡尔·莱因哈特（Karl Reinhardt）（《柏拉图的神话》，出版于1927年，这是一本没有任何附注的作品）、库尔特·辛格（Kurt Singer）（《柏拉图，奠基人》，出版于1927年），也包括保罗·弗里德兰德（Paul Friedländer）（《柏拉图》，其第一卷出版于1926年；第二卷出版于1930年），他将成为伽达默尔在马堡的老师。在马堡学习期间，伽达默尔与格奥尔格"圈子"的关

---

[1] Stefan George, *Das neue Reich*, Berlin, Georg Bondi, 1928. 德国"帝国"的出现后来是致命的，但必须记住，这个词暗指1918年中期发生的一个事情，两名士兵选择逃出军队并达成了一项通过自杀来进入自由的"新王国"的协定。见 L. Jäger, *Ich gehe immer an äußersten Rändern. Leben und Werk Stefan Georges : Eine Tagung und eine Ausstellung in Bingen*, FAZ, 27 septembre 1995.
[2] 见彼得·霍夫曼的优秀著作, *Claus Schenk Graf von Stauffenberg und seine Brüder*, Stuttgart, Deutsche Verlags-Anstalt, 1992（surtout « Das geheime Deutschland », 61-78）.

系紧密，也是在那一时期，他遇到了弗里德里希·沃尔特斯、汉斯·安东（Hans Anton）、马克斯·科默莱尔、弗里德兰德以及海德格尔（海德格尔的文风使他想起了格奥尔格）。

不过伽达默尔最早接触的诗歌似乎都是纯文学的。当他还是圣灵中学的学生时，在同学的推荐下，他买了一本廉价的现代诗歌选集，我们在前面已经说过。里面包括克里斯丁·摩根斯坦（Christian Morgenstern）、雨果·冯·霍夫曼斯塔尔（Hugo von Hofmannsthal），还包括尼采、赫尔曼·黑塞（Hermann Hesse）和赖纳·马利亚·里尔克。格奥尔格并不在其中。因为他明确地拒绝编订者本兹曼的邀请，格奥尔格在写给他的信中明确地指出，"将其放在现代文学中将是一个错误"，不过后者却引用了格奥尔格的诗。[1]

> 那时我对诗歌很感兴趣，不过我父亲认为这没什么用处，因为他希望将我培养成一位精确科学领域的专家。当我还在读中学时，有一天我用口袋里的钱买了一本本兹曼编订、雷克拉姆出版社出版的德国诗选。在序言中，编者很遗憾地解释了格奥尔格拒绝被编入其中，而说完这些客套话后（法学家们对此驾轻就熟），序言立刻引用了两首格奥尔格的诗歌。它们至今让我难以忘怀。我像是被闪电击中了一样，完全不知道自己怎么了。不过有一件事情是确定的：我经验到某种与迄今为止我对诗歌的阅读和热情相比完全不同的东西。[2]

---

[1] Hans Benzmann, *Moderne deutsche Lyrik*, 2. Gänzlich veränderte Aufl., Leipzig, Reclam, 1907, 14.
[2] GW 9, 259 s. 这段文字引自1983年一篇论"斯特凡·格奥尔格对科学（Wissenschaft）的影响"的文章。伽达默尔总是乐于承认格奥尔格对他的影响，可以说这是他的初恋，但在伽达默尔另一个时期的研究中，几乎没有提到过他。那两首令他印象深刻的诗歌是，《七月的怀念》（Nostalgie de juillet）和《梦与死》（Rêve et mort），出自1900年出版的诗集：*Der Teppich des Lebens und die Lieder von Traum und Tod*, 1. Aufl. 1900, 11ᵉ éd. Berlin, Georg Bondi, 1923, 75（该书23年中共有11个版本，在诗歌中空前绝后）。

3 布雷斯劳的童年（1902—1918）

并非不可能的是，格奥尔格拒绝出现在这本诗集中给年轻的伽达默尔留下了深刻印象。这是其魅力的一部分：对于当前世界和公共空间的要求，他拒绝做任何让步。正如其最伟大代表之一甘道夫（Gundolf）所言，整个圈子都在和"知识的通俗化，高估和夸大一切流行之物以及吸引大众的那些东西"做斗争。[1] 斯特凡·格奥尔格回避世俗荣誉，满足于在其圈子中他所拥有的成员们对他的忠诚。当法兰克福市要授予他第一个歌德奖时，他并未出席仪式，而是让他的朋友兼秘书恩斯特·莫罗维茨（Ernst Morowitz）替他作了回应："法兰克福市在斯特凡·格奥尔格明确表示拒绝的情况下授予他这个奖，让他很惊讶。但为了授予他这个奖的基金会的利益，他似乎不应该给他的那些批判者留下公共空间，因而他怀着感激之情接受了这个奖。"人们有理由相信在这里听到了海德格尔关于公共空间的论述，"它会使一切变得庸俗而模糊不清"。因此，第一次读到海德格尔时，伽达默尔想起了格奥尔格，这绝非偶然。

格奥尔格的诗歌让年轻的汉斯-格奥尔格的头脑向一个完全不同于他父亲想要培养他进入的科学的世界开启。这一经验，这一"诗歌的真理"将在伽达默尔对科学真理的垄断之审问中成为一个持久的灵感来源（这也是《真理与方法》一书标题的意义所在，即存在着另外一种不同于科学真理的经验）："像格奥尔格这样的诗人，可以通过其诗歌魔术般的音乐性和其本人的活力对人们发挥巨大的影响，对我沉思的精神而言，这仍是一个值得不断探寻的源泉，它代表一种对哲学研究的概念游戏的有效矫正，它不

---

[1] 1911 年 7 月 6 日弗里德里希·甘道夫致弗里德里希·德·莱恩的信，见 Hans-Joachim Zimmermann (dir.), *Die Wirkung Stefan Georges auf die Wissenschaft*, Ein Symposium, Heidelberg, Carl Winter Verlag, 1985, 109.

能被完全遗忘。"[1]

这一相遇决定了伽达默尔职业生涯的第一个选择。现在很清楚的是他将学习德国文学。在这一点上,他也得到了学校里德语老师的鼓励,他还记得1938年他在圣灵中学做的一次演讲,那是建校400周年的纪念日:

> 在二年级时,我们了解到一个真正的语文学者应该是怎样的,我们的一个身为语文学者的老师就是榜样,如果我没有记错的话,他是一个专有名词历史研究方面的专家。他是个一流的老师。但是与其说他在名词历史研究方面的吸引力促使我去研究德语语文学,还不如说完全是因为他这个人的态度。他很少跟我们说起他自己最感兴趣的事情,他不允许他自己的教学责任受到私人兴趣的干扰。有些东西不是为我们而存在的,也不愿意向我们显露出来;但正是这种在隐退的同时持存的自豪和自我意识,给人留下了深刻的印象。[2]

伽达默尔后来经常说,在学校里遇到一位令人钦佩并愿意以之为榜样去跟随的老师是非常重要的。这位给他留下深刻印象的不为人瞩目的老师是赫尔曼·雷歇尔(Hermann Reichert)博士[3](如果学生获得了博士学位,他们所有的老师也会被冠以博士头衔,这在德国依然很普遍)。尽管他的专长——专有名词的历史——没有引起伽达默尔很大的兴趣,但这位对其专业抱有极大热情的语文学家的正直和稳重却征服了他。他告诉伽达默尔,教师职业

---

[1] GW 2, 481; PH, 14.
[2] 伽达默尔的发言(*Festschrift zur 400 jährigen Jubelfeier der Schule zum Heiligen Geist, Breslau, Druck von Otto Gutsmann, 1938, 90*)。
[3] 1996年3月19日对伽达默尔的访谈。

3 布雷斯劳的童年（1902—1918）

和语文学家能够成为一种真正的使命。在一场越来越荒谬的战争中，一种斯多葛式的严苛和坚定拥有着巨大的影响。这种斯多葛主义及其原则在伽达默尔的学校也非常突出。1917年，这个学校的校长奥斯瓦尔德·赖赛尔特（Oswald Reissert）博士——伽达默尔对他的回忆带着深厚的感情——受西塞罗一句名言的启发，曾给他的学生提了一个作为毕业论文选题的建议："人类的生活在什么程度上就是一种长期斗争？"[1] 除了追随他的指路明星而不顾及其余，在这场战争中还能做什么？在"二战"期间，伽达默尔也有机会遵循这条准则。

校长赖赛尔特也是伽达默尔的英语老师。这门课不是必修课，伽达默尔只学习了两年。不过这已经足够了，可以确保他（不过他的妻子并不这样认为[2]）阅读莎士比亚（这是格奥尔格赞颂并翻译了其作品的一位作家）。他后来得到了一本袖珍版的《哈姆雷特》[3]，这可不是学两年的英语就容易读的书，不过伽达默尔在这里能够发现莎士比亚时代人类生活也拥有的一个事实：不懈的斗争。

这也是宗教论争中的一个重要问题，这些论争也搅动着年轻的学生们。十分奇特的是，伽达默尔的宗教课老师支持一种理性主义的观点，即宗教产生于恐惧，但是，这一观点遭到了他的希

---

[1] 见埃伯哈德·诺伊基尔希（Eberhard Neukirch）的回忆，载于 *Festschrift zur 400 jährigen Jubelfeier der Schule zum Heiligen Geist in Breslau (1538-1938)*, 1938, 93. 关于诗人奥斯瓦尔德·赖赛尔特的职业生涯和影响，见 U. Wörffel, « *Geheimrat Dr. Oswald Reißert - Schulmann und Poet in Breslau* », dans *Der Schlesier*, 7 octobre 1994, Beilage 4.

[2] 我想借此机会对"方法论"做一个小小的评价：当伽达默尔跟我讲故事而他妻子凯特在场时，她会经常反对让我听他在那里"啰嗦"，而且有时是非常严厉地反对。这造成了一种令人不舒服的情况，但它是如此常见，我都已经习惯了。我让他们争辩，不予干涉，但我认为伽达默尔告诉我的一切都不能被直接当作事实。我也有其他机会认为伽达默尔告诉我的一切不是金科玉律。这促使我在研究中会优先考虑当代的事件来源、信件、时代的见证等。因此，这本传记过于文献学和历史的取向，也招致了一些德国人的批评。

[3] HGG, *Entretien avec l'auteur, Gadamer-Lesebuch*, Tübingen, Mohr, 1997, 280. 这是真的吗？不，如果我们相信伽达默尔太太，我们需要试着在这里给出理由。

腊语老师比格尔（Bürger）的反对，他是一位虔信派教徒。[1]这个极少受到宗教培养的青年更加倾向于同情启蒙哲学家们的修辞："相对于它有些过分虔敬的对手，冷酷无情的理性主义者的大胆对我们产生了更大的影响，在渗透着一种令人无法忍受的虔敬的希腊语课上它已经败坏了许多东西。"[2]这是他第一次遇到宗教批判，在布尔特曼"解神话化"（démythologisation）的筹划中他将再次碰到这一批判，而且《真理与方法》的核心章节将再次论及这一问题。对于启蒙，伽达默尔将采取一种更为批判性的态度，他对克尔凯郭尔的阅读加强了这点：这些有关人类生存意义的宗教问题真的能成为如理性主义所自诩的"保持客观距离的知识"之对象吗？

　　伽达默尔对克尔凯郭尔的阅读是在圣灵中学的最后一年的宗教课上，这次宗教课是由一个年轻的代课老师梅茨克（Maetschke）教授的，正常情况下他是教德语的。梅茨克无疑上过布尔特曼的课，布尔特曼曾于1916—1920年在布雷斯劳任教，正是在那时，他了解到克尔凯郭尔及其基督教启示的"同时代性"概念。这一概念意味着基督的历史不只是一个发生在遥远过去的事，它在直接地质问我们，要我们在此时此地做出回答。这是一个基本的真理：它立刻触动了我并召唤一个决定。伽达默尔将在真理的这一实存性概念中找到自己的方向。之后它将孕育出伽达默尔对启蒙的批判和对让一切都服从于理性的、保持距离的审查之意志的批判。在面对自己的生存时，我们能够采取这样一种距离吗？

---

[1] HGG, *Schule und Hochschule in Geschichte in Gegenwart, Festschrift Schule zum Heiligen Geist in Breslau gegründet 1538. Ein Rückblick nach 450 Jahren*, 1988, 17: "我们的一位老师，哈德尔（Hardell）先生，开始他的课程时宣称：'宗教的本质是恐惧！'[……]我们听得入迷，惊讶于这种新的观点和启蒙精神。但很快，我们在接下来的一个小时里就上了比格尔先生的课，他是一个年迈的虔诚派教徒，他的讲法完全相反。他试图向我们解释，这一切都只是无神论者的闲谈。"
[2] PL, 9; AAP, 15.

4

布雷斯劳的早年求学岁月 (1918—1919)：
西方的没落和科学哲学的困境

1918年标志着世界历史的一个转折点，在伽达默尔的传记中也是一个转折点。但是，大学学习的开始对他来说并不意味着离开父亲的家。鉴于当时经济、政治和军事形势的恶化，与父母一起生活是更明智的。只是在1922年患脊髓灰质炎之后，在1923年成婚时，他才离开了父亲的家。

但是，当他在选择学业时，象征性的分离就已经发生了。人们知道这件事情在他父亲那里引发的（不无道理的）忧虑。"你不知道，我父亲是一个化学家，当我告诉他我要学习人文科学时，他会责备我的。在他看来，我就是去跟一帮'只会闲谈的教授们'学习"。[1] 然而，伽达默尔回忆到，他得到了父亲一些同事的支持，包括物理学家克莱门斯·谢弗以及古典语文学家威廉·克罗尔。[2] 他们取得了一定的成功，约翰内斯·伽达默尔"同意了，但终其一生对儿子都不是很满意"。[3] 约翰内斯·伽达默尔之所以"同意"，是因为他对儿子困难的处境有了更多的理解，这一点在汉斯－格奥尔格对父亲的回忆中并没有充分表现出来（这也是伽达默尔妻子凯特的感受）。毫无疑问，他父亲仍怀有希望：随着思想的成熟，儿子会回到正确的道路上来。对德国文学的研究可被看作他在高中接受的通识教育的延伸。广泛的通识教育在那样一个动乱不安

---

[1] 见在海德堡大学对伽达默尔的访谈（*Ruprecht*, Heidelberg, n° 35, 1995, 3）："当我告诉我父亲我想学习人文科学时，你认为我的父亲，一个化学家跟我说了什么？在他看来，我是要去当一个'闲谈教授'（Schwätzprofessoren）。"

[2] PL, 10 ; AAP, 17.

[3] GW 2, 479 ; PH, 12.

4 布雷斯劳的早年求学岁月 (1918—1919)：西方的没落和科学哲学的困境

的时代不能受到损害。天主教徒谢弗和语文学家克罗尔在他们对伽达默尔父亲的干预中坚持了这一点。但是，汉斯-格奥尔格将他父亲的反对内化得如此之深，以至于他若没有某种内疚感便不会开始学习。他希望向父亲证明他可以做成一些事情，后来，他说他"梦到父亲了解到他在他的学科领域最终获得的世界声誉。"[1]

1918年春天，伽达默尔从圣灵高中获得了他的中学毕业文凭，他在那里度过了整个童年。为了纪念这个事情，他的父亲给他开了一个10000马克的银行账户，但是明确要求不能用来买书！毫无疑问，这是父亲警告他的儿子不要纯粹从事文学工作的最后一次尝试。但是在这种条件下，这个账户在1923年的通货膨胀期间一直没有被使用，最终失去了它的全部价值。伽达默尔的继母考虑让汉斯-格奥尔格去洛桑进修法语。当时法语仍是主要的国际语言，年轻的学生很流行去瑞士法语区进修法语和开阔视野。[2]但是，战争最后几个月的糟糕情况破坏了这个计划。直到1933年4月伽达默尔33岁时（另一个非常困难的时期），他才有机会第一次去到国外，当时他去了巴黎。在1968年带着巨大的声誉退休后，他成了一个真正的环球旅行家。

但是在他生命的前半段，伽达默尔的经历主要局限在德国。如果我们想要理解1948年之前在他的作品中所发现的"德国人的命运"之参照，我们就不能忘记这一点。他到很晚才获得对今天的西方青年来说习以为常的有关世界的广泛经验。当时德国的情况就是从一场灾难到另一场灾难之间的艰难跋涉。在政治上，

---

[1] 伽达默尔，1990年12月28日时代杂志（*Zeitmagazin*）的访谈。
[2] 见朱利叶斯·艾宾豪斯（生于1885年）的证言，他也在布雷斯劳学习过（PSd II）："在我第一学期的学习中，我按照当时的模式去了洛桑。后来，我们参加了格勒诺布尔（Grenoble）的一所暑期学校，在那里，在我们从学校学到的知识基础上，我们学会了说法语，不仅流利，还不带口音。"

战争的突然结束和威廉二世的垮台，普遍被认为对德国来说是一种耻辱（而纳粹主义的结束则被经验为一种解放，特别是对西方世界而言）。阴谋论在德国盛行，德国人感觉被背叛了。他们开始尝试革命（部分是受到刚刚发生在俄罗斯的革命之启发，后者同时引起了深深的恐惧）和接二连三的暴动，但这样一种可怕的方式随后带来的却是更深的迷失。人们既不可能再回到从前，它已经失去了任何可靠性，而未来仍没有头绪。在经济形势恶化、背叛的情感和赔偿金问题使一切来自西方的东西都名誉扫地的情况下，"西方式的民主"很难解决问题。鉴于《凡尔赛条约》强加给德国人的牺牲和代价，民主、议会制和自由主义被贬低为空洞的言辞和伪善。民主似乎是"从外部"强加的，只会导致党派的争吵，并由此带来德国的撕裂，也因此，在俾斯麦治下如此自豪地获得的团结也遭到了质疑。魏玛共和国就诞生于如此糟糕的征兆之下，并不时受到各种政治和经济危机的干扰。

"危机"这个词现在经常被滥用。然而，没有任何一代人经历过像伽达默尔于1918年所经历过的那种危机感。那一时期的精神被总结在奥斯瓦尔德·斯宾格勒《西方的没落》（1918）这一获得巨大成功的著作之中。伽达默尔偶尔会提及斯宾格勒[1]，不过他更常倚仗的是特奥多·莱辛（Theodor Lessing）这位犹太作家的一本小册子，即同样出版于1918年的《欧洲与亚洲》。[2]在篇幅上，莱辛的这本书比斯宾格勒的要小，但在总体方向上二者是相似的。令他感兴趣的是两种文明间的反差，欧洲文明以绩效、科学和权力为重点；与此相比，亚洲文明则更好沉思，也更悲观，

---

[1] GW 10, 209; HR, 262.
[2] Theodor Lessing, *Europa und Asien*, Berlin-Wilmersdorf, Verlag der Wochenschrift Die Aktion, 1918.

4 布雷斯劳的早年求学岁月(1918—1919):西方的没落和科学哲学的困境

甚至以弃世为显著特点。他认为西方"进步的信念"是欧洲的最后一个宗教。如果这个作品对伽达默尔来说很重要,那是因为那里预示了他将来就现代科学的征服步伐所作的某些方面的批评。在他接受迪尔特·米斯格尔德(Dieter Misgeld)和格瑞姆·尼克尔森(Graeme Nicholson)的访谈中,他总结了这一影响:

> 你们把时代精神描述为一种巨大的混乱,这是有道理的,因为普鲁士的军事和国家传统(它塑造了德意志帝国)突然崩溃了,它被民主共和政体所取代,甚至是被一个非常聪明的宪法所取代,[1] 但它暴露出一个弱点:其成功的社会条件并没有得到满足。我们都知道那个刀刺在背的著名传言[2],它仍然可以在由维拉莫维茨所题写的著名的柏林纪念碑铭文中被找到,这些纪念碑是为纪念阵亡士兵而立的: Invictis victi victuri。它的意思是:对那些战胜者来说,战败者将赢得未来。都是普鲁士及威廉时代的老一代人在讲述这一传说,他们当然有自己年轻的听众,特别是那些从战场上归来的官兵[……]正如我在我的自传中所说的那样,我自己的觉醒是通过西奥多·莱辛的《欧洲与亚洲》那本书而发生的,这促使我对我们的文化采取一种批判的态度。它与斯宾格勒所描述的衰落气氛很相似,但他的思想主要不是民族主义的,恰恰相反,他对德国和普鲁士传统的绩效伦理(l'éthique de la

---

[1] 当然,请注意这是后来的观察,可以追溯到1980年代。
[2] 刀刺在背传说(又译为匕首传说或背后捅刀传说;德语: Dolchstoßlegende),是第一次世界大战后在德国流传的传言,具有政治宣传的作用。由于德国战败,不少德国民族主义者怀恨在心,就用这个传说谴责外国人与非民族主义者出卖德国。——译者注

performance）表示怀疑。因此在那发生的是家族内部的决裂。[1]

对许多德国人来说，1918年标志着一个世界的结束，甚至是西方文明的终结。他们相信的一切，工作、纪律、进步、对皇帝的顺从、德国的伟大、科学，所有这些带来了什么？一场可怕而毫无意义的战争。今天的观察者可能有理由询问是否应该将堑壕战看作西方文明不可避免的结果，但对很多德国人来说，它的后果是好的："朝夕之间，对未来的乐观看法和对进步的信仰就崩溃了。"[2] 据伽达默尔说，这是艺术中的表现主义和哲学中的实存主义（existentialism）的诞生之处。"他的出发点是对以科学事实为定向的不满，而后者是当时新康德哲学的前提。但是所谓先验哲学的学院形象并不能满足被'一战'的堑壕战所震撼的那一代人的期望"。[3] 对伽达默尔这一代人来说，现代性和技术直接导致了战争的暴行，作为士兵的恩斯特·荣格尔（Ernst Jünger）在1920年出版的畅销书《钢铁风暴》反映了这一点。因此，并不是政治家的愚蠢或启蒙运动的缺席，而是启蒙和科学的过度导致了灾难。第二次世界大战更可怕的恐怖进一步强化了许多德国人的这一信念。事实上，法兰克福学派的某些代表就在纳粹集中营中看到了启蒙运动过度理性化的最终后果。这也许是一个令人惊讶的观点，但它在启蒙运动的飞跃发展与衰落的观念之间建立了联系，对此，年轻的伽达默尔已经有了一种模糊的预感。

---

1 SG, 3 a, p. 3. 关于这次访谈的发表版本，见 *Hans-Georg Gadamer on Education, Poetry, and History. Applied Hermeneutics*, edited by Dieter Misgeld and Graeme Nicholson, SUNY Press, Albany, 1991, 135 s. 还有其他一些地方涉及莱辛（见 GW 2, 480；PH, 13）。关于莱辛，他于1933年8月30日被苏台德的纳粹所暗杀，见 R. Marwedel, *Theodor Lessing 1872-1933. Eine Biographie*, Darmstadt et Neuwied, Luchterhand, 1987.
2 HGG, *Das Erbe Europas*, 9；*L'Héritage de l'Europe*, 5.
3 GW 3, 110.

4 布雷斯劳的早年求学岁月(1918—1919):西方的没落和科学哲学的困境

这种危机的经验无疑是对今天普遍存在的科学和技术之进步的怀疑的萌芽。

因此,对伽达默尔那代人来说,对科学信仰的质疑成了1914—1918年堑壕战的直接后果。[1]"二战"更为致命的过程也许让人忽视了那时的堑壕战所代表的灾难。1916年7—11月发生的索姆河战役及26.7万名德国士兵的丧生就是其荒谬性最具说服力的例证。对此,德国人谈论的不是堑壕战,而是物质世界的战争(Materialschlachten),字面意义上的"物质"的战争。那是一场士兵在其中似乎没有作用和荣誉的冲突,因为他们的结局只取决于炮兵的实力和军队间爆发的"钢铁风暴"。传统的骑士制度被兵工厂间的争论所取代。正是在这个意义上,伽达默尔的导师之一保罗·纳托普在1921年才会说,"在一场野蛮战争所带来的剧烈冲突中,民众从精神上被贬低成了机器零件"[2]。但它之所以是一场"物质"的战争,还因为它似乎并没有导致任何结果,也没有任何胜利,它只是增加了荒谬的感觉。索姆河战役甚至没有带来任何明显的结果。有人试图对整个战争本身说同样的话。因此,当德国人厌倦了战争,突然投降时,他们感到惊讶。根据流言,那些已经投降的将领和签署停战协议的"和平主义者"只能是"在德国背后捅刀"的叛徒。1918年11月11日的停战对德国来说更加耻辱,因为战争是以民族荣誉和自豪感为由而发动的。

毫无疑问,伽达默尔在他生命中的决定性时刻经历了"一战"的结束,那是他研究事业的起点,也是其个人性格形成之所。

---

1 据我所知,伽达默尔第一次提到"一战"的这种哲学重要性是在其1951年关于"最近30年的哲学"的讨论会上(*Ruperto-Carola*[5] 1951, 33):"第一次世界大战的灾难动摇了人们对文化的认识,这种文化在此之前一直受到科学进步的推动。"
2 P. Natorp, *Selbstdarstellung, Die deutsche Philosophie der Gegenwart in Selbstdarstellungen*, dirigé par R. Schmidt, Leipzig, Meiner, 1921, 155.

关于伽达默尔在这一确定时期的精神状态，我还没有发现对此有所说明的当代文献，但是在1923年发表于严肃杂志《逻各斯》（*Logos*）的有关尼古拉·哈特曼著作的书评中，伽达默尔说，"这是一个我们自己的眼睛都不能再相信的世界"。[1]因此，在"一战"结束这一灾难中，我们可以看到其思想的一个隐秘根源，这么说也许并非夸大之词。尤其是人们会想到作为伽达默尔解释学反思之特征的科学怀疑论、他对所有重要经验之否定特征的坚持，以及他关于人类主体性之离心化的观点，这个主体在遭受而非引领着自身的命运。就像他在《真理与方法》中所说的："事实上，并非历史属于我们，恰恰相反，是我们属于历史[……]在历史生命进程的封闭循环中，个体的自我意识只是一束颤抖的微光。"[2]我们不会忘记伽达默尔关于时间距离的丰产性的著名论断，而这个时间距离的丰产性严重缺乏控制，似乎就是文明的一种危机。

对那个时代的青年来说，危机的气氛事实上也包含着解放的一面。一个无疑还笼罩在不确定性中的新世界正从旧的废墟中生长出来。学生在精神和物质方面的困境增强了他们的团结意识并滋养着新的希望。那一时期，伽达默尔参与了很多阅读的圈子。1918年夏季仍在继续的战争和1918—1919年冬季新开始的战争，使得女孩子仍是这些圈子中的主要成员。[3]她们不仅将伽达默尔带入了一个全新的世界，也将他从父亲家中那种刻板的氛围里解放出来。从伽达默尔描述他参加1918年11月爆发的抗议活动，我

---

[1] HGG, « *Metaphysik der Erkenntnis. Zu dem gleichnamigen Buch von Nicolai Hartmann*, in *Logos* (12), 1923/1924, 359.

[2] HGG, VM, 298；GW 1, 281.

[3] 见与格拉斯尼（R. Grassl）的谈话：« *Breslauer Studienjahre. Hans-Georg Gadamer im Gespräch* », dans *Pädagogische Rundschau* 51 (1997), 122. 在该文中，我们了解到作家玛格丽特·帕森－达格（Margarete Passon-Darge, 1897—1949）是伽达默尔在布雷斯劳的朋友圈中的一员。

们就能体会到这一点:"我记得一个小故事。工人们正在进行一个盛大的游行示威,其中还有几名女工。当时有一位与我一起观看游行的学生欣慰地跟我说:'她们中的大多数人不再穿紧身胸衣了!'可以这么说,这是迄今为止对女性身体遭受的束缚所进行的第一次解放。"[1]值得注意的是,是一个学生向伽达默尔指出这一点的,但他肯定很专注。

正是在这些阅读圈子里,伽达默尔发现了像特奥多·莱辛的《欧洲与亚洲》这样的著作,以及他对绩效伦理的质疑,他还了解到托马斯·曼的非政治的观点(伽达默尔终生都保持不问政治的立场!),还有赫尔曼·邦(Hermann Bang)在今天已经被人遗忘的优秀小说《无国籍的人》(*Les Apatrides*),以及克尔凯郭尔的《或此或彼》。这些书在当时非常受欢迎,但对学术界来说仍是陌生的。学术界自我封闭,就好像什么都没有发生过一样,并继续教授着战前教过的哲学,但是,现在它已经失去了所有年轻人的信任。莱辛、克尔凯郭尔、陀思妥耶夫斯基、斯宾格勒——我们还可以想到格奥尔格的诗歌和卡尔·巴特的《罗马书释义》——都是学生们偷偷阅读的作者。他们都强调西方世界所面临的僵局并提出拯救的形式,即放弃将使欧洲陷入灾难的科学理性。克尔凯郭尔依赖于此时此地(hic et nunc)必须完成的实存选择所固有的非理性特质与宗教维度。托马斯·曼远离政治世界的卑劣,莱辛给予亚洲的智慧以极大的尊重,格奥尔格歌颂一种为特选圈子而保留的艺术美德。即使像胡塞尔的"现象学"这

---

[1] HGG, *Breslauer Erinnerungen*, 205.

样严肃的哲学流派，也首先被视为一种拯救的信号。[1] 他的解放的口号就是"回到事情本身"，这个口号将胡塞尔和海德格尔[2]聚集到一起，并将其他所有人都区分开来，它具备一些革命性的东西并承诺要打破官方哲学的因循守旧。这个承诺是否能实现的问题远没有它所唤起的力量重要，正如在思想世界中所经常发生的那样。

正是在这些阅读圈子里，伽达默尔认识了他的第一任妻子弗丽达·克拉茨（Frida Kratz）。是他的朋友将她介绍给他认识的，他得知原来他们住在同一条街上，即布雷斯劳市奥恩大街。他们相识于马勒的《大地之歌》的音乐会上，这是年轻的汉斯－格奥尔格听的第一场音乐会。弗丽达·克拉茨是一个小企业主的女儿，受过歌唱家的训练，她忧郁的性格使她特别喜欢舒伯特和雨果·沃尔夫的音乐。尽管她没有走上职业的生涯，但她有时会举办一些小型的私人音乐会，而且她的音乐课程有助于年轻的伽达默尔家庭在1920年代养家糊口。她的艺术兴趣非常多样化：她对戏剧、文学和外语（特别是西班牙语）都充满热情。她生于1898年，比汉斯－格奥尔格大两岁，比他更善于交际，也没有他那么高傲。她在扩展他的艺术和音乐教育方面做出了很大的贡献，从而加速了他从父母的束缚中解放出来。

她的家族有很多艺术家，其中包括柏林建筑师赫尔曼·穆特修斯（Hermann Muthesius，1861—1927）和作家里卡达·胡赫

---

[1] 见 PL 25；AAP, 33；GW 10, 427："毫无疑问，那些服从于现象学派之原则的年轻一代的希望，指向的不仅仅是作为严格科学的哲学基础。在这一代人的全面研究中，人们或多或少清楚地认识到，自战前文化崩溃以来，宗教、社会政治、实存主义和道德需求已不再令人满意，甚至不再能够指引任何方向。"

[2] 关于海德格尔对这个口号的解释，见 « Zu den Sachen selbst », dans *Heidegger-Studies*(11) 1995, 5-7："这一原则应该被强调，用以反对近期的一种态度，这种态度乐于将历史上的哲学概念进行相互比较，以及反对通过恢复特定历史学说（康德）来寻求庇护。"

(Ricarda Huch，1864—1947），后者是写过一本叫作"人格解体"（*La Dépersonnalisation*）[1]的书，其灵感来自歌德和格奥尔格圈子。这本书抨击了西方科学机械的、法律主义的世界观将导致人被奴役和"审判"[Verjüdung]）（这里首先让人想到的不是1933年，而是保罗的使徒书信）。这本书回顾了斯宾格勒和莱辛这两种并驾齐驱的观点。针对英法启蒙运动的机制，它将个体的路德及歌德式观念的权力引为对立面，后者更多的是建立在人的艺术及宗教秉性的基础上。这些观点在当时并非特别新颖，但它将启蒙运动和更加浪漫主义的德国传统对立起来的做法，将在《真理与方法》中找到回音。胡赫写道，"我们的时代到处都有一种古怪而有害的寻求法则（lois）的倾向。我们想要在所有自然现象的基础上找到它并非什么新鲜事。但是现在，我们想要到生命、精神、艺术、历史，甚至情感与思维这些现象中去寻找它。因此，我们成了犹太人，臣服于律法之下"。[2] 伽达默尔很有可能知道这本有关人格解体的书，而且他在他的一些论文中也承认了这一点。

*

在战争结束前的几个月，1918年4月22日（康德诞辰纪念日）起，伽达默尔在布雷斯劳大学学习日耳曼语。他的德语老师雷歇尔通过自己的示范，让他认识到这一领域也有严谨和真理。因此，就像《真理与方法》（1960）最后一句话所说的那样，人们可以在这里遇到"一种作为真理的保证的探寻和研究的学科"。[3]

简单地说，伽达默尔对他在布雷斯劳最初的德语学习十分失

---

1 *Entpersönlichung*, Leipzig, Insel, 1921.
2 *Entpersönlichung*, 7.
3 VM, 516；WM, GW 1, 494.（译按：中译本见伽达默尔：《解释学Ⅰ：真理与方法》，洪汉鼎译，北京：商务印书馆，2016年，第689页。）

望。1918年夏天，他参加了特奥多尔·西布斯（Theodor Siebs）关于"高地德语诗歌韵律"的课程，它的形式主义让他感到震惊。当时有段时间他对心理学很感兴趣，但是，正如他在自传里所说的，他预想人们会将其视为莎士比亚或陀思妥耶夫斯基风格的人类知识。[1] 但他很失望地看到这位天主教神父教授报告他对儿童心理的观察。这门课程由德国最好的中世纪史学家之一的马蒂亚斯·鲍姆加滕（Matthias Baumgarten，1865—1933）讲授，但是在讲授心理学方面，他并不是专家。

一般而言，那一时期的氛围以及德国研究领域的氛围，适合于在任何学科中进行探索。也因此，伽达默尔经常出现在那些具有异国情调的课程上，因为西奥多·莱辛已经打开了他的眼界。尤其是他参加了《古兰经》（弗朗茨·普雷托里乌斯 [Franz Praetorius]）和梵文（奥托·施拉德尔 [Otto Schrader]）的课程。和他同时代的许多人一样，他喜爱印度作家拉宾德拉纳特·泰戈尔（Rabindranath Tagore），后者于1913年获得诺贝尔文学奖，是第一个获此殊荣的非西方人士。伽达默尔的老师保罗·纳托普后来还邀请他参加泰戈尔读书会，1921年，他还在马堡见到了泰戈尔本人。[2] 这种对东方世界的热情与西方及其科学文化所引起的幻灭感成正比。

伽达默尔接近哲学有点偶然。1918年的夏天，他参加了哲学家欧根·库内曼（Eugen Kühnemann，1868—1946)给德语语言学家开设的课程，"对康德《纯粹理性批判》的解释：作为德国文学研究的入门"。之后伽达默尔去看了一下那本他从父亲书架上

---

1 PL, 10; AAP, 17.
2 PL, 19; AAP, 27.

4 布雷斯劳的早年求学岁月(1918—1919):西方的没落和科学哲学的困境

发现的《纯粹理性批判》,但他并没有体会出它的思想。[1] 此外,库内曼也是伽达默尔家的一位朋友,他以修辞华丽奔放而著称,但伽达默尔从中找不到实质性内容:"他给我的感觉就像普罗泰戈拉及其浮夸的修辞给苏格拉底的感觉一样:听起来非常美妙,我被惊呆了,但却无所教益。"[2] 库内曼在布雷斯劳南部的一座古堡中租了一套公寓,周日他在那里与一群客人一起阅读古典诗歌。[3] 伽达默尔发现在诗歌和哲学之间存在着桥梁,而在强大的修辞背后,目的也是找到真理。

他逐渐远离库内曼。然后,他像这个年纪的很多学生一样,被更"进步"的老师齐格弗里德·马尔克(Siegfried Marck, 1889—1957)所吸引,他是黑格尔化马克思主义的捍卫者。[4] 伽达默尔发现,哲学对社会现实的关注是那个时代最为显著的一种要求之一,但受教于泰戈尔、格奥尔格、莱辛、陀思妥耶夫斯基和克尔凯郭尔,使他的内在秉性与世界更多地保持着一种距离。伽达默尔很久之后说到过"哲学在政治上的无能"。[5] 但我们可以说,很早的时候他就感到直接涉及世界事务及其痛苦的哲学超出了他的能力范围。伽达默尔经常处理伦理问题,但社会及政治哲学并不是他的专长。

---

[1] PL, 12; AAP, 19. 另见 GW 10, 260: "当然,我在18岁的时候读过《纯粹理性的批判》,但我只理解布雷斯劳的新康德派希望我从中吸取什么。"第一印象具有持久的良好声誉,人们很有可能在这里发现伽达默尔在其作品中批评康德的根源所在。正如其全集第三卷的标题——黑格尔、胡塞尔和海德格尔(三个"H")——所证实的那样,现代哲学的大师也是伽达默尔的导师。

[2] PL, 12; AAP, 20. 见赫尔穆特·库恩的回忆,他是一篇关于席勒与库内曼的论文的作者(PSd, t. 3, 242): "第三帝国时期,他发表演说的嗜好对来说是致命的。1945年4月,他完全妥协,失去了资源,穿着浴袍,在巨人山脉(Riesengebirge)流浪,在与俄罗斯人的一次争执中,他在街上被枪杀。"

[3] *Breslauer Erinnerungen*, 205.

[4] Siegfried Marck, *Hegelianismus und Marxismus*, Berlin, Reuther & Reichard, 1922. 关于马尔克的吸引力,见 *Breslauer Studienjahre*, dans *Pädagogische Rundschau* 51 (1997), 124 s.

[5] 这是1992年一篇文章的标题,载于 *Esquisses herméneutiques*, Vrin, 2004, 53-60.

一位伟大的教授，他第一位真正意义上的哲学导师，将向他证明纯粹的哲学也可能具有一种高度的严格性。这个导师就是理查德·赫尼希斯瓦尔德（1875—1947）。伽达默尔在布雷斯劳的第二个学期发现了他。他是后来所谓的布雷斯劳新康德主义哲学的领袖和最著名的代表人物，之所以称为布雷斯劳的新康德主义，是为了与伽达默尔很快会知道的马堡的康德主义区别开来。伽达默尔于1918—1919年冬天第一次修习了赫尼希斯瓦尔德的课程"知识论的基本问题"，随后一学期（伽达默尔在布雷斯劳的最后一学期）又参加了他的另一门课程"科学哲学导论"。有人可能会认为，这样的标题会令年轻的伽达默尔感到扫兴，他更加关注的应该是诗歌与文学。但事实并非如此。伽达默尔对待"科学哲学导论"这门课非常认真，甚至逐字逐句地抄录了它的内容。人们可以在保存于波恩大学的赫尼希斯瓦尔德的档案中找到这个抄本。[1] 我们很难去了解它给年轻的伽达默尔所留下的印象，因为后者并未在其1922年和1928年的论文，以及那一时期的其他出版物中提及过赫尼希斯瓦尔德。[2] 尽管如此，他如此细致地对一门课程进行了速记就说明了问题，在他于1920年代将要聆听的并非不重要的海德格尔的课程上，他也没有这样做过。诚然，赫尼希斯瓦尔德构思精良、清晰的风格适合于进行速记，他都是口述他的课程，正如赫尔穆特·库恩所回忆的那样："在我看来，他的课程是一种生动、严谨、有纪律的思维模式，有一种水晶般的清晰度，所有听众都听得入迷。"[3]

后来，伽达默尔说，对他而言，赫尼希斯瓦尔德的课程为"先

---

[1] 见我在1999年的《伽达默尔传》中对这门课程更详细的总结（71 s）。
[2] 关于伽达默尔交给赫尼希斯瓦尔德的报告，再次见 Breslauer Studienjahre。
[3] H. Kuhn, PSd, t. 3, 241.

4 布雷斯劳的早年求学岁月（1918—1919）：西方的没落和科学哲学的困境

验哲学提供了一个很好的入门"。[1]这种思想源自康德的思想，它在哲学中首先看到的是对精确科学之方法的反思。这种通常以"新康德主义"为其特征的哲学，广泛地支配了从1856年到海德格尔出现之前的德国哲学界。伽达默尔很快将在马堡更好地认识这种哲学，马堡是新康德主义最为强大的堡垒。这不禁让人觉得，他那么细致认真地抄录赫尼希斯瓦尔德的课程内容是因为他知道自己很快就要去马堡了，因为他父亲刚刚被任命为那里的教授。事实上，他父亲早在1919年的夏季学期就在那里任教了，而他的家人则仍然住在布雷斯劳。1919—1920年的冬季学期，伽达默尔将在马堡开始他的学业。

伽达默尔之所以被吸引去上赫尼希斯瓦尔德的课程，肯定是由于其关于哲学与科学具有兼容性的观念。"科学"一词在德语中的含义与在法语中的含义不同，在法语中它更自然地被等同于精确科学。在德语中科学（Wissenschaft）意指任何在大学里被讲授的严格的学科。即使诗歌更加吸引他，但在严格性和哲学之间有可能实现和解的观念始终令伽达默尔着迷。而赫尼希斯瓦尔德的目的正是表明哲学确实有可能是一种够资格称为科学的真理。赫尼希斯瓦尔德解释说，哲学是这样一种科学，它试图澄清科学所预设的真理概念，而它同样可以在艺术和宗教的世界中被发现。对赫尼希斯瓦尔德而言，真理并不局限于科学的世界之中。《真理与方法》将以自己的方式在其对我们的真理经验之意义所进行的审问中重述这一观点，这在某些方面是对赫尼希斯瓦尔德相关观点的延伸，当然是在一个非常不同的语境中。

最大的区别在于，赫尼希斯瓦尔德认为哲学的义务就是去设

---

[1] GW 2, 480; PH, 13.

计（élaborer）一种关于真理之条件的"体系"。这是一个伟大的新康德主义信条：哲学必须作为一个融贯的体系而被建立起来，尽管对赫尼希斯瓦尔德来说，它只是一个规范性的观念。如果这个观念对伽达默尔来说很重要，那是因为他会在他的第一篇文章中对其提出批评，这篇发表于1924年的文章题为"关于哲学体系的看法"。[1] 对他而言，哲学首先根植于对人类实存的关心，并且必须放弃过于抽象的体系观念。伽达默尔思考体系的观念是否与人类处境的历史本性并不相容。在这一点上，他将追随他的导师海德格尔，也包括柏拉图的教导，对柏拉图而言，哲学只能实现于对话的场景中。

不过，对于他跟随赫尼希斯瓦尔德所学的最后的课程，伽达默尔并非没有怀念。他刚刚找到一位哲学导师，却不得不很快就离开，去马堡跟父亲会合。在布雷斯劳的最后一个学期，伽达默尔有幸被邀请参加赫尼希斯瓦尔德关于知识理论和思维心理学的高级研讨班（Hauptseminar），这个研讨班通常只对高年级的学生开放。在一次研讨会的结尾，伽达默尔大胆地提了一个问题，他想知道在符号（signe）的意义和词语（mot）的意义之间有没有什么差别。他显然没有发现赫尼希斯瓦尔德想在两者之间作出的区别。[2] 赫尼希斯瓦尔德回答说，这是一个很好的问题，他将在接下来的一个小时回到这个问题。我们不知道具体发生了什么，不过伽达默尔为此感到非常自豪。

我们将借此机会指出，赫尼希斯瓦尔德是语言哲学最为重要的先驱者之一（伽达默尔也将成为其中一个最伟大的代表人物），

---

1 HGG, « Zur Systemidee in der Philosophie », *Festschrift für Paul Natorp*, Berlin/Leipzig, 1924, 55-75.
2 口头交流。一个略有不同的版本，见 PL, 12；AAP, 20.

尤其是他的被不合理地埋没了的杰作:《思维心理学的基础》（1921）和《哲学与语言》（1937）。

在提到赫尼希斯瓦尔德1930年代这本鲜为人知的作品时，我们必须突出强调的是，那些年对赫尼希斯瓦尔德来说是很残酷的。1930年他接受了慕尼黑的教授职位，他可能希望在慕尼黑摆脱他在布雷斯劳籍籍无名的状况，从而赢得更为广泛的听众。但在纳粹上台后不久，他就被迫辞职了。他是犹太人，因而在1933年执行的反犹政策中被解雇。但他的学生和所在学院的抗议迫使巴伐利亚文化部长重新考虑他的案件并征求其同行们的评价。其中一封评价信来自马丁·海德格尔，当时他是弗莱堡大学的校长。遗憾的是，他的信既没有表现出丝毫的同情，也没有表现出对这位身处险境的同行的人道关怀，这封信为他最终被解雇开辟了道路。由于他是伽达默尔的重要导师，我们在此将海德格尔这封灾难性的信件援引如下：

> 赫尼希斯瓦尔德来自新康德主义学派，他捍卫一种完全符合自由主义的哲学。人的本质在那里被还原为一种浮在空中的一般意识，甚至以一种稀释的方式被理解为一种逻辑和普遍理性。通过这种方式，并且在科学和哲学基础的外表下，其目光远离了人类连同其历史根源和在人民之源头中的传统，这种传统由大地和鲜血构成。这与任何形而上学的审问所进行的有意识的驱逐密切相关。人类只被视为普遍而冷漠的文化的仆人。赫尼希斯瓦尔德的著作源于这种根本的态度。这还不是全部：赫尼希斯瓦尔德以一种特别危险的洞察力和空洞的辩证法来捍卫新康德主义的思想。其危险主要在于，这种做法给人一种具有最为严谨而严格的科学性的印象，

并且已经欺骗和误导了许多年轻人的思想。即使在今天,我也觉得慕尼黑大学任命这个人是一桩真正的丑闻。[1]

这当然还不是海德格尔最为光荣的文本。这封信将断送赫尼希斯瓦尔德的职业生涯。伽达默尔当时知道他的老师赫尼希斯瓦尔德身处险境吗?他为他做了什么吗?很可惜,似乎没有任何迹象表明这一点。有一天我问伽达默尔关于海德格尔这封信的问题。他始终回应说,海德格尔当时是完全失明的受害者,这种失明导致了他最为严重的过度行为。[2] 他被"引导元首本人"的欲望冲昏了头脑,使得他当时的行为是完全不负责任的。伽达默尔愿意补充说,正是为此之故,那些年他和海德格尔保持着一定的距离。他向我保证:不,我们对赫尼希斯瓦尔德被解雇的事一无所知,当然也不知道海德格尔那封灾难性的信件。他与赫尼希斯瓦尔德的关系不再密切,并且作为海德格尔的学生,他有可能会被怀疑。

1933年7月,赫尼希斯瓦尔德被迫"退休"(纳粹有伪装这种离职的天赋)。他在慕尼黑一直待到1938年11月,直到"水晶之夜"后被送到达豪(Dachau)集中营。五周后来自国外的抗议使他获释。1939年,他移居美国,并于1947年6月11日在美国去世。

---

[1] 1933年6月26日海德格尔的信,引自 W. Schmied-Kowarzik, *Richard Hönigswalds Philosophie der Pädagogik*, Würzburg, Königshausen & Neumann, 1995, 204. 关于德国哲学对赫尼希斯瓦尔德的遗忘,见 J. Vahland, *Warum Richard Hönigswald in der deutschen Nachkriegsphilosophie nicht vorkommt*, in Merkur (49) 1995, 1147-1151.
[2] 见 *Breslauer Studienjahre*, 123 s.

5

与海德格尔相遇前的马堡岁月
(1919—1923)

> 当时德国民主的贫弱程度就如当今世界技术的不完备一样。[1]

关于伽达默尔的马堡时期可供查阅的相关资料是他一生中最为丰富的。1973—1975年,他陆续在马堡大学校刊《母校菲利普》(*l'Alma Mater Philippina*)分四次发表了他的《马堡的回忆》。正是以此为蓝本孕生了1976年出版的伽达默尔自传《哲学的学徒生涯》,它与歌德那本伟大的教育小说《威廉·迈斯特的学习时代》遥相呼应。马堡这座大学城当时已是德国知识分子生活的伟大中心,伽达默尔在回忆中主要讲述了在那里有幸遇到的著名大师:保罗·纳托普、尼古拉·哈特曼、马丁·海德格尔、鲁道夫·布尔特曼、保罗·弗里德兰德、鲁道夫·奥托(Rudolf Otto)等。可以说,伽达默尔的所有思想都源自他1919—1939年在家乡马堡(尽管他老家在西里西亚)所发生的这些邂逅。他选择将他的回忆放在对一本自传来说显得有些悖论的题铭——"关于自己,我们宁可沉默"——之下,这句话借用自培根,也被康德和纳托普所引用过。他从不隐藏自己有欠成熟,对哈特曼和海德格尔这样的老师有所依赖,当然也包括纳托普、哈曼、库尔提乌斯和弗里德兰德,仿佛他们是他的第二父亲。终其一生,伽达默尔都沉浸在海德格尔和他杰出老师们的阴影之中。这将给他注入一种自卑

---

[1] PL, 14; AAP, 22.

感,至少是一种谦逊感,这将成为解释学思想的基石。当你觉得自己很渺小的时候,你可能学得最多。

因此,在他的自传中,伽达默尔主要谈及这些相遇(在《学徒生涯》中,他补充了对曾在其他地方出版的著作中有所遗漏的同事们的敬意),却很少提及他自己、他的个人处境和他早期的出版物,也很少涉及1920年代的政治背景,仿佛那些戏剧性的事件从未在德国发生过一样。"我们宁愿忽视外部世界",他后来承认说。

伽达默尔确信,当他1919年在马堡开始他的学业时,他仍是一个哲学上的初学者,当比他年长的同学们从前线回到教室继续学业时,这一感受更加强烈。他们的经验和自信使最年轻的学生感到压力。有一段时间,伽达默尔与赫尼希斯瓦尔德彼此通信,因而赫尼希斯瓦尔德知道伽达默尔对马堡的那些最初印象。伽达默尔的信件已经遗失,但1919年赫尼希斯瓦尔德写给伽达默尔的一封信件得到了保存,它可以让我们一瞥伽达默尔在马堡早期的那些老师们的情况。赫尼希斯瓦尔德讨论了保罗·纳托普、尼古拉·哈特曼和艺术史学家理查德·哈曼。[1] 哲学和艺术史是他当时学的两门主要课程,可以说它们也是伽达默尔一生所从事的主要学科。他在1923年见到海德格尔之后才对古典语文学开始感兴趣。在马堡,伽达默尔也认识了伟大的罗曼语语文学家恩斯特·罗伯特·库尔提乌斯。

在写给赫尼希斯瓦尔德的信中,伽达默尔对年轻的哈特曼"在

---

[1] 1919年12月22日,赫尼希斯瓦尔德致伽达默尔的信,载于 W. Schmied-Kowarzik (dir.), *Erkennen – Monas – Sprache. Internationales Richard-Hönigswald-Symposion Kassel 1995*, Würzburg, Königshausen & Neumann, 1997, 455. 还有两封伽达默尔写给施密德·科瓦兹的信,日期为1995年3月27日和4月24日,对赫尼希斯瓦尔德的这封信做了评论。1919年的这封信是我见过的最早的关于伽达默尔的文件之一。

黑板上用图解来表达自己思想"的做法感到失望。"相对于赫尼希斯瓦尔德精致的辩证法,这种表述对我来说就是一种不可饶恕的罪过"。[1] 我们没有语言来讲述事物吗?语言仍不足以表达人之所想吗?我们应该记住这一点,因为这一"语言的普遍性"的观点将成为伽达默尔所发展的解释学的论题之一,即便不是最主要的论题。

赫尼希斯瓦尔德回信说,他对哈特曼的工作有一种好的印象。鉴于在马堡的新康德学派和布雷斯劳的新康德学派之间可能存在的张力,这种对哈特曼的同情是很容易理解的。因为年轻的哈特曼作为马堡哲学的后起之秀,对马堡学派奠基者(纳托普和柯亨)的理念论(l'idéalisme)采取了一种批判性的眼光。哈特曼(1882—1950)受亚里士多德学派的训练,这个学派较少受到纳托普和柯亨的影响,这使他对知识的对象究竟是纯粹的造物(création)还是精神的构造产生了疑问。[2] 这种"实在论"(réalisme)在马堡的世界里显然会遭到强烈谴责,但人们知道它吸引了年轻的学生。他们总是喜欢听有关真实世界的东西,并对"老教授们"讲授的历史充满怀疑。这种实在论吸引了伽达默尔,而这种吸引力将会再次出现在海德格尔的哲学及其本人那里。

这是一种类似的实在论,哈特曼从伦理上为它辩护,而这也是让伽达默尔更感兴趣的地方。哈特曼当时正在研究一种"价值的质料伦理学"。在马克斯·舍勒工作的推进下,这种伦理学已偏离康德的"形式主义"(根据这种理论,人们必须尽自己的义务,

---

[1] 1995 年 4 月 24 日,伽达默尔致施密德·科瓦兹的信,载于 *Erkennen - Monas - Sprache*, 456.
[2] 见他在《知识形而上学大纲》(*Grandes Lignes d'une métaphysique de la connaissance*, Berlin/Leipzig, de Gruyter, 1921, 1)中的第一句话:"本研究的出发点是,知识不是一种创造、生殖或知识对象的产物,正如古代或现代的理念论所教给我们的一样,而是某种存在于任何知识出现之前并独立于知识的被扣留的东西。"

5 与海德格尔相遇前的马堡岁月（1919—1923）

而不顾自己的目的和所希望的幸福），这在当时非常流行，它希望赋予伦理现实以更多的血肉。这种新的价值伦理学面世于1926年，哈特曼在马堡的咖啡馆桌子上画了第一幅图示向他的学生伽达默尔介绍了这种伦理学。[1]哈特曼以他惯常的细致将逻辑范畴与伦理范畴区别开来：这些伦理范畴比逻辑范畴"更弱"，因为它们只有在人们接受它的情况下才有效。伽达默尔后来承认它有点过于简单化，但哈特曼给予它的格外关注还是触动了他。

伽达默尔当时与哈特曼的关系非常紧密，哈特曼待他"情同父子"。[2]出生于波罗的海国家的哈特曼"只有"一个女儿。他在马堡的生活条件很简朴，但很特别："那是个很艰苦的年代，煤炭很紧缺。冬天，尼古拉·哈特曼坐在他没有生火的书房里，穿着绒布睡袍，脚上放着热水袋。为了让手能够保持灵活以便写作，他把手放在烟斗头的附近。"[3]在一份更切题的证言中，哈特曼在那些年里的另一名不太为人所知的学生约瑟夫·科尼格（Josef König，1893—1974）生动地为我们描绘了哈特曼的生活条件，伽达默尔在哈特曼1925年前往科隆时搬进了哈特曼在奥克什大道（Ockershäuser Allee）的公寓（自1924年开始，伽达默尔住在恩斯特·罗伯特·库尔提乌斯以前的公寓）："哈特曼给我留下了很深刻的印象。我完全被这个人的冷静、对自己思想的忘我贯注和他绝对的纯洁所吸引。他住在山上的一间很小的、孤零零又简陋的小屋里，透过其书房狭小的窗户可以看到城堡。他的卧室陈

---

1 PL, 21；AAP, 29. 另见伽达默尔为哈特曼（1982）百岁纪念所撰写的文章《价值伦理学与实践哲学》（« L'éthique des valeurs et la philosophie pratique »，GW 4, 203-215；AC 2, 351-367）。关于他和哈特曼的关系，见 Cuadernos de etica, Asociación Argentina de Investigaciones Eticas, Buenos Aires, n° 8, décembre 1989, 69 s.
2 PL, 21；AAP, 29.
3 Ibid.

设简陋，只有几本书，几乎完全由一架巨大的白色望远镜所占据。椅子上放着一件看起来像是长袍的猩红色睡衣。再去想象一下，一个严肃的人，沉默寡言，所有的一切都沉入冰凉的寒冷和深雾笼罩的月光中 [……] 我感觉自己正在一个古代的，也许还有一种黑格尔式精神的哲学家面前。"[1]

哈特曼的著作，就像他的画像一样，确实给人一种极为严肃的（如果不是极为冷淡的）印象。但是在谈话时，他表现得像另一个人：热情、灵活[2]、对学生（以及他的女学生……）倾注感情。这可能是由于他是一个波罗的海国家的人，从而在同事中间有一种陌生感。像其他几个老师一样，他也开了一个讨论班，每周四晚上9点到凌晨2点在他的公寓里进行。这是一个伽达默尔后来和他的学生们效仿的榜样。据伽达默尔回忆，到了深夜哈特曼才真正清醒。[3]之后的交流就变得越来越亲密。1922年，哈特曼40岁时的一天，他告诉他的得意门生伽达默尔，他对自己的创造力感到怀疑，"从现在开始，我再也不能写作了"（这将被证明是错误的）。

哈特曼会在晴朗的夜晚用他的望远镜观察星星，伽达默尔对此并不热衷，但还是顺从了哈特曼的心意。[4]这个夜里花时间写作、中午才醒来的人与早上7点就开始上课的海德格尔之间形成了巨大的反差！海德格尔1923年来到马堡后，哈特曼的学生在午夜

---

[1] 1924年11月11日，考尼格致赫尔穆特·普莱斯纳的信，载于 *Josef König-Helmut Plessner Briefwechsel 1923-1933*, dirigé par H. Lessing et A. Mutzenbacher, Freiburg/München, Alber, 1994, 58. 著名的奥克什大道公寓，后来还居住过维尔纳·克劳斯和马克斯·科默莱尔，见 M. Kommerell, *Briefe und Aufzeichnungen 1919-1944*, Freiburg, Verlag Olten, 1967, 386.
[2] 另见1925年12月23日考尼格致赫尔穆特·普莱斯纳的信（载于 *Josef König-Helmut Plessner Briefwechsel 1923-1933*, 108）："我每天都见到哈特曼，和他谈了很多。他比他的书更灵活，更有想象力。"
[3] PL, 21 ; AAP, 30.
[4] PL, 23 ; AAP, 31.

后就再也不精力充沛了……哈特曼的竞争对手海德格尔当时说了一句很妙的，甚至有点恶毒的俏皮话："当哈特曼家的灯光熄灭时，它在我家点亮！"[1]

在海德格尔出现之前，哈特曼是伽达默尔最亲近的老师，哈特曼也视伽达默尔为最喜爱的学生并对他寄予了极大的期望。哈特曼很喜欢他的这个门生所具有的一种"细微差别感"（sens des nuances），而对他更为分明的概念性思维则有点陌生。哈特曼在很早的时候就鼓励伽达默尔去攻读博士学位。此外，他还想着之后可以立即指导他的教职论文。当他主持伟大的纳托普讲席时，还为伽达默尔的第一篇出版物提供了方便。他邀请伽达默尔给1924年纳托普70岁生日献礼的纪念文集写一篇稿子，当时年轻的伽达默尔博士还只是个优秀的无名小卒。伽达默尔第二篇出版物是对哈特曼《知识形而上学大纲》（1921）的长篇评述，借此他表达了对自己的庇护者的感激之情，这篇文章发表在评论期刊《逻各斯》上。尽管这两篇文章很大程度上都归功于哈特曼，伽达默尔一直认为它们发表得太早了（他并没有将它们收入出版的著作集中），但它们已经带有海德格尔的影响，海德格尔已经开始令这个年轻人着迷了。

伽达默尔说他是1921年第一次听说海德格尔的。他当时和未来的妻子弗丽达·克拉茨一起在慕尼黑度过了夏季学期。哈特曼建议他去那里拜访现象学家莫里茨·盖格尔（Moritz Geiger）和亚历山大·普凡德尔（Alexander Pfänder），他们和哈特曼本人一样都是"实在论者"。但无论是盖格尔还是普凡德尔都没有

---

[1] 见 *Cuadernos de etica*, Asociación Argentina de Investigaciones Eticas, Buenos Aires, n° 8, décembre 1989, 76.

给伽达默尔留下深刻的印象。对于普凡德尔,伽达默尔后来说,他是"可以想象到的最节制、最乏味,也最无魔力的现象学家"。[1]伽达默尔在"现象学"中期待着别的东西,即一种直接把握现象的思想,它使我们摆脱过于抽象的构造。这也是他 1919 年在马堡时,在哈曼艺术史课的研讨班上首次听到的一个术语。[2] 现象学这个术语("回到事情本身!")有一些革命性的东西,这一点将会被记住,但是他并没有将慕尼黑的现象学看在眼里。此外,伽达默尔说,在慕尼黑的那个学期,他与伟大的海因里希·沃尔夫林(Heinrich Wölfflin)一起研究艺术史,参观博物馆,最后观光阿尔卑斯山,他从中受益良多。这也是他可以长时间远离父亲而与弗丽达在一起的一个机会。

在盖格尔的一次研讨班上,伽达默尔首次体验到海德格尔主义。[3]一个来自弗莱堡的年轻学生"使用十分罕见的术语做了一个非常奇特而激昂的"发言。当伽达默尔课后请教盖格尔这些费解言辞的意义时,盖格尔回答说,"啊,他已经彻底海德格尔化了!"这位几乎没有什么出版物而又如此令人着迷的大师是谁?伽达默尔很快就有机会认识他,在他 1923 年到弗莱堡度过夏季学期的时候。

哈特曼建议他去弗莱堡。在阅读了纳托普 1922 年给他的一份海德格尔的激动人心的手稿后,伽达默尔已经计划继续研究亚里士多德。[4]不过哈特曼让伽达默尔去弗莱堡跟随的是哲学家理

---

[1] PL, 72;AAP, 88.
[2] PL, 25;AAP, 33,在那里,伽达默尔对自己关于现象学创始人胡塞尔和舍勒的阅读感到失望。
[3] GW 3, 263;CH, 130;PL, 212;AAP, 253. 也载于 GW 3, 309 (CH, 189),伽达默尔更确切地说是在 1920—1921 年的马堡第一次听到海德格尔不同寻常的用语,是由同样来自弗莱堡的奥克斯纳(Ochsner)告诉他的。
[4] 这份手稿到 1980 年代才被找到(M. Heidegger, *Interprétations phénoménologiques d'Aristote*, trad. J.-F. Courtine, Mauzevin, TER, 1992)。

查德·克罗纳（Richard Kroner）。[1] 在弗莱堡的第一个学期，伽达默尔是克罗纳的学生（人们猜测他是海德格尔的一个"竞争对手"……）[2]，克罗纳是著名著作《从康德到黑格尔》的作者，这本书分两卷分别出版于1921年和1924年。之后克罗纳成了《逻各斯》杂志的主编。无疑，正是克罗纳要求伽达默尔为他的好友尼古拉·哈特曼的新书《知识形而上学大纲》（1921）写一篇书评。这对伽达默尔来说是一个荣誉，但他的书评最终表明他对哈特曼持明显批判态度。[3] 然而，十分讽刺的是，他对后者的批判揭示出哈特曼和克罗纳的竞争对手（海德格尔）的才华对伽达默尔的影响已经占据上风。伽达默尔在文中事实上批判了哈特曼的现象学概念，当时他将其看作一种"对事实状态的简单纯粹又无偏见的把握。"随后伽达默尔询问——这种询问已经是有资格被称作"解释学"的观念了——是否所有对事物的把握都没有"决定性地取决于观察者视角的特殊性。"[4] 伽达默尔怀疑我们是否可以将知识视为主体和客体之间的一种简单关系，如哈特曼所做的那样。这就是为什么他要为"对哲学传统的解构式批判"之计划辩护，它引导我们以这种方式提出知识问题。解构（Destruktion）这个新词明显来源于海德格尔的教学（虽然胡塞尔在1913年的《大观念》中已经使用了它）。我们可以说，伽达默尔现在越来越海德格尔化了。

---

1 PL, 32；AAP, 41.
2 Hans L. Gottschalk, « *Heideggers Rektoratszeit* », *Antwort. Martin Heidegger im Gespräch*, dirigé par G. Neske et E. Kettering, Pfullingen, Neske, 1988, 185："汉斯-格奥尔格·伽达默尔，这个人我不认识，因为他是理查德·克罗纳的学生而在弗莱堡享有声誉，克罗纳第一次和我谈到了他。"另见伽达默尔对克罗纳的致敬（*FAZ*, 3 décembre 1977, n° 281, section *Bilder und Zeiten*, 6）。
3 HGG, « *Metaphysik der Erkenntnis. Zu dem gleichnamigen Buch von Nicolai Hartmann* », dans *Logos* 12 (1923-1924), 340-359.
4 海德格尔的这个观点经常出现在整篇文章中。

海德格尔在伽达默尔的思想和内心中逐渐取代了哈特曼。还有另外一个有点苦涩的讽刺是：1923年夏季学期刚过，海德格尔就被任命为马堡大学的教授（"编外"教授，因此并没有占用现任者们的"普通"职位），他最终成功地赶走了哈特曼，使哈特曼看着他所有的学生离他而去。

对哈特曼来说，看到他最喜欢的伽达默尔皈依海德格尔是一种"巨大的失望"。当伽达默尔谈到这一点时，他不断地摇着头重复着"巨大的"（kolossal）一词，好像在责备自己对这个哺育了他的人的不忠。当海德格尔于1923年10月抵达马堡时，伽达默尔仍然希望在海德格尔和哈特曼之间建立桥梁，他很有条件做这件事。两者之间的关系，一开始还是热络的，但很快就恶化了。[1]哈特曼最终放弃了斗争，接受了1925年科隆大学舍勒教席的"召唤"。舍勒教席的声望吸引了他，特别是考虑到哈特曼将于1926年出版《伦理学》（这是他道路的一部分），但在海德格尔早期的学生卡尔·洛维特（Karl Löwith）看来，海德格尔羞辱性的竞争无疑在这里起了决定性的作用："尼古拉·哈特曼被召唤到科隆，逃离他空荡荡的教室和我们这些海德格尔的学生的恶意攻击。海德格尔吸引了他们，而其他老师则失去了学生。"[2]

正是哈特曼激励伽达默尔在令人敬仰的保罗·纳托普（1854—1924）的指导下完成了他的博士论文。枢密顾问纳托普是马堡学派最后一位伟大代表。马堡学派的创始人赫尔曼·柯亨于1918年去世。但是柯亨对马堡学派的影响在他1912年去柏林后就开

---

[1] *Cuadernos de etica*, n° 8, décembre 1989, 76.
[2] K. Löwith, *Mein Leben in Deutschland vor und nach 1933. Ein Bericht* (1940), Frankfurt am Main, Fischer, 1989, 65.

始减弱[1]，在那里他给一所专门研究犹太教科学的高等教育机构授课，这将成为他最后作品的主题。他的坟墓也在柏林维森塞（Berlin-Weissensee）的犹太人墓地里。他并不强调"科学的证据"，其哲学只是一种理论，一般认为这是马堡学派的特征。伽达默尔记得，在柯亨离开之后，老年纳托普本人致力于更"神秘"的倾向，这与他青年时关注科学成功的工作形成鲜明的对比："新康德主义的马堡学派当时已完全瓦解。在赫尔曼·柯亨离开后，保罗·纳托普追随着自己长期受到抑制的、从神秘主义和音乐中汲取营养的冲动。"[2] 晚期的纳托普（他曾研究过音乐并于1920年出版过一本关于贝多芬的书）那些更富有音乐性、更富有诗意的特点必定触动过伽达默尔的心弦。因此，伽达默尔一直怀念对泰戈尔诗歌的阅读，那是在纳托普周日于家中组织的（就像库内曼在布雷斯劳所做的那样）读书会上，他也是一位"留着花白胡子的可敬老人，朝向灵魂的内在性"且"喜欢沉默"。[3] 他们1922年见面时，纳托普已68岁，几乎什么也不说，而只有22岁的伽达默尔或许是太害羞了，只是在轻声说话。

毫无疑问，纳托普的哲学态度发生了一个重要的转折。作为新教牧师的儿子，他捍卫了由康德启发的知识理论，但他研究的标志性著作却是关于希腊哲学的。他1903年出版的《柏拉图的理念论》及其提出的挑战性观点风行一时，按照他的看法，柏拉图的思想可以与现代科学努力揭示的自然法则进行比较。作者的

---

[1] 见 E. Holzhey, *Cohen und Natorp. Ursprung und Einheit. Die Geschichte der « Marburger Schule » als Auseinandersetzung um die Logik des Denkens*, Basel/Stuttgart, Schwabe, 1986, 21 s.
[2] PL 223 ; AAP, 266.
[3] PL, 19 ; AAP, 27. 关于泰戈尔，另见 « Some Dimensions of the Universality of Philosophical Hermeneutics : A Conversation with Hans-Georg Gadamer », in *Journal of the Indian Council of Philosophical Research*, 9 (1992), n° 3 (May-August), 124.

大胆为他赢得了"柏拉托普"[Platorp]的绰号。[1]于是柏拉图成了康德和科学认识论的先驱。在1920年的后记中，纳托普以"逻各斯—灵魂—爱欲"（Logos-Psyché-Eros）为题试图加以缓和的就是这一科学的处理方式。它包含了一部分自我批评。"当我的著作于1903年发表时，"纳托普说道，"也许应该将柏拉图的神秘主义同其理念论分开。"[2]但他现在认识到"那些认为无法维持这种分离的批评者"并非完全错误。在1922年3月22日的一篇文章中，彼得·伍斯特（Peter Wust）谈到了纳托普的"精神转变"。但在同一份报纸（1922年4月26日）刊登的一篇文章中，纳托普否认了转变的存在，这篇文章有个有趣的标题：《保罗·纳托普的精神转变，来自某个非常了解他的人》。

在1920年的后记中[3]，纳托普给出的对柏拉图的解释是相当神秘主义的，不过它与马堡学派所形成的关于柏拉图的通常形象（即专注于精确的科学理论）相悖。柏拉图和赫拉克利特作为对独一无二的逻各斯的原始思维进行思考的思想家出现在那里，万物都趋向于这个独一无二的逻各斯，但只有灵魂才能把握它。如果纳托普在他的解释中拒绝将它看作一个根本的转折，那是因为在他看来，寻求更加包容之法则的科学，同样遵循着对逻各斯、对现实之终极因的追求。

纳托普的观点在这里值得加以强调，因为它直接影响到伽达默尔的博士论文，不管这个年轻的学生是否意识到这一点。在哈特曼的鼓动下，伽达默尔早在1920年就在设想跟随纳托普的论

---

[1] Christoph von Wolzogen, « Schöpferische Vernunft. Der Philosoph Paul Natorp und das Ende des Neukantianismus », *FAZ* 17.3.1984, n° 66 (Bilder und Zeiten).
[2] P. Natorp, *Platos Ideenlehre*, 1903, 2. Auflage 1921, 467.
[3] Karl-Heinz Lembeck, *Platon in Marburg. Platonrezeption und Philosophiegeschichtsphilosophie bei Cohen und Natorp*, Wurzbourg, Königshausen & Neumann, 1994, 330. 另见 H. Holzhey, *op. cit.*, 42 n.

文写作计划。纳托普此时已经开始与康德保持一定的距离并建议伽达默尔写一篇关于费希特的论文,费希特的绝对理念论当时肯定吸引了纳托普。对伽达默尔来说,这是一个全新的主题,他开始研究的方式显得非常奇怪:去阅读费希特与他妻子的通信。他失望地向纳托普坦言道:"唉!枢密顾问先生,我想我宁愿研究柏拉图。"[1]

当时纳托普向伽达默尔推荐了柏拉图的快乐概念作为主题[2],这是他关心的一个主题。在纳托普 1920 年所写的后记中,他明确指出了对柏拉图快乐概念进行详细研究的迫切性。[3]我们在新的视角下可以理解为什么纳托普这么认为。因为柏拉图似乎在一些对话中,尤其是《高尔吉亚》(*Gorgias*)中拒绝所有属于快乐的东西,因为它们属于可感的世界。但是如果整个宇宙,包括可感知和可理解的,都是由同一个唯一的逻各斯所支配,那么灵魂所能感受到的快乐就不能再被当作有害的东西而加以拒绝。然后纳托普区分了三种类型的快乐——直接可感知的快乐、满足和至福(la béatitude)——伽达默尔将在其论文中再次加以采用。但是对纳托普而言,重要的与其说是这个三位一体,不如说是柏拉图作品统一性的观念,这将带来对快乐的重新评价。

伽达默尔的论文是一篇年仅 22 岁作者的分量有限的作品。在这么早的时候完成论文其实并不罕见。这使他能够获得"博士"头衔(在德国人们很愿意获得它)并在一定程度上确保他学业的

---

[1] 见对伽达默尔的访谈:« *Die Griechen, unsere Lehrer. Ein Gespräch mit Glenn W. Most* », in *Internationale Zeitschrift für Philosophie*, 1994/1, 140.
[2] Ibid.
[3] *Platos Ideenlehre*, 1903, 2ᵉ éd. 1921, 520:"柏拉图对于善和快乐这两个概念的立场需要重新处理。我相信,这一点可以表明,柏拉图的态度并不像人们乍一看时那样摇摆,相反,他从始至终都保持着同样的态度,在后期的作品中,这种态度只是获得了更大的自信和精确性。"

继续，对伽达默尔来说学业还远未结束。与今天的硕士论文或DEA论文相比，这篇论文仅有116页，排版凌乱，希腊字符都是手写的。论文仅有五个脚注。伽达默尔从不希望它被出版。

论文的整个目的是重述柏拉图对他那个时代的快乐主义（l'hédonisme）所做的解释的主要阶段，这种快乐主义受到智者派的辩护。[1] 注意到这一点很重要，因为伽达默尔总是从柏拉图对智者派的反对出发来理解柏拉图。伽达默尔的基本观点很简单：智者派的快乐主义者所持的相对主义使得快乐成了一种绝对，但若如此，智者派就超越了他们声称要加以捍卫的相对主义。快乐的确要求作为一种无条件的价值，它指向一种最高的善，也就是"至善"（l'agathon）。虽然柏拉图早期的一些对话只是强调了智者派的相对主义的疑难（aporia），但后期的对话将阐述一种更为成熟的理念论，其伟大的原则就是至善的理念。因此，快乐是次要的，但同时有一种重要的积极作用，因为它凸显了至善的内在性、它在我们世界中的在场（这对纳托普是非常重要的，而伽达默尔也将始终坚持这一点）。因此，伽达默尔很容易地表明了，后期对话认识到快乐的根本地位。这就是《斐里布篇》（*Philèbe*）（该书是伽达默尔1928年教职论文讨论的主题）的情形，"在那里他的目光被重新引导到经验世界"："通过这个辩证的转折，一（hen）不再能与多（polla）相分离，而是通过权衡和规定与其结合在一起。"[2]

通过这一点，伽达默尔无疑能满足纳托普的一般期望。在

---

[1] *Das Wesen der Lust nach den platonischen Dialogen*, 6. 对伽达默尔论文更详细的分析，见此传记的德文版（1999, 97-101）。

[2] *Das Wesen der Lust*, p. 78. 伽达默尔将在其1978年出版的《柏拉图和亚里士多德之间善的观念》一书中接受这一观点（*L'Idée du Bien entre Platon et Aristote*, Heidelberg, Winter, 1978, GW 7, 128-227 ; tr. *L'Idée du bien comme enjeu platonico-aristotélicien*, Vrin, 1994）。

1922年11月30日给胡塞尔的一封信中，保罗·纳托普说他对伽达默尔的工作感到满意。[1]哈特曼和纳托普统一了意见，给予伽达默尔最高的评价，最优等（summa cum laude）。伽达默尔后来说，他们太慷慨了……[2]

在伽达默尔的论文中，我们发现了更为"神秘的"方面。他认为，根据我们的"问题史"来研究柏拉图是错误的，因为"问题史"试图在柏拉图的思想中重新发现我们的认识论问题。柏拉图的思想具有完全不同的性质，伽达默尔用奔放的修辞向我们保证："我们在这里坚持这样一个事实，即柏拉图式的理念（如果我们能暂时翻译这个希腊词汇的含义的话）是一种神圣的或有魔力的存在，在任何情况下，它都是生动而活跃的存在（例如逻各斯[Logos]、美德[Arété]、去蔽[Alètheia]、爱欲[Eros]、知识[Epistémè]、快乐[Hédoné]），其生命充满了精神空间。如果在柏拉图的对话中，理念突然开始说话或者抱怨被忽视，那么这就不仅仅是个游戏了。我只想在这里提到《高尔吉亚》中的苏格拉底，他说哲学是他'最喜欢的'情人（paidika），它永远也不会与理性（les logoi）相冲突。这一形象是对丰富而完整之现实的表达：通过我们的思想，我们进入了神圣的空间，并且被要求跟随祭司的指示直到最后。"[3]

令人惊讶的，甚至"魔力般的"（这绝对是伽达默尔当时喜欢的一个术语）观点，或许反映的不是纳托普的直接影响，而是斯特凡·格奥尔格的诗人圈子中对柏拉图的诠释的影响。可惜"格奥尔格人"（Géorgiens）的习惯之一就是不会说明他们的思想来

---

[1] E. Husserl, *Briefwechsel*, Boston/London, Dordrecht, 1994, t. 5, 161.
[2] 见 PL, 23 ; AAP, 31 ; « *Die Griechen, unsere Lehrer* », 1994, 139.
[3] *Das Wesen der Lust*, 3.

源,因为他们正是以此来证明他们对过于粗俗的科学之蔑视。伽达默尔没有指出他的灵感来源,但我们可以很容易地猜想到。除了对诗人本人的参考,我们还可以想到海因里希·弗里德曼(《柏拉图,他的肖像》,刊载于1914年格奥尔格编的《艺术文集》中)或海因里希·巴特(《柏拉图哲学中的灵魂》,图宾根,1921年)的著作被援引。如果柏拉图在格奥尔格圈子里受到尊崇,那是因为他被称赞为精神共和国的先驱和导师。这位精神、政治和艺术大师的形象与格奥尔格本人相似。这种崇拜与对颓废的所谓文明世界的蔑视相伴而生,这个文明世界是科学所支配的,它科学分析式地分解事物而不是以自己的(格式塔的[Gestalt])形象来把握事物。许多对现代科学的桎梏感到不自在的知识分子和科学家在格奥尔格主义及其对柏拉图的构想中找到了避难所。在他的自传中,伽达默尔从未掩饰过他当时与格奥尔格圈子及其最杰出的一些代表之间的亲密关系,例如经济学家弗里德里希·沃尔特斯,后来的语文学家保罗·弗里德兰德和马克斯·科默莱尔。半个多世纪后,他欣然并十分肯定地强调了"斯特凡·格奥尔格对其研究的影响"。[1]

伽达默尔本人只在一个不太体面的场合见过格奥尔格一次。那是在马堡,格奥尔格在那里有一个重要的圈子。伽达默尔在一座城门附近看见了他,这地方是年轻妓女们应召的场所。这让人相信,这也是格奥尔格的"柏拉图主义"的一部分。

并非不可能的是,伽达默尔已经在晚期纳托普对柏拉图相当神秘的解读中认识到了显然更加高贵的格奥尔格动机。的确,纳托普在他1920年的后记中强烈反对格奥尔格圈子对柏拉图的解

---

[1] 正如我们前面所看到的,这是1983年一篇短文的标题(GW 9, 258-270)。

读，尤其是弗里德曼[1]的解读及其对其元首（Führer）格奥尔格本人的神秘崇拜。但事实仍然是，他自己会被当时流行的格奥尔格圈子的论题所触动，这些论题表达了面对现代科学的某种幻灭感。很显然，无论如何，格奥尔格圈子对柏拉图的解读也主导了对柏拉图的政治阐释，这些阐释在1920年代大量涌现，并迅速将柏拉图奉为一个新王国的教育者和奠基人。1933年，伽达默尔在《逻各斯》杂志上刊登了一篇题为"关于柏拉图的最新研究"的相当正面的书评。[2] 在讨论格奥尔格圈子成员库尔特·辛格的著作《柏拉图：奠基人》（1927）时，伽达默尔强调"柏拉图这个概念的起源是众所周知的"，但他并没有提到格奥尔格本人。他补充道："很显然，在这里表达自己的并非一个语文学家或哲学家，而是这样一个人，他表明了柏拉图在科学之外看待本质事物的概念，尽管他依然感激柏拉图的科学解释的结果。"[3]

格奥尔格的精神在马堡随处可见。伽达默尔最先是被浪漫主义者和文学评论家恩斯特·罗伯特·库尔提乌斯引导到那里的，伽达默尔与他关系很好。老师与弟子间近乎父子般的亲密私人关系——伽达默尔在马堡有很多这样的经历——无疑也是格奥尔格的世界所具有的吸引力的一部分。他的诗歌令伽达默尔着迷。当时伽达默尔最好的朋友是诗人奥斯卡·许雷尔（Oskar Schürer）。许雷尔比伽达默尔年长7岁，他是在战争结束之前在马堡开始他的学业的，他在很多文学教授和艺术史学家中有着很大的影响力。今天人们多少忘了，伽达默尔在自传中向他致以敬意，在那里他甚至说"他的人格对我在马堡初期的生活影响巨

---

[1] P. Natorp, *Platos Ideenlehre*, 2ᵉ éd., 509 s.
[2] HGG, « *Die neue Platoforschung* », *Logos* 22 (1933), 63-75. 再刊于 GW 5.
[3] GW 5, 213.

大"。"我可以讲很多关于他的事情,他有着无与伦比的与人交往的天赋,与我在这里描述的许多教授的友好联系,应该归功于奥斯卡·许雷尔对他年轻朋友的关照。"[1] 他是那个年代的风云人物!很可惜鲜为人知。关于他,伽达默尔能说的是什么事情呢?伽达默尔告诉我,他在这里说的是他对每一个人都具有的一种吸引力,尤其是对那些倒在他怀里的女人们。伽达默尔钦佩他,并将其视作最亲密的朋友。毫无疑问,伽达默尔自己也被他的自信、口才和智力上的优势所吸引,并从作为一个令人垂涎的诱惑者的亲密朋友中得到了巨大满足。

伽达默尔得益于许雷尔介绍他认识的这些教授(包括库尔提乌斯、理查德·哈曼、马克斯·科默莱尔、卡尔·莱因哈特,之后还有柏拉图研究专家库尔特·辛格和库尔特·希尔德布兰特[Kurt Hildebrandt]),伽达默尔后来承认"诗人格奥尔格在[他]心中变得越来越强大",他在1977年的自传中坦言:"在一个逐渐原子化的世界中,格奥尔格圈子的价值尺度体现了一种归属于一个具有较高智识水平之团体的意识,这种意识必定会惹怒你,但你并不能完全阻止自己对这种自信及凝聚力的钦佩。"[2] 它提供了一个避难所,伽达默尔之后的作品仍将浸染着它的影响。

在马堡,伽达默尔的圈子主要围绕在格奥尔格的好友弗里德里希·沃尔特斯周围。在这个圈子的刊物《精神运动年鉴》第一期的《指导原则》中[3],他批判了"科学"的分析功能(la fonction disséquante),因为这种功能与生命的创造力相对立。只

---

[1] PL, 28;AAP, 37.
[2] PL 17;AAP, 25.
[3] F. Wolters, *Richtlinien, Jahrbuch für die geistige Bewegung*, 1 (1910), 128-145. 见 Carola Groppe, *op. cit.*, 237 s. 他将沃尔特斯视作格奥尔格圈子的核心人物(第251页)。他令人信服地表明,理论上来讲,是沃尔特斯负责建立了一种对格奥尔格大师近乎教会式的崇拜,从而强化了这个圈子的同一性(第243页)。

有艺术能够从内部去关照生命,而不是将其牺牲在法律和科学的致命图示的祭坛上。但正是"反-科学"这一点对当时的科学和研究产生了深远的影响。在包括哲学和心理学在内的多个领域,研究正在打破过度分析和分解的方法,而倾向于更全面和有机的视角,关注生命本身的"图形"(格式塔)。[1] 雅斯贝尔斯和海德格尔的实存哲学所具有的反-学术(anti-universitaire)情绪可以被看作格奥尔格圈子培育出的一种精神结果。可以说,战后的"六八思潮"——尽管它已经不再熟悉格奥尔格——及其对以暴力来对待生命本身的既定权威形式的反叛也是如此。但那个时候,诱惑年轻人的是一种非常特殊的音乐类型和自由爱情,而非诗歌。

伽达默尔只上过沃尔特斯有关19世纪农业史的课程,这是一个令人毫无兴趣的主题。沃尔特斯1903年博士论文的主题是政治经济学。[2] 但这个主题只是沃尔特斯修辞花招的一个借口,其内容更多的是关于政治、世界观和科学的危害。对跟随许雷尔一起上课的伽达默尔来说,这些课程"因其严厉的抨击变成了一种激动人心的演讲仪式"[3],但这种激动与某种魅力联系在一起,作

---

[1] 见沃尔特斯另外一篇文章的大纲,其标题为"格式塔",载于《精神运动年鉴》第二册(*Jahrbuch für die geistige Bewegung* [1911], 138-158)。关于这些思想对当时科学研究的影响,见 *Die Wirkung Stefan Georges auf die Wissenschaft*, dirigé par H.-J. Zimmermann, Heidelberg, Carl Winter, 1985(以及伽达默尔的一篇文本和弗里德里希·甘道夫1911年有关此问题的一封信)。
[2] 见 C. Groppe, *op. cit.*, 213.
[3] 1973年8月29日,伽达默尔致埃德加·萨林(Edgar Salin,这个圈子的重要成员)的信(萨林遗物,巴塞尔大学图书馆)。这段话也引用于 C. Groppe, *op. cit.*, 275. 关于沃尔特斯对伽达默尔的影响——不过伽达默尔从未觉得自己是他的学生——见 K. Hildebrandt, *Erinnerungen an Stefan George und seinen Kreis*, Bonn, Bouvier, 1965, 198 et 242. 这种影响的持续时间有限,因为沃尔特斯在马堡作为一名杰出的教授的任职只剩下三年时间(1920—1923年)。1923年,他被任命为基尔的普通教授,在那里他建立了格奥尔格圈子的新堡垒,其中包括柏拉图主义者库尔特·希尔德布兰特和卡尔·佩特森(Carl Pertersen)。这个圈子还允许伽达默尔在1934年在基尔获得一个临时职位(口头交流时所说)。然而,我不可能找到当时对这一任命的记录,因为基尔大学的档案在第二次世界大战结束时几乎被完全销毁(见 C.Groppe, *op. cit.*,271)。关于柏林国家档案馆中在基尔任命伽达默尔的档案(I. HA Rep 76 V a, Sekt. 9, IV, 1, Bd. 23, Bl. 269-272, 546-550)几乎没有告诉我们这个任命的原因。

为那位具有超凡魅力的老师的知己,他敢于在那些时事问题上坚定地表达自己的观点。

沃尔特斯与其说是一个研究者,不如说是一只真正的政治猛兽(bête)。他属于格奥尔格圈子里偏向民族主义的一派,通过"关于祖国的四次演讲"[1],他获得了民族主义者的名声。这个运动渴望建立一个秘密的精英国家,但是圈子里的大多数成员把它看作一个理想的或教育的国家。沃尔特斯是那些对这个国家有更直接的政治愿景的人之一。在伽达默尔的眼中,毫无疑问,如果他没有在1930年去世,他会热情地投身于国家社会主义运动。在马堡,沃尔特斯甚至试图使伽达默尔信仰他更加民族主义的观点和格奥尔格圈子的政治观念,但显然这是徒劳的。[2] 尽管如此,伽达默尔参加沃尔特斯的课程和接近马堡的格奥尔格圈子似乎也表明他接受了沃尔特斯的一些想法。

但伽达默尔有幸在马堡遇到了另外一位更偏左翼的老师,艺术史学家理查德·哈曼,他在柏林时曾是狄尔泰和格奥尔格·齐美尔(Georg Simmel)的学生。哈曼的社会主义态度也许是马堡官员小圈子里的例外,但他的艺术史研究所享有很高的国际声誉。[3] 他的边缘性当然为他在学生中赢得了特殊的优势,他不仅向学生介绍了中世纪艺术,还介绍了更多卡尔·马克思和马克斯·韦

---

[1] 见 C. Groppe, *op. cit.*, 259.

[2] *Hans-Georg Gadamer on Education, Poetry and History*, Albany, SUNY Press, 1992, 143: "我觉得自己与格奥尔格对政治的解释相去甚远。当时我所知道的是,格奥尔格的亲密伙伴沃尔特斯试图将我吸引到这种观念中去。但我不会这么做。我心里想,这和我有什么关系? 我和那些民族主义青年团体又有什么关系? 我现在说这个并不是为了反映我自己的信誉,我只是告诉你我当时是怎么想的。"

[3] 关于哈曼和他在国家社会主义时期的勇敢态度,见 U. Schneider, « *Widerstand und Verfolgung an der Marburger Universität 1933-1945* », 载于 D. Kramer et C. Vanja (dir.), *Universität und demokratische Bewegung. Ein Lesebuch zur 450-Jahrfeier der Philipps-Universität Marburg*, Marburg, Verlag Arbeiterbewegung und Gesellschaftswissenschaft, 1977, 241 s.

伯的社会思想。伽达默尔说他从哈曼的艺术和政治教导中获益良多："在马堡，齐美尔的学生理查德·哈曼宣布了人格文化（la culture de la personnalité）的终结。他最喜欢的课程被称为"人格文化和物的文化[Sachkultur]"。换言之，它不再与人有关，而是被新的形势所召唤的深层问题。对我们来说，他也是当时左翼中一个非常重要的老师。"[1]

对哈曼来说，即将走向终结的文化是个体的文化，这种文化与西方自由主义是一致的。哈曼认为，"物质的战争"（guerres de matériel）只是敲响了这种文化的丧钟。在千百万年轻士兵毫无意义的死亡之后，人们怎么能依然相信个体的价值？不是个体，而是匿名的客观力量在支配事件进程。因此，哈曼更倾向于"集体主义"。对此，伽达默尔更多持保留态度。[2] 事后看来，我们不能不对这一深层一致性感到震惊，即尽管表面上存在对立，但在这种对自由主义个人文化的拒绝与对西方衰落的预言之间，有着更多的保守主义者，他们以一种根植于"人民"之中的集体主义方式寻求解决危机的办法。人们认为，只有新的恶魔才能拯救西方。

---

[1] SG, 3 A. 见 *Hans-Georg Gadamer on Education, Poetry and History*, 136. 关于在西美尔那里，人与物的文化差异，见 S. Breuer, *Ästhetischer Fundamentalismus*, Darmstadt, Wissenschaftliche Buchgesellschaft, 1995, 175 s.
[2] SG, 3 A；*Hans-Georg Gadamer on Education, Poetry and History*, 136.

6
海德格尔：1923年的一见倾心

尽管世界不可阻挡的进程似乎证实了哈曼对以人为指向的文化之衰落的诊断,但这并不是一种在马堡平静的大学城所具有的舒适环境中可以体验到的感受。在马堡,几乎所有的老师都培养了一个学生小圈子和崇拜者,师生之间的密切关系表明,科学和智慧仍然与个体的个人成长有关。时势使然:当时德国陷入的物质和经济困境加强了师徒之间的纽带,使他们因共同的命运团结在了一起。1924年,伟大的库尔提乌斯将他的公寓让给了他的学生伽达默尔,后者还将于1925年继承哈特曼去科隆任教后的公寓。在今天,这种事是完全无法想象的。伽达默尔后来说,1960年代大众大学的出现,才将致命的匿名性引入师生关系之中。

1922年8月,伽达默尔向学院提交了他论文的规定副本。当他回到家时,他突然瘫倒在地。他试图坐起来,但他的腿再也支撑不住。[1]他感染上了一种在马堡特别严重的脊髓灰质炎。当然,并不仅仅在马堡有这种病。我们现在知道的未来的美国总统富兰克林·罗斯福大约在同一时期(1921年)也患上了这种病,但这并没有妨碍他的职业生涯,而且我们知道,直到1945年他去世之前,他的这个病都不为人所知。鉴于其传染的危险,那些感染者通常都被视作不可接近的人,在其他时代,这样的人则是麻风病患者和艾滋病患者。这种病是不光彩的,而且很可能是致命

---

[1] 见拉尔夫·路德维希与伽达默尔的对话(NDR, 9.2.95, Ms., I)。纳托普在1922年11月30日写给胡塞尔的一封信中提到了伽达默尔的疾病和他去弗莱堡学习计划的推迟。见E. Husserl, *Briefwechsel*, Dordrecht, Boston/London 1994, t. 5, 161.

的。类似的脊髓灰质炎疫情已经于1907年在马堡发生过,并导致了许多人死亡。人们基于当时已有的经验来控制疾病传播(现在这种病是可治愈的,而且几乎已经从西方国家完全消失)。患者会被隔离以保护未感染者。伽达默尔在他父亲的房子里隔离了几个月。当时仅有的疗法就是休息和用来减轻关节疼痛的温水浴,但它并非一种真正的治疗。在1907年的疫情之后,各种类型的脊髓灰质炎都被记录在一本大书里,这本书后来落到伽达默尔手上。该书根据已试验过的猴子的情况对此病的类型进行了分类和编号。伽达默尔的情况,主要是腿和手的麻痹无力,对应的是"猴子31"型。书中并没有说这种类型有多致命,不过年轻的伽达默尔可能也不想知道。

因此,他与外部世界隔绝了好几个月,在此期间他读了一些书,当他能够实现在弗莱堡学习的梦想时,这些书可能对他是有用的。正如我们已经看到的,哈特曼想派伽达默尔去弗莱堡跟随克罗纳学习,但这个年轻人想到的与弗莱堡相关的名字更多的是胡塞尔和海德格尔。伽达默尔阅读了上千页枯燥的《逻辑研究》,以及大量文学作品,特别是让·保罗(Jean Paul)的著作来换换脑子。原则上,他不能接待来访者。但也有人冒了风险。弗里德里希·沃尔特斯是在圣诞节前不久第一个去看望他的人。[1]伽达默尔的继母告诫过他有传染的危险,但坚定的人是不太可能被劝阻的。他给年轻的伽达默尔送了一本刚刚出版的埃里克·沃尔夫(Eric Wolff)和卡尔·彼得森(Carl Petersen)的书:《音乐的命运:从古代到今天》。这本书直接来自格奥尔格圈子,沃尔特斯按照

---

[1] PL, 17;AAP, 25. 伽达默尔与海德格尔的通信集正在出版中,不过1990年代末,我可以在马尔巴赫德国国家文学档案馆(DLA)里查阅到它。

伽达默尔的意愿在上面写了题词:

> 疯狂的是如此大胆地
> 将精神传播到圈子之外的人
> 但更无畏的
> 是那种郁郁寡欢并嘟哝着说他能够知道他的起源的人
> 而完全无精神的
> 是那种想知道内心最深层思想的人

第 19 则旧闻
1922 年圣诞
F. W.

沃尔特斯在此引用的这段话,摘自一本引起了格奥尔格圈子兴趣的中世纪意大利小故事集。尽管沃尔特斯对他的爱徒有着极大的同情,但他还是想要提醒他不要有过于哲学化的倾向。这是他为伽达默尔的"痊愈"做出贡献的方式。人们可能会认为伽达默尔自己正在艺术世界和哲学思想世界之间摇摆。他之后的著作将表明他会努力对双方保持忠诚。

无论如何,他有足够的时间去思考他的未来,当然,如果他有一个未来的话。尼古拉·哈特曼曾建议由自己来指导他的教职论文,这是德国最严肃的论文,相当于国家的博士学位,凭此可以进入高等教育机构就职。毫无疑问,伽达默尔会从哈特曼和舍勒的价值的质料伦理学出发,就亚里士多德和柏拉图伦理学做一篇相当优秀的论文。但是这一次,来自纳托普的另一个"礼物"为他打开了一个全新的视野。

纳托普当时负责遴选马堡大学一个编外哲学教席继任者的工作。他听到了对胡塞尔的一位年轻助手海德格尔的赞扬。尽管海德格尔在学生中的成功给他带来了巨大的声誉,但他仍是一个无名之辈,因为他自1916年发表关于邓·司各脱的教职论文之后就几乎未发表过任何东西。纳托普获悉海德格尔将于1923年在胡塞尔主编的《哲学和现象学研究年鉴》上发表一篇论亚里士多德的大作。为了让海德格尔能够申请马堡大学的这一编外教授一职,纳托普让他就其解释的主要线索写一篇小"报告"。很长时间里,人们以为这份手写稿件已经遗失了,但1989年它被偶然地发现。现在它被称作"纳托普报告"(Natorp-Bericht),它引起了很多关注,因为它是关于青年海德格尔思想最有活力的见证之一。纳托普看后很兴奋,于1923年夏将马堡大学的教职给了海德格尔(他的教学将于10月开始,即1923—1924年冬季学期)。手稿必须在1922年8月或9月发表。

出于对他的患病学生的同情,纳托普把手稿给了伽达默尔,因为伽达默尔很重视这个主题,并且纳托普知道海德格尔很快就会在胡塞尔的期刊上发表他的研究成果。伽达默尔彻底被这篇出色手稿的强度给震惊了,它使伽达默尔联想起格奥尔格诗歌那令人陶醉的腔调。这篇以大胆的措辞写成的手稿,有一种以令人难以置信的方式谈论希腊人并让他们直接在场的天赋。希腊人可以再次变得如此生动,他们让我们对当前思想中的一些关键问题有了全新的认识。这是前所未见的。海德格尔用亚里士多德来挑战现当代哲学家们的整个概念装置。它胜过了伽达默尔迄今为止读到过的一切。那个时代的哲学在他心中引起的不满现在有了一位强有力的代言人。他终于在这里发现了与事物的直接关系,也就是"现象学",在其他人看来这只是一种痴心妄想。

伽达默尔做了一个决定,只要他的身体允许,他就会去弗莱堡。他在1922年9月27日写给海德格尔的一封信中告知了他的这个决定。

> 教授先生:
>
> 施特劳斯博士会告诉您我今年冬天 [1922—1923] 打算去弗莱堡学习的情况。但我必须告诉您,一场严重的疾病(脊髓灰质炎)阻止了我在1923年3月之前到弗莱堡。由于我最直接的工作与亚里士多德有关,我很遗憾今年冬天不能过去,但我个人期望在您1923年夏季或冬季课程上能再次听到关于亚里士多德的内容,或在您的指导下继续学习的过程中能得到您的鼓励。
>
> 您最忠诚的汉斯-格奥尔格·伽达默尔[1]

海德格尔很快用明信片回复了他,在信里祝他早日康复。为了安慰他,他告诉伽达默尔自己即将出版一本有关亚里士多德的研究成果,并向伽达默尔介绍了它的大体计划。不过这个计划并没有实现。[2]

然而,伽达默尔的康复期有点漫长。他依然十分消瘦。尼古拉·哈特曼对此十分担心。他注意到伽达默尔的继母不太擅长做饭,担心这会影响他的恢复。在布雷斯劳,她不必经常做饭,因为有佣人照料。但马堡的经济危机使大学教员们不再请得起佣人。

---

[1] *Heidegger-Nachlass*, DLA, n° 75.6837/1. Parue dans la *JMHG*, 1999, 13. 施特劳斯博士自然就是伟大的列奥·施特劳斯(Leo Strauss),他是伽达默尔的好朋友。他是跟随卡西尔做的博士论文,也在马堡和弗莱堡学习过。
[2] GW 3, 286.

6 海德格尔：1923年的一见倾心

哈特曼和他的妻子看来对伽达默尔有很深的感情，他们提出了一个有点激进的解决办法。如果伽达默尔要恢复身体，离开他父亲的家对他是有好处的。不过最好的办法还是结婚。在他生病期间，弗丽达·克拉茨一直以极大的奉献精神照顾着汉斯－格奥尔格。当时她已经25岁，可以结婚了。汉斯－格奥尔格当时23岁，还有点年轻，但他当务之急是恢复身体。哈特曼首先跟医生说了他的想法，医生觉得这个办法很好。剩下的事情就是说服他的父亲。哈特曼是一位受人尊敬和重视的同事，在犹豫了一段时间后，约翰内斯·伽达默尔同意了。毕竟他儿子刚刚完成了博士学业并表现出一定的独立性。哈特曼是伽达默尔和弗丽达·克拉茨婚姻的组织者，结婚仪式是在4月20日克拉茨父母结婚纪念日这天举行的。[1] 对这一切，汉斯－格奥尔格似乎有点被动。[2] 他一定是被大家对他的热心关照感动了，而更重要的或许是他可以由此摆脱他父亲的约束。

这对新人的共同生活开始于弗莱堡。尽管马堡仍是一个伟大的哲学堡垒，但人们在当时可能会有这样的印象，即弗莱堡的影响正在日益剧增。在那里任教的真正的杰出人物包括埃德蒙德·胡塞尔和海德格尔，还包括理查德·克罗纳和朱利叶斯·艾宾豪斯（Julius Ebbinghaus）。我们知道哈特曼向伽达默尔推荐的是克罗纳。克罗纳也是马堡大学编外教授一职的候选人，但海德格尔最

---

[1] 汉斯－卡尔·克拉茨（Hans-Carl Kratz, 1865—1934)1897年4月20日与约翰娜·霍夫迈斯特（Johanna Hofmeister, 1870— 1934）成婚。弗里达·克拉茨出生于1898年1月29日 (PA Gadamer, UAL)。这三个人都是路德宗（福音派）的信徒。
[2] 关于这次婚姻的情况，见伽达默尔与拉尔夫·路德维希的对话（NDR, 9.2.95, Ms., 2）："让我们回到我再次旅行的时期。我结婚了。这是因为我的朋友们认为有人可以照顾我是件好事，尤其是哲学家尼古拉·哈特曼。之后我去了弗莱堡，那里还有我第一任妻子的一个好朋友。"伽达默尔真的像他所说的那样被动吗？很难说，但不排除他随后的离婚让伽达默尔坚持这样认为。记忆总是有选择性的。

终将在这一年的夏末获得这一职位。克罗纳因其著作《从康德到黑格尔》(第一卷，1921；第二卷，1924)第一卷而出名。随着当时的精神开始远离康德，从康德到黑格尔的历史阶段获得了更大的现实性，康德的形式主义和科学取向不再吸引年轻一代。在费希特对行动的号召、谢林对绝对的追求和黑格尔历史精神包罗万象的观念中，这个时代得到更鲜明的标识。克罗纳是德国唯心主义复兴的催化者之一，也吸引了像哈特曼和卡西尔这样的新康德主义者，在同一时期，他们编写了自己关于从康德到黑格尔这一历史阶段的作品。把自己的爱徒推荐给克罗纳，哈特曼无疑也想以此来提醒伽达默尔要反对海德格尔。

尽管哈特曼对《纳托普报告》作者的才华表示赞赏，但他无疑感到海德格尔对亚里士多德哲学的"解构"也是为了捍卫他自己知识理论的优越性。此外，他认为克罗纳有很大希望获得马堡的教席。因此，当他在7月第三个星期得知被任命的是他在弗莱堡的"对手"海德格尔时，他感到很郁闷。在当时，伽达默尔仍将自己看作哈特曼的学生（这也是海德格尔的感觉……），属于一个更接近于克罗纳的小团体，它与（已经形成的！）海德格尔的骄傲而自负的小派系构成了一种制衡。每个星期三，伽达默尔都会在克罗纳的家中与菲德尔·斯蒂芬（Fedor Stepun）见面，与他们两人建立亲密的友谊。[1]1934年，当克罗纳因为犹太血统而被免去基尔大学的职位时，伽达默尔取代了他的位置。他与克罗纳和基尔的"格奥尔格圈子"的良好关系将在这里发挥很好的作用。

弗莱堡最著名的哲学家埃德蒙德·胡塞尔并不是最吸引学生

---

[1] Pl, 31；AAP, 40. 另见克罗纳的回忆（la FAZ du 3 décembre 1977, n° 281. Section *Bilder und Zeiten*, 6）。

的。由于代际之间冲突的不公正,人们普遍认为他已经被他的学生马丁·海德格尔"超越"了,海德格尔自己也越来越意识到自己的重要性。尽管海德格尔定期参加胡塞尔的研讨会,并继续表现得像他的"学生"一样(但是,他从来都不是他的学生,因为胡塞尔 1916 年才来到弗莱堡,那是海德格尔在李凯尔特 [Rickert] 的指导下完成其两篇论文之后),但他常常蔑视这个被他描述为"老人"的人。[1] 胡塞尔很晚才明白这点,可以理解,他感到自己被背叛了。[2]

上过两位大师课程的学生们都很难不注意到将胡塞尔和海德格尔区别开来的深刻差异,包括语调、背景以及世代之间的差异。但是由于海德格尔几乎没有出版物,胡塞尔的出版物也相对较少,人们绞尽脑汁地去思索将二者放在一起置于现象学这一标签之下的隐秘联系究竟是什么。胡塞尔为使人强烈地联想到观念论的意识现象学辩护,这种现象学以绝然的科学甚至欧氏几何为取向,而海德格尔则更像是具体和历史的实存现象学的倡导者,依靠从克尔凯郭尔和狄尔泰(这两人对现象学创始人来说并不陌生)那

---

[1] 特别见 1923 年 7 月 14 日海德格尔在给雅斯贝尔斯的信中关于柏林大学对胡塞尔的召唤的判断:"胡塞尔的行为比初级讲师(私人讲师)还要糟糕,他混淆了终生职位与永恒幸福。接下来发生的事情仍然被云雾所笼罩;他认为自己是德国的大师(Praeceptor Germaniae)——胡塞尔完全脱离现实——是由于他从未明白发生了什么,对此,我最近越来越觉得疑惑;他东拉西扯滔滔不绝地纠缠于那些近乎可怜的琐碎问题;他肩负着成为'现象学奠基人'的使命,没有人知道这意味着什么,但明眼人都知道它是什么;他开始觉得人们不再追随他了;他显然认为这太难了;不言而喻,没人能理解什么是'数学伦理学'(最后的新奇事物!);尽管他自称比海德格尔要更超前,他现在说他肯定已经讲过这些内容,这样就证明了他并没有跟随我的观点——如果不是说他比我更超前。他希望今天在柏林拯救世界。"
[2] 见 1931 年 1 月 6 日胡塞尔致亚历山大·普凡德尔(Alexander Pfänder)的信(E. Husserl, *Briefwechsel*, Dordrecht/Boston/London, Kluwer, 1994, t. 2, 182):"我只想补充一点,人们已经多次让我警惕:海德格尔的现象学与我的非常不同;他的讲座和他的书不会是我科学工作的延续,而是一系列公开和隐藏的攻击,这种攻击的主要目的是使它们名誉扫地。当我开诚布公地和海德格尔谈论这点时,他笑着回答:这是荒谬的。"关于海德格尔和胡塞尔在哲学和个人方面的日益疏远,见 H. Ott, «*Edmund Husserl und die Universität Freiburg*», in Hans Reiner Sepp (dir.), *Edmund Husserl und die phänomenologische Bewegung*, Freiburg/München, Alber, 1988, 95-102.

里借来的动机（motifs）来彻底清算意识观念论。海德格尔对胡塞尔的忠诚（如果有的话）只存在于他试图回到"事情本身"这一事实上。但他要回到的"事情"完全不同于胡塞尔要回到的事情。在海德格尔看来，胡塞尔的意识观念论并非真正的现象学。如果海德格尔想要实现胡塞尔"严格科学"的观念，他的严格就在于摆脱一种预设的、非历史的科学观念的偶像。因此，这两位哲学家之间唯一一致的意见就是他们都希望回到事情本身并提出根本性的问题。

1923年的夏季学期，胡塞尔的教学也许比以往更少具有吸引力。他以往常常在课程中陈述自己研究的最新情况，但这个学期他满足于重复他1920—1921年冬季学期关于先验逻辑的课程（这一主题将向伽达默尔证实胡塞尔仍是观念论的囚徒）。他之所以教授了一门已经教过的课程，部分原因是他受到柏林大学的诱人召唤的吸引，这让他感到高兴，因为这表明他得到了越来越多的认可，从而也有利于他的现象学运动。[1] 他很难料想到，对他的现象学最系统的批判正在他来自弗莱堡的学生马丁·海德格尔的头脑中萌芽。不过当他仍在弗莱堡任教时，这种批判被海德格尔隐藏了起来。然而，1923—1924年冬季学期，海德格尔在马堡的第一次讲座就以批判胡塞尔现象学的"非现象学"特征作为开场……

对胡塞尔来说，伽达默尔只是另一个被弗莱堡的现象学所吸引的、来自马堡学派的学生。胡塞尔从他的老师布伦塔诺那里继

---

1 我把这些信息归功于已故的卡尔·舒曼 [Karl Schumann]（乌得勒支）。胡塞尔于1923年8月1日拒绝了柏林的提议。见 H. Ott, « *Edmund Husserl und die Universität Freiburg* », dans Hans Reiner Sepp (dir.), *Edmund Husserl und die phänomenologische Bewegung*, 98. 胡塞尔在1923年夏季学期的研讨会主题是："什么是科学，它的目的是什么？它在多大程度上是自足的？"

承了某种对康德的反感[1]，但他觉得自己与纳托普是很接近的。在《逻各斯》杂志上刊登的一篇书评中，纳托普是第一个向胡塞尔在1913年《大观念》中形成的先验哲学致敬的新康德主义者，尽管他对胡塞尔的"柏拉图主义"和"绝对论"持保留态度。[2] 胡塞尔对纳托普学派的使者伽达默尔表示欢迎，这强化了他的传教使命，尽管它很脆弱：即使他似乎确信其现象学方法的可靠性，甚至是历史必然性，但胡塞尔仍被深深的怀疑所困扰，部分原因在于他对自己思想的犹豫不决，部分原因则在于他对自己履行其承担的哲学使命的能力的疑虑。[3]

就伽达默尔而言，他在胡塞尔身上看到了一种典型的威廉王朝时期的老师形象，他领子和夹克上的金表链让他想起他父亲古板乏味的世界。[4] 在得知他想研究亚里士多德的时候，胡塞尔很高兴，因为他的学生海德格尔已经说服了他，让他相信亚里士多德是第一个现象学家。海德格尔当时正在着手的手稿就被宣布为"对亚里士多德的现象学解释"。但是胡塞尔并不知道，海德格尔的意图之一是将亚里士多德的描述现象学的丰富性与意识现象学的抽象性加以对比。海德格尔反对胡塞尔所坚持的理论意识的优先性，因此，他希望依靠亚里士多德回到具体的、人所关心的实存，

---

[1] 这种对康德的批判态度在他1924年为康德200周年所写的文本中表现得很清楚。尤其参见1924年5月1日在弗莱堡举行的仪式上发表的演讲《康德与先验哲学》，该演讲将出现在现象学研究年鉴上，但当时并未发表。现在可以在以下著作中看到它：E. Husserl, *Gesammelte Werke, Husserliana 7 : Erste Philosophie (1923-1924). Erster Teil. Kritische Ideengeschichte*, dirigé par R. Boehm, La Haye, M. Nijhoff, 1956, 230-287. 另见附录中他对康德的批评（350-412）。
[2] P. Natorp, *Husserls "Ideen zur reinen Phänomenologie"*, in *Logos*, 7 (1917-1918), 224-246 ; repris dans Hermann Noack (dir.) *Husserl*, Darmstadt, Wissenschaftliche Buchgesellschaft, 1973, 36-60.
[3] 见1931年1月6日胡塞尔致普凡德尔的信（前引，第189页）："我越来越担心（自从我在弗莱堡以来）我是否能在我这个年纪完成我所肩负的任务。充满激情的工作总是导致新的失败和新的沮丧。这仍然是一种相当沮丧的普遍态度和被危险地动摇的自信。"因此，胡塞尔解释说，他寄希望于海德格尔这样的天才和年轻人："我顽固地坚持自己对其天赋的看法，内心几乎深信现象学哲学的未来是托付给他的，他不仅是我的继承人，而且还超越了我。"
[4] PL, 30 ; AAP, 40.

据此，理论态度似乎是次要的和派生的。

1923年的夏季学期，胡塞尔在弗莱堡没有激起疯狂的热情。他的课是在一间半满的房间里上的，在那里，"他那令人惊奇的天真（naïveté）"给伽达默尔和他的朋友斯蒂芬留下了"钟表匠疯了"的印象。[1] 胡塞尔的思想似乎是按照自己的内在逻辑发展的，而不用担心外部世界和时代的紧迫性。在胡塞尔看来，为了进入现象学本质的观念直观，悬置世界的"自然态度"是很重要的。但是，学生们不得不问自己，提倡回到事情本身从而把外部世界放在括号里，是一种好的现象学吗？因此，胡塞尔更多地让人想到新康德主义者，尽管他试图将自己与他们区别开来。这使得"秘密的国王"——或布鲁特斯（Brutus）？——海德格尔变得越来越醒目。

伽达默尔与海德格尔的第一次接触非常狼狈。他们的第一次通信发生在1922年。当时伽达默尔第一次去他的办公室，打算以良好和适当的形式介绍自己，他听着门后的声音，等着轮到自己。有人被一个十分矮小的男人送出来，伽达默尔一开始以为他是海德格尔的另一个访客。太糟糕了，伽达默尔说，还有人在他的办公室。伽达默尔心目中有一个"高大的海德格尔"的观念。他又等了一会，直至意识到办公室里再没有了声音。他敲了门，然后惊讶地发现，他刚才瞥见的那个矮小男人就是伟大的海德格尔本人。然而，他从海德格尔那敏锐的眼睛里看到了其精神的高度，在那里，他发现了比在一般研究者眼中能看到的更多的想象力。[2] 他老师的这种想象力始终让他着迷。

他们的第一次谈话当然主要是关于伽达默尔健康的恢复问

---

[1] 见伽达默尔的回忆，载于 H. R. Sepp (dir.), « *Edmund Husserl und die phänomenologische Bewegung* », 1988, 14；以及 PL, 31；AAP, 40.
[2] GW, 10, 4；HR, 18-19.

题，然后就是他以前的研究情况。不过海德格尔对伽达默尔在马堡的老师们也很好奇，他当时正在与他们通信，因为他想要得到那里的教职。这个跟哈特曼与纳托普有着密切关系的校长之子自豪地跟他讲着那里最新的八卦。当海德格尔知道哈特曼指定的人是克罗纳时，他心中不是没有暗笑的。克罗纳于1921年出版了一本重要的著作，但是海德格尔是迄今为止在学生中最受欢迎的。海德格尔对克罗纳的大作不屑一顾。"他一辈子都会感到羞愧"，他后来跟伽达默尔说。[1]因此，他向他弗莱堡的同事朱利叶斯·艾宾豪斯推荐了这位新人，因为他确信伽达默尔承诺要写的关于德国观念论的著作，将会使克罗纳的著作黯然失色。但海德格尔不知道艾宾豪斯与克罗纳是好朋友，并且都来自伽达默尔的故乡布雷斯劳。[2]通过进入克罗纳和艾宾豪斯的圈子，伽达默尔感觉自己成了布雷斯劳流亡小团体的一分子。

和海德格尔一样，艾宾豪斯也是从李凯尔特的学校来到胡塞尔所在的学校的，当时李凯尔特于1916年被任命接替其老师文德尔班在海德堡的教职。海德格尔非常欣赏艾宾豪斯的教职论文《黑格尔哲学的基础》（胡塞尔于1919年接受了这篇论文，不过是由其助手海德格尔审读的）。在其即将于尼迈耶（Niemeyer）出版社出版的时候，艾宾豪斯突然决定放弃出版，因为他突然意识到了"从费希特到黑格尔的后观念论思辨的荒谬性"[3]，这使他皈依了康德主义。于是讨论康德到黑格尔阶段的经典著作就只有

---

[1] 关于海德格尔对克罗纳的评价，见他1922年11月19日致雅斯贝尔斯的信（"他是'年纪最大的'，有很多代表他成就的'文章'"），以及1923年7月14日的信："一月份，克罗纳甚至去柏林向所有人抱怨，甚至亲自去马堡。我从来没有见过一个如此可怜的人——他现在让自己像一个老好人一样得到安慰——唯一能给他带来好处的就是撤销他的任教资格。"
[2] 见 J. Ebbinghaus, PSd, t. 3, 15. 见 PL, 32 ; AAP, 41.
[3] J. Ebbinghaus, PSd, t. 3, 28.

克罗纳的书了。

1923年的夏季学期，伽达默尔参加了海德格尔的所有课程，他拥有了一个内容极其丰富的学期。据伽达默尔说，至少有五门课程。除了关于本体论（"实际性的解释学"）的大课和面向初学者的关于《尼各马可伦理学》第六卷的研讨课之外，海德格尔还举办了另外一个关于亚里士多德的研讨课和为指导胡塞尔的初学者学习其逻辑研究所开的研讨课。伽达默尔还参加了海德格尔与艾宾豪斯一起举办的关于康德宗教思想的研讨课。[1] 在这次人们对其所知甚少的研讨课上，伽达默尔注意到，对海德格尔来说"宗教和神学问题所具有的内在紧迫性"。[2] 它显然在年轻的海德格尔的教育和成长中发挥了重要作用，海德格尔是一个牧师候选人，在完成他的论文之后，他期望获得弗莱堡大学天主教哲学系的教席。[3] 在1919年1月19日写给其朋友议事司铎恩格尔伯特·克雷布斯（Engelbert Krebs）的信中，他非常戏剧性地坦言，"天主教系统变得有问题而不可接受，但有问题的不是基督教或形而上学（不过是在一种新的意义上）"。[4] 这封信谈到了很多问题（它也有一个个人背景，因为在1917年，海德格尔与一个新教徒结婚，他们的孩子将在路德教的信仰中受洗），但它绝不是一种无神论的告白。海德格尔与天主教系统而不是基督教本身的决裂，让我

---

[1] 在这里，我必须谨慎地对待 GW 10, 4 (HR, 19) 中的说明。在弗里堡大学的课程表（Vorlesungsverzeichnis）上，只宣布了三门课程：本体论课程，为初学者开设的现象学课程，与艾宾豪斯一起开设的研讨课。这就是为什么克兹尔（T. Kisiel, *The Genesis of Heidegger's Being and Time*, Berkeley, California UP, 1993, 557）认为关于亚里士多德的研讨课是私下举行的。在1923年7月14日给雅斯贝斯的一封信中，海德格尔谈到了一门主讲课和三个研讨会（还有一个关于宗教的研讨课？）。
[2] GW 10, 7; HR, 22.
[3] H. Ott, *Martin Heidegger. Unterwegs zu seiner Biographie*, Frankfurt, Campus Verlag, 1988; trad. fr. *Martin Heidegger. Eléments pour une biographie*, Payot, 1990.
[4] 载于 Ott 1988, 106 s. 见 J. Greisch, *Ontologie et temporalité*, PUF, 1994, 8-9.

们注意到他的亚里士多德-托马斯主义的框架。1920年代早期，其课程和研究的核心是为基督教寻找一种全新的意义。[1] 在当时，胡塞尔是那些期待海德格尔的"宗教经验的现象学"能够融入他自己的研究的人之一。

海德格尔思想的宗教维度这一问题过于复杂，以至于在此无法定论。[2] 但它是无法回避的，因为它给伽达默尔留下了极为深刻的印象。他比其他任何人都觉得这是他老师全部问题的秘密推动者（aiguillon），尽管他只是在1976年5月海德格尔去世后所发表的论文中这样说到。毫无疑问，在他的老师在世的时候，他对表达自己关于此问题的信念是有所保留的。但是，1976年12月在弗莱堡举行的纪念大会上，他坚持以"作为精神上帝"（Etre Esprit Dieu）的标题来命名其发言。[3] 在接下去的几年里，他在不断地重复这个问题，在他以"海德格尔的道路"命名的1983年的文集中，他越来越强调"海德格尔的宗教维度"。[4] 当《纳托普报告》被发现并于1989年出版时，伽达默尔始终认为它是海德格尔写过的最出色的文章，他为其撰写了一篇简短的序言，题为"青年海德格尔的神学著作"（它与1907年出版的《青年黑格尔的神学著作》相呼应）。对不知情的读者来说，海德格尔青年时期的著作是"神学的"著作这一点并非显而易见。但对那些听过海德格尔1920年代初课程的人们来说，这是毫无疑问的。在一封写给他的学生卡尔·洛维特的信中，海德格尔在1921年仍

---

[1] 特别见 t. 60 de la GA，里面收录了其1918—1919年，1920—1921年以及1921年的课程内容，名为《宗教生活现象学》（Phénoménologie de la vie religieuse）。

[2] 关于这方面内容，见 J. 格瑞希非常清晰的概括（J. Greisch, Le Buisson ardent et les lumières de la raison. L'Invention de la philosophie de la religion, t. 3 : Vers un paradigme herméneutique, Cerf, 2004, 499-734）。

[3] CH, 203-217.

[4] CH, 187-201.

将自己描述为一个"基督教神学家"。[1] 对他的第一批学生（包括洛维特和伽达默尔）来说，海德格尔终生都在寻找上帝，他是一位寻神者（Gottsucher），就像他的同乡牧师伯恩哈德·韦尔特（Bernhard Welte）在其（天主教）葬礼上的布道中所说的那样。[2] 但他要找的这个神是他在天主教教会的教义体系中无法找到的。在他看来，这个"天主教系统"（海德格尔在1919年写给克雷布斯的信中提到了它）是对原始基督教经验的一种罗马式和经院式的歪曲，是一种被极端的不确定性所折磨的存在。希腊形而上学用其理性和秩序的概念加以覆盖的正是这一经验。像他同时代那些最为进步的神学家一样，海德格尔敦促人们回到存在于圣保罗和奥古斯丁那里的基督教经验的源头，根据他的说法，这些源头在路德和克尔凯郭尔那里正变得生机勃勃。但是，用以表达这种神圣经验的恰当词汇，海德格尔最终是在荷尔德林那里找到的。正是以这种方式，伽达默尔才在"海德格尔的道路"中看出一种统一性。

1923年夏，海德格尔在其课程的"序言"中承认了他更多受益于神学的灵感，"我研究道路上的同伴是青年路德和我的榜样亚里士多德，路德厌恶后者。克尔凯郭尔给予了推动，而胡塞尔决定了我的眼光。对那些只是根据历史的影响才去'理解'某件事的人来说，这不过是满足一种勤勉的好奇的虚假理解，也就是说在重要的事情面前背过身去。应该尽可能地为这样的人们所具

---

[1] 1921年8月19日致卡尔·洛维特的信（*Drei Briefe Martin Heideggers an Karl Löwith*, in *Zur philosophischen Aktualität Heideggers*, t. II, sous la dir. de D. Papenfuß et O. Pöggeler, Frankfurt a. M., Klostermann, 1990, 29）。

[2] Bernhard Welte, « *Suchen und Finden. Ansprache zur Beisetzung am 28. Mai 1976* », dans G. Neske (dir.), *Erinnerungen an Martin Heidegger*, Pfullingen, Neske, 1977, 253-256. 伽达默尔后来毫不犹豫地将其老师参与国家社会主义的原因归结为对"这种'神性' [divin] 的寻找，这是他终其一生都在做的事"，见 *Gadamer-Lesebuch*, Tübingen, Mohr, 1997, 293.

有的'理解的欲望'提供方便，以便它们可以自行消失。对他们而言，我们不能期待任何东西。"[1]这个带有自传性质的"序言"，海德格尔在其1923年的课程中可能并未宣读过，但他的思想坐标对所有他的听众来说都是显而易见的。同样可以肯定的是，当时他开始与这些神学影响保持某种距离，他上一次关于宗教哲学的讲座可以追溯到1921年（GA 60）。1923—1924年在马堡，这种距离还在不断拉大。他觉得自己"天主教徒"的出身，在马堡新教的氛围中有点让人起疑，不过他越来越意识到自己应承担的哲学使命。他将要成为的是一个哲学家，而非一个"基督教神学家"。在马堡，他更喜欢用哲学传统中的那些伟大人物来解释自己，例如柏拉图、亚里士多德、康德和胡塞尔。他的神学来源——圣保罗、奥古斯丁、路德和克尔凯郭尔——被降级为背景（同时也保持沉默，根据伽达默尔所言）。在马堡，海德格尔成为神学家鲁道夫·布尔特曼的对话者和朋友，但是之后他把自己装扮为一个纯粹的哲学代言人，试图将神学纳入自己的任务中。布尔特曼对此印象深刻，他毫不怀疑地从《存在与时间》的生存论分析中看到了对人类罪恶的一种哲学上的客观描述，这种描述可以作为更多神学反思的基础。实际上，人们也可以认为，海德格尔分析的指导原则是首先从基督教的经验中借用的。但奇怪的是，哲学系的学生比伟大的神学家布尔特曼更了解这一点。在任何情况下，海德格尔都能成功地使他的对话者相信他唯一关心的是哲学。

因此，重要的是要记得，海德格尔从来不希望其青年时期关于宗教经验现象学的课程内容作为其著作全集（从1975年开始出

---

[1] GA 63, 5, 引自 J. Greisch, *op.cit.*, 1994, 24.

版）的一部分得到出版。正是在马堡教学时期（1923—1928），他的教学内容开始出版，因为正是在那时他开始意识到自己的哲学使命，这促使了《存在与时间》（1927）的出版。但是，当他在马堡的早期课程的笔记被发现时，负责其著作全集出版的人别无选择，只能将其出版，尽管这与海德格尔表达的意愿相违背。因为它们揭示了海德格尔的最初灵感，它比海德格尔愿意承认的更具宗教性。这使修正关于海德格尔的如下固有印象变得可能，即海德格尔想将自己的思想道路呈现为一切都指向"存在问题"，而现在我们知道，在1923年以前，这个问题并没有那么紧迫。

这个存在问题的早期踪迹之一就存在于其1923年过渡时期的课程标题中，即"本体论"（Ontologie）。但是在那里呈现的本体论，与经典本体论和在1920年代开始复兴的那些本体论，尤其是尼古拉·哈特曼的本体论没什么关系。如果哈特曼谈到本体论，那是为了捍卫以下观点，即知识是有关独立于认知行为的客观存在。而现在，海德格尔所谈到的存在更像是人的实存，其特点是它与人自身的存在有着痛苦的关联。这种与自身的关系必然要经过对自己的存在的解释，这使1923年本体论的"副标题"指向了一种解释学（实际性的解释学，也就是说，关于每一个人的具体实存的解释学）。一开始，海德格尔似乎想要开设一门关于"逻辑学"的课程（不是传统意义上所理解的逻辑学），但当他听说他的一位同事（可能是盖泽[Geyser]）也计划开设一门逻辑课程的时候，他对自己说道，"呃！在这种情况下，还是讲本体论吧。"[1] 在第一次课上，课程获得了更为具体的标题："实际

---

[1] 编者后记, GA 63, 113. 关于解释学在本课程中的意义，见 « Que sais-je ? » sur L'Herméneutique, 29-32.

性的解释学"。解释学（herméneutique）这个术语无疑透露了晚期狄尔泰工作所施加的影响，狄尔泰曾承诺要建立一种历史意识的解释学，海德格尔称赞这种解释学纠正了胡塞尔现象学历史取向不足的缺陷。但是，狄尔泰在1900年关于解释学起源的文章中设想的解释学是要提出人文科学的方法论。它的意图是证明精神科学关于真理和科学性的主张：如何可以说人文科学的知识具有科学性？在自然的精确科学，狄尔泰所谓的说明（explication）科学中，一种严格的方法论可以建立起来。但人文科学在这方面是缺乏的，它毋宁是理解（compréhension）的科学，它是一种不可与之比拟的严格方法论。但解释学始终是一种关于理解之规则的艺术。难道它不是所有有关理解的人文科学的方法论基础吗？

这是一个重要的问题，我们需要记住这点，因为伽达默尔将重提这一问题，但海德格尔是在一种不同的意义上来谈论解释学的。对他来说，为人文科学的科学地位进行辩护的问题并不具有优先性。如果我们必须在一种"人类实存的本体论"语境中去谈论解释学，那是因为我们的实存需要解释，它是能够被解释的，并且它也一直生活在它的存在的某种阐释中，但它能够对之加以解析。[1] 海德格尔的出发点是，人类实存因其对切身理解的需要而变得富有生机。用《存在与时间》中的术语来说，理解由此将变成一种"存在论"（existential），即作为其存在的关键主线。实存或此在（Dasein）栖居于一种对其存在来说至关重要的"开放性"中：它知道它在"那"（这就是"在那存在"[da sein]的意

---

[1] GA 63, 15.

义)[1],它在世界中,但只是作为一个时间,一个叹息的时间,因为它同时遭遇着自己的必死性。它因此而不安,也因此倾向于投身"理解的筹划"之中,这种筹划可以让它逃离片刻并平息它长期的焦虑。因此,理解表现为一种"能力"(pouvoir)、一种"能-在"(pouvoir-être)、一种掌控处境的能力。但这种能力只是一种"无-能力"的反面[2],一种面对命运和定数时极端的无能之倒转。换言之,我们是致力于理解的存在者,因为从根本上而言,我们极其缺乏。在《存在与时间》中,这种直观将以独特的方式勾勒(在实存中的)存在-筹划(être-projeté)、被抛状态(la Geworfenheit)的概念,这本书的标题就提醒我们在何种程度上我们的存在被时间所僵化。我们发现自己被抛进实存的河流,在里面我们没有任何支撑点,尽管我们以拥有支撑的幻想来自我安慰。只有一件事是肯定的,那就是死亡。我们一直在向它迈进,海德格尔写到,但与其说它是一个在等待我们的未来事件,不如说它是悬在我们头顶的达摩克利斯之剑,它无视我们的实存及其苦难。面对这种后退着的确定性,所有的保证都是临时的,使人暂时得以安心。所有真理同时也隐藏着一种非-真理,然而正是在我们时间性的明暗(clair-obscur)中,我们的实存及激荡着实存的理解得以实现。可以说,理解只不过是黑夜里摇曳的微光,但它甚至比明晰(clarté)更具决定性。

海德格尔所有的思想都在光明(la lumière)和明晰(la clarté)的两极间摇摆。在他最阴郁的时刻,他更愿意强调实存的

---

[1] 这里表明 Desein 译为"此在"是有一定缺陷的,因为 da 在德语中既有"这里",也有"那里"的意思,海德格尔分析的 Desein 有"消散于彼"的意思,即人的生存要投身到世界性的开放之中,因此它毋宁被译为"彼在",法语的 là 表达的也是这一层含义。——译者注
[2] 见 GA 18, 37, 234。

不透明性。但在其他时候,特别是在他青年岁月和 1923 年实际性的解释学的时期,他更加强调潜在的明晰、赋予理解以意义的对光亮的承诺,更强调在所有"实际性"中沉睡的"可能之觉醒的宣告"。[1] 从这种意义上来说,解释学一词并不是一个糟糕的选择。我们确实可以听到赫尔墨斯神的名字,也可以听到如下想法:我们试图去理解的东西在决定性的智性(intelligence)面前保留了某种隐晦和顽固之物。因此,理解的努力要求部分的投身(engagement)、由可能的觉醒之希望所激励的决心,以及此在的关于其存在之可能性的"觉醒-存在"(être-éveillé)。这无非就是实际性的解释学这个标题所指向的东西,但也不仅于此。在某种程度上,这种解释学批判的意图在于启蒙运动的连续性(在某种程度上,是因为它同时会批判彻底光明 [une luminosité] 的幻想):这是一个解放其幻想和自我异化之实存的问题。这种反对自我异化的斗争甚至构成了这种解释学,以及由此成为哲学本身的最内在任务的特征:"解释学的任务是让每一个此在都关心他的存在,将存在传达给他自己,去追索困扰此在的自我异化。在解释学中所形成的是这样一种可能性,此在最终能够理解自身并从这种理解中去实存。"[2]

这是伽达默尔第一次遭遇的海德格尔的出色课程。然而没有任何迹象表明,他当时着迷于这种在马堡或布雷斯劳他也许永远也听不到的解释学的观念。让他最感兴趣的似乎是,海德格尔依赖如此多的希腊思想来表达他自己的观点。很久以后,当伽达默

---

[1] GA 63, 7 (Anzeige des möglichen Wachseins). (译按:中译本见海德格尔:《存在论:实际性的解释学》,何卫平译,北京:人民出版社,2009 年,第 8 页。)
[2] GA 63, 15. (译按:中译本见海德格尔:《存在论:实际性的解释学》,何卫平译,北京:人民出版社,2009 年,第 18 页。)

尔在其文本和访谈（因此我们将以必要的保留态度援引它们）中谈及海德格尔当时对他产生的影响之时，他更愿意谈及《纳托普报告》和关于亚里士多德的研讨课，而非1923年实际性的解释学课程。[1] 伽达默尔在希腊问题上已经做了很多工作，海德格尔则让伽达默尔理解了希腊人吸引他的原因所在：还有其他理解实存的方式，不受痴迷于确定性的科学要求和现代主体性的束缚，而在柏拉图那里，绝对确定性是为诸神所保留的。这种存在于新康德主义认识论中的对保证和科学确定性的现代迷恋，如果不是寻求以某种方式逃避自我的实存，又是从何而来的呢？因此，对伽达默尔和海德格尔来说，重要的是"摧毁"现代意识的确定性及其自明性。希腊人在这里成了伟大的导师。

这就是为什么相比于解释学的课程，伽达默尔对海德格尔关于《尼各马可伦理学》的研讨课有着更为强烈的印象。海德格尔通过如下观点使他的听众目瞪口呆：实践智慧（phronesis）的实践美德表达的无非是道德良知(Gewissen)的要求，它作为一种选择不可避免地出现在每一个人身上。它与久远的中世纪基督教美德目录中的审慎（prudentia）相去甚远。除了对去成为这个存在的存在者而言义不容辞的抉择，亚里士多德的实践智慧没有命名（nommait）任何东西。这是以克尔凯郭尔之眼去解读的亚里士多德。[2] 1923年研讨课的笔记还没有被出版，但这种对实践智慧带有一定唯意志论的解释重新出现在他关于《智者》的课程中，这是他于1924—1925年在马堡期间所开设的课程。[3] 实践智慧表

---

[1] 见《A Conversation with Hans-Georg Gadamer》, dans le Journal of the British Society for Phenomenology (26) 1995, 117.
[2] GW 10, 7 ; HR, 22.
[3] M. Heidegger, *Platon : Le Sophiste*, Gallimard, 2001, 29-180.

现为一种几乎是普罗米修斯式的捆缚,它发生于实存设法抓住其自身的可能性之时,根据赫拉克利特强有力的话语(fg. 26),它就像是人们在黑夜里所点亮的光明(la lumière)。

正是在这个研讨课上,伽达默尔开始找到自己的道路。当然,这并不意味着他已在这次研讨课上遭遇了他很久以后在《真理与方法》中重新发展的实践智慧概念,而是他自己对希腊伦理学的研究在这里找到了它们真正的合法性。希腊人的问题重新获得了现实性。他们不再是那些捍卫有点原始的观念的作家们——借此名哲言行录的(doxographique)研究得到重建,他们成了当代的对话者,尤其是考虑到他们的思想对现代性的自我意识及其对正当性的要求一无所知。这就是海德格尔回归希腊人时所带来的清新之风,它一直激励着伽达默尔。在这个研讨课上,伽达默尔也成功地赢得了海德格尔的关注。由于他写过关于柏拉图的论文以及上过哈特曼和纳托普的课程,因此,他或许比其他人有更好的准备去跟随海德格尔对亚里士多德伦理学的解释。

这种关注体现在海德格尔邀请他每周在私人研讨会上与他一起阅读亚里士多德的文本。[1]这是这个重要学期里的第六门课。这个哈特曼和克罗纳的弟子在那时皈依海德格尔的思想并不奇怪。在这一小型指导课上,海德格尔和伽达默尔更关注《形而上学》中那些难懂的论述,而不是其伦理学著作,正是在《形而上学》中,亚里士多德揭示了当时海德格尔正致力于探讨的神秘的存在问题。也许伽达默尔关于这个私人研讨班的证词带有海德格尔教给他的、他思想之后续发展的一些色彩,但是他这个时期的讲座可以让我们了解到,海德格尔被亚里士多德的如下观点所吸引,

---

[1] GW 10, 21; HR, 38.

即真正的存在、真理，显现为存在的一个优先意义。随后，海德格尔重新发现了作为无-蔽（non-veiling）的真理（a-letheia）概念的词源：存在就是在无蔽和在场（ousía）中的呈现和绽出。存在从当下（présent）存在。存在从时间出发被理解。这一观点将在《存在与时间》中被抛出，在1923—1924年冬季海德格尔于马堡所开设的第一次课程中，它得到了详细的阐述。[1] 伽达默尔是最早的见证者之一。毫无疑问，正是在这个时候，《亚里士多德的存在和存在-真理》的讲座的思想发展了起来，这个讲座本来是莱茵兰和鲁尔地区的好几个康德协会的圈子邀请海德格尔去做的。海德格尔当时请伽达默尔陪同并指导每次讲座后要举行的研讨课。但是这次旅行并没有发生，因为法国军队占领了鲁尔。[2]

哦！是的，世界的进程，它也存在并继续着它地狱般的进程。但在某种程度上，学生们更愿意通过献身于亚里士多德、克尔凯郭尔或狄尔泰来逃避它。1923年下半年，德国陷入了几乎疯狂的通货膨胀期，人们痛苦地感受了这一点。在弗莱堡度过的整个夏季学期，伽达默尔都在遭受这种痛苦。他的父亲已经保证在他获得任教资格之前为他的研究提供经济资助。因此，他的父亲会定期将邮政支票寄往弗莱堡，但支票需要四五天才能到达。在此期间，它们几乎失去了它们所有的价值，让我们记住这一点。在夏季学期的最后几个月里，货币贬值达到了荒谬和难以想象的程度。例如，1923年7月，1美元价值353412马克；8月，1美元价值

---

[1] GA 17, 162 s.
[2] 见《康德研究》中的这个系列讲座的公告（*Kant-Studien* [29], 1924, 626）："亚里士多德的存在与存在-真理（对《尼各马可伦理学》第6卷的解读）——马堡大学教授，海德格尔博士系列讲座[1924年12月1日至8日分别在哈根、艾伯菲尔德、科隆、杜塞尔多夫、埃森和多特蒙德]。在海德格尔教授的讲座之后，将由汉斯-格奥尔格·伽达默尔博士主持晚间讨论。"海德格尔的演讲，在互联网上可以找到，收录在《海德格尔全集》第80卷。

4620455马克；10月，1美元价值250亿马克；11月15日是货币改革日，1美元价值4万亿马克。[1] 当时的政治背景是众所周知的：德国被迫承担第一次世界大战的全部责任，不得不向盟国支付赔偿金，这给德国经济带来了沉重的负担。由于德国越来越无力偿还债务，法国决定占领鲁尔工业区，让德国以自然资源来进行偿付，这进一步削弱了德国经济。对德国人来说，这种形势在政治上令人感到羞辱，在经济上则令人感到震惊。再也买不到任何东西了，最基本的商品都要花费数十亿或万亿马克。当你认识农民的时候，你还可以吃到牛奶和面包。海德格尔一家同情年轻的伽达默尔夫妇，邀请他们夏天去海德格尔在黑森林托特瑙堡建造的小屋里住了几个星期。从7月29日到8月23日，伽达默尔在他老师旁边连续待了四个星期，锯木头，散步，阅读亚里士多德和看管海德格尔的孩子。海德格尔自己则沉浸在职业生涯中最富有创造性的时期。他正在为去马堡做准备，那是伽达默尔非常熟悉的哲学堡垒。伽达默尔当时被允许参加私人研讨会，在那里，他学会了用现象学的方法阅读亚里士多德，也就是说，最终让他的文本说话。伽达默尔后来说，这些研讨会是海德格尔"第一次对解释学的普遍性进行实际的介绍"。[2] 海德格尔还和伽达默尔一起阅读了墨兰顿（Melanchton）的《教义学》（*Loci communes*, 1521），这本书是新教的百科全书。伽达默尔越来越意识到神学传统对西方思想的重要性。这使他在马堡对新教神学的发展产生了更多的兴趣，在巴特和布尔特曼的工作中，他感到十分兴奋。但是与海德格尔不同，他总是与神学保持着一定的距离，神学也

---

[1] 见 P. Hoffmann, *German Resistance to Hitler*, Harvard University Press, 1988, 9.
[2] GW 2, 486; PH, 21.

并不是他早期教育中的一部分。

在启程去马堡前不久，海德格尔为他的学生们在托特瑙堡组织了一个小型聚会。他在火炉前开始了他的告别演说，"在夜晚的火焰前保持清醒……"，海德格尔后来谈到了"火与光、明晰与晦暗，以及站在存在的澄明（éclaircie）及其撤退中的人的使命"。[1] 整个海德格尔，连同他那光明与晦暗的混合，都在那得到了体现：不仅反映了他那个时代的危急形势以及他对人类实存的看法，也反映了他动身去马堡前的矛盾情感，他第一次要待在那么远的地方，远离他钟爱的故乡。他的大部分学生都会跟着他去马堡。离开托特瑙堡时，伽达默尔在海德格尔的留言簿上潦草地写下了由斯特凡·格奥尔格所启发的如下文字："海风在我们周围温柔地吹拂。"[2]

---

[1] GW 10, 43; HR, 63.
[2] GW 9, 262. 1968 年 9 月 23 日，在给海德格尔的一封信中，伽达默尔引用了格奥尔格的这句诗。但在托特瑙堡家中的留言簿上，我们只找到了伽达默尔妻子的留言："从 7 月 29 日到 8 月 23 日。都是晴天，除了最后一天。衷心感谢天空、太阳、田野、森林、山脉、小家庭及其可爱的居住者：弗里达·伽达默尔。"除此之外，还有"汉斯 – 格奥尔格·伽达默尔"的签名（我将此信息归功于赫尔曼·海德格尔 [Hermann Heidegger]）。伽达默尔指的是另一本访客留言簿还是另外一次拜访？

7

返回马堡:希腊人的庇护
(1923—1924)

无论如何，我认为你应该花时间[去获得你的教师资格]。我也会把哈特曼的一个叫伽达默尔的学生的意图限制在同一个方向上，他这个学期在这里，还刚刚同我一起在托特瑙堡待了几天，还有他的妻子。他原本是赫尼希斯瓦尔德的学生，后来是纳托普的学生，现在则是哈特曼的热情支持者。这学期他跟我越来越近，他受过良好的教育，知道很多大学里的传闻，容易给人留下深刻的印象，他父亲是马堡大学的终身教授。他想跟随哈特曼写一篇教职论文，甚至还和他一起研究亚里士多德。目前，我在他身上还没有看到任何积极的东西。他重复着概念和命题，和他"老师"一样天资平平。如果他想要尽快最终获得教师资格，我必须有所介入。他目前在写一篇关于哈特曼《知识形而上学大纲》的评论。但他的想法来自我。直到现在，他还不知道哲学是什么。

——马丁·海德格尔
1923年8月给卡尔·洛维特的信

这些年来，我对自己的学术能力一直深感怀疑，但也是这些年我开始了严肃认真的工作。

——汉斯-格奥尔格·伽达默尔[1]

在从弗莱堡返回马堡的路上，根据海德格尔的建议，伽达默尔去海德堡拜访了雅斯贝尔斯。[2] 他在雅斯贝尔斯身上发现了在托特瑙堡与海德格尔有些乡土的习惯那常常已经有所丧失的城市性（l'urbanité）。雅斯贝尔斯告诉伽达默尔，对弗莱堡的现象学小团体的怀疑启发了他。他主要针对的是胡塞尔圈子以及他的现象

---

[1] PL, 34; AAP, 43.
[2] PL, 32; AAP, 42.

学有点学院化的特征，但他感觉自己在与大学哲学的斗争中是与海德格尔站在一起的，这种斗争是以一种被认为更具"实存主义"的思想名义进行的，这种思想在很大程度上归功于克尔凯郭尔。克尔凯郭尔是当时十分受欢迎的作家，尤其是在1919年卡尔·巴特的《罗马书释义》出版以后的神学领域中。但是和其他许多人一样，雅斯贝尔斯很想知道，在胡塞尔的思想中，究竟是什么如此吸引海德格尔。很适合由伽达默尔来告诉他，海德格尔所采取的路径与胡塞尔截然不同。

不过，伽达默尔对自己必须尽快返回马堡感到有点失望。在弗莱堡，他可以摆脱他父亲的阴影。现在，海德格尔的任命迫使他以某种方式重新回到家里。他知道经济危机沉重地打击了他的父母。一夜之间，他们变得像约伯一样贫穷。他们再也请不起佣人，他父亲的妻子不得不全职在家做家务和做饭，人们也因此看到她在这方面或多或少还是有些能力的。这种情况会导致紧张的关系。汉斯－格奥尔格成功地通过逃到弗莱堡来躲避它们，在那里，他认为他找到了他的导师和他的哲学使命。

但是当他带着新的朋友和新的信念回到马堡时，伽达默尔已经变得成熟和自信，或者至少他自己是这么认为的。他战胜了疾病，结了婚，成了博士，对来自弗莱堡的这些新人（包括海德格尔）来说，他也成了宝贵的信息来源。在马堡，他过着积极的社交生活，不过往往是他的妻子弗丽达更具主动性。她有着良好的社交能力，对伽达默尔的同事和朋友，包括他们的工作和激情很感兴趣（以"近乎爱情的"[quasi érotique]方式，据他的丈夫观察）。她有着低沉的嗓音和带点波西米亚风格的艺术倾向。认识和欣赏她的人都对她生爱慕之心（卡尔·洛维特、格哈德·克吕

格 [Gerhard Krüger] 以及后来的沃纳·克劳斯 [Werner Krauss] 都在她的众多仰慕者之列）。伽达默尔说，她可能对自己的工作不太感兴趣，大概是因为她不懂希腊语。在伽达默尔的来往信件中，人们可以找到很多她对伽达默尔同事们的感情（affection）的证据。有时她会回复他们的信件（我们在海德格尔的访客留言簿上看到了她写的一条感谢留言）。伽达默尔则往往表现得更为腼腆、刻板和谦逊。在1940年关于马堡时期的报告中，卡尔·洛维特描述了弗丽达当时的魅力："弗丽达·伽达默尔有一个朋友圈，他们几乎每天都在她家里聚会。她的活泼、热情和慷慨成了她最为多元化性格的魅力所在。我们总是受到欢迎并经常在那里吃饭。当海德格尔想在上午7点到8点上课时，我们会和她一起在她那仅有两个房间的家里准备早餐。大家在去的路上购买食物，无止境的讨论则会一直持续到中午。晚上，我们经常阅读巴尔扎克、托尔斯泰、陀思妥耶夫斯基、果戈里和贡恰罗夫的小说。格哈德·克吕格是最好的朗读者，有着冷静而有活力的嗓音。"[1] 在弗丽达的提议下，卡尔·洛维特成了伽达默尔女儿的教父，他女儿尤塔（Jutta）出生于1926年10月8日。

海德格尔本人带着新的自信来到马堡。在弗莱堡他一直作为胡塞尔的"年轻助手"，与那些只比他小一点的学生们有着非常亲近的关系，他又刚刚被任命为德国最负盛名的大学之一的（编外）教授。他也不是一个无名之辈，而是传闻中被看作德国哲学的那些领袖人物中的一员，人们在等待他的作品。他知道这一点，他的学生和同事也知道，尽管他不是通过出版物而崭露头角。用

---

[1] K. Löwith, *Mein Leben in Deutschland vor und nach 1933*, 64. 关于作者在这里提到的作家，我们还可以补充汉苏姆（Hansum）、狄更斯（Dickens）和梅雷迪思（Meredith）的名字（GW 10, 414）。

7 返回马堡：希腊人的庇护（1923—1924）

汉娜·阿伦特的话说，他作为德国哲学"隐形国王"的名声甚至更大。马堡的任命被他自己、也被所有人清楚地看作对他名下所寄予的希望的承认，我们可以说，他们不会失望。马堡时期促使了海德格尔的杰作《存在与时间》于1927年出版，它标志着一整代学生，他们将主宰德国（甚至超出德国）的哲学，也包括神学和人文科学长达几十年之久。

他似乎是以攻击的姿态登陆马堡。如果1921年他仍能向洛维特承认他"不是一个哲学家"[1]而是一个"基督教神学家"的话，那么他作为老师的成功和在马堡的任职则使他更加相信他有着自己的哲学使命。他已经决心同哈特曼进行竞争并"使地狱更加动荡"[2]。他写信给雅斯贝尔斯并大胆地说到，他"出场"的"方式"就足够说明问题了，尤其是陪同他一起抵达的还有"一个16人组成的精英（Stosstrupp）部队，在那里也有一些追随者（Mitläufer），他们是坚定的，也是非常可靠和勇敢的类型"。Stosstrupp：源自军事领域的表达。

人们也许想知道，在海德格尔眼里，伽达默尔究竟是一个坚定的追随者还是最为勇敢的一个。答案是复杂的。如果海德格尔一开始在他那里看到了某种天赋，那么从某个时刻开始他感到了失望，正如本章题记引用的信所证明的那样，这封信是在伽达默尔夫妇离开托特瑙堡的同一天写的。但现在开始众所周知的是，海德格尔的信件中充满了对提到的每一个人的无能和无用的恶言中伤。但如果海德格尔邀请汉斯-格奥尔格到他家里待了四个星期（！），然后还邀请他参加关于亚里士多德的私人研讨会并邀

---

[1] 1921年7月19日致卡尔·洛维特的信（前引，第28页）。
[2] 1923年7月14日致卡尔·雅斯贝尔斯的信。

请他指导计划中的鲁尔之行的研讨会,那么他一开始对他必定是十分器重的,也许还有对纳托普这个刚刚从严重疾病中恢复过来的学生的同情。但这种最初的器重很快让位于失望并导致了某种冷漠,这致使伽达默尔怀疑他自己的哲学能力。这些怀疑如此强烈,以至于他甘心于转而投身古典语文学以成为一个教授,或者去做一名高中希腊语教师。

这种紧张的局面部分归因于伽达默尔"令人失望的"表现,部分归因于海德格尔本人。在马堡,他的标准和期望变得更高。他意识到自己的重要性(他骄傲地说,"现象学就是胡塞尔和我!"),他在其高度浓缩而迷人的课堂上展现他未来哲学的轮廓,他与他的学生们越来越疏远(这可能与他同汉娜·阿伦特的私密关系有关)。甚至他最喜欢的学生,来自弗莱堡的卡尔·洛维特也注意到了这一点:"海德格尔很少来[伽达默尔家中的读书圈]。他此时怀疑我们已经在闲谈中迷失了方向,不再像在弗莱堡时那样同我们保持密切的关系。当我们想去他家中拜访他时,大部分时候,他妻子都不允许我们接近他,她会打发我们回去或叫我们约个时间再去。"[1]

伽达默尔是第一个将海德格尔引入马堡这个小世界的人。如果他在弗莱堡的海德格尔团体中表现得像一个害羞的局外人(如果他将自己介绍为哈特曼和克罗纳的学生,那理由就更加充分了),那么现在在马堡他已经成了一个宝贵的资源。正是他帮助海德格尔在林荫大道(Alleenstrasse)找到了他的第一间公寓。但由于它太小了,以至于海德格尔的家人和藏书不得不留在弗莱

---

[1] K. Löwith, *op. cit.*, 64.

堡[1]，直到他找到更大的住处。之后是朱利叶斯·艾宾豪斯接手了海德格尔最初的那间公寓。

伽达默尔自然成了海德格尔第一个无偿的助手。他的第一个任务是让图书馆购买那些海德格尔为其缺失而感到遗憾的书籍。他首先找到了托马斯·阿奎那作品的一个版本。1923年是很难找到书的，但伽达默尔最终找到了一个由马里埃特出版社出版的供神职人员候选人使用的袖珍本。海德格尔必须在他的讲座中使用这本书，尤其是其1924年关于高级经院哲学的研讨班中。[2] 海德格尔与托马斯·阿奎那的关系并不简单。在开始神学训练并成为神职人员候选人后，他的研究得到了托马斯著作基金会将近十年的支持。为此，海德格尔必须保证在其生活和工作中保持对托马斯思想的忠诚。但在1919年，正如我们已经提到过的，海德格尔疏远了天主教体系。对海德格尔来说，这个自称受托马斯·阿奎那启发的体系越来越成为这样一个机构，它通过对希腊人的原初经验的基督教化来摧毁它们。因此，回到古希腊和他们的存在经验要求对这种教条式的过度阐释进行"解构"。[3] 现在，这种哲学上的解构同时也是对其自身起源的阐释。在哲学层面上，他指责托马斯主义最多的地方在于，它将神学秩序那安抚人的幻象强加于希腊人。这种幻象扭曲了希腊思想，甚至在托马斯没有被阅

---

[1] 1923年10月9日致卡尔·雅斯贝尔斯的信（*Briefwechsel*, 45）。
[2] 这个廉价的版本在对圣托马斯感兴趣的德国人身上取得了一些成功，天主教哲学家约瑟夫·皮珀（Josef Pieper）的证词证实了这一点（PSd, t. 1, 242："玛丽埃特出版社1922年用劣质纸张印刷的《神学大全》至今仍摆在我的办公桌上。"
[3] 另见1918年9月4日海德格尔致其妻子的信（« Mein liebes Seelchen ! » *Briefe Martin Heideggers an seine Frau Elfride 1915-1970*, éditées par Gertrud Heidegger, Munich, Deutsche Verlags-Anstalt, 2005, 78）："我早年的所有变化不定、不够正直和诡辩（casuistique）都是过度的天主教教育的结果，我一直试图摆脱它，但困于工具不足。这一切都来自我父母的家庭（对此我并不想多加责怪），特别是因为我们家紧挨着教士住宅。但这一切最终都取决于天主教制度和它缺乏内在自由，这导致了它的信仰专制，这种专制给它自身带来了一种虔诚的样子。今天我很清楚这一切。"

读和不被知晓的地方（例如在马堡）继续起破坏作用。海德格尔大胆的直觉在于，这种神秘的经院哲学——也就是说，世界形成了一个从属于第一推动者（即使在将其称作先验主体之后）的等级秩序，这一观念迫使哲学自身采取一种与事物秩序相一致的理论体系的形式——继续主宰着所谓的现代哲学和他那个时代的哲学。换言之，它面临着简化的风险：观念论哲学和新康德主义，就像胡塞尔的基础现象学一样，试图从构造的意识中推断出世界秩序，而实际上它们不过是一种潜在的托马斯主义。在海德格尔看来，这种哲学所遗忘和掩盖的是实存在根本上的不确定性，它的时间性、必死性，或它所谓的具体的人的"实际性"。为了重新发现这种（哲学和人类实存的）原初给予，海德格尔试图通过回到古希腊，尤其是回到亚里士多德来"摧毁"由本体论所支配的传统，简言之，理性主义传统。毫无疑问，亚里士多德也启发了这一传统（海德格尔并没有忽略这点），但海德格尔要重新发现的是亚里士多德哲学与现象学的关联。

对托马斯主义传统来说，亚里士多德是一个对一切都给出答案的体系思想家。但对海德格尔而言，亚里士多德更像是一个有着看清存在和实存之根本现象的慧眼的人。海德格尔所面临的挑战在于唤醒这种关于存在和实存的意义，以及试图去理解，在亚里士多德本人那里，是什么导致了"理性"思维模式的支配地位，这种理性思维与被提供给观看的现成存在者(l'étant)联系在一起。亚里士多德在这里既是盟友也是对手，因为他对存在的解读——也就是其《形而上学》——给整个西方传统都打上了自己的印记。这种观点如此闻所未闻，以至于他的学生并不总能把握他对希腊哲学进行"解构"的复杂性。令伽达默尔着迷的是希腊人再次变得生机勃勃:"一夕之间,亚里士多德不再是通过托马斯的眼光被解读,而是被看作希腊思想最初开端的见证者。"[1]

颇具讽刺意味的是,他在马堡(更不用说弗莱堡)的那些没怎么读过托马斯著作的听众,有时会怀疑海德格尔是一个隐藏的托马斯主义者。毕竟,他是从天主教省份弗莱堡来的,而且众所周知,他罕有出版物,少数的是关于经院哲学和奇怪的邓·司各脱的读物。事实上,海德格尔是以一种幻灭的,甚至"反叛的"托马斯主义的眼光来阅读亚里士多德的。因此,他热衷于强调亚里士多德与"天使博士"(Doctor angelicus)及其对"事情本身"之意识的丧失之间的根本差异性。在海德格尔1923—1924年冬季学期对亚里士多德《物理学》的解释(它使伽达默尔激动不已)中,这一点尤为明显。但海德格尔重新发现的是一种奇特的物理学:在这种物理学里,并不存在令新康德主义着迷的关于客观世界的事实和法则的问题。相反,这种物理学提出了一种存在的普遍"运动性"(mobilité)的理论,这一理论本身是从对实存的本质运动性的解读中获得的。海德格尔在1922年的《纳托普报告》中描绘了这种前所未有的物理学观点。在马堡,他对亚里士多德本体论的解读仍然受到存在(它自身的"时间性")及实存具有显著的运动性这一观念的支配。这使他越来越关注存在和时间问题。存在与时间的这种紧密联系难道没有秘密地渗透到整个哲学传统之中吗?难道它不是现代哲学和当代哲学所忽视的联系吗?对哲学史和当代思想任务的一种完全不同的、极具革命性的解读开始出现。

这种对希腊人及其隐蔽现实性的重新发现解释了"现象学"

---

[1] GW 10, 351; PH, 40.

中如此吸引海德格尔的东西究竟是什么。它也承诺要回到原始现象并彻底清除现存的虚假证据。胡塞尔、亚里士多德、经院哲学（尤其是托马斯）和现代哲学之父笛卡尔都在海德格尔课程中居于中心地位。学生们并不知道海德格尔在他们之间所编织的关系，但是他们很清楚地意识到，他们正在见证一场新的"思维方式的革命"。它回应着时代的巨大动荡、帝国时代的覆灭、绩效伦理的崩溃，以及斯宾格勒在谈论"西方的衰落"时所预感到的一切。但在海德格尔那里，这种分析显得要严格和彻底得多，因为它是从西方传统的隐蔽根源中被思索出来的，并与一种具有空前的、几乎是预言性力量的教学相结合，这在当时的学术界引起了轰动并呈现为一个真正的思想事件。

伽达默尔惊讶地见证了这一切：就是这样！催眠术，学生被深深吸引，忘记了自己的忧虑、党争政治令人懊恼的状况和民众的普遍贫困。的确，这种共同的苦难加强了他们的团结和紧迫感。如果伽达默尔在赫尼希斯瓦尔德和哈特曼那里获得了出色的概念工具，那么在海德格尔那里，他的印象是，概念开始说话并第一次开始揭示其意义。海德格尔的概念并非空洞抽象的外壳，它们揭示了现象的丰富性。哲学甚至重新发现并超越了伽达默尔一直对之保持敏锐的诗歌语言的召唤力。但这还不是全部。在海德格尔学派那里，人们也了解到，概念具有一种隐蔽的、引人入胜的、以及近乎悲剧性的历史：它们诞生于柏拉图和亚里士多德从现象中争夺而来的原始经验和获得物，而当它们被翻译为中世纪的拉丁语时，它们的意义就失去了。中世纪及其经院主义的持续存在到了这样的程度，现当代哲学满足于接受这些拉丁化概念而并不关心它们所由之而来的经验。海德格尔的大胆在于，他鼓励对所有这些概念装置加以拆解，以便回到希腊人留下的原初经验。只有它们才能让哲学充满生机，也只有海德格尔才能让哲学重新成为它们。似乎在亚里士多德和他之间的哲学都处于漫长的昏睡状态……近乎罕见的清醒状态只是点缀，并且很少注意到这一点。通过海德格尔，伟大觉醒的钟声终于敲响。唉！在政治领域很快就会听到类似的腔调，这自然会诱惑海德格尔。

无疑，这种以发散的方式存在的"政治"世界是人们感到海德格尔富有吸引力的背景，但是人们并没有真正意识到这一点。这里存在一个传记作者不一定要提及的悖论：海德格尔的解构越是与他那个时代的紧迫性合拍，他的讨论就越是纯粹哲学的和严格意义上非政治性的。上次战争的溃败仍历历在目，没有人料到更严重的灾难正在酝酿。长期的经济危机和对鲁尔地区的占领导致了舆论的激进化。在1924年的选举中，国家社会主义党首次亮相便获得了6.5%的选票，而它在马堡的支持率是17.7%。[1]它当时有被特别注意到吗？在德国的阶层中，这个奇怪的小政党并不代表真正的威胁，它的"元首"曾试图在巴伐利亚的啤酒馆搞一场暴动，为此他只受到轻微的惩罚，然而滋养这个小政党的民族屈辱感却是大多数德国人共有的。所有当权党派也有这种屈辱感，但它们无力改变任何事情。因此，对这些政党的幻想破灭以及基于这种民主之无能的运动的兴起，正在召唤着德国的"觉醒"

---

[1] Helmut Seier, « *Marburg in der Weimarer Republik* », dans *Marburger Geschichte. Rückblick auf die Stadtgeschichte in Einzelheiten*, dirigé par Erhart Dettmering et Rudolf Grenz, Magistrat der Universitätstadt Marburg, Marburg, 1980, 561. 最强大的政党依然是社会民主党（20.5%，但在马堡只有7.9%），其次是保守的德国人民党（19.5%，在马堡占28.6%），天主教徒党仍然参与了联盟的形成，中央党 [Zentrum]（13.4%，但在新教城市马堡只有4%）和共产党（12.6%，在马堡占6.1%）。当我问他时，伽达默尔总是告诉我他对政治不太关心。但在他感兴趣的很小程度上，他告诉我，他可能与中间的一个小民主党关系密切，所以可能是DDP（在德国占5.7%，在马堡占9.8%）或DVP（9.2%和在马堡占15%）。

或爆发（Aufbruch）。

但在1924年，多亏了古斯塔夫·施特雷泽曼（Gustav Stresemann）的现实政治（la Realpolitik），政治及经济形势得到稳定，1924年道威斯（Dawes）计划的谈判允许重新安排德国的赔偿债务。施特雷泽曼在1923年9月至11月担任总理后，在1923—1929年担任外交部长，并于1926年获得诺贝尔和平奖（和法国人阿里斯蒂德·布里安德[Aristide Briand]一起）。他1929年10月3日的逝世，使德国丧失了重要的温和派的声音，特别是当1929年10月29日的股市崩盘使德国陷入新的经济危机和新的政治激进化之时。

晚年的伽达默尔主动谈到了他对施特雷泽曼的钦佩，但也许这反映了人们对他的普遍尊重，像他这样温和的声音在1945年以后本是可以受益的。在其晚年，伽达默尔仍以能够在他获得荣誉的庆祝仪式上穿着他称为"施特雷泽曼"的华丽条纹长裤而感到自豪。他当时解释说，这是一种因一位优雅的政治家而流行的裤子。我们今天很少见到这种服装，但曾经有段时间它很时髦。伽达默尔在获得荣誉时穿它，无疑也是出于对现实政治的大师施特雷泽曼的由衷钦佩。

在1923年的危机之后，1924年的情况稍微有所好转。拥有助手的身份，伽达默尔自己觉得在新老师身边越来越舒服了。非常有可能，这是因为海德格尔对他的表现越来越失望。在1925年3月27日写给洛维特的信中，海德格尔说道："在研讨课[关于托马斯和经院哲学]中，主持人克莱因和伽达默尔让我沮丧，在最年轻的人那里我感受到了现象学天赋的缺失，包括我刚刚提到的人……"现象学天赋？让我们在这里将其理解为以贴切的方

7 返回马堡:希腊人的庇护(1923—1924)

式表达现象,而不只是重复所读到或听到之物的能力。海德格尔的负面情绪也体现在他向伽达默尔发出的一次警告中。1925年2月14日,他给伽达默尔写了一封严厉的信,信中他说伽达默尔为他的教职论文所做的工作并没有给他留下深刻的印象:

> 这一切唤起了我的一种感觉,即你正处于一种关于你自己需要什么和你必须做什么工作的巨大幻觉中(dass Sie sich doch in einer grossen Selbsttäuschung bewegen)。我只能重复一年前我已经对洛维特讲得很清楚的一点,只有科学才是重要的,而学派的考量——比如你是我的学生(即使是多年的学生)——没有什么分量。只有你准备好了,也就是说,如果你认识到这篇文章在哈特曼和我的眼中都是失败的,我才能帮助你。你何时、如何以及在谁的指导下完成你的教职论文的问题现在相当次要。你唯一需要关注的事情就是提供扎实的工作。如果你不对自己严格要求(wenn Sie nicht gegen sich selbst hart werden)并强迫自己去做你需要做的工作,你就不会正确认识到在严肃的学术生涯中等待着你的是什么。[1]

伽达默尔对此感到惊愕。获得博士学位以后,他就希望完成他的教职论文。起初,他打算跟随哈特曼做这件事,但是自从他遇到海德格尔,以及考虑到哈特曼即将离开马堡去科隆,他所有的希望都寄托在海德格尔身上。他感到气馁、沮丧,但并不完全意外。他知道自己的成就相当有限,他的能力可能也是如此。在海德格尔的阴影下,人们很容易怀疑自己的才能。他的自卑感可能与他最亲密的朋友都比他更年长、更多才多艺或更多产有关:

---

[1] 1925年2月14日海德格尔写给伽达默尔的信(JMHG, 2005-2006, 28)。

他妻子比他大两岁，洛维特比他大三岁，奥斯卡·许雷尔比他大七岁。在一开始受到海德格尔的信的打击之后，他重新振作精神，认为自己还很年轻，还可以冒险重新开始，他也没有放弃与海德格尔的亲密关系。1925年春，他决定在语文学家保罗·弗里德兰德的指导下全身心地投入古典语文学的研究项目中。由于他的论文和大部分工作都集中在古希腊，所以他职业生涯的重新定位并不算激进，不过他的古希腊知识将变得有用。通过这样的训练，他希望将大学古典研究教授作为自己的职业目标（这基本上实现了），或者成为一名高中希腊语教师。如果他在哲学方面的前景有限，学校里总还是需要希腊语教师的。

当伽达默尔很久以后谈到这个决定时[1]，他乐于指出，他希望借此为自己建立一个坚实的基础，以便更好地回应海德格尔的挑战和由他所代表的思想事件。但这儿有伽达默尔当时的想法，因为它是人们在他1928年写教职论文期间的简历中发现的：

> 1923年冬，我跟随海德格尔回到马堡。我的主要研究致力于对希腊哲学的阐释。长期以来，我的研究主要集中在《尼各马可伦理学》上。在这个研究过程中，我觉得有必要——这也是耶格尔（Jaeger）论亚里士多德的书顺带提的建议——获得一个更扎实的训练，因为哲学解释的进步使得人们不可能在不发展自己批判性反思之可能性的情况下相信语文学研究的结果。哲学问题和语文学问题是不可分割的。在1925年的复活节，我开始了古典研究的常规研究课程，我在1927

---

[1] 见 *L'Héritage de l'Europe*, 143：“说实话，我成为一个古典语文学家，是因为如果我不能给自己一个恰当的基础，并比这位强大的思想家更坚定地站在这个基础上的话，我会彻底被海德格尔思想的优势所压垮。"另见 GW 10, 403，以及 *The Journal of the British Society for Phenomenology* (26) 1995, 119.

年 7 月 20 日很好地结束了这一课程并通过了考试，这一考试通过后可以给高年级上课。[1]

在如此关键的时刻，伽达默尔选择了古典语文学，这得益于神学家鲁道夫·布尔特曼的宝贵鼓励。在遇到海德格尔之前，伽达默尔对神学并无太多兴趣（如果不考虑他对克尔凯郭尔的热情的话），因为对他而言，克尔凯郭尔与其说是作为一位"神学家"，不如说是作为一位提醒哲学注意它的一些基本问题的存在主义作家而被阅读的。但海德格尔使他发现，全部哲学概念都贯穿着一种神学背景，因此，如果想要回到思想和实存的原始经验，就有必要对其进行"破坏"，也就是说对其进行清理。在 1922 年论亚里士多德的手稿中，海德格尔在奥古斯丁、路德和神学家加布里埃尔·比尔（Gabriel Biel）的影响的语境下对此多有论及。[2] 这就是海德格尔越来越少得到承认的"神学"动机，它隐约表现在这一研究路径中，也反映在摧毁它们的必要性中。海德格尔的解构在此呈现出它的双重面貌：它一方面旨在净化哲学中或多或少可见的神学包袱，另一方面旨在使沉重的希腊概念摆脱基督教的说教，从而使其能够重新发现曾属于它的原始经验。在这一"解构"的任务中，海德格尔知道他与他的同事布尔特曼的意图是一致的。在马堡，他们结下了深厚的友谊，这对双方来说都是富有成果的。布尔特曼最初是 19 世纪自由主义神学的后裔[3]，受在历

---

[1] UAM, PA Gadamer.
[2] M. Heidegger, *Interprétations phénoménologiques d'Aristote*, Mauzevin, TER, 1992, 32 s. 另见伽达默尔对这些神学动机的解释：GW 3, 94, 199 (CH, 51), 263 (CH, 131), 313 (CH 193)；GW 10, 4 (HR, 18).
[3] 见 1924 年的文章《自由神学和最近的神学运动》（La théologie libérale et le mouvement théologique le plus récent），它是《信仰与理解》（*Glauben und Verstehen*）第一卷的开篇 (R. Bultmann, *Foi et compréhension*, Seuil, 1970)，这本著作出版于 1933 年，有献给海德格尔的题辞。

史和语文学领域中已得到证明的历史批判方法的启发。但他并没有将此方法视作自在的目的。对他来说,其意义是在希腊概念的压舱物重新覆盖它之前去重新发现基督教信息的初始宣言(最初的"福音传道"[kérygme])。与此同时,布尔特曼在寻找一个哲学框架,以阐明他关于上帝的话语始终被放置在人类实存上的观点。[1] 他在海德格尔《存在与时间》中的实存论分析中发现了这一框架。他认为,海德格尔的目的在于强调"实存主义"或人类实存的本质特征,它被理解为对自身的操心(souci),而基督教的宣言可以看作对它的一种回答。海德格尔被布尔特曼严谨的学识、精神高度和对哲学的感受力所吸引,但无疑也被他与基督福音传道的原初关系所吸引,基督福音传道解除了海德格尔如此沉重背负着的天主教教义。在这一关于起源的报告中有一种自由,它与海德格尔的解构形成了呼应。

伽达默尔已经认识到了这些共同的动机,虽然他比海德格尔更少受到神学问题的折磨。但他还有其他理由觉得自己与布尔特曼很亲近:作为一名古典研究的新专家,在布尔特曼的古希腊文著作阅读圈里,他觉得自己受到了欢迎。从伽达默尔致力于古典研究的那一刻起,他就加入了布尔特曼的格雷卡,在那里,研究人员每周都聚在一起阅读希腊文学、诗歌和哲学的经典文本,以及教会里教父们的希腊文著作。伽达默尔参与布尔特曼的格雷卡有 15 年多的时间,在那里,他遇到了他的朋友格哈德·克吕格,以及神学家海因里希·施利尔(Heinrich Schlier)、贡瑟·博兰卡姆(Günther Bornkamm)和艾里克·丁克勒(Erich

---

[1] 见他 1925 年的著名论文:« Quel sens y a-t-il à parler de Dieu? », dans *Foi et compréhension*, t. 1, Seuil, 1970, 35-47.

Dinkler），他们将成为好朋友。他在其自传中讲述了古希腊阅读圈中那些有趣的轶闻："布尔特曼很严格，我们在晚上 8:15 到 11:00 阅读并评论文本，当读后叙谈（Nachsitzung）（字面意思是"课后"）开始后就是最轻松的时候，我们会闲聊和讲笑话（布尔特曼在一个笔记本上详细地记录过这些笑话……）。有时所有的参与者还可以喝到葡萄酒，但是布尔特曼非常节俭，在大家都喝完了之后，过几分钟，他还会将积聚在瓶底里的酒控出来喝掉。伽达默尔说，在 1939 年离开马堡时，没有什么事情能像这个圈子里的朋友和这种生活方式那样令他眷恋。[1] 这种"生活方式"包括 15 年对希腊经典的阅读。

伽达默尔幸运地进入这个圈子的时间，正处于他人生一个很关键的时刻。正如他 1974 年写信给布尔特曼祝贺他 90 岁生日时所说的那样，它发生在"当他对自己的研究和哲学才能深感怀疑而沮丧之时"[2]，也就是被海德格尔"放弃"之后。布尔特曼的邀请也许挽救了他作为研究者的职业生涯。

但始终是海德格尔，以及他对伽达默尔所发挥的力量，促使伽达默尔让自己更多地投入到了古希腊哲学和神学的世界之中。在这两个方面，他都觉得自己是在处理对西方上千年思想具有决定性意义的传统。对他而言，它们成了真正的避难所。如果他不能达到当时的哲学大师们的水平（如何与赫尼希斯瓦尔德、哈特曼、纳托普、胡塞尔、海德格尔或舍勒等巨人竞争呢？），至少他希望在把握希腊资料方面具有扎实的能力。他当时吹嘘"只读两千年以上的书"。[3] 时兴的东西并不能引起他很大的兴趣。

---

[1] PL, 38；AAP, 47-48.
[2] 1974 年 8 月 16 给布尔特曼的信（*Bultmann-Archiv*, UAT）。
[3] PL, 47；AAP, 59.

由此，毋庸置疑，伽达默尔总是对"经典"抱有特殊感情——在《真理与方法》的重要章节中还讨论了"经典"问题——也就是说，这些穿越了历史的著作在告诉我们那些具有"规范性"和"永恒性"的东西，"好像它们只对我们讲述"。[1] 确实，在这样一个混乱和不确定的时期，回归经典提供了一些稳定性。在布尔特曼的格雷卡的熏陶中，希腊人是作为伽达默尔一直称颂的人文主义传统的伟大导师出现的。这使他不同于海德格尔，海德格尔主张打破人文主义的传统，他认为人文主义太肤浅、太多愁善感而且不够激进。

虽然他当时更熟悉希腊的诗人、历史学家和悲剧，但亚里士多德的伦理学和柏拉图的对话一直是伽达默尔最感兴趣的。他在古典语文学方面最重要的老师是保罗·弗里德兰德。弗里德兰德当时正在写关于柏拉图全部对话的著作（《柏拉图》，其第一卷出版于1926年；第二卷出版于1930年）。同样令人惊讶的是，伽达默尔有幸能在那些老师们最富有创造力的时期遇到他们：遇到赫尼希斯瓦尔德正好是在其出版《思想心理学的基础》之前，遇到哈特曼是在其《伦理学》即将出版之际，遇到海德格尔是在其《存在与时间》出版之前，而遇到布尔特曼是在他与海德格尔的对话和他1920年代那些杰出论文发表的核心时期。弗里德兰德的情况也是如此。伽达默尔当时对柏拉图和亚里士多德进行的研究，是在与这位柏拉图研究专家非常密切合作的背景下发展起来的。弗里德兰德的高级研讨班只有三名参与者（其中一名是汉斯·谢弗 [Hans Schaefer][2]），

---

[1] GW 1, 295; VM, 311.
[2] GW 10, 403. 汉斯·谢弗是克莱门斯·谢弗（1878—1968）的儿子。克莱门斯·谢弗是一名物理学家，他是伽达默尔一家在布雷斯劳时的朋友，是伽达默尔的父亲将其带到了马堡。另外一名参与者是弗里德里希·克林格 [Friedrich Klinger] (PL, 29; AAP, 38)，伽达默尔和他一起阅读品达（Pindare），或者鲁道夫·法尔纳 [Rudolf Fahrner]（见下文）。伽达默尔会在海德堡再次见到汉斯·谢弗。

7 返回马堡:希腊人的庇护(1923—1924)

所以他们被要求每三周都要就柏拉图的一个新文本做一个报告。[1] 这需要准备和训练。受格奥尔格圈子的影响,弗里德兰德的强大能力在于以一种内在的方式来阅读柏拉图的对话,也就是说,无视它们的学理贡献,而只关注对话本身的戏剧性。伽达默尔学会了欣赏柏拉图的结构艺术和在对话理路中突然产生哲学直觉的观念。伽达默尔的教职论文(1928年完成,1931年发表)的题目是关于柏拉图的"对话伦理学"的。尽管最终是海德格尔指导他,但他还是从弗里德兰德那里得到了宝贵的助力。当时,伽达默尔还参加了由弗里德兰德所组织的一个格雷卡小组。[2] 鉴于他们之间的密切合作,伽达默尔才能因为对弗里德兰德关于柏拉图的构想作出了贡献而收获声誉。弗里德兰德甚至在1928年10月25日关于伽达默尔论文的报告中客气地提到了这一点:"我愿意承认,我在自己的作品里从作者的分析中获益良多。我甚至可以进一步说,与伽达默尔博士的合作常常对我和我近年来的研讨会非常有益。"[3] 这一赞美并非像

---

[1] 伽达默尔说他仍然有一个《克里同》(伪经)的手抄本(GW 10, 404)。在伽达默尔于马尔巴赫的遗物中还有其他的手抄本。

[2] 1929年4月17日致海德格尔的信:"弗里德兰德建立了一个非常漂亮的制度:Graeca juniorum,它与其他格雷卡有着相同的对象。今年冬天,我们读欧里庇得斯的《阿尔刻斯特》。年轻人中最重要的参与者是法纳,由于他的朴实和没有偏见,也由于他与我完全一致的对讨论的热情,他是唯一一个带来了一些积极东西的人,尽管他的古希腊知识不太好。法纳的观念当然是以德国文学为基本特征的。没有任何学说上的准备可以取代希腊人声称的话语自治。这就是为什么尽管法纳是'异教徒',但他有时会给人以十分新派、心理上的道德训诫的印象(其他参与者是罗德 [Rohde]、纽弗 [Neuffer]、雅各布斯塔尔 [Jakobsthal] 的一个学生和法文教师施密特 [Schmidt],他的翻译非常有助于展示法语逻辑精确又很拉丁化的特性)。在格雷卡年纪较大的参与者中,我们见到了弗兰克(Frank):在这里,就像他课上一样,只要是出人意料和风趣诙谐的,他就从不怕夸大其词。你很了解弗兰克,但可能不是从这个方面,即像我们一样作为听众的角度。在这种夸张和对所有方法限制的忽视中,人们毫无疑问地发现了一种'方法'的类似物。他一直以自己的方式去调节事物,但总是在各方面进行夸大。但这种调节,他自己也无法完成。他把这项任务留给了听众。你能想象这种'方法'在课堂上比在其研讨会上更有效,在研讨会上,另一种方法的反驳会迫使他更精确地表达自己。但即使在这里,弗兰克也欢迎任何有意义的事情,而不必用他自己的论题来面对他。但这并不是特别富有成效,尤其是对你军团里的那些留在这里的骑士来说。克吕格和我在他的研讨课上不得不在平静的气氛中克制自己。"

[3] UAM, PA Gadamer. 弗里德兰德对伽达默尔迄今为止的"哲学"工作(暗指海德格尔"学派")的评价倾向于肯定他首次得到反复训练的真正的研究学科是古典语文学:"在其研究的开始阶段,他以一种过于狭隘和排他的方式进行着'哲学化'的学习,而在此之后,伽达默尔博士近年来在一门独特学科,也就是语文学领域中获得了坚实的基础。然后,他学会了解释那些超出哲学范围之外的文本,尤其是在古代诗歌领域。这种能力在本文中得到了例证。"

弗里德兰德这样的语文学家的溢美之词，尤其他还有时因为冷漠和刻板而遭受指责。[1]只有在弗里德兰德身边，伽达默尔才意识到自己作为研究者的真正能力。其实是伽达默尔"对自己太苛刻了"。这使他再次赢得了海德格尔的尊重和认可，同意指导他的论文。

在针对沃纳·耶格尔(Werner Jaeger)的亚里士多德阐释所写的一份批判性的长篇评论中，伽达默尔首次证明了他具有作为研究者的那些能力。耶格尔（1888-1961）并非一个普通的学问家，而是那个时期德国古典研究的主导人物。此外，通过坚持认为正是在希腊人那里作为德国教育观念之基础的人文主义才得以奠基，他赋予了他的学科以本质的合法性。这一关于希腊人文主义的观点，他将在1934年的三卷本著作《教化》（*Paideia*）[2]中加以发展。在1920年代，正是他关于亚里士多德的著作风靡一时并使相关研究发生巨大变化。耶格尔提出了一种有关于亚里士多德思想演变的全新的阅读方式（grille），以此来消除其作品中显而易见的"矛盾"。亚里士多德的作品是根据主题类别来"编辑"的，在那里并没有考虑到其思想的发展（而且人们对此也鲜有所知）。在耶格尔看来，在亚里士多德远离柏拉图学说并在物理学和宇宙学领域发展出更具个性的观点之前，人们很自然地认为他是柏拉图学说的追随者。因此，他作品中最具理念论色彩的章节应该属于他的青年时期。耶格尔运用在亚里士多德全部著作上的这种阅读方式有其合理性，它有时也很具有洞察力，但有时也是一种很武断的方式。

耶格尔特别关注亚里士多德的《劝勉篇》（*Protreptique*），

---

[1] GW 10, 404（向弗里德兰德致敬）。
[2] W. Jaeger, *Paideia ou la formation de l'homme grec* (1934), Gallimard, 1964.

对于《劝勉篇》我们只知道它是3世纪晚期的一位注释者杨布里科（Jamblique）所保留下来的摘录，耶格尔用它来为他有关亚里士多德最初是柏拉图主义者的观点奠定基础。因为亚里士多德将实践智慧（la phronesis）理解为一种综合的智慧（une sagesse totalisante），这让人联想到它在柏拉图那里的意义。但是，在其"成熟的伦理学"中，亚里士多德捍卫了自己的实践概念，将其限制在人类可能的审慎之中，同时伴随着对柏拉图概念的明确批评。在这里，耶格尔的假设似乎找到了一个选择的应用领域：亚里士多德不能同时捍卫实践智慧的柏拉图式概念和反-柏拉图式概念。

伽达默尔是最早敢于对耶格尔的构想进行批评的人之一。1927年，他在一本有名的期刊上发表了一篇名为"亚里士多德的《劝勉篇》和对亚里士多德伦理学的演进解释"的文章[1]，它最早的版本出现在弗里德兰德的一次研讨课上。伽达默尔想知道《劝勉篇》中保留下来的文本，是否真的能够支持耶格尔雄心勃勃的

---

[1] « *Der aristotelische Protreptikos und die entwicklungsgeschichtliche Betrachtung der aristotelischen Ethik* », dans *Hermes*, 63 (1928), 138-164 (GW 5, 164-186). 见 GW 10, 403. 关于这项始于1925年的工作的缘起，见1925年9月24日伽达默尔致海德格尔的信（JMHG, 1999, 14）："自我回来以后，我工作的很好。我研究了杨布里科的《劝勉篇》并研究了里面所提到的语文学问题。这使我有幸在我的早期研究与柏拉图之间建立联系（特别是关于《欧绪德谟篇》，施莱尔马赫有理由宣布《欧绪德谟篇》是《理想国》，也是《智者》的核心方面）。当人们仔细研究耶格尔的结构时，都会很不幸地发现自己经常处于怀疑论者那种贫瘠的境地。人们通常很容易指出一些事实不清的地方。但总的来说，耶格尔的立场是无懈可击的，它本身就是一种结构，其一致性超脱于构成它的部分。"演变"（évolution）这一术语在这里成了万金油。在这种"高尚"任务的约束下，人们经常遇到非常危险的偏见，最常见的事情可能是真实的。然而这些事情却促成融合（sollicitent l'adhésion），只是因为它在整体形象中属于最无害的方式。检查这个结构的每一个部分都是一项非常繁重的任务：我们必须将它们与它们在整体中的角色分离开来，并使它们分享真正的共同点（这个词是从起点和基本的意义上来看的）：《劝勉篇》作为"最早的伦理学"：这一切被安排的方式，很难将这里使用的研究框架及其重要性从其结果，也就是说从其支撑这种"演化"观点的能力（aptitude）中分离开来。这里，耶格尔所做的工作与维拉莫维茨在其《柏拉图》中所做的并无不同（他更加谨慎，因此更加精致）：研究的所有观点，所有开放的问题以及我们不知道的相当多的内容，所有这些都被仔细涵盖了。通过研究获得的确定性和同样的抱负（prétention）与最个人性的猜想（conjectures）结合在一起。然而，耶格尔并没有逃脱这一指责，我不禁断言他的证据并不足以支持他的断言。我研究了由第欧根尼·拉尔修（Diogène Laërce）和马尔奇亚努斯抄本（Codex Marcianus）所传播的《名哲言行录》（Divisiones），这强化了我的信念，即，今天的语文学过高估计了所写（和所传播）内容的重要性，从而损害了与个人教学（l'enseignement personnel）有关的因素，尤其是不再依附于任何个人的学说或遗产概念和词语。莱因哈特在其关于波昔东尼（Poseidonios）的书中某处说的话是对的，如果你往源头倾注太多，最终会使它干涸。但总会有一些吸引人的东西可以用来指出一个文本以展示一些东西，语文学的工作不是一定会导致这种过度吗？"

观点。是否可以主张《劝勉篇》捍卫了一种特定的哲学的柏拉图式概念？伽达默尔提醒道，正如其标题已经指出的（protrepein：鼓动、劝诫），劝勉的目的毋宁在于促进哲学本身。正如柏拉图主义者所说的，这并不是捍卫一个特定的哲学学说，而是捍卫哲学本身。因此它并不是表达自己个人观点的特权场所，就像诸如在伦理学论文中可以做的那样。

如果说与耶格尔的这场辩论是有启发性的，那是因为它让人们了解了年轻的伽达默尔已经拥有的解释学的洞察力。他的方法提醒我们，如果不考虑作者的意图（scopus），即他的企图和他向公众表达的原意，就无法理解一部作品。所有的话语都是由一种"想说"（vouloir-dire）而未说的东西所激活的，对这一点的考虑对于所说内容的理解而言是至关重要的。伽达默尔这种对"想说"和话语背景的解释学关注，是从弗里德兰德关于柏拉图作品的对话形式的研讨课中，而不是海德格尔实际性的解释学那里学来的（海德格尔更感兴趣的是对实存的解释而非对作品的解释）。在对圣经所特有的风格形式进行的研究中，布尔特曼也对这种解释学的意义维度很敏感。

直到晚年，对于其青年时期所做的这一有关于耶格尔的工作，伽达默尔仍有一种无法掩饰的自豪感。"在弗里德兰德的指导下，我成了古典研究的专家，并在这个领域发挥了有影响力的作用[……]事实上，我写的那篇关于《劝勉篇》的文章不是推翻了耶格尔对亚里士多德的整个看法吗？"[1] 这种自夸可能有点过了，但的确，伽达默尔的文章在语文学工作的范围内取得了一些成功。

---

[1] « A Conversation with Hans-Georg Gadamer », in *Journal of the British Society for Phenomenology* (26) 1995, 119.

7 返回马堡：希腊人的庇护 (1923—1924)

在为伽达默尔在古典研究领域树立权威和证实能力方面，它取得了令人满意的结果。因此，这篇关于《劝勉篇》的文章可能比他的教职论文更有说服力，因为他的教职论文包含了海德格尔的一些特征，这使语文学家怀疑它是否成立。对于伽达默尔当时的职业状况来说，这篇文章或许比他的教职论文更重要，他的教职论文写得相当快，而且写于他个人规划的困难时期。因此，伽达默尔能够把他对《劝勉篇》的研究当作他在语文学家那里的一张名片（他1928年的教职论文直到1931年才发表）。他还与耶格尔取得了联系，在柏林见到了他，他认为耶格尔已经相信了他的一些论点的合理性。[1] 认识耶格尔并让他对自己有好感，对伽达默尔是有益的。因为后来他会请求耶格尔支持他向紧急委员会（la Notgemeinschaft）（用于研究的"备用基金"）提交的资助申请。直到1936年他移居芝加哥，伽达默尔都与耶格尔保持着良好的关系，并且经常在他经过柏林时去拜访他。

1927年7月20日，伽达默尔通过了古典语文学的考试，包括笔试和口试。考官是弗里德兰德、海德格尔和语文学家恩斯特·洛马茨奇（Ernst Lommatzsch）。他的论文是用拉丁文写的（《抒情诗的叙事神话》），讨论的是诗人品达。伽达默尔对品达在其诗歌中提到神话传统的那种令人回味的方式很感兴趣。这里对风格形式和诗性言说的特殊性（他的作品中有一种古老的激情）的考量突出显示了伽达默尔朴素的解释学手法。在口试中，伽达默

---

[1] 见伽达默尔1928年10月2日写给海德格尔的信（JMHG, 1999, 21）："我们在波罗的海度过了一个很棒的暑假，也让我在柏林有了一个短暂的停留，在那里很不幸我把脚弄伤了，导致我八天都不能走路。这次延误让我有机会同耶格尔见了一面，他刚刚到柏林回来。他一开始就谈到了你的书 [《存在和时间》]。很明显，他高兴地注意到，在你哲学的构建中，古代只代表其中一个时刻，因此它不是一种'人文主义'。此外，我们的对话也并非没有结果。我设法在一些细节上使他相信我的一些评论的准确性。我也希望对我语文学可信度的强调可以使他对我的反对意见加以一些考虑。"

尔必须证明他对古典语文学的各个方面都有很好的了解。他研究了一切，悲剧、诗歌、哲学、格律、修辞学和语法。但在考试前两周，他惊愕地发现他忽视了——事实上是遗忘了——整个考古学领域。这让他狼狈不堪，因为他知道他根本无法在15天的时间里补上漏洞。他和弗里德兰德以及考古学方面的负责人保罗·雅各布斯塔尔（Paul Jacobsthal）讨论了这个问题。两人都表示理解并达成了一致的意见：伽达默尔是一个勇敢的学生，如果他愿意在考试后弥补考古学的研究，大家将在考试中心照不宣地避开这一领域。这是一个可敬的君子协定，伽达默尔做到了。他成功地通过了考试，弗里德兰德没有问任何有关考古学的问题，伽达默尔在完成考试后跟随雅各布斯塔尔学习了两年的考古学。[1]

我们现在注意到的一个情况是，雅各布斯塔尔、弗里德兰德和耶格尔都是犹太人，虽然在当时这并不特别引人注目。事实上，伽达默尔有不少犹太老师、同事和朋友，包括理查德·赫尼希斯瓦尔德、理查德·克罗纳、埃里克·弗兰克（马堡大学海德格尔的继任者）和他的朋友及哲学家卡尔·洛维特、列奥·施特劳斯、雅各布·克莱因、赫尔穆特·库恩和库特·里兹勒（Kurt Riezler），里兹勒的妻子也是犹太人（在马堡，伽达默尔与汉娜·阿伦特和更年轻的汉斯·尤纳斯 [Hans Jonas] 几乎没有什么接触）。1930年代，他们被停职后都移民到了美国。当很久以后，在被问及关于他在纳粹统治时期的态度时，伽达默尔说，他没有什么值得特别褒奖之处，因为他的许多犹太朋友让他对纳粹原始反犹太主义具有了免疫能力。像他的许多犹太朋友一样，伽达默尔始终

---

[1] 伽达默尔在他的自传中（PL 43；AAP 53）简要地提到过：雅各布斯塔尔"也对我很友好，后来我从他身上学到了很多东西。"

觉得反犹主义如此荒唐可笑，以至于根本没把它当回事。关于当时德国犹太人的状况，他在1977年的一次采访中说：

> 布雷斯劳有很多犹太人，马堡甚至更多。他们是有产阶级的一部分，他们通过工作和经济上的成功提高了社会地位，因此，他们的下一代中有很多人都有着很好的天赋和教养。必须承认，在马堡，几乎我所有的朋友都是犹太人。我也没办法，事实就是如此。当第三帝国的第一次宣传出现而我的犹太朋友非常担心时，我才注意到这点。然后他们说，"这可不是什么好事，我们需要更加谨慎并远离它。"当然，在我的犹太朋友们看来，德国外交部的国务秘书是犹太复国主义者这事是不明智的。但他们中的大多数人已不再是犹太教徒。[1]

我们很快就会回到这个话题，因为在1930年代，伽达默尔的职业生涯将从他那些犹太朋友相当悲惨的命运中"获益"。

*

1927年，古典研究考试的成功是伽达默尔学术生涯中的重要一步。他在一项要求很高的专业中获得了扎实的训练，这使他能够在接下来的十年里，与这个领域中的权威人物一起讨论古典语文学和哲学。他抱有某种谨慎的优越感，因为大多数语文学家只

---

[1] « *Breslauer Studienjahre. Hans-Georg Gadamer im Gespräch* », dans *Pädagogische Rundschau* 51 (1997), 125. 在对本传记德文版的一个十分严厉的评论中，理查德·沃林 [Richard Wolin] 说该书散布了一个"谣言"（canard），通过指出伽达默尔有过"几个犹太朋友"来为其开脱。见 « *Socratic Apology : A Wonderful, Horrible Life of Hans-Georg Gadamer* », *Book Forum*, Summer 2003. 我将其留给读者自己去判断它是不是一个"谣言"，但我的意图是且仍然是尽可能客观地陈述事实，而不是去美化伽达默尔。在我看来，沃林的表达非常具有倾向性，但同样，读者会对此作出判断。

有基础的哲学知识,而哲学家往往又缺乏语文学基础。在之后的几年和几十年中,在许多空缺职位的招聘中,伽达默尔都会被提名,人们总是将伽达默尔视作德国为数不多的几个从希腊哲学的良好训练中受益的哲学家之一。在这方面,事实证明,被伽达默尔当作"迂回"之路的古希腊,既是他的避难所,也对其大有裨益。他已经向自己证明,他可以在不依靠像哈特曼或海德格尔这样的大师帮助的情况下而前进。而且伽达默尔还同时向他最重要的老师们展示了他的能力,特别是海德格尔和弗里德兰德(哈特曼于1925年去了科隆,但仍为伽达默尔写了推荐信)。

最满意的人似乎是海德格尔。如果说伽达默尔在他的主要学科希腊语和拉丁语中获得了"好"的成绩,那么他在第二学科"哲学预科"(propédeutique philosophique)的课程中则获得了最好的成绩("优秀"),而它的主考官正是海德格尔。考试结束以后,两位同事走在路上的时候,弗里德兰德跟海德格尔讲述了他打算指导伽达默尔"教职论文"的计划(也就是他的第二篇论文,这将为他打开高等教育的大门)。第二天,伽达默尔就收到了海德格尔的一封信,他提议由他自己来指导伽达默尔的"教职"论文。不过,海德格尔补充说,伽达默尔最好抓紧时间,因为他很快会成为胡塞尔在弗莱堡大学的继任者(它将发生在1928年夏末)。伽达默尔仍然"感到很不确定",甚至对这个突然的邀请感到有点"惊讶",[1]因为海德格尔几年来都没有对他讲过任何鼓励的话(这一情况需要在即将出版的二人的通信集中去核实)。虽然他私下总是很亲切,但他对待哈特曼以前的这个学生还是有所保留(如果不是冷淡的话),因为在马堡的早些年,他曾让海德格尔

---

[1] PL, 43; AAP, 54.

感到失望。但是伽达默尔语文学考试的成功给他留下了深刻的印象。这是一个坚韧的学生,他展示了自己的才华,并在另一门海德格尔认为对哲学至关重要的学科中证明了自己。他希望在他的"精英部队"中有这样的学生。伽达默尔显然参加了海德格尔在马堡的所有课程及其研讨班,除了1927年的夏季学期,因为当时他正在准备他的国家考试。1927年7月,海德格尔的信再次对伽达默尔的命运产生了决定性的影响。因为他无法拒绝海德格尔的邀请,后者刚刚于1927年4月[1]发表了他的杰作《存在与时间》,并由此巩固了他作为当代哲学家的地位。自1923年成为教授以后,他没有时间去指导他那么多学生的教职论文,但是,鉴于他即将去弗莱堡,对他在马堡的弟子来说,这或许是一个永远不会再有的机会。另外两个与伽达默尔一起接受教职论文指导的是卡尔·洛维特和格哈德·克吕格,他们在马堡组成了一个强大的海德格尔三人小组,不过这并没有阻止他们有时对他们的老师采取批评态度。洛维特早期对卡尔·马克思和马克斯·韦伯很感兴趣(海德格尔几乎从未提到过他们),他从社会哲学出发向海德格尔提出过批评,而曾在哈特曼学派那里受过神学训练与培养的克吕格则批评了海德格尔对康德的解释,尤其批评他误解了实践理性的自治。[2]在这两种情况中,海德格尔在伦理思想方面的缺陷都被指了出来。伽达默尔的力量来自他在希腊哲学方面的训练,但他比洛维特和克吕格需要更多的时间来显示自己的原创性和相对于老师的独立性。人们只有在《真理与方法》中才能(有些人会说,再

---

[1] 见 T. Kisiel, *The Genesis*, 486.
[2] 洛维特在海德格尔的指导下于1928年完成了他的论文,在同一年以"他人角色中的个体"的标题发表(未译成法语)。克吕格的论文完成于1928年,但是和伽达默尔的论文一样直到1931年才发表,题目为"康德批判中的哲学与道德"(法文译本为 *Critique et morale chez Kant*, Beauchesne, 1960)。

一次）感受到这种独立性。

1927年年底，伽达默尔不得不迅速采取行动。在1928年夏，海德格尔离职前几周，他提交了他的教职论文，谨慎地命名为"对柏拉图《斐里布篇》的解释"。1931年当它以一个改写的版本发表时，它有了一个更引人注目的标题：《柏拉图的辩证伦理》。其实伽达默尔被迫仓促工作，并不仅仅是因为海德格尔施加的压力。1927年1月13日，伽达默尔的父亲患上了严重的疾病，被癌症所击倒。[1] 最好的医生和内科医师，其中一些人曾是他的学生（如舒勒曼 [Schulemann] 博士和施内肯伯格 [Schneckenberg] 博士），都做出了最大的努力，但依然无法阻止病情的恶化，1928年4月15日，他去世了。尽管医生们试图宽慰他，但约翰内斯·伽达默尔对自己病情的严重性已不抱幻想。正如我们前面所看到的，他更担心的其实是他的儿子。因此，海德格尔被叫到了床边，向他保证了他儿子的未来。一切都会好的，哲学就足以成为实存的任务。海德格尔会关照他。

父亲的痛苦给年轻的伽达默尔带来了沉重的压力。在他父亲离世的前一个月，他写信给海德格尔：

> 我父亲的状况非常糟糕。他已经在诊所待了一个星期。克拉普（Klapp）为他做了一个小手术，引入了一个小肠通道进行人工喂食。但这似乎只会延长并加剧他的痛苦。他已经很虚弱了。几乎不可能与他交谈。我在用最大的热情工作，我想，既然他仍要遭受长时间的痛苦，那么我能及时完成我

---

[1] 早在1927年，马堡大学年鉴 (*Chronik der Preussischen Universität Marburg*, 36) 就以一种很不好的口吻宣布这种疾病的致命性："一种严重的、无法治愈的疾病迫使研究所所长卧床休养。他的助理昆茨博士（Dr. Kuntze）将在他的课程和研讨班中代替他，直到学期结束。"

的论文，至少还可以给他带来一点快乐。[1]

不幸的是，他父亲并没有坚持多久，但是直到最后，他的梦想都是通过完成他的论文，给他父亲最后一次为自己的儿子感到骄傲的机会。对伽达默尔来说，这是一个艰难而又不确定的时期。从今以后，无论是肉体上还是精神上，他都成了孤儿。他本想向父亲证明自己并不是一个迷失的儿子，但他却离开了，而他精神上的父亲海德格尔[2]——他也想向他证明一些事情——也在暑期结束以后去了弗莱堡。1928年的秋天，他需要学会依靠自己快速前行。世界历史的进程不会让他的生活变轻松。

---

[1] 1928年3月15日致海德格尔的信（JMHG, 1999, 17）。
[2] 见1928年10月2日致海德格尔的信（JMHG, 1999, 20）："你应该感觉到了，在我父亲去世以后，我与你的来往对我来说是非常宝贵的。随着他的去世，我有一种感觉，我觉得我从父亲那感受到的那些期望和责任，从此以后将来自你，被这种期望束缚的意识，对我来说，成了我存在的重要支柱。即使在没有你个人在场的情况下，我也会努力保持清醒。"另见1976年5月28日，海德格尔去世两天后，伽达默尔写给其遗孀的信："你也知道，对我来说没有人，甚至包括我自己的父亲，像马丁·海德格尔这样重要。自我从他那里得到第一次激励和教导的那年起，海德格尔的出现对我来说就成了一个生死攸关的问题，这是我一生中最大的收获之一，最终，在仰慕他的学生和令人钦佩的老师之间建立了一种平静的友谊。"

暴风雨前不确定的自由

(1928—1933)

> 海德格尔从马堡回到弗莱堡之后的那些年,
> 他的离开把我们这些年轻的哲学老师留在了孤独之中,
> 或者更确切地说是:给了我们自由。
>
> ——汉斯-格奥尔格·伽达默尔[1]

很快,伽达默尔从失去父亲的状态中恢复了过来,而且同时他也从两位父亲的阴影中解放了出来。不过,父亲的压力一直影响着他。一些观察者——特别是认识他父亲的一些科学家——认为,《真理与方法》为人文科学的真理进行辩护的意图,可以理解为一种儿子面对父亲进行自我辩护的努力。哲学并不允许过度的心理学解释,但它多少还是有些道理的。伽达默尔自己说,他的作品直到1960年这么晚的时候才出版,至少部分原因是他另一位父亲的在场:"我始终有一种该死的感觉,海德格尔在我的背后看着我。"[2]

1928年,海德格尔也有自己不同的忧虑和挑战需要解决。《存在与时间》给了他非同寻常的名声,因为有些人认为它是自黑格尔《精神现象学》(1807)以来最重要的哲学著作。与此同时,胡塞尔教席的声望也在1928年与日俱增,他从此成了他的

---

[1] GW 10, 333; *L'Héritage de l'Europe*, 144.
[2] GW 2, 491; PH, 29.

母校弗莱堡大学的讲席教授。这位还只有39岁的哲学家预示了他辉煌的职业生涯。在其1927年著作的导论中，他勾勒了一个由两部分组成的写作计划，而这本书"只"提交了计划第一部分的前两篇。所有人都在等待《存在与时间》的"第二部分"，并且等待了很长一段时间。但它永远也没有出现。之后他也写了一些章节，但他并不满意，所以把它们都毁了。毫无疑问，他也被其作品的"反响"感到吃惊，这种反响很大，但有点耸人听闻，而且在他看来大家忽视了它的本质问题，即存在问题。尽管他放弃了《存在与时间》这座充满希望的大厦，但他还是在那些年里努力以一种新的方式来提出这一存在问题。之后，他致力于对"形而上学"的遗产进行更为历史性的解释，而这种遗产在其1927年的作品中似乎并未被放弃，也由此而导致了误解。在1929年出版了《康德与形而上学问题》这一重要著作之后，海德格尔很长一段时间都没有出版物，直到他1933年发表校长就职演说。

他在马堡的学生们并没有意识到他们老师的思想正在经历的颠簸。他们将在1930年代中期参加他的一些讲座，并意识到他采用了一种与《存在与时间》决裂的"新哲学"。在他离开马堡时，他仍是"现象学"的标志性人物并有望形成一个学派，就像德国的传统一样。他不是很看重围绕在"老"胡塞尔周围的弗莱堡现象学派，更不用说慕尼黑了（普凡德尔，盖格尔）。他真正的和最好的学生是那些获得教师资格后仍留在马堡的人：洛维特、克吕格和伽达默尔。

在去弗莱堡之前，按照惯例，他组织了一次小型聚会，在会上，他做了一个告别演说（就在他妻子准备餐食的时候……）。他要求他的学生们以马克斯·舍勒[1]为榜样，与具体的学科展开对话。也就是说，《存在与时间》已经奠定了基础，现在应该由学生们来接力，把它的原理应用到各自擅长的那些"学科"中去。海德格尔知道洛维特对社会科学和人类学，还有生物学（在对社会科学产生兴趣之前，他曾在慕尼黑学习过）都有很好的了解，而克吕格则在神学方面受过良好的训练，海德格尔自己最初也是从神学出发的。[2]至于伽达默尔，海德格尔希望他在古典研究领域，也许还有美学领域能有所作为。海德格尔向他的门徒托付的使命，多少让人想起了胡塞尔和他的开拓者们：老师播下的种子，必须在所有具体的学科中才能结出果实。他在人文科学中被广泛地接受，也证实了他的想法并没有错，即他相信他的思想可以成为富有成效的应用主题。

因此，洛维特、克吕格和伽达默尔站在了最前线。当时，在某种意义上，我们必须立即指出，伽达默尔觉得自己可能是三人中最没有天赋的。无论如何，他对自己最没有把握，事实证明，这不一定是什么坏事。毫无疑问，其中最资深也最自信的人是洛维特（1897—1973）。他一直享有来自老师的信任乃

---

[1] 他的学生们对听到他在课堂上对舍勒的讽刺言论感到惊讶。海德格尔对舍勒的确很苛刻，但当舍勒在晚上的一次谈话中告诉他他对《存在与时间》的热情时，他被感动了。1928年5月19日，当他得知舍勒突然去世时，他在1928年的夏季学期（GA 26, 62）的课程中称颂了他，在这个学期中，他称赞他是那个时代最伟大的哲学力量（当时胡塞尔还活着，与他关系还很近……）。关于舍勒和海德格尔，见 Otto Pöggeler, « *Ausgleich und anderer Anfang. Scheler und Heidegger* », in *Studien zur Philosophie von Max Scheler*, dirigé par E. W. Orth et G. Pfafferott, Freiburg/ München, Alber, 1994, 166-203.
[2] 1928年2月14日，海德格尔在马堡以"神学和哲学"为题作了一次演讲，但直到1970年才发表。海德格尔在1929年出版的论康德的著作中表现出了对人类学的兴趣。如果说他的思想是对古典研究的一个挑战，那是因为他的思想是受希腊思想奠基者们的话语之原始意义的启发而产生的，而这些意义则被传统所掩盖。

至友谊。[1] 在 1920 年代早期，他比其他人更密切地关注了海德格尔从神学向哲学的转变过程，他毫不犹豫地向他的老师提出了很多颇具批判性的问题，尤其是在海德格尔哲学所谓"科学性"要求与他在存在的实存性之操心中的锚点之间的深渊，后者对海德格尔自己来说也是一个问题（雅斯贝尔斯后来也提出了类似的问题）。他甚至在其 1928 年的教职论文《他人角色中的个体》（L'Individu dans le rôle de l'autre homme）中对海德格尔的方法提出了详尽的批评。海德格尔接受了这一论文，他并没有过多地关注这些批评，在 1927 年 8 月 20 写给洛维特的信中他谈及这一问题："你是否同意我的观点，以及你是否理解了我工作的本质任务，并不是接受或拒绝你论文需要考虑的因素。为了你的利益，我只是在一些旁注中指出，在某些地方，你提出的批评过于草率，你低估了问题的难度及其前提。不过，当一个人发表他的第一部作品时，隐藏的攻击和带有优越感的批判往往是其采取的态度的一部分。[2] 但十年后，如果他能够在某种终其一生承担的工作过程中引导他的激情，这种姿态就会平和下来。"

因此，1928 年，这三个"被授予教师资格"的人中，洛维特是第一个在马堡大学接到教学任务的人（为"社会哲学"部上

---

1 在 1921 年 8 月 19 日的一封信中（发表于 Zur philosophischen Aktualität Heideggers, dirigé par D. Papenfuss et O. Pöggeler, Frankfurt a. M., V. Klostermann, t. 2, 1990, 28），海德格尔向洛维特坦陈他"比任何人都更关心他"。伽达默尔是在 1921 年的夏季学期于慕尼黑认识的洛维特（见 PL 237, AAP 281，那里错误地写成了 1920 年）。我们可以从汉斯·乔纳斯（Hans Jonas）的视角看到洛维特的自信，见 Elisabeth Young-Bruehl, Hannah Arendt. For Love of the World, New Haven, Yale University Press, 1982, 59："1921 年，18 岁的乔纳斯觉得在海德格尔的研讨班上而不是胡塞尔的讲座上，哲学还活着。尽管他懂的不多，他也感觉到，在这些研讨班上，有一些神秘的深奥的东西，对新的思维方式有一种开放性。海德格尔以及他那些优秀的学生引起了他的兴趣，就像卡尔·洛维特一样，他以缓慢而无力的声音向研讨班发表浓缩而艰涩的论文——他的肺部在战争期间受了伤——这加剧了理解其意思的难度。"另见洛维特在 1959 年的个人"生平"中对自己成长道路的介绍（作为附录发表于 Mein Leben in Deutschland vor und nach 1933, 1989, 146-157）。

2 Zur philosophischen Aktualität Heideggers, t. 2, 33.

课)。而克吕格和伽达默尔不得不共同分享他们的好友洛维特的助教这一十分低微的岗位。从大学职业生涯的角度看,洛维特领先一步受益了。除了其论文的内在优点,其他出版物的质量和其自信外,他对海德格尔采取的批判态度无疑也为他得到这个工作提供了帮助。这是因为海德格尔的两个宿敌,埃里希·詹森(Erich Jaensch,1883—1940)和迪特里希·马恩克(Dietrich Mahnke,1884—1939)占据了马堡最重要的两个哲学教席。多年以来,在海德格尔的学生那里,这都是海德格尔的成功和他蔑视的嘲弄对象。由于这些权威人士(这二人将会成为狂热的纳粹分子)对伽达默尔的职业生涯产生过一些影响,在这里还是有必要提一下在马堡所形成的反海德格尔阵营。伽达默尔记得两人对他来说完全没有任何哲学上的重要性。[1]他们的职业生涯并非没有争议。埃里希·詹森是胡塞尔的学生,专门研究实验心理学。1913年,他继承了马堡学派创始人赫尔曼·柯亨的荣誉教席,也是后者提名詹森作为自己的继任者的。但他的任命引起了轩然大波,因为有人谴责这有用实验心理学的新趋势来取代哲学的企图(当时的心理学还没有教授职位,更不用说院系了,它还是心理学的一门新学科)。几乎所有的哲学教授都通过请愿书对这个任命表达了愤慨。[2]他在马堡的教学很快打上了深深的苦涩和愤恨的标记。如果说海德格尔的成功倍增了他的这种苦涩和愤恨,那是因为海德格尔把自己描述为其老师胡塞尔的学生和继承人。1926年,詹森指定胡塞尔的另一名学生迪特里希·马恩克为尼古拉·哈特曼的继任者,

---

[1] PL 26;AAP, 34.
[2] 关于这一部分,见 H. Holzhey, *Cohen und Natorp. Band I : Ursprung und Einheit. Die Geschichte der Marburger Schule als Auseinandersetzung um die Logik des Denkens*, Basel/Stuttgart, Schwabe, 1986, 22,以及艾宾豪斯的证言(PSd 3, 44)。

以此来制衡海德格尔，而海德格尔在当时几乎从不关心学院政治。

1934年，詹森成了"心理人类学研究所"的主任，从那之后这个研究所就与哲学系分离了（之后，哲学系的两个主要教席由马恩克和海德格尔的继承人埃里希·弗兰克 [Erich Frank] 占据，不过哲学系最"引人注目的"老师则是洛维特、克吕格和伽达默尔）。在这不祥的一年里，詹森出版了《新帝国的文化目的》《新帝国的价值哲学问题》《德国运动的心理学》《教育学的新途径与德国的革新》《新教育的目标》等作品。[1] 那些年间，对海德格尔及其学派（在马堡它有很强的代表性）的愤恨困扰着他。1934年，当海德格尔被邀请领导一所教育与科学部下属的"教师学院"时，他被请求写一份关于海德格尔的意见。他形容海德格尔是"大学里思想最混乱和最令人惊讶的个人主义者之一：[海德格尔的] 思想就是一种混乱、分裂的，甚至像精神分裂症一样的个人主义，它会对学生造成毁灭性的影响，因为我们可以在马堡非常清楚地观察到这一点。"[2] 很显然，詹森在这里想到了洛维特、克吕格和伽达默尔，以及他们在年轻人中的成功。但他们对自己如此自信，以至于将詹森和马恩克看作完全平庸的、没有必要关心的人。不过，这三人当时都还只是私人讲师。

在德国，什么是私人讲师？它是一种在别的地方没有实际对应者的学术研究人员。私人讲师是完成了教职论文从而获得了"讲师资格"（venia legendi），拥有在大学任教的许可和"优先权"的人。实际上，出于对丧失"讲师资格"的担忧，私人讲

---

[1] 见洛维特的回忆（K. Löwith, *Mein Leben in Deutschland*, 100）："当时在动荡最前沿的是50岁的单身汉詹森，他有着精神病患者的气质。他热情地参与这场运动，沐浴在'青年的觉醒'的新鲜氛围中。他无数的讲座都是关于'德国人'的。"
[2] 引自 R. Safranski, *Ein Meister aus Deutschland. Heidegger und seine Zeit*, München/Wien, Hanser, 1994, 327 (voir aussi 313).

师每个学期都要上课，但是他们并不是直接从学校获得酬劳（因此他们也叫"私人"教师）……这对学校来说是件好事，是其赋予候选人以任职资格所获得的"回报"，但对老师本人来说，这意味着极端的不稳定。这种不稳定也恰恰是一种最强大的动力，它会促使他们通过其出版物来获得名声，以便最终获得自己的教职，他们获得的教职一般都是在别的地方而不是自己所在的学校，这是为了避免出现近亲繁殖的现象。那么，在那段不稳定的时期，他们靠什么谋生呢？他们靠在各处获得的小合同生活，希望以良好和适当的形式来获得"教学经费"（一种报酬很低的讲师[lehrauftrag]，洛维特拥有这样一个职位，而克吕格和伽达默尔是他的"助教"），不过他们也能收到来自学生的钱（Kolleggelder），也就是所有课程的听众直接（！）付给老师的小额费用。因此，为了吸引更多的学生，对于课程主题的选择，私人讲师都会非常重视。但是，由于他们已经习惯了非常简朴的生活，尤其是在等待一个更好的教职（私人讲师们梦想的黄金国）的那些年里，私人讲师们的艰苦生活实际上是学生生活的一种延续。

在洛维特的两个助教中，克吕格在学生中获得了更大的成功。像洛维特一样，他与海德格尔的关系密切，不过他也在其著作中对海德格尔进行过批评。跟伽达默尔类似，他也是从哈特曼转到海德格尔那里的，不过他比伽达默尔在哈特曼那里待的时间更长。这在他对康德的关注中是显而易见的，康德是其博士论文（1925）和其杰出的教职论文（1928）的主题。但是，他关注的康德并非新康德主义的认识论中的康德，而是绝对命令中的康德，他在道德良知中看到了每一个个体都知道受其束缚的自治法庭。现代科学合理化的倾向在道德法则的直接而不可辩驳的证据中发现了自己的限度,这一证据指向创世神学的背景,对康德来说创世神学的背景是不言而喻的。康德与其说是启蒙运动的杰出代表,不如说是启蒙运动的批判者。从这个角度来看,克吕格成为现代性的尖锐批判者,这一判断同样适用于洛维特,在某种意义上,也适用于伽达默尔本人。像其他两个人一样,克吕格最大的灵感来源于对现代意识的自明性的海德格尔式"解构"。克吕格有时候会反对海德格尔那里存在的主体性残余:海德格尔的"此在"概念难道不是现代主体性的一种新的化身吗?这一问题引起了海德格尔的注意,自1920年代末开始,他开始质疑自己的方法的某种方面仍然过于"先验",过于专注于"主体"。他1929年的著作《康德与形而上学问题》标志着对这一遗产的长期解释的开始。克吕格在1931年出版的关于康德的著作中询问海德格尔是否足够公正地对待了康德道德法则的自治:它究竟是此在给自己所立的法,像海德格尔自己所认为的那样,还是像克吕格所主张的,是意识必须永远服从的法则?作为布尔特曼的学生及其亲密伙伴[1],克吕格深知海德格尔思想的神学来源及其影响[2]。海德格尔也对克吕格的哲学才能给予了最高的评价。1937年3月,伽达默尔同来自马堡的朋友科默雷尔和克吕格一道去黑森林拜访海德格尔。然后,伽达默尔以一种嘲弄或许还带有一点嫉妒的口吻说,克吕格是海德格尔的"宝贝"[chouchou]。[3]

克吕格的教学才能毋庸置疑。他从哈特曼,或许还有康德那里继承了近乎经院式的清晰、准确和凝练的表达方式。我们已经

---

[1] 见 *Karl Barth – Rudolf Bultmann 1911-1966*, Zürich, Theologischer Verlag, 2. rev. Aufl. 1994, 133.
[2] 见克吕格在一本神学杂志《神学评论》上发表的关于《存在与时间》的书评(*Theologische Rundschau* de 1929, 57-64)。
[3] 见马克斯·科默莱尔1937年5月致艾瑞卡·科默莱尔的信,载于 M. Kommerell, *Briefe und Aufzeichnungen 1919-1944*, Freiburg, Verlag Olten, 1967, 378.

看到了，在布尔特曼的格雷卡中，他是最受欢迎的朗读者。在当时，这种教学才能有着不可忽略的经济影响。在无法得到学校的酬劳的情况下，私人讲师只能以听众给的小费为生。因此，听众越多，得到的报酬也就越多。而克吕格当时收到的报酬要比伽达默尔多很多。[1] 不过这与克吕格的课程也向神学院的学生开放不无关系，在马堡，神学院的学生为数众多。意识到自己的朋友在教学上的优势，伽达默尔最多只能采取一种非常不同的"风格"来凸显自己："当时，在我和克吕格所教过的学生中有这样一个说法：在克吕格那里，我们学到一切怎样是正确的，而在伽达默尔那里，我们则很少知道什么是正确的。"[2]

毫无疑问，伽达默尔认为与克吕格的确信相比，自己的"苏格拉底式的无知"更具哲学性，但他很清楚，与洛维特和克吕格相比，自己的处境岌岌可危，因为学生们也想从他们的老师那里学到什么是对的和不对的。立场分明永远都不是伽达默尔的力量所在，在任何立场中，甚至是那些对立的立场中迅速地认识到其真理的核心才是他的力量所在。他的女儿会说他一直都是一个使用"不但……而且"、"a 和 b 一样好"、"一方面……另一方面"的伟大老师……人们在这里看到了犹豫和宽容的标志，也因此，他最开始在出版物方面不如他的两个朋友并又退回到古典学研究领域也就并不奇怪了。跟他们相比，他对古典学研究领域要更加精通。的确，曾经在他周围的都是强大的、多产而自信的知名人士：他的父亲、赫尼希斯瓦尔德、纳托普、哈特曼、沃尔特斯、库尔提乌斯、布尔特曼、弗里德兰德，尤其还有海德格尔。面对如此

---

[1] 以下是他们在 1932 年夏季学期收到的金额：伽达默尔 469 RM，克吕格 679 RM；1932—1933 年冬季学期：伽达默尔 187 RM，克吕格 787 RM；1933 年夏：伽达默尔 256 RM，克吕格 1022 RM。
[2] PL, 226；AAP, 269.

众多的大师，我们不难理解他成为"不但……而且"的拥护者，他学会了培养谦逊和无知的博学的美德，后者也成为他哲学的主旋律（leitmotiv）。他后来会说，他的解释学的灵魂在于承认"他人可能是对的"。这一完全苏格拉底式的认识也包含了一个传记学的背景。

1928年夏，伽达默尔提交了他的教职论文，论文的标题"对柏拉图《斐里布》的阐释"显得有点乏味。但是，今天阅读它的人不仅会被伽达默尔提出的对柏拉图晚期解释的预想所震撼，也会被他的解释学思想所震撼。选择《斐里布》在这方面是有益的：它是一篇晚期对话，在其中，苏格拉底起着主导作用，这表明"苏格拉底式"博学而无知的动机仍活跃在对作为柏拉图"辩证伦理学"核心的至善的反思中。因此，对话以及解释学方面成为一个关键问题，而不仅仅是柏拉图思想的一种装饰。这使得伽达默尔能够使亚里士多德对柏拉图伦理学的批评相对化，亚里士多德指责他的伦理学脱离了实践生活。关于美好生活的本质的问题，《斐里布》大体上的回答是，它必须符合一种"中庸的生活"，在这种生活中，快乐是必不可少的，这倾向于证实柏拉图和亚里士多德的差别并没有亚里士多德所相信的那么大。在伽达默尔看来，亚里士多德过分地强调了伦理学的概念方面，由此截除了柏拉图关于其本质维度的回答。伽达默尔借此谴责了那种仍然严格按照逐字逐句的方式对柏拉图的文本所进行的过于语文学化的解读，这种解读没有考虑到它们所呈现的事物。因此，伽达默尔将海德格尔所主张的"回到事情本身"应用到了柏拉图身上。伽达默尔以坚持柏拉图所描述的"实际性的"（faktisch）人的方式追随他的老师，尽管他从中引出的是"对话"和伦理的概念。我们可以在这里看到伽达默尔对海德格尔所提出的孤独实存的谨慎批评。

毫无疑问，他的哲学有着可贵的直觉。不过，伽达默尔需要数十年的时间才能完全认识到它们的意义。1928年（他的"解放"之年）的分析仍然很不笃定。论文由两部分组成，第一部分提供了对柏拉图辩证法的一个深入研究，主要聚焦于对话的概念，第二部分则提供了对柏拉图文本的释义。这篇论文既没有结论，也没有参考书目，页底散布着稀少的注释。正如伽达默尔后来所解释的那样，它必定只是对亚里士多德伦理学及其"实践知识"观念的更为雄心勃勃的研究计划的一个预备性分析，对此，伽达默尔在1930年专门撰写了一篇小论文，但它直到1985年才出版。[1] 亚里士多德的伦理学，他对可能的人性的理解，一直吸引着他。1998年，在他98岁的时候，他还将出版《尼各马可伦理学》第六卷的评注本[2]，主要致力于对"实践智慧"（审慎）美德的讨论，后者在《真理与方法》中也扮演着重要角色。这种兴趣很早就产生了，因为它是青年伽达默尔本打算在见到海德格尔之前，在哈特曼指导下写的一篇关于亚里士多德伦理学的论文。然而，海德格尔1923年夏关于《尼各马可伦理学》的研讨课无疑让伽达默尔彻底了解了哲学的现实性。我们还记得，在他1928年对耶格尔进行批评的文章中，实践智慧就已经是一个关键性的概念了。

在这个亚里士多德的，但在伽达默尔看来已经柏拉图化的伦理学中，是什么让他如此着迷？这一伦理学首先对人的具体（factuelle）处境给予关注，为此它将自己的存在视作存在本身，并且因为这一原因而被"实践知识"所激活。它是一种与我们密

---

[1] « Savoir pratique » (1930), GW 5, 230-248; *L'Idée du bien comme enjeu platonico-aristotélicien*, Vrin, 1994, 148-173.

[2] HGG (dir.), Aristoteles, *Nikomachische Ethik*, Buch VI, Frankfurt a. M., Klostermann, 1998.

切相关的知识，因为我们参与其中，所以纯粹的客观化知识似乎是不可能的。但它是什么类型的知识呢？我们不能说它是一种技术知识——在技术知识中，人们将规范和规则应用于具体案例（一种几乎遵循所有现代和当代伦理学的模型）——因为亚里士多德明确地将实践知识与技术知识区分开来。伽达默尔在他的论文开头将这种与现代伦理学的对比置于前景之中："人类的条件意味着人们并不支配自己；处理我们所处的这种辩证不确定性的哲学，自身只能以辩证的方式展开。"[1] 希腊人的优点在于提醒我们，伦理学知识正如哲学知识那样，不是任何客观的、有条理的知识，在那里，人们可以与自己保持一种极端的距离。在这两种情形中，都涉及实践知识，因为它仍与人寓居于其中的存在有关。换言之，实践知识并不能还原为对已有理论的应用，而是指向一种伦理学和哲学所特有的知识。可以说，伽达默尔的所有作品都将试图思考这种知识的特殊性质，这是一种真理的来源，而不仅仅是一种方法问题。

人们可以理解，亚里士多德当时是且一直是伽达默尔的一位优先对话者。然而对亚里士多德的解释总是以某种方式被延迟。伽达默尔的解释学本能使他把亚里士多德理解为对柏拉图的回答，这很正常，但是它使柏拉图的解释最终占了上风。伽达默尔后来把他关于柏拉图的教职论文描述为"一本没有启动的关于亚里士多德的书"。[2] 这本书针对的是《尼各马可伦理学》（第7卷第10—13节和第10卷第1—5节）中对快乐问题的两种处理（已经在他的博士论文中讨论过）之间存在的明显矛盾。在这里回到

---

[1] GW 5, 7; *L'Ethique dialectique de Platon*, Actes Sud, 1994, 30.

[2] GW 2, 487 ; PH, 23.

《斐里布》中对快乐问题的考虑是不可避免的,但这一"预备性的"研究最终占据了整篇论文。

在海德格尔前往弗莱堡之后,伽达默尔可能不得不着急,而且他对已经有相当分量的致力于柏拉图的那部分感到满意。不过,在把它呈交给海德格尔时,他可能也感到有点尴尬,因为他钦佩海德格尔是一个"复活的亚里士多德",他让亚里士多德"重新鲜活起来",这是一种对亚里士多德的自主阐释,它的论调更多是伦理学而非本体论的。作为纳托普和弗里德兰德的学生,伽达默尔在柏拉图解释领域中感到更加自在,而他老师则并没有过多涉及这一领域。

海德格尔对伽达默尔的工作表示满意。在1928年8月的报告中,他强调是系统的——也就是说,同时代的,以及立于事物的基础上的——视角的多样性帮助候选人找到了通向柏拉图的道路,这使人想起了赫尼希斯瓦尔德、纳托普、哈特曼和他自己(不过他忽略了弗里德兰德……):"这不仅使他对主要问题整体有了丰富的视野,而且使他的提问中有一种令人愉悦的灵活性。他还从他所有的老师那里学到,只有在对自己所提出的问题进行富有成效的理解的光线下,历史传统的意义才会被揭示出来。这就是伽达默尔总是热心切入[当代]哲学系统问题领域的原因。"如果说伽达默尔的最初作品,也就是他1922年的论文和1923年的文章"仍过于轻率地停留在一种空洞而形式化的辩证论证的层面上",那么我们现在则欣慰地看到"候选人致力于对亚里士多德的具体研究","这使他能够意识到对古老问题的哲学解释所带来的困难"。事实上,海德格尔将唤醒伽达默尔注意在西方思想构造的过程中亚里士多德所扮演的主导角色的功劳归于自己:

8 暴风雨前不确定的自由（1928—1933）

要把握亚里士多德形而上学在西方哲学中的总体影响，就必须对中世纪经院哲学、康德和黑格尔做根本的解释。同时，这位候选人能够熟悉现象学研究的各种流派。在大量的准备工作基础上，经过数年的努力，这位候选人大胆地呈现了对柏拉图最困难的对话的解释。作者在当前工作中努力解决其主题的方式表明他位于当前研究的中心，对这种研究而言，亚里士多德与柏拉图的关系再次成为关键，并且是在一个相当激进的提问的背景下。但伽达默尔也看到，只要我们还没有摆脱使柏拉图成为"理念论者"的未经审查的偏见，大部分工作就不可能得以完成，这与"新康德主义"对康德的解释是一样的，而作为一个"实在论者"的亚里士多德则是不会屈服于中世纪经院哲学的思想家的。只有在克服了这些困惑和令人不安的先入之见之后，我们才能希望真正找到适当而系统性的解释的中心点。候选人在柏拉图的"辩证法"中正确地看到了它，并且他也认识到它与存在的概念和古代的真理密切相关。

以对他来说富于启示的方式，海德格尔很奇怪地忽视了这篇论文更为伦理学的方面，而是高兴地指出了它更为本体论的洞见，只不过他遗憾伽达默尔没有引出更为激进的结论：

> 因此，当前对"伦理"对话的解释的主要结果之一是认识到，伦理学、逻辑学和形而上学形成了一个整体，柏拉图和亚里士多德总是从苏格拉底的观点出发，从整体出发来创立哲学，甚至当他们处理一个看似特殊的问题时也是如此。但是，这一结论没有通向一个清晰、系统的解释或更为全面的考察。的确，这要求更有穿透力的系统性反思。然而，基

于良好的洞察力和对柏拉图辩证法的主要要素的考量，候选人却致力于阐明本体论和辩证法之间的密切关联。

海德格尔为他学生的工作对现象学做出的贡献而感到高兴："作者的现象学诠释具有穿透力和独创性。它们对情感（affects）学说的历史做出了宝贵的贡献，而情感学说在人类学中的关键角色在狄尔泰那里得到了揭示。"这部作品最终显示出作者对古代哲学令人印象深刻的熟悉，海德格尔不遗余力地赞扬了它对当代哲学任务的重要性：

> 这部作品不仅作为对柏拉图对话的阐释具有重要价值，还因为它为对亚里士多德伦理学主要问题的彻底阐释奠定了基础，而这些问题将成为候选人未来工作的主题。同时对这一性质的历史而系统的研究（特别是当它涉及古代哲学时），给出了哲学反思层次的、严肃的可靠标准。在某种程度上，我已经能够了解候选人在过去五年中是如何进步的，他是有可能在诸如"哲学"这样的学科中有所创新的，我们可以猜想伽达默尔先生是古代哲学领域最有前途的研究者之一。我们必须特别赞扬他在引介古代哲学这一既不可缺少又困难的任务中体现出的协作精神，尤其是因为他每次都借用了具体阐释的正确方法。他出类拔萃的品性和坚实的文化保证了作为教师的可靠影响力。[1]

如果说海德格尔特别赞扬了论文中更为"形而上学"的方面（虽然他觉得它们没有得到足够彻底的考察），那么语文学家弗

---

1 UAM, PA Gadamer.

里德兰德在他的报告中则倾向于抛开更为哲学化的因素，强调其对柏拉图的语文学解读方面的优点和不足：

> 作为一位语文学家，我将对海德格尔先生的评论做一个补充：在其研究的开始阶段，在十分狭隘和排他意义上的"哲学学习"之后，伽达默尔博士近年来在一门特殊学科，即语文学领域中获得了坚实的基础。然后，他学会了解释那些超出哲学范围之外的文本，尤其是古代诗歌领域的文本。这种能力在本文中得到了典范式的证明。虽然引言很好地确定了这一成熟对话的特殊特征，但我不确定解释工作是否得到尽可能彻底的展开。他没有充分地突出这一对话具有的"反弹"（rebondissant）特性，也没有很好地将其主题化。他没有看到或忽视了对话中的某些暗示，这些暗示映射了超出固有主题之外的问题。尽管他在某些地方表现出了洞察力和灵活自由，特别是在从现象学的角度看最富有创造力的部分中，但在其他地方，它并没有超出我喜欢说的作品的有趣形式。

此外，弗里德兰德还认为，伽达默尔的工作是根据他自己在关于柏拉图的著作（正在出版中）中发展出的视角来写的：

> 当然，要求一篇教职论文完成我自己努力想做到的事情是不公平的，而且我自己也只能以近似的方式去完成。我愿意承认，我在自己的作品里从作者的分析中获益良多。我甚至可以进一步说，与伽达默尔博士的合作常常对我和近年来的研讨会非常有益。[1]

---

[1] UAM, PA Gadamer.

学生生活的（相对）结束意味着教师生涯的开始，他父亲的死亡，以及在施特雷泽曼谨慎治理下的四年的暂时平静之后，经济形势令人不安的恶化，都使伽达默尔突然被抛入了一段收入极不确定的时期。为了给迈纳(Meiner)出版社支付论文的印刷费，伽达默尔接受了来自继母的800马克。在1928年的头几个月，伽达默尔和他的同事格哈德·克吕格一起向一个名为"德国科学紧急委员会"（la Notgemeinschaft der deutschen Wissenschaft）的组织提交了资助申请。在撰写他们的计划时，伽达默尔和克吕格受到了洛维特几个月前提交的申请的启发。按照克吕格的建议，伽达默尔试着提交了一个看起来不太像已经完成的研究计划。[1]这就是为什么他没有谈到他一直想要进行的对亚里士多德伦理学的研究，而是提交了一个"希腊自然哲学研究"的计划，他因此获得为期两年的每月250马币的奖学金，从1928年5月1日开始发放。因为没有家室，克吕格的"对经院哲学本体论的研究"获得了每月175马币的奖学金资助。这样的资助金额是微不足道的，但它们必定增加了两位私人讲师从学生和低微的出版合同那里得到的原本微薄的收入。伽达默尔的妻子所教的音乐课也有助于这个小家庭维持生存。她仍然住在那间位于奥克什大道上的十分简陋，但却很温暖，且已小有名气的公寓里，那里甚至连浴缸都没有。

伽达默尔的希腊自然哲学研究的准确方向是什么呢？很难说，因为那个时期他几乎没有出版物。根据伽达默尔后来的提示[2]，这些研究受到对希腊存在（l'être）——作为一种供观看的"存在的现实"(Vorhandenheit)——概念的海德格尔式解释的启发：

---

[1] 1928年5月15日致海德格尔的信（JMHG, 1999, 17）。
[2] GW 2, 486 (PH, 22); GW 10, 198 (HR, 250)。

按照海德格尔的理解，希腊人已经将存在（l'être）理解为自在的存在（subsiste par soi-même），它作为可以注视的对象站立在我们面前，它可以被计数，因此也可以被处置。伽达默尔想知道这一观点是否没有被现代特有的科学观念所标记。难道我们不能在希腊的现实（energeia）概念中发现另外一种存在的智慧（它不以支配的筹划为特征）吗？按照伽达默尔的看法，海德格尔自己可能已经意识到，呈现在他1938年关于"现代世界观的形而上学基础"的讲座中的解释带有点暴力的性质，该讲座将以"世界图像的时代"为标题出现在1950年出版的《林中路》中，在那里，他认出了现代性的特殊意义。可惜的是，伽达默尔对自然哲学没有什么兴趣。但是我们知道在1929—1930年的冬季学期，他在马堡指导过一次关于希腊自然哲学的研讨会（在这个研讨会上，他主要关注的是亚里士多德的《物理学》），1934年他在基尔任教期间，做过四次关于自然哲学的演讲，这些讲座甚至被记录在案，但这些记录还没有被找到。[1] 这些研究中唯一已知的成果是关于德谟克利特的原子论的研究，它于1935—1936年发表在《全体自然科学杂志》（Zeitschrift für die gesamte Naturwissenschaft）上。[2]

我们还知道，当时伽达默尔正在为迈纳出版社准备亚里士多德《物理学》的一个版本，[3] 不过它没有得以面世。伽达默尔打算

---

[1] 这些讲座在伽达默尔1930年代中期的履历（curriculum vitae）中有被提及 (UAM, PA Gadamer, 12，其标题是"关于自然哲学史的四次讲座"）。标题在后来的履历中消失了。

[2] GW 5, 263-279. Voir GW 2, 487 (PH, 23). 最后一个成果是在1995年一次关于"希腊人的自然观和现代物理学"的讲座中被发现的（« Der Naturbegriff bei den Griechen und in der modernen Physik », dans Colloquium Philosophicum. Annali del Dipartimento di Filosofia I [Università degli Studi Roma Tre], 1996, 9-22)。

[3] 在1938年的一份（伽达默尔作为莱比锡大学教席候选人时所提交的）履历表中，他仍宣布了这一出版计划 (UAL, PA, 33)："我正在准备一本亚里士多德《物理学》的评注本（由迈纳出版社出版）和一篇关于黑格尔和古代辩证法的文章。"在1973年的自我介绍中，他再次讨论了这个未完成的评注本出版的可能性 (GW 2, 487 ; PH, 22)。

做一个注释性的译本，顺便也可以给自己赚点钱。[1]这无疑是他当时关于希腊哲学的研究应该从事的工作。但是迈纳出版社打算请求紧急委员会来资助这个《物理学》译本的出版。这让伽达默尔陷入了道德和经济的两难。因为他不能接受来自紧急委员会为同一份工作提供的两份资助。而如果从他自己得到的奖学金中扣除迈纳出版社获得的资助，那么他能得到的就几乎为零了。这就是为什么他想提出他关于伦理学的研究，以便于1929年4月请求更新他的资助计划。伽达默尔在与耶格尔和海德格尔的通信中讨论了他遇到的这一冲突。[2]

事实上，他对希腊伦理学和物理学做了平行的研究。伦理学与他的论文有更多的连续性，他当时正在修改他的论文以供发表。伦理学也更契合于他的天性，这从他那些年的课程和出版物就可以看出来，尤其是他1930年为弗里德兰德的《纪念文集》所草拟的关于"实践知识"的研究论文，不过它从来没有发表过。

除了论文，教职资格的候选人还必须举行两次讲座，一次是在学院教授面前进行的试讲课（Probevorlesung），另一次是

---

[1] 见伽达默尔1928年10月2日致海德格尔的信（JMHG, 1999, 21）："我正在和迈纳出版商协商《物理学》的译本问题。我打算着手解决这个问题，但就目前而言，我只想增加出版商提出的费用。他们目前提供给我的是每页翻译25 RM以及每页注释40 RM。鉴于完全没有预备性的研究以及我将耗费的工作量，我希望至少能够在每页注释的价格方面能够有所提高。我不知道这是否会成功，因为《物理学》翻译工作的经济收益并不是非常可观。出版商已经向我证实他们将出版我们的教职论文，但条件是要获得紧急委员会对出版的资助。"

[2] 见1928年10月18日致海德格尔的信（JMHG, 1999, 23）："正如你将在附件中所看到的，迈纳出版社计划直接向紧急委员会申请对出版《物理学》的资助，为此目的他们向耶格尔提出了要求。他们的这一举动非常不利于我从紧急委员会获得新的资助。在这种情况下，我能够同迈纳出版社协商将费用从600 RM增加到1000 RM将是一个非常值得怀疑的收益。如果我必须尽快解决这个翻译问题（它涉及的详尽研究与我的课程内容很吻合），那么在我的奖学金申请中，宣布对物理学的研究（而不是我打算提出的对亚里士多德伦理学的研究）是比较自然的，这样我的工作就不会太分散。如果你能告诉我你对这一变化的看法，我将不胜感激。由于这个项目并不能很清楚地看作我在柏拉图方面进行的工作的延续，那会不会减少我申请奖学金的成功几率呢？如果你对此也很担忧，那我会坚持我最初的计划，继续我的翻译和对物理学的研究。"

8 暴风雨前不确定的自由（1928—1933）

公开的就职演讲（Antrittsvorlesung），两次讲座都可以自己提出主题。1928 年 6 月 8 号，对第一次讲座，伽达默尔提议了两个主题，一个为"黑格尔的辩证法和古代辩证法"，一个为"努斯 [精神] 的概念和人的概念"。对于就职演讲，伽达默尔的提议是"论友爱在哲学伦理学中的作用"和"巴门尼德在古代哲学中的地位"。他所在学院的教师委员会请他在 11 月 29 日进行他的试讲课，主题是黑格尔的辩证法和古代的辩证法，而他的就职演讲则在 1929 年 2 月 23 日举行，主题是亚里士多德伦理学中的友爱。[1] 只有这次课之后，他才能得到正式"授权"。然后他就成了私人讲师，拥有了授课的资格。虽然他的大学没有支付他课时费，但是他有望获得来自科学艺术与人民教育部的私人讲师资助金。从 1929 年 4 月起，他定期提交资助申请，但都没有成功。此外，他所在学院也多次请求教育部给予伽达默尔伦理学和美学的教师（Lehrauftrag）经费，但每次都以"鉴于经济形势"而被拒绝。由于这些申请概述了伽达默尔的履历表值得强调的优越之处，也对其困难的财务状况作了大致的介绍，我们将 1931 年 3 月 6 日学院提交的申请引述如下：

> 学院请求部委给予汉斯-格奥尔格·伽达默尔博士伦理学和美学的教师经费。直到现在，在被聘请到另一所大学之前，一直是海姆索斯（Heimsoeth）先生持有美学的教师经费。本学院希望这门课程能定期被重新讲授，因为除了有限的哲

---

[1] 参见 1929 年 3 月 7 日布尔特曼致海德格尔的信（R. Bultmann/ M. Heidegger, *Briefwechsel 1925-1975*, Klostermann, Frankfurt a. M., 2009, 101）："伽达默尔最近进行了他的就职讲座，其本质上是对亚里士多德关于友爱（philia）的分析所进行的陈述。不是很熟练，但细腻敏锐。人们并没有感到这是一个富有创造力的头脑，但可以肯定的是，他的听众会从他那里学到一些东西。"但是在接下来的几个月里，在其格雷卡中，布尔特曼会越来越多地学会"重视伽达默尔"（Ibid., 134, 177, 188）以及他精细而专注地阅读希腊人的方式。

学圈外,这一领域对语文学家和艺术史学家来说也同样重要。此外,人们对伦理学及其历史的课程有浓厚兴趣,不只是在我们学院,在神学院也如此。在学院看来,伽达默尔博士似乎完全有能力完成这一双重任务!在他担任教师的三个学期里,他取得了很大的成功。他即将出版的研究柏拉图对话《斐里布》的教职论文涉及古代伦理史上的一个重要主题。他是该领域已经得到证明的独立研究者。他也是为数不多的同时具有扎实的语文学和历史学背景的哲学家之一,因此,他能够对古代哲学进行具有原创性的研究,这是任何严肃的哲学研究都必须具备的必要条件。鉴于学生们——即使是来自人文高中的学生——对希腊语知之甚少,让最年轻的学生们有机会参加初步的课程和研讨会有利于有条不紊的哲学教学,正如伽达默尔博士所做的那样,因为他们可以由此获得他们所欠缺的知识来理解希腊和罗马哲学。就美学而言,伽达默尔以他同语文学、文学和艺术史的紧密关系,以及他对哲学这一学科的诸多问题的特殊兴趣及其才能而出类拔萃。

到目前为止,伽达默尔的研究生活都依赖于紧急基金会每月 150 RM 的资助金和每月大约 60 马克的补助。但是紧急基金会的资助将在 1931 年 4 月 1 日到期。他再延长一年的申请还不确定。他已婚,有一个孩子,在这种情况下,他的处境是非常不稳定的。

该学院在 1932 年以类似的措辞提交了一份新的申请——其两年的资助在 1931 年没有得到延续——但鉴于"当前糟糕的经济形势",该申请被拒绝了。这与伽达默尔的能力无关,因为克吕格关于哲学和神学的边界问题的教师经费的申请也被拒绝了。伽达默尔和克吕格到 1933 年 8 月才拿到这样的教师经费。

1931年困难的经济形势是1929年10月股市崩盘的直接后果，这严重打击了德国的出口并导致了大规模的失业连同众所周知的政治后果。但从纯粹管理的角度来看，人们理解，这些年轻的私人讲师的奖学金并不是教育部的优先考虑：无论是否有报酬，私人讲师都必须从事教学，如果他们不想失去他们的任教资格的话。他们的不稳定正是为了激励他们多出成果，无论他们是否得到报酬。

不过，伽达默尔和他那一代的德国人已经习惯了贫困。1930年代初的苦难可与1919年和1923年的苦难相比。不同的是，它将导致前所未有的政治激进化。但是，伽达默尔周围的知识分子并没有看到它的到来，也没有以某种屈尊的态度来细看它。自1919年以后，所有政党和联盟都未能控制危机。因此，大家对卑劣的政治事务失去了兴趣，认为在世界进程中，政治家们只是可笑而无能的墙头草。无论执政党是谁，德国政治都受到《凡尔赛条约》和世界经济崩溃的现实束缚。希特勒的政治"天赋"就是借这些政党的无能渔翁得利，并且从不参与统治德国的联盟。但是伽达默尔所在的圈子是不可能认真看待这样一个小丑式的人物的。

伽达默尔的政治立场是什么？他可能接近于小自由党，即德意志民主党（Deutsche Demokratische Partei），但其重要性在1930年代初期逐渐降低。一直致力于当反对派的社民党（SPD）对他来说则太左了。此外，这个政党被认为对魏玛共和国的所有弊病负有巨大的责任，是它帮助建立了魏玛共和国。至于总是所有联盟一部分的天主教中央党（Zentrum），在伽达默尔看来是一个过于天主教和过于机会主义的政党。知识分子们对这个边缘政党在政府的组建中发挥着如此重要的作用感到愤怒。此外人们还对共产主义和苏联集体主义经济模式感到十分恐惧，这种经济模式与一个众所周知的恐怖政权有关。极右翼政党，希特勒的德意志国家社会主义工人党（NSDAP）和德国人民党（DNVP）都被低估了。伽达默尔后来说，他对布吕宁（Brüning）总理的政府抱有同情，布吕宁来自1930年至1932年执政的中央党，因为他试图与西方列强达成妥协。走出危机的唯一出路是说服协约国减轻德国的赔偿负担，因为这些赔偿负担正困扰着德国经济并在促使极端势力的崛起，而减轻赔偿负担对盟国也是有利的。布吕宁在这方面几乎取得了成功。根据伽达默尔的说法，是法国人否决了他的调解措施。[1]因此，像伽达默尔这样的犬儒主义知识分子们更倾向于置身事外。政治世界已经信誉扫地。

只有哲学世界才真正富有意义，因为海德格尔刚刚革新了它。人们有一种见证和参与思想世界革命的感觉。伽达默尔因此非常

---

[1] 见 Hans-Georg Gadamer on Education, Poetry and History, 1992, 139 = SG 3 A, 9：“作为年轻一代的成员，我们在旧传统中再也找不到我们自己了。但是老一代人可以，而他们的影响则是以一种延迟的方式被感受到的。因此，国家社会主义在德国大学生这一'群体'中产生了强烈的反响。但这不是我们的兴趣。我们这些知识分子远离我们所挖苦讽刺的对象。当然，我们认识到了魏玛共和国的虚弱，也认识到了当时法国政治令人难以忍受的特征。因为是法国人给我们带来了希特勒（die uns den Hitler eingebrockt haben）。他们阻止了任何合理的和平解决方案。布吕宁当时与英国的关系很好，他也是英国政治和文明杰出的行家。作为首相，为了让英国与美国合作来结束这种局面，停止对德国这样的工业强国提出无限制的要求（美国人一直都能认识到这一点），他给自己带来了很多麻烦。当人们知道不是为自己工作，而是为别人工作时，经济就无法在这种状况下运行。但这是这种政治导致的结果。只有考虑到工作是为了自己时，人们才能在德国进行工作。[……]但是'一战'后法国的角色是非常可憎的。我们可能没有这种感觉，因为我们不知道总是法国在强加他们的条件。我们只是说'协约国'。但布吕宁当然知道这一点，就像斯特雷斯曼（Stresemann）一样，他们的政策正是让德国做好准备，迎接她再次为自己工作的时刻。但正是在这个节骨眼，（总理）库尔特·冯·施莱歇尔（Kurt von Schleicher）下台了（1932年）。他正要同意废除战争赔款。[……] 布吕宁可能被指责有点独断，我们今天知道他甚至是个保皇分子。当他的日记出版后，人们发现他希望通过君主立宪制来恢复霍亨索伦王权，我们震惊了。如果我们当时知道这个情况，我们是绝不会投票给他的。”然后采访者问伽达默尔是否对其中一种道路有着强烈的同情，他回答说："我们当然对布吕宁抱有强烈的同情。" 采访者问这是否是在民主制与君主制之间的选择，伽达默尔说："不，不，这是资产阶级社会与苏联集体经济之间的选择。这就是问题所在。"

满足于他在希腊物理学以及友爱在亚里士多德伦理学中所起的作用方面所做的工作,虽然友爱在很大程度上已经从现代伦理学中消失了。希腊典范受到珍视,对希腊城邦的某种思乡已经传播到伽达默尔那些对古代哲学感兴趣的同事那里。在公民意识变得微弱的时期,这是可以理解的。这场"复古"运动的代言人是沃纳·耶格尔,他是《古代》(Die Antike)杂志的创始人,他颂扬古希腊人的古典和人文主义教育的典范。1930年7月,受弗里德兰德的邀请,伽达默尔参加了在瑙姆堡(Naumburg)举行的关于"经典"(classique)的一次重要的研讨会,该研讨会汇集了包括沃纳·耶格尔、爱德华·弗兰克尔(Eduard Fränkel)和理查德·哈德(Richard Harder)在内的"古典"领域最重要的那些专家。[1] 伽达默尔在那见到了将成为好朋友的同行——沃尔夫冈·沙德瓦尔特(Wolfgang Schadewaldt)、赫尔穆特·库恩和卡尔·莱因哈特。这是伽达默尔参加的第一次会议,也是很长一段时间里参加的最后一次会议。人们加入胡塞尔和海德格尔的阵营后就很少参加会议,伽达默尔说:"那里有太多的闲谈,世俗和平庸。"[2] 因此,伽达默尔没有亲眼目睹1929年3月海德格尔和卡西尔之间史诗般的达沃斯对话,其中包括列维纳斯、列奥·施特劳斯、赫伯特·马尔库塞、欧根·芬克、埃里奇·普兹瓦拉(Erich Przywara)和奥托·F. 博洛诺(Otto F. Bollnow)和乔基姆·里特(Joachim Ritter)等年轻哲学家。马堡的海德格尔分子,伽达默尔、克吕格和洛维特很想去参加,但是他们没有足够的钱。我们穷得"像教堂里的老鼠一样"。[3]

---

[1] 关于这次研讨会的回忆,见《 Erinnerung an Naumburg, Pfingsten 1930 》, Philologus 139 (1995), 341-343,以及 PL, 47;AAP, 59(在那里,会议召开的时间被错误地写成了1929年)。
[2] PL, 48;AAP, 60. 另见 GA 20, 376.
[3] PL, 51;AAP, 64(« pauvres comme Job »)。

对伽达默尔来说，让古典时代的研究专家这个小圈子认识自己是明智的，他们对德国的知识分子和大学生活仍有很大的影响力。好的语文学家越来越少，而这个领域中仍有相当数量的大学教席。然而，伽达默尔在那些打着蝴蝶结的老先生们的世界里感到不自在。他没有办法与他们"在同一个波段"形成"共鸣"（gleichgeschaltet）[1]，因为代际差异是显而易见的：整个会议被耶格尔所激发的一种理想化的"文化人文主义"所主导，但从海德格尔更为激进的生存论分析的视角来看，这显得有点空洞。伽达默尔并不认为自己处于这些耶格尔式的人文主义希腊石膏像中："总的来说，我有点笨拙，有点拘谨，我并不觉得自己是其中的一员，因为我并没有真正分享他们的特殊热情，即，人们投射在希腊人身上的民主怀旧的热情。"[2] 他中途旷会和朋友鲁道夫·法伊弗（Rudolf Pfeiffer）去四周闲逛。他和赫尔穆特·库恩有一场谈话，作为内部人士的伽达默尔试图向他解释海德格尔时间分析的意义：他力图用以反对亚里士多德的并不是历史性，而是克尔凯郭尔所说的决定时刻的迫切要求。但在遇到库恩这样一个真正的现象学天才的时候，伽达默尔才发现"现象学"并非海德格尔主义者们的特权。所有能够重新发现希腊人所讲的现象的人也在实践着现象学。[3] 这就像茹尔丹（Jourdain）先生的信件里

---

[1] « Erinnerung an Naumburg », dans Philologus 139 (1995), 342.
[2] 同上。
[3] 同上。见巴伐利亚国家图书馆（sigle Ana 581）中伽达默尔与赫尔穆特·库恩之间的通信，在那里伽达默尔经常提起瑙姆堡的这次相遇。特别见1960年2月13日的信："我们1930年在瑙姆堡相遇时有一段很长时间的关于海德格尔的对话，我非常惊讶地发现——而且非常清楚地记得——现象学方法（我们正聚集在它的周围）并非秘密团体的秘传，也不是弗莱堡的现象学圈子所保留的特权。"另见1962年2月25日的信："你还记得我们第一次对话（1930年在瑙姆堡）时，我反对你对《存在与时间》的解读，我认为对亚里士多德的反对立场不是'历史性的'（l'historicité），而是克尔凯郭尔的'瞬间'（l''instant'）吗？30年来，我们的争论没有多大变化。"

所说的那样：一个人可以在不知道现象学的情况下成为一个现象学家。

因此，这是一次有益的经历：他发现了语文学家的世界及其局限性，但他也意识到其中有隐蔽的现象学家。卡尔·莱因哈特（1886—1958）尤其如此，他受到尼采和格奥尔格的影响。伽达默尔将他视作把语文学和哲学结合起来的典范。在莱比锡（1942—1946）和法兰克福（1947—1949），两人成为朋友和同事。[1]每次，伽达默尔都帮助他向"自己所在的"大学推荐他。

在海德格尔去弗莱堡之后，伽达默尔继续与马堡的格奥尔格圈子保持着特殊的联系，虽然他们已不及1920年代那么重要。因为海德格尔在格奥尔格的诗歌世界中发现了他之前一直所寻求的严格思想，但格奥尔格却对哲学和现代科学充满了敌意。伽达默尔的朋友汉斯·安东将他介绍给文学家马克斯·科默莱尔，后者将成为他一个重要的朋友。科默莱尔出生于1902年，他很早就引起了斯特凡·格奥尔格的关注。正是在格奥尔格的指导下，他写了他的著名著作《德国古典时期的桂冠诗人》（1928）。他把格奥尔格置于这个传统之中，并向这位德国文化新时代的导师致以敬意。[2]因此科默莱尔很早就从"导师"的公开承认中获益，但他仍保持着一种独立的精神，他觉得这个"圈子"有种略带教

---

[1] 见卡尔·莱因哈特自传中的叙述：《 Akademisches aus zwei Epochen : 1. Wie ich klassischer Philologe wurde. 2. Nach 1933》, dans K.Reinhardt, *Vermächtnis der Antike. Gesammelte Essays zur Philosophie und Geschichtsschreibung*, dirigé par C. Becker, Göttingen, Vandenhoeck & Ruprecht, 1960, 380-401. 关于莱因哈特对20世纪语文学的贡献，见 José S. Lasso de la Vega, *Karl Reinhardt y la filología classica en el siglo XX*, Madrid, Cuadernos de la Fundación Pastor, 1983. 像伽达默尔一样，莱因哈特后来也被授予荣誉爵士勋章，这是德国最高的科学荣誉。

[2] 关于科默莱尔有关格奥尔格的报告，见 P. Hoffmann, *Claus Schenk Graf von Stauffenberg und seine Brüder*, Stuttgart, Deutsche Verlagsanstalt, 1992, 65 s.; S. Breuer, *op. cit.*, 91-94，以及 K. Hildebrandt, *op. cit.* 对于二者的关系更为文学化的描述，见 A. Henkel, « Max Kommerell (1902-1944) », dans *Die Wirkung Stefan Georges auf die Wissenschaft*, Heidelberg, Carl Winter, 1985, 51-59.

会氛围的狭隘。科默莱尔很震惊地看到，1930年他的老师弗里德里希·沃尔特斯（同时也是伽达默尔的老师）在他关于格奥尔格的书中对格奥尔格进行过于宗教圣徒化（hagiographique）的描述。1930年12月7日，他写信给汉斯·安东说："在他的书中，[沃尔特斯]赋予整个基础一种教会的形式，他通过小宗派主义的行为方式来清算他的高水平对手，并将对一位伟大人物的崇敬蜕变为让更纯粹的精神会感到羞愧的崇拜（dévotion）。"[1]

伽达默尔遇到他时，科默莱尔正在从格奥尔格的"宗派"中痛苦地挣脱出来，在那里，他看到了对格奥尔格诗歌的歪曲。科默莱尔1928年的书和他给格奥尔格最后一本诗集所做的编辑工作，给格奥尔格留下了深刻的印象，因此，格奥尔格想让他做自己的遗嘱执行人。但是，由于科默莱尔想保持自己的独立性，他向这位诗人表达了自己的保留意见。恶支配了诗人。正在等待无条件忠诚的格奥尔格宣布科默莱尔是一个"不受欢迎的人"，并禁止他的门徒同这个人进行任何接触，之后，科默莱尔在这个圈子里被冠以绰号"癞蛤蟆"（crapaud）。直到他1944年去世，他都遭受着这种最为卑鄙的攻击，这对他造成了极大的伤害，他曾为宣传格奥尔格的诗歌做了大量的工作。伽达默尔是见证者，他更接近科默莱尔而不是格奥尔格圈子，因为他对独立的渴望与他类似。汉斯·安东试图让格奥尔格与科默莱尔达成和解，但无济于事。1931年2月25日，在科默莱尔29岁生日那天，安东自杀身亡（死于31岁）。伽达默尔与科默莱尔无比接近：他们会欣赏格奥尔格的诗歌，但不会屈服于这个小圈子关于被选者或

---

[1] Cité dans le numéro consacré à *Max Kommerell 1902-1944*, dirigé par J.W. Storck, *Marbacher Magazin* 34 (1985), 23.

被排斥者的荒谬观念。在科默莱尔最后的十年里，他成了文学研究的大师级人物，出版了关于歌德、席勒、荷尔德林、克莱斯特（Kleist）、让·保罗、霍夫曼斯塔尔（格奥尔格圈子里另一个被除名的人）以及卡尔德隆（Calderon）的重要研究。这些研究给伽达默尔留下了深刻的印象，就像给海德格尔一样。在海德格尔离开后，科默莱尔就是伽达默尔思想生活中最有影响力的人物之一，伽达默尔把他介绍给了海德格尔。1937年，伽达默尔与他，还有格哈德·克吕格一起前往托特瑙堡朝圣，在已经出版的信件中，科默莱尔有谈到此事。[1]

伽达默尔对诗歌的兴趣吸引了科默莱尔。除了格奥尔格，当时极大地激发了伽达默尔和海德格尔灵感的伟大诗人还有里尔克、荷尔德林和特拉克尔（Trakl）。[2] 直到1940年代，伽达默尔才在他莱比锡大学的校长任职期间（1946—1947）开始撰写他的诗歌阐释，不过，早在1930年他就计划发表一篇关于里尔克的评论[3]，并在其教学中向少数人作了介绍。他的早期作品中鲜有涉足文学的，但是那些为其争取美学教师经费的尝试证明了他的文学能力。至少在海德格尔关于荷尔德林的课程之前，伽达默尔就很不寻常地将他的哲学教学献给了诗人。不过在马堡，在私人圈子里大量阅读诗歌的现象并不罕见。

伽达默尔关于美学的第一次课程是1933—1934年的冬季学期。它的题目是"国家与艺术"。可以说，这个主题很难处理且有损声誉。但伽达默尔刚写了百来页的名为"柏拉图与诗

---

[1] 见 M. Kommerell, *Briefe und Aufzeichnungen 1919-1944*, Freiburg, Olten, 1967.
[2] GW 9, 122.
[3] GW 9, 271 s. 伽达默尔早在1929年就举行过一个关于阅读意义的研讨班（GW 8, 271）。但我在课程表中没有找到任何线索，它有可能是一个私人研讨班。

人"的手稿，在那里他原则上只讨论古代哲学问题，这也是他的专业领域。科默莱尔的出版商维托利奥·克洛斯特曼（Vittorio Klostermann）让卡尔·莱因哈特和瓦尔特·奥托（Walter F. Otto）对这个手稿进行了评估。前者做出了肯定的判断，而后者没有对此留下深刻的印象。克洛斯特曼请伽达默尔重审它的复本。但是伽达默尔对自己的能力很容易产生怀疑，他不确定自己是否有能力，他宁愿从中提取出一个更为精炼的文本，它是1934年1月的一次会议的主题，也是他在同年发表的。[1] 我们在多大程度上可以在这本书中看到他对当时政治局势的说明呢？[2] 这个问题仍然存在争议。但很明显，该书的第一版出现于1933年1月30日之前，当时阿道夫·希特勒被赋予了组建新联合政府的任务。

---

[1] 在《柏拉图与诗人》这篇文章 (GW 5, 187) 开头的一个小注释间接提到了这篇文章的较长的版本：由于这一出版物"面向的是更为广泛的读者群，准备性的评论和引文被省略了。"
[2] 见 F. Delannoy, « Les écrits de jeunesse de Gadamer et le nationalsocialisme», dans L'Irréductibilité de l'herméneutique. Le Cercle herméneutique, nos 8-9, décembre 2007, 47-82.

9

1933年：表态，还是沉默

> 事实上，当它发生时，所有人都在酣睡。
>
> —— 汉娜·阿伦特[1]

阿道夫·希特勒成了新总理。这出乎人们的意料，因为人们不相信这个政坛外行能够获得议会的多数。人们也没有想到他被兴登堡总统邀请去组建新政府。仅仅几个月前，1932年3月总统竞选期间，兴登堡还表现得与希特勒针锋相对，此次竞选中，兴登堡得到53%的选票，希特勒得到36%的选票，共产主义者台尔曼（Thälmann）得到10%的选票。但在其他政党于1932年11月6日竞选后组建联合政府失败之后，这一切就成为不可避免的。最后的这些选举的确是自由的。纳粹在那里收获了33%的选票。他们成为了一个更重要的党，但与1933年7月31日的选举（37.8%）相比少了4%的选票。这就是说，轮到希特勒在组建政府的尝试中遭遇失败了。可能人们在他失败后不再对他予以重视。至此为止，他可以很容易地满足于做一个反对派。现在他将知道统治是多么的困难。

伽达默尔记得当纳粹在1932年11月的选举中支持率下降4个百分点时，曾舒了一口气。自从1929年的新经济危机以来，他们的支持者就一直在增长。趋势要发生变化了吗？受纳粹领

---

[1] *The Life of the Mind*, 1978, t. 1, 177.

导或支持的联盟的危险将要避免了吗？但纳粹在11月选举中的政治受挫带来了一个反常的后果：在随后的几周中，希特勒以更温和的面目出现，称打算和其他党派一起组建一个联盟。在保持秘密的情况下，他试图按照他们的意愿，去打消金融界的代理人，也包括天主教中央党的首脑（帕彭）和德意志民族党的首脑（胡根堡）的疑虑。1932年5月，兴登堡解除了布吕宁总理（他在对外政策方面获得了某些成功）的职权，用和他更亲近的弗朗茨·冯·帕彭代替他。在11月选举之后，1932年12月2日，轮到帕彭被库尔特·冯·施莱谢尔取代。但多名政坛人物在幕后密谋策划让他下台：帕彭想要报施莱歇尔的一箭之仇，总统的有影响力的儿子奥斯卡·兴登堡想任命希特勒为总理，而希特勒自己在竞选失利后表现得更愿意妥协，因为他清楚意识到，他只能以组建联合政府的方式获得权力（在1932年8月，他还拒绝了帕彭给他的副总理的职位）。不可想象的事情成为了现实。1933年1月30日，兴登堡任希特勒为总理，委托他组建联合政府。他是唯一一个能组建一个政府抵抗由共产党（17%）和社民党（20%）构成的左翼联盟的人，君主主义者兴登堡尤其害怕后者。

事实上，多年以来德国很难统治，因为每个政治集团都不能成功获得超过50%的选票。由此一些小党派获得了不成比例的重要性，例如天主教中央党。两个极端政党，共产党和德意志国家社会主义工人党，一贯拒绝成为联合政府中的一部分。布吕宁实际上通过法令和兴登堡总统授予的特殊权力来统治。如同杰出的历史学家贝蒂·霍夫曼（Peter Hoffmann）提醒人们注意的，议会中形成稳定多数的不可能，使得德国自1930年起实质上被一种由兴登堡所支持的宪法独裁所统治。[1] 帕彭和施莱谢尔也是通过年高德劭的总统兴登堡的法令而被任命的。在希特勒之前，另两个总理通过紧急法令而获得权力。所以，当轮到希特勒在1933年被要求组建联合政府时，人们可能并不介怀。[2]

在这个新联盟中，希特勒表面上被牢牢控制，因为照兴登堡的话说，他被很好地"看管"起来了。[3] 此联盟主要由天主教中央党（在11月选举中有12%得票率）、胡根堡的德国国家党（8.5%）和纳粹党（33%）组成。虽然纳粹党比其他两个党有多得多的得票率，但它在新内阁中只拥有除希特勒总理外的两个部长职位：内政部长威廉·弗里克和赫尔曼·戈林，后者是国会的主席，同时也是普鲁士的内政部长。帕彭，新内阁组建的幕后掌控者，成为副总理和普鲁士（那个时代一直以来最重要的一个省）的第一部长。当然，任何看了《我的奋斗》或关注过希特勒演讲的人都有理由对此感到怀疑。他不是说过，一旦他攫取了权力就绝不会让它溜走吗？一些观察家对此有清醒认识，然而他们是少数，且他们的警告没有引起人们足够的注意。大多数人认为，希特勒攫取权力是不可避免的，而且他被其他党派的温和的代理人给"看管"起来了，因而更"可以容忍"。毕竟，在一个民主政体中，人们很难违背得票最高的政党有权得到总理职位这一原则，更何况希特勒承诺尊重宪法。人们同样很难想象经济和政治形势可能会更恶化。如果这成为现实，希特勒应该同其他人一样迅速倒台。其他所有党派都经历了类似的情形。

---

1 见 P. Hoffmann, *German Resistance to Hitler*, Cambridge/London, Harvard UP, 1988, 11.
2 Ibid.
3 Robert Hofman, *Gechichte der deutschen Parteien. Von der Kaiserzeit bis zur Gegenwart*, München/Zürich, Piper, 1993, 170.

特别难预料的是希特勒将夺取最高权力。那时似乎一心想要羞辱德国的协约国,也绝不会允许这样。德国甚至没有像样的军队自卫。诚然,纳粹的反犹主义是下作的,但在如此野蛮、卑劣的时期,多数观察者,包括许多犹太人,相信这不过是经济危机时期选举宣传队伍的策略。雷蒙·阿隆就是这样认为的,在希特勒获取权力时他正在柏林。[1]

这无疑也是伽达默尔的想法。但如果说人们没有真正认清他当时的政治立场,这是因为他没想要表现出来。后来在回答人们向他提出的问题时,伽达默尔回答说,他不认为自己是一个右翼保守派,而毋宁是一个自由派。[2] 据我了解,一个非常接近极端左派的研究认为伽达默尔曾是胡根堡的德国国家党的一名"党徒"。[3] 如果他们有任何证据或证词证明这点,本着开放的思想,我恭敬地请求他们提供出来。我"恭敬地"这样做,因为我总是愿意承认在传记中,事件的同时代文件有其优先权,我知道回忆不总是更可靠且不是什么都说出来了。在此期间我曾和伽达默尔谈过此事,他回答说:"荒谬(Unsinn)。"他肯定地对我说,他确定无疑投票给了一个中间的小自由党派,可能是德国民主党(在11月的得票率是1%)。这没有得到证明,并且要是没有新的证据,它就是不可证明的。但它却具有很高的可信度。像他的大多数朋

---

[1] R. Aron, *Mémoires*, Paris, Julliard, 1983, 76: "反犹太主义不仅仅是一种宣传武器,不仅仅是选举使用的意识形态,所有观察者对此都应该确信无疑。但是1942年"最终解决方案"中表达的反犹激进主义,在我看来,似乎没有人立即怀疑它。"

[2] 见 « ...*die wirklichen Nazis hatten doch überhaupt kein Interesse an uns* ». Hans-Georg Gadamer im Gespräch mit Dörte von Westernhagen, in *Das Argument*, 182 (1990), 546 ;trad. anglaise dans « *The Real Nazis had no Interest at all in us...* », *Gadamer in Conversation. Reflections and Commentary*, dirigé par R. Palmer, New Haven/London, Yale UP, 2001, 120: "我不认为自己是右翼保守主义者,而毋宁是一个自由主义者。就像我所在马堡的犹太朋友一样。他们多少都是民族主义者,但当然他们是自由主义者。"

[3] G. Leaman, *Heidegger im Kontext. Gesamtüberblick zum NSEngagement der Universitätsphilosophen*, Hamburg/Berlin, Argument Verlag, 1993, 40.

友一样，伽达默尔对共产主义者感到恐惧，虽然在他周围人中不乏知识分子共产党员。社会民主主义者更受尊敬，但人们害怕他们可能与共产党结盟。至于纳粹，他们被看作可笑而粗鄙的。他们能迷惑如海德格尔那样的"农民"，但肯定对如伽达默尔那样的自由派市民没有吸引力。据洛维特和伽达默尔回忆，人们在马堡最初并不愿意相信能表明海德格尔亲近纳粹的证据。[1] 在这种语境下，伽达默尔经常暗示他有许多犹太朋友在马堡。这容易给人一种事后自我辩护的印象，但这是确凿的事实：在1933—1934年，雅克布·克莱因（Jakob Klein）在伽达默尔简陋的房子里生活，在那里开展他的名为"希腊逻辑和代数的兴起"（1936）的研究。伽达默尔回忆说，他花钱大手大脚，因为他每天买三四份报纸。和许多犹太人一样，他相信纳粹的闹剧不会持续很长时间。一天，在看报纸的时候，他大喊："啊，我们现在是生活在第三又四分之三帝国"，意指它很快就要终结了。未来没有证明他是对的，但人们可以想象，他的更成熟的政治思考对伽达默尔——一个躲在自己角落里为不被人注意而感到幸运的年轻"私人讲师"——产生了影响。卡尔·洛维特，伽达默尔的另一个重要的犹太朋友，在1940年撰写了一个有关他流亡后的德国形势的报告，在报告中他证实伽达默尔在纳粹那里没有得到"政治褒奖"。[2] 如果情况不是这样，洛维特一定会如实公之于众，因为他曾指出过他的同

---

[1] 见 K. Löwith, *Mein Leben in Deutschland vor und nach 1933*, 33："他的选择让他的学生们感到惊讶，因为他以前几乎从未对政治问题表达过看法。"伽达默尔在1995年2月9日与NDR的拉夫·路德维格的谈话中也说过类似的话（第4页）："像海德格尔的其他直接的学生一样，当海德格尔成为校长和卷入政治时，我感到十分惊恐害怕。这对我来说很难理解。我在马堡因缘际会有许多犹太朋友。这使我对有关纳粹的各种幻想保持警惕。"也参见 *Breslauer Studienjahre*, dans *Pädagogische Rundschau* (51), 1997, 123. 在该文中人们能找到伽达默尔关于德国反犹主义的最重要发展的记述。

[2] K. Löwith, *Mein Leben in Deutschland vor und nach 1933*, 99.

事、老师和朋友是纳粹，例如海德格尔、扬施（詹森）和贝克尔（Becker），特别是1940年他与他的德国朋友的关系很紧张，如人们容易理解的那样。

伽达默尔在那个时期并没有采取直接立场，而且他从未成为纳粹党员这一事实也对他有利。因为有许多他比较亲近的人都与国家社会主义的"觉醒"有合作。对他来说，追随他们的榜样是很自然的事。这里人们想到的是海德格尔和科默莱尔，他们都接受了纳粹的诱惑。一个间接的例子证实了这点：在那个年代的一封信中，瑞士神学家卡尔·巴特对发现布尔特曼尽管是海德格尔主义者却没有归附追随纳粹的"基督教德国"运动感到惊奇。[1] 相反，布尔特曼，如同他的学生格尔哈德·克吕格和卡尔·巴特一样，拥护"认信教会"（Bekennende Kirche），后者是一个勇敢地对抗基督教德国的纳粹主义的告解教会。在这个意义上，如同其他许多人一样，伽达默尔更多地显得是来自马堡而不是弗莱堡。海德格尔的马堡学生们对他们老师的政治失明感到震惊：作为犹太人胡塞尔的学生，他怎么可以与一个反犹运动合作？想要以他自己的方式成为一个学派的领袖的海德格尔，知道他在马堡的"自由"且"优柔寡断"的门徒们拒绝跟随他，无疑感到生气和苦涩。[2] 但由此导致的孤立和丢脸无疑是海德格尔1934年4月辞去弗莱堡大学校长职务的一个原因，时间上先于1934年6月30日的罗姆"政变"。政变暴露了希特勒政权无疑已经让人感到不安的罪恶

---

1 *Karl Barth-Rudolf Bultmann Briefwechsel 1911-1966*, Zürich, Theologischer Verlag, 2ᵉ éd. 1994, 151.
2 见伽达默尔后来在"回忆"中讲述的（*Jahrbuch der deutschen Schillergesellschaft* [34] 1990, 465）："我清楚地知道海德格尔当时对我的看法：'他在这里丢下了我。他不愿追随我。这些马堡的finfinauds（译按：疑为finauds[狡猾的人们] 的笔误），与布尔特曼和忏悔教士一起，他们对一个国家的觉醒和一个新青年的到来持怀疑态度。'" 也参见1997年的访谈（« Breslauer Studienjahre », *op. cit.*, 124）：海德格尔"显然对我们感到十分失望：'哈，这些被宠坏的教授的孩子们满足于他们的储藏。他们不懂得历史时刻的重要性！'"

性质，而在此之前，它都吹嘘自己民主的合法性。在6月30号长刀之夜后——那天希特勒谋杀了他的竞争对手罗姆（Röhm），顺便指责他筹划一场"政变"，同时谋杀了前首相施特莱谢尔和大约一百个他政治上的反对者——质疑就不再被允许了。而从此时起，对政体的反对就不再可能，这种反对成了一种自杀行为。

在海德格尔担任校长期间，他与伽达默尔之间没有通信。最多是海德格尔给伽达默尔写了几封信，包括他的带有"致以德国式问候"的题词的校长演说词。此时，在政治方面且从他职位的角度考虑，与当局和海德格尔建立牢固连结是"有利可图的"，但伽达默尔没有这么做。只是在1936年12月，海德格尔出席于离马堡不远的法兰克福召开的有关《艺术作品的起源》的会议，伽达默尔才见到他，但由于气候寒冷，俩人没有私下会面。1937年，伽达默尔在他的朋友格哈德·克吕格和瓦尔特·布罗克（Walter Bröcker）的陪伴下去黑森林看望海德格尔。当时海德格尔从他的政治幻象中清醒过来了，正如伽达默尔1937年11月12日写给洛维特的信中所说：

> 如你已经听说的，在假期期间，我和克吕格、布罗克一起在海德格尔那里度过了两个礼拜……我们度过了非常哲学、非常逍遥派的几个上午，不知你是否愿意听下面这些：和以前一样，他还是我们时代的唯一哲学家，他把握了尼采难题的全部后果，甚至契合发表在《内在帝国》（Reich intérieur）的论荷尔德林文章的感人力量，他遵循着自己的道路。正是由此出发，他甚至向我表明，1933年的毁灭性事件是一个可以理解的后果。以一种真正伟大的风格（无疑是一种源自他目前立场的风格），他向我们呈现了他自《存

在与时间》以来的思想进展。他的死亡哲学的"生存"情绪（pathos）完全躲在了时间性存在论的后面。即使他依然离费希特的原初行动或黑格尔的"绝对视点"不远，但他是用一个智者（sage）的眼光去看待所有这些的。正是由此，他最为接近荷尔德林的风格，"诸神"无非是后者智慧的表达。[1]

无疑，伽达默尔再一次被他老师的魅力所征服，尽管有所保留。但1937年把海德格尔对政治的参与描述为"毁灭性事件"的人在四年前会有不同的看法，尤其因为信件的收件人是伽达默尔1933年最亲密的圈子中的一员，并且知道他不是纳粹。人们同时注意到，伽达默尔已打算相信他老师，此时他在海德格尔的政治参与中看到他的第一哲学的一个"可以理解的后果"。但即使是在1935年反犹种族法令后被迫流亡的洛维特，也没有断绝与海德格尔的联系。1936年在罗马他们再次相见，在那里海德格尔佩戴着小纳粹徽章，他试图向洛维特解释，他参与政治可以被看作《存在与时间》中的哲学的一个后果。[2]

伽达默尔对他的朋友马克斯·科默莱尔表现出相同的谅解，他也因为1933年的激情而冲昏了头脑，但很早就从幻觉中清醒过来了。在他们于1933—1934年所通的信件中，此时科默莱尔在法兰克福教书，伽达默尔避免影射政治。假使伽达默尔对他的朋友的政治信念抱有同情，这些都是很自然的。但知道科默莱尔在法兰克福的孤立状态后，他于1933年7月16日写信给他：

---

[1] 伽达默尔1937年12月12日给洛维特的信。"1933年事件"的有关内容可与海德格尔1935年7月1日写给雅斯贝尔斯的信中关于他任校长的失败所讲的内容相比较。
[2] K. Löwith, *Mein Leben in Deutschland vor und nach 1933*, 57.

我一直有个模糊的感觉，当你处于内外交困的处境时，我没有以正确的方式支持你。有可能政治性大学的观念在马堡的推行很快会使我陷入类似的孤立中。但我觉得更恰当的做法是多少缓和你的抵制情绪而不是加强它。我认为，德国"文化"命运的真正问题不是取决于我们正在创建的那些机构，而是取决于在此位置中的人们。任何人被这个命运攸关的位置排除在外，都意味着从此失去了未来。很显然，我并不因此支持那些人，他们试图通过论证的热情来巩固他们的位置。人类的尊严是所有行为的不可或缺的条件，没有对自身的尊重，所有权力欲望都将产生致命的恶果。相反，我们今天也应该做好准备并保持坚定，以便**抛弃**通过外在行为而实现的内在自由的肯定，抛弃在或大或小圈子中发表的演说，抛弃所有批判中的粗俗和所有激动；但与此同时，对某种行为方式的胜利、对那些之前我们可以相互理解但随后变得狂热的人们，我们必须**宽容体谅**。当所有这些到来时，应该保持信心：只有真正的东西能够延续下来，并且我们需要好几年用耐心来武装自己。原谅我今天再一次重复你教导的那些美好的格言。我相信我们应该这样做，因为正是我们是且总是我们人民的未来。希望你这学期有个好的结尾，希望你爱人的休假问题得到圆满解决，也期待我们秋天的再一次相见。

你的汉斯-格奥尔格[1]

在这里，伽达默尔的立场显得很摇摆不定，但这多少说明了他"不问政治"的理由。他认识到，关键在于"德国文化命运的

---

[1] *Nachlass* Max Kommerell, DLA Marbach [84. 1547/2]. 关于科默莱尔对国家社会主义和《我的奋斗》的第一次好感，见 C. Groppe, *op. cit.*, 656 s. 我们借用科默莱尔1930年9月25日写给汉斯·安东的信的摘录，可以得到他对此清晰的呈现："不管怎样，我为纳粹感到高兴。他们是一个基础——但谁放置在该基础之上呢？"

问题"——所有德国人,所有理性精神的问题——但他不相信政治程序和政治宣传,不相信狂热崇拜和新的组织,这些正是纳粹正在做的事情。在他看来,重要的不是那些机构,而是在位置上的那些人。这就是为什么他似乎打算不关心——可能有些天真——当前的政治言辞、具体的政治举措以及他的一些朋友的政治热情(人们可能想到的是海德格尔)。

但所有这些并不排除——尽管有这些纳粹党的暴行和当时的狂热——伽达默尔曾有对这些动机的理解和同情(如同许多不支持纳粹的德国人一样),而它有助于希特勒获取权力。这些理由被清楚地认识到。面对着共产主义上升的权力,许多德国人认为一个包含纳粹的联合政府是一件相对不那么坏的事情。[1] 除了这些恐惧,一般德国人夸大了凡尔赛条约的羞辱性后果。这种情绪不仅为所有保守派人士所具有,也被社会民主党人和共产主义者所分有。[2] 所有人也预料世界政治和联合政府中的"现实政治"(Realpolitik)的制约会有缓和纳粹的狂热和极端的效果。一旦获得权力,希特勒难道不会减弱他的最疯狂的空想,如同他的反犹主义那样?[3] 尤其是,伽达默尔后来说,"直到1934年6月30日,我们都还认为这些噩梦般的事物将很快消失。"[4] 洛维特(在1940年)很好地概括了在纳粹夺取权力后,在他的德国朋友中存

---

[1] 参见伽达默尔1989年10月24日给乔治·莱曼(George Leaman)的信:"采取支持1933年11月11日的希特勒的立场,这种情形再一次发生,在那里人们发现再次面临老的非此即彼的选择:是德国共产主义,还是纳粹和保守派组成的联合政府?"
[2] 参见艾宾浩斯的证词(PSd 3, 34-35)。伽达默尔这里的态度与维尔纳·海森堡相近,据卡西迪提供的材料(D. Cassidy, *op. cit.*, 303):"就像(……)其他民族主义导向的非犹太德国学者,海森堡最初对新领导的粗鲁和他们统治的'过行行为'感到震惊,但他对国家社会主义所承诺的长久民族复兴抱有强烈共鸣。迟至1933年10月他还写道:'许多好的东西也正被尝试,人们应该认出好的意图。'他和其他人期待这个政权会像它的前任那样很难持续一年。一个紧急的政治回应在他们看来是不必要的,如果考虑到他们的'非政治'态度。"
[3] PL, 51; AAP, 64.
[4] 同上。莱因哈德有着相同的感觉,K. Reinhard, *op. cit.*, 393.

在的犹豫不决:"人们普遍在观望事态的发展。大家都避免使自己受牵连,因为几乎没有人是纳粹党的成员且由此有理由感到某种不安。"[1]

等待,屏住呼吸,避免被连累,这些就是那时审慎行为的准则。这一方面是因为这些荒谬的事情可能在年内结束,另一方面因为每个人都想着自己的未来。不了解当时情形的人们很自然的反应是想知道,为什么人们没有以更坚定的态度反对萌生中的极权政体,而这在当时还是可能的。但这是因为我们知道国家社会主义成了现实。德国,无疑和其他地方一样,也有一种服从权威(l'Obrigkeitsgehorsam)和尊重当前权力的倾向。这造成了一种随大流的情况,使得极权政体最终得以壮大。伽达默尔总是承认他也不例外:"对于德国的年轻一代来说,不容易想象那个时代的形势:随大流的含糊、压力、意识形态中毒、无法预料的惩罚,等等。今天人们经常被问到:为什么你们没有呐喊?人们低估了一般人随大流的倾向,他们总是寻找新的自我欺骗的方式,尤其是自问:'元首了解情况吗?'正是以这种方式人们常常努力淡化事情以便使自己不沦为社会的边缘。"[2]

尽管对一个有可能抵御共产主义危险并改善德国局势的联盟有着一般性的同情,但伽达默尔并没有直接妥协。洛维特提供的珍贵见证(因为它的日期是1940年)证实了伽达默尔后来对他1933年立场所做的说明。然而这个时期有一个文件使伽达默尔的声誉受影响:人们确实在一份1933年11月11日的"大学与德国高等教育支持阿道夫·希特勒和纳粹国家的声明"上发现了伽达

---

[1] K. Löwith, *Mein Leben in Deutschland*, 75.
[2] *Antwort. Martin Heidegger im Gespräch*, dirigé par G.Neske et E. Kettering, Pfullingen, Neske, 1988, 152.

默尔的签名。[1] 初看起来，困难的是找到更清楚的证据。但基于历史的公正，我们应该询问这份声明（"Bekenntnis"）有关什么问题，以及众多的签名以什么样的方式被收集起来。这是一个立刻以四种外国语（法语、意大利语、英语和西班牙语）发布的声明，根据它的法文标题，它自称"向世界知识界呼吁！"由于首先针对的是外国读者，它采用了一种温和的语调。1933年11月12日的《纽约时报》在一个小消息中谈到它，语气也很缓和："停战日这一天，在风景如画的莱比锡城，德国大学的教授们呼吁今天全世界的知识分子更好地谅解德国。这是他们给予明天面临选举的德国政府支持的方式。这个呼吁延续了战争时期发出的类似呼吁的大致框架，那时教授和专家们吁请人们更好地理解德意志民族。今天的这个呼吁说，德国教授们位于他们领域的领导者和为'德意志的荣耀、正义和世界和平'而斗争者的前列。"因而它涉及的是德国教授采取的声援正义与和平的一般立场。它的反常当然在于它是与对希特勒的支持关联在一起的。但正是后者的面貌表现为在苦恼的15年后，在寻找国家共同体内部之认识的过程中为德国人民辩护。希特勒完全领导着联合政府，似乎以越来越意见一致的方式，维护德国的合法权益。在这一语境中，反对希特勒，就是不爱国。

这个行动由萨克森的国家社会主义教授协会发起。如《纽约时报》指出的，它遵循着类似于"一战"期间的倡导模式。承认教授的看法同等重要和认为这可以影响世界上的其他人，这一事实无疑表明，这里有某种典型德国式的东西。文件包含了学者们

---

[1] *Bekenntnis der Professoren an den deutschen Universitäten und Hochschulen zu Adolf Hitler und dem nationalsozialistischen Staat, überreicht vom Nationalsozialistischen Lehrerbund Deutschland/Sachsen*, Dresden, 1933.

大致采取的立场,这种立场显示了与政权的接近,如同马丁·海德格尔和弗里德里希·诺曼(Friedrich Naumann)那样。这个文件自称是"德国科学面向整个知识界的呼吁","为了理解德国民众——通过它的总理阿道夫·希特勒而凝聚起来——对相同的自由、权利、荣耀和和平的憧憬,以至于整个国家有文化的人们为了他们的正常国家而要求这点"。[1]在对自由、和平的虔诚愿望背后隐藏的是希特勒政府想退出国际联盟的意志,它充满了对德国的羞辱,因为人们把它与凡尔赛决定联系在一起。退出国际联盟(这部分得到兴登堡的支持),是11月12日公民投票的其中一个关键。虽然那天还有选举,但德意志国家社会主义工人党此时已经是唯一参选的政党,其他的党派都支持它……在95%参与投票率的情况下,92.2%的人投票支持国社党,95.1%的人支持退出国际联盟……

11月11日大学教授的声明由此被用于支持正面临选举的希特勒的宣传。在所有文件上都有伽达默尔的签名,每个人都有自由将其视作一份有损声誉的文件。不过,他的签名和马堡大学的那些同事的签名出现在一起(还有其他的一些大学参与了这个活动),其中包括许多著名的反纳粹的同事,如罗曼语语文学家沃纳·克劳斯,他是伽达默尔的朋友,一个马克思主义者。因而人们可能想知道这些签名是如何如此迅速被得到的。载有一系列讲话的这些文件于1933年11月10日在莱比锡面世期间被第一次读到。因此,不可能是所有签名人在之前就知道这些讲话,并且关键是,文件在11月11日以五种语言面世。当人们询问他的时候,伽达默尔想不起他曾签过这样一份文件。按照他的观点,这些签

---

[1] *Bekenntnis*, p. 6, 75.

9 1933年：表态，还是沉默

名应该是在马堡大学的教授大会上被得到，在那里，当一个提议被一致采纳时，不反对就被阐释为一种签名：

> 很可能这次签名在马堡的春季发生，当时有一个大会，在那里有人询问我们是否有谁持有异议，然而没有人有勇气站出来，因为这会意味着流亡。这因而被当作为这个声明签名。格哈德·克吕格和沃纳·克劳斯也签字了。克吕格是我的一个朋友，与布尔特曼和认信教会（l'Eglise confessante）走得很近。至于克劳斯，他是红色教派的较晚的成员。我猜想这些通过鼓掌收集的签名被放在11月支持希特勒的声明下面了。我很确定自己从未经历源于萨克森且由海德格尔发起的这件事。[1]

说这个会议在春季举行和由海德格尔发起，这是不可靠的，因为一切似乎都指向它毋宁缘起于萨克森的教师协会，目的是在1933年11月12日的选举中支持希特勒。在我开展这一传记研究之初，我问过伽达默尔关于签名的事，下面是他1989年7月19日的信中对我的回复（中括号中的是我向他提的问题）：

> 我对这些细节自然不再了如指掌，因而我只能说一些大致情形。我只通过传闻才知道这一来自萨克森的行动，但无论如何非常肯定的是，我自己从未看到过海德格尔的声明。在这个意义上，您的猜想是误解了［我问伽达默尔是否海德格尔曾催要签名和要求支持］，因为海德格尔的卷入一

---

[1] HGG, « ... die wirklichen Nazis hatten doch überhaupt kein Interesse an uns ». Hans-Georg Gadamer im Gespräch mit Dörte von Westernhagen, in *Das Argument* 182 (1990), 548 (*Gadamer in Conversation*, 123). 我们在伽达默尔1984年10月24日给莱曼的信中也能找到证据支持。

点也没影响我，也没有影响我在马堡的朋友。至少就马堡而言，相反的情形更真实。在希特勒获取权力后的第一年，事情应该显得有些不一样。我知道许多著名的人物此时与海德格尔站在一起并成为纳粹党的成员，一直到最后都如此，即使他们在很长时间内认识到希特勒周围的那些人多少是有罪的。——此外，我是这些年才知道我的名字出现在这些选举呼吁的其中一个名单上。我完全不再能想起这些事情是怎么发生的。很可能是，在1933年间曾有一个教授会议，在那里人们支持采取一个以全球和公开的方式呼吁投票的行动。任何站起来并要求自己不算在内的人都大概要收拾铺盖走人。但在那种情况下这仅仅是一个假设。无论如何我知道在1933年3月的选举（最后一次自由选举）中，人们可以投票给左派或右派而不用考虑别的。这个时期一直持续到1934年6月30日，那时希特勒作为总理领导着与保守党联合执政的政府。在那时候，人们的投票通常是在左派和右派之间摇摆。只是在1934年6月30日之后，德国的情况才变得绝望，因为希特勒怀着对权力的真实欲望背叛了他的冲锋队（SA）并与军队达成了协定。从那天起，在军队中不再有内部分裂，因而国内斗争就采取了施陶芬贝格和戈德勒的刺杀形式，它不幸在1944年以前都没有成熟，而后就失败了。[我问他，假如他的签名证明了一开始对纳粹的同情，从什么时候起他改变观点？]不巧的是，我不能说我曾改变过观点，但从一开始一直到1934年，我就总是希望最终国家的理性能引导希特勒政权走向与欧洲的和平共处，并且停止对犹太人的迫害。然而1938年的"水晶之夜"使最后的希望破灭了。正是这时候，我的犹太朋友如埃里希·弗兰克、埃里希·奥尔巴赫（Erich Auerbach）、保罗·弗里德兰德及其他人最终离开了德国。——我也许可以多说一句，正是由于这些原因，

9　1933年：表态，还是沉默

从1933年到1938年，我没有再去看海德格尔。不过海德格尔经常派学生到马堡来找我，这些学生处于与政权完全对立的立场。而随着战争的爆发和与俄国的开战，大多数德国知识分子处于绝望的精神分裂的境地。无疑对海德格尔来说也是如此。就我们而言，我们只能对自己说："这将会过去（et illud transit）！"

因而，当一个全体一致的提议被采纳时，没有人想冒险做殉道者。没有一个"无薪大学讲师"决心以举手反对的方式被人注意。那个时候，这样做也许不必然意味着流亡，但谁敢保证呢？恐吓也在这一熔炉中也扮演了一个角色。人们或者成为纳粹的信徒，并为它鼓吹，或者保持沉默。[1] 1933年的这份文件是我所找到的唯一一份"牵连"到伽达默尔的文件。人们可以指责他没有申明自己的反对意见，但不可以说这一签名证明了他对当时国家社会主义的同情。如果伽达默尔抱有同情，这应该会在其他许多途径中表现出来。

虽然没有同情纳粹，但纳粹很快对他有所关照，新的政治处境对伽达默尔的职业生涯有"积极"的影响。1933年8月24日，马堡的青年"私人讲师"最终得到了他们多年申请的教师职位：伽达默尔得到了伦理学与美学的职位，克吕格获得了神学与哲学交叉领域的职位。[2] 然而，没有证据表明这些任命是基于政治的原因。科学、艺术和国民教育部只是接受了哲学系很早就提出的要求而已。但伽达默尔得益于后面几个月和几年的政治环境，那时

---

[1] 保罗·利科当时正在德国学习，他在他的访谈《批评与确信》（*La Critique et la conviction*, Paris, Calmann-Lévy, 1995）中很好地描述了这种情形，见第23页："至于我这个时代的德国人，他们要么是激动的希特勒分子，要么是喜欢沉默的人。"
[2] UAM, PA HGG.

他的许多犹太同事和朋友被解除了职务（大多数情况下，若不是由此造成的空缺，新的任职就不会没有干扰）：在1934年夏季学期和1935年冬季学期，他向基尔保证代理被停职的理查德·克罗纳的职务。在1936年夏季学期，他担任了马堡的埃里希·弗兰克的教授席位。[1]伽达默尔接受这些代理并不是没有不安，因为他是克罗纳和弗兰克的朋友。但在这两件事情里，他确信，他可以得到他的被解职的同事的支持，这些年里他们保持着密切联系。这两人都是"犹太人"，但他们完全自然地融入了德国哲学的传统——如同其他许多人，像洛维特、胡塞尔、霍尼希斯瓦尔德或格奥尔格·米施（Georg Misch）那样。他们对纳粹在犹太人和德国人之间划出一条荒谬的鸿沟的行为无能为力。况且最初的反犹措施所波及的犹太人依然留在德国，很长时间他们可能会认为反犹的疯狂只会持续短暂的时间（一些人甚至在想元首是否了解情况……）。在1938年11月9日的"水晶之夜"后，所有这些不再被允许了。弗兰克1939年流亡到美国，克罗纳1938年前往英国，1940年最终迁居美国。对于纳粹所造成的鸿沟和由于影响他同事和朋友的不幸事件而空缺出的他所想要的职位，伽达默尔也不能做任何事情。最野蛮的荒谬行为成了现实。但作为一个要负担整个家庭的德国人，他认为除了待在德国他没有别的选择。在他看来，未因种族原因遭受迫害的研究员和教授们没有考虑过要移居国外。[2]伽达默尔可能在没有职位的情况下去国外吗？他总是一再用"这将会过去！"来安慰自己。这意味着："'这也将过去。'

---

[1] 弗兰克的教席（他是海德格尔1928年前往弗莱堡之后的接替者）在1936年夏季学期后被哲学系撤销。关于这个问题参见 Chronik der Universität Marburg für 1936 (42), 52.
[2] HGG, « ... die wirklichen Nazis hatten doch überhaupt kein Interesse an uns ». Hans-Georg Gadamer im Gespräch mit Dörte von Westernhagen, in Das Argument 182 (1990), 550 (Gadamer in Conversation, 127).

但德国永存。就像这样,依循着这句格言,我们生活下来!这将会过去。这一恐怖的事件有一天将会结束,而这意味着我们将依然在那里存在。我不是在个体的意义上理解这点,而这意味着我们在这些年所一直教导的事情。"[1]

后来,伽达默尔偶尔把在纳粹期间很少发表作品的优点归于自己,标明他在那时是个局外人。[2] 他后来说,审慎促使他避免在研究中涉及政治主题,并中断那些有政治内涵的研究。[3] 这指的是当时他正在进行的关于"柏拉图和智者派的国家理论"的研究。伽达默尔说他中断了这些研究,然而在这些年他的确有两项这类作品面世:篇幅更短的《柏拉图和诗人》(如我们已经看到的,更长的版本在1934年出版)和出版于1942年的《柏拉图的教育城邦》。

这些研究也在1933—1934年冬季以"艺术与城邦"为主题的课程之中。1934年的论文《柏拉图与诗人》是唯一为人所熟知的成果。按照伽达默尔的说法,该文的源头在纳粹上台之前。伽达默尔的这些工作完全位于1920年代所进行的柏拉图研究的连续性中,特别是位于被柏拉图的《理想国》所吸引的格奥尔格圈子中间。特丽莎·奥罗斯科(Teresa Orozco)想要在《柏

---

[1] Ibid. K. Reinhardt (*op. cit.*, 393)。伽达默尔的朋友说出了促使研究人员留在德国的常见原因:1. 国家雇员的义务,也就是说,公务员的该死的义务和责任有时与移民中十分普遍的认为一切将在六个月内结束的信念相结合。2. 在外国定居所面临的竞争和困难。3. 家庭的责任。4. 留在德国并没有什么不良后果。唯一的结果就是大学公告栏里的一则小启示:"应他本人的要求,解除他的职务。"学生和同事们会得出结论说:哈!以他的情况这将会是一个小污点。在此情况下,很不幸在德国没有人知道经典古文化专家库尔特·冯·弗里茨(Kurt von Fritz)的异议,他在自己的职业誓言中加了一句:"只要这不违背真理,否则将迫使我离开德国。"5. 总之,总体的感觉是人们应该待在那儿,无论发生什么。
[2] HGG, «... die wirklichen Nazis hatten doch überhaupt kein Interesse an uns ». Hans-Georg Gadamer im Gespräch mit Dörte von Westernhagen, in *Das Argument* 182 (1990), 551 (*Gadamer in Conversation*, 128).
[3] GW 2, 489; PH, 25.

拉图和诗人》中发现一种伽达默尔隐晦地拥护纳粹法西斯国家的方式。[1] 情况是什么样的？的确有许多柏拉图专家热心地建立柏拉图的理想国和纳粹新国家之间的联系（好像这个国家是被一位曾思考过这些观念的哲学家在统治……），当时他们已经公开地这样做了。但这不是伽达默尔的情形。这就是为什么奥罗斯科未能有力地表明伽达默尔在这里是一个"讽喻（allusion）的大师"。若他想要表明对纳粹意识形态的拥护，这只是间接的方式。但为什么他要采取这种方式？纳粹分子们也这样敏锐吗？如果伽达默尔那时已经是纳粹的信徒，从战略的视角看，公开地宣示这点，比如成为纳粹的党员，将会更合乎情理和更有利可图。事情绝非如此。在一个极权的国家，正是"讽喻的艺术"被那些不赞同官方意识形态的人们所惯于采用。那与官方意识形态一致的东西不需要自我隐藏。只有想要使他的不同政见以不引人注目的方式被听到的人才求助于讽喻的艺术，因为正面的对立等于是自杀。因而奥罗斯科完全误解了在极权体系中占主导地位的讽喻的逻辑。至于她想要看到的在柏拉图那里的诗人流放与在德国时期犹太或"非日耳曼"作家书籍焚毁之间的类比，其实完全不符合伽达默尔的想法。

事实上，我们更容易在1934年的论文中找到这些"讽喻"，借此伽达默尔非常小心地标明在这些事情过程中他的"异议"。[2]

---

[1] T. Orozco, « *Die Kunst der Anspielung. Hans-Georg Gadamers philosophische Intervention im NS* », dans *Das Argument. Zeitschrift für Philosophie und Sozialwissenschaften*, 1995 (37), 311-324 ; *Platonische Gewalt. Gadamers politische Hermeneutik der NS-Zeit*, Berlin, Argument-Sonderband, 1995 ;« *Die Platon-Rezeption in Deutschland um 1933* », dans Korotin, Ilse (dir.),« *Die besten Geister der Nation* », Philosophie und Nationalsozialismus, Wien, Picus Verlag, 1994, 141-185.
[2] 见《柏拉图与诗人》（*Platon et les poètes*, édition originale, Frankfurt, Klostermann, 1934）——它未加修订地（这很正常）再版于 GW 第五卷——中的例子：坚持与幸存的国家保持距离的动机（13；GW 5, 193），有关观念中的国家而非真实的国家的观念（14, 194），对享有"无限权力"的教育系统的批评（18, 197），对"属于人的本性一部分的不和谐"的强调（18,198），以及对习俗和秩序的正义在其中并不真实的国家的批评（29, 207）。

伽达默尔自己非常关注歌德的一段引文，他把它作为自己文章的题词："从事哲学的人乃是保持着与他所处世界的不一致"。人们可能不宜称之为公开的对抗，但人们可以在这里看到伽达默尔之异议的一个"讽喻"。如果考虑到伽达默尔论文的意图是怀疑柏拉图实际上试图在《理想国》中提出一个可行性政治计划的宏大路线，那么把它理解为一个"非政治"文本可能更恰当。这是伽达默尔一生都坚持的对柏拉图的一个阐释（也许它本身是有争议的）：柏拉图的乌托邦的唯一意义在他看来就在于批判现存事物的状态。正是在这种精神中它有关城邦中诗人的流放问题："可能我们再也找不到另一个哲学家如此强烈地否定艺术的价值，质疑它所宣称的对最深刻、最隐秘的真理的明白揭示。"[1] 这一对诗歌的批判对伽达默尔来说应该是一个挑战（人们很难想象他同意焚烧书籍），而且柏拉图自己就是一个第一流的诗人。但伽达默尔表明，如果人们认识到柏拉图所说的城邦对应的不是一个政治计划，而是一个"思想的城邦"或"针对教育的城邦"（Staat der Erziehung），那么困难将会消失。[2] 理想国应该作为对城市的批判而被理解，那里的秩序和风俗不再是真实的，因为它们已经被智者们的相对主义破坏了。伽达默尔在1934年主张，对诗人的批判因而应该从"柏拉图的苏格拉底式观念"出发被理解，据此，"自从智者支配了教育的精神后，一个强制性的公民伦理习俗（ethos）——它能够确保给诗歌以适合它的恰当位置和阐释——就不再存在。"[3] 正是智者们为艺术的纯粹"美学"阐释辩护，而

---

[1] 1934, 5；GW 5, 187.
[2] 这一"教育的国家"的思想萌生于1934年（7, 19；GW 5, 196, 207)，并且成为伽达默尔纳粹时期对柏拉图的第二研究的名称（*Platon et son Etat de l'éducation*, 1942）。
[3] 1934, 15；GW 5, 195.

不考虑诗歌的教育功能。柏拉图诗人批判的真正靶子在伽达默尔看来是诗歌的纯粹美学概念。[1]只有（如柏拉图所实践的）哲学和苏格拉底的对话可以理解诗歌的真正意义，它不再能够被还原为它的美学呈现。这意味着缺少严肃哲学介入的艺术实践不及人们对诗歌理应报以的期待。诗歌的目的不只在于说出美丽的言辞，而在于说出真的事物。毕竟，在诗歌中语词是次级的，因为重要的是它们的意义。"在柏拉图哲学对诗歌的批判中反复出现的主题是：它们严肃地对待某些不值得这样对待的事物。柏拉图常常向我们表明，他自己的创作，恰恰因为它们只是想开玩笑和娱乐才是真正的诗。"[2]

人们可以在这一阐释中找到伽达默尔后期美学和柏拉图阐释的许多特征，然而，要在这里看出纳粹所强制要求的对国家的支持，这需要格外的想象力。假如这一强加符合伽达默尔的意图，那他可以很轻易地说出它或"让它被听到"。但既然他没有这样做，可以说他对智者和公民良知堕落的批判应该被阐释为对纳粹的一个批判吗？依我看，这也不是明显的或实际可证明的。伽达默尔的意图是给出一个柏拉图的阐释，人们可以说，即使纳粹没有获得权力，它也可以在以这一形式被呈现。对诗人的批判是柏拉图哲学研究中的一个经典主题，并且人们知道它引起了哲学家（如伽达默尔）的兴趣。人们能够领会的更当代的语调充其量在于他对"审美意识抽象"的批判。它涉及伽达默尔作品的一个不变主题，伽达默尔在《真理与方法》（1960年）的开头谈到过这个问题。在伽达默尔看来，"审美意识"体现为一种抽象，因为它仅仅关

---

[1] 1934, 33; GW 5, 210.
[2] Ibid.

心作品的美学方面而不考虑它们的真理的呈现。在这点上，伽达默尔从克尔凯郭尔及其对"审美阶段"的批判那获得启发。在《真理与方法》中，他主张这一审美意识是现代科学以垄断的方式占有真理所造成的后果：如果唯有科学能够谈论真理，艺术就将专注于人的现实的另一个表现领域，即纯粹审美的领域。但这等于消除了艺术作品的真理，消除了他在1934年的文章中所宣称的"它的揭示最深刻、最隐秘真理的显著抱负"。

这就是伽达默尔1934年论文的关键，即对"审美阶段"的"柏拉图学派"的批判。伽达默尔在1933—1934年冬季学期"艺术与国家——美学导论"的课程中探讨过这个问题（在1933年夏季学期，伽达默尔承担了关于另一个犹太人胡塞尔的《逻辑研究》的研讨班[1]）。我们没有或尚没有这些课程的笔记，但人们可以猜想，审美意识的批判多半在其中占据了一席之地，至少人们相信他后来关于这个课程的意图所说的话："在那时我开始了题为'艺术与国家'的课程。我尝试表明，艺术不是一个审美现象，而是使我们朝向真理。这些主题使得我的书[《真理与方法》]以讨论艺术开始。这不是由于海德格尔的影响。相反人们可以说我在这里尝试在海德格尔之上前进。当我听他1936年在法兰克福关于艺术的演讲时，我对自己说：'啊，现在他也注意到这点了。'也可以这样说：艺术与真理的要求如此紧密地结合，以至于人们可以从这里出发去理解海德格尔很早时候对命题逻辑及柏拉图主义、亚里士多德主义和托马斯主义的批判。"

当然，我这里引用的是1995年的一个私下访谈——因而应

---

1 这可能是奥罗斯科（*Platonische Gewalt*, 233 s.）没有制作伽达默尔自1934—1935年冬季学期起的教学列表的原因。但这一列表中并不包含"有损声誉"的标题。

该以审慎的态度来思考它——但它完全和《柏拉图与诗人》的论文一致,人们可以把它看作伽达默尔在"艺术与国家"课程中关注这些问题的一个可信证据。人们可以以不那么严格的方式看出,审美意识的伽达默尔式批判和纳粹反对"堕落的艺术"(这就是说,它不再是"人民"的表现)的可耻运动之间有一个平行关系。但这一平行关系因为伽达默尔自己在后来的一篇论文中标出该关系而显得更可信,该文的日期是1966年,它探讨了解释学问题的普遍性:"30年前,我们所关注的这个问题以一种歪曲的形式为人所知,当时,纳粹的艺术政策为了他们的政治目的试图以要求更贴近人民的名义批判纯粹审美文化的形式主义。尽管它存在各种滥用,但这种表述方式依然不可否认地指向某些真实的东西。"[1] 那些审查者将为此感到高兴:伽达默尔在1966年承认,对堕落艺术的控告说出了某种真实的东西,并且与他的审美意识批判的一个要素吻合。然而他能够这样说,只是因为他完全清楚纳粹的意识形态和他自己的哲学计划之间的距离,伽达默尔的灵感与之完全不同。它们源于克尔凯郭尔,并且依据1934年的论文,也源于柏拉图。如果对唯美主义的批判是纳粹的固有特性,那么克尔凯郭尔应该被称为原始纳粹(proto-nazi)。

---

[1] « L'universalité du problème herméneutique » (1966), GW 2, 221 ; AC 1, 29. 关于审美意识的这一批评,也参见伽达默尔在《德国教育杂志》(*Zeitschrift für deutsche Bildung*, 1934, 324-328)中的"美学"标题下所发表的文学记录,在那里1920年代末至1930年代初的作品得到讨论,尤其是赫尔穆特·库恩、O. 贝克尔、F. 考夫曼(F.Kaufmann)等人的作品(后两者曾出现在1929年胡塞尔的《纪念文集》中)、青年阿多诺的作品,以及黑格尔和施莱尔马赫的新版本。

10

危险的职业生涯

(1933—1939)

> 一般来说，不招人注意是更明智的做法。[1]

海德格尔和他的学生伽达默尔1933年间政治行为之间的差异引人深思。初看起来，人们可以相信，只有海德格尔妥协了，而他的学生总是懂得对政治保持敬而远之的态度。在伽达默尔看来，受传教士热情的驱使，海德格尔那几年变得令人难以接近，这可以从他告发那些不向当局靠拢的同事的可耻行为中得到证明。[2] 海德格尔的糊涂是如此明显，以至于他的学生立刻这样去理解这件事：希望它只是暂时的。海德格尔将很快遭遇失败并重新回到他的思想王国。

不管海德格尔多盲目，他卷入纳粹依然有某种"值得尊敬"的东西，因为他意识到处境的严重性。一个像他这样层次的哲学家不能满足于置身事外，埋首于自己的工作，好像什么事情也没有发生。考虑到他的身份地位，海德格尔将决断和责任的伦理学（他1927年主要著作中的核心）付诸实施。因而在1933年，他

---

1 HGG, GW 2, 490 ; PH, 28.
2 除了施陶丁格（Staudinger）、鲍姆加滕和赫尼希斯瓦尔德对他的已知评价外，还参见牧师马克思·穆勒（Max Müller）的证词（*Auseinandersetzung als Versöhnung. Ein Gespräch über ein Leben mit der Philosophie*, dirigé par Wilhelm Vossenkuhl, Berlin, Akademie Verlag, 1994），他发现海德格尔的信件使他的大学职业生涯变得十分困难。穆勒一生都忠于他视作导师的人，如他们的通信所证明的（*Briefe an Max Müller und andere Dokumente*. Martin Heidegger/Max Müller, *Briefwechsel*, Freiburg, Alber, 2003）。

冒着对他个人及其声誉受损的极大危险（在某种意义上，它从未得到恢复）卷入了政治。但是，更聪明、更明智的态度，也就是伽达默尔的态度，是对卷入政治的等待、不做决定和缺席的态度。他不认为自己有在疯狂时期做出明智判断所需的成熟老练。在海德格尔的眼中，他那些未在1933年跟随他的学生只是些"不能以激进方式思考的软弱的布尔乔亚的后代"。[1] 伽达默尔承认，这个说法并不完全错，"我们就是这样的，但我们不理解为何应该以倒向希特勒的方式去参与政治！"

尽管我们可以谴责海德格尔的确站在了最糟糕的党派那边，但至少应该承认他一个小小的优点：他宣示了他的信念，并且比其他人更好地理解对德国来说一个决定性的时刻到来了。伽达默尔的政治直觉更好一些，但海德格尔比他更果敢、更深陷其中。如果说海德格尔严肃地对待纳粹，那么伽达默尔则没有。如果说对海德格尔来说，"德国革命"意味着"我们生存的彻底变革"，甚至意味着对困扰着西方的存在遗忘的一个回应，那么伽达默尔则和他的自由派朋友一样，认为这种混乱状况将在几个月内结束。如果说海德格尔高估了纳粹（及其"历史"观点的某种正确性），那么伽达默尔则低估了他们。[2] 当然，这两人在大学和知识界的地位并不可相提并论。通常被视作德国哲学最强有力代表的海德格尔，认为应该由他来"给元首引路"——用雅斯贝尔斯经常引用的话来说。感谢上帝，元首没有把海德格尔太当回事，他并不认为自己需要一个精神导师。海德格尔遭受了几次挫折，与纳粹官

---

[1] 与伽达默尔的口头交流，1990年1月30日。
[2] 伽达默尔后来承认，当时他的政治意识并不真正成熟（*Hans-Georg Gadamer on Education, Poetry, and History. Applied Hermeneutics*, Albany, SUNY Press, 1992, 143）："你一直在问我那段我自己并不成熟的时期的政治问题。"

僚发生冲突,并最终于1934年4月辞去了他的校长职位,此时恰好在他当校长的一年后,并且仍处于纳粹统治的很早时期。伽达默尔则只是一个无保障的青年私人讲师,要按自保的准则行事。[1] 对纳粹信条的信奉——即使只是成为形式上的党员——可能有助于他的职业,但这样做不合他的本性,而且他有很多犹太朋友正在经受真正的考验。后来他偶尔想,如果没有这些朋友,他将会怎么选择。对他那一代和教育背景下的一个德国人来说,把希特勒看作抵抗布尔什维克的屏障,因想要恢复德国的光荣而同情希特勒,这不是很自然的吗?

伽达默尔的成长和教育很大程度上局限在德国,在33岁之前他还从没有离开过德国。他受到严格的、普鲁士的教育,被1914年的军事狂热所影响,经历了传统在1918年的断裂,他向德意志生命的伟大个性(歌德的近亲们、新康德主义者,伟大的文学批判家和最好的现象学家)学习,承受了《凡尔赛条约》的影响并且忍受着接连的经济危机(协约国被认为无论如何应当对此负责)。即使是布吕宁的调和政策在协约国那里也遭遇了失败。当希特勒被任命为政府首脑,通过更强力的政策和后来伴有的威胁,经历了某种严格意义上的"成功"时,难道他不是享有民主的合法性吗?热爱德国的人不应该承认这些要求吗?

当伽达默尔1933年4月在巴黎旅行,生平第一次离开他的国家时,他深切体会到了自己的"德国性"。他和妻子在拉丁区的普通旅馆里住了十几天。他经常遇见他的朋友列奥·施特劳斯,后者在巴黎享受洛克菲勒奖学金。施特劳斯来自马堡附近的一个小村庄,但伽达默尔总是说他没有在那里学习,毋宁说他在汉堡

---

[1] GW 2, 489; PH, 26.

10 危险的职业生涯（1933—1939）

跟随卡西尔学习。由于施特劳斯使用马堡的图书馆，所以伽达默尔认识了在那借书的施特劳斯。后者从 1920 年初起就听了海德格尔在弗莱堡的课程。和他的课程给施特劳斯留下深刻印象一样，海德格尔 1933 年卷入政治也使施特劳斯震惊。然而，在 1933 年 4 月，这种卷入尚不为人所知，年轻同事们并没有谈论这件事。在伽达默尔看来，施特劳斯并不完全算海德格尔学派的一分子。他们的关系很友好，尽管走得并不是很近。伽达默尔曾从他们共同的朋友雅克布·克莱因那里得知，施特劳斯对他抱有某种怨恨，然而伽达默尔完全不知道为什么。施特劳斯显得是一个很谨慎、很多疑的人，而且，他在后来还由于对哲学文本中偶尔的迫害和审查的反思而为人所知。[1] 伽达默尔很清楚这点，并且不想使他疑心，所以与他相处时很谨慎。[2] 因此在巴黎反而是施特劳斯对德国政治和它在法国引起的反应谈得最多。一天，他们一起去电影院，那儿一个电视新闻节目播放着关于"德国裸体主义"的报道。这是一个体育事件，在那里运动员走路就像在军事队列中一样。法国民众看了后轰然嘲笑，只有伽达默尔不知道为什么……军事队列对伽达默尔来说很常见，即使在运动员那里。在他看来，这"完全与纳粹毫不相关"。[3] 但对法国人来说，这种联系显而易见。因而他意识到自己是在这样的传统中被培养起来的，这个传统在其他文化中造成了很特殊的效应。随着在学校里学习法语，伽达默尔爱上了法国，他流连于巴黎那些了不起的博物馆，但更意识到民族之间的理解不是件容易的事。

---

1 L. Strauss, *La Persécution et l'art d'écrire* (1952), Paris, Presses Pocket, 1989.
2 见 *Interpretation: A Journal of Political Philosophy* (12/1) 1984, 2："我知道他非常敏感，非常小心地不冒犯到他。我们关系良好，并且不时有交流，但在其他方面几乎没有发生关系。"
3 PL, 50; AAP, 63.

在随后的几个月中，纳粹利用1933年2月27日国会纵火案的借口巩固了他们对权力的影响力。当时希特勒获得了兴登堡总统授予的紧急控制权，以镇压被描述为共产主义暴动的企图。1934年6月30日，这是另一次"暴动"，这次轮到冲锋队头子恩斯特·罗姆了，希特勒为挫败这次暴动而感到高兴，他借此暗杀了百来个政敌。如果说国会大厦的纵火让德国人感到了恐惧，那么几乎没有人被长刀之夜实际发生的事情所蒙骗。从现在开始，人们知道他们面对的是怎样的一群疯子。1934年8月2日，年老的总统、军队统帅兴登堡死于癌症。希特勒于是合并了总统和总理的职位。在1934年8月19日的全民投票上，德国人被要求对这一合并"表态"（consultés），而支持合并的人达到了90%……从此以后人们面对的是独裁的统治，而所有的反抗形式都将形同自杀。可能这不是人们所想象的情形，但希特勒已经成功地施行了恐怖统治，这种专制制度如此牢固地植入了人们的意识中，以致不再有人敢于说"不"。

至于反犹主义，人们也开始意识到它不再是一个选举宣传的手段。它们的第一个措施最初隐藏在1933年4月通过的"恢复德国公职人员法"中。其表面的意图是"恢复"1918年停战后被解职的德国公职人员（deutsches Beamtentum）的身份。德国人已经在这里看出了一种不公正。现在"德国"公职人员成为了问题。"非雅利安人"，如犹太人或政治异见分子，可能被剔除出公职人员队伍（公务员，但也包括教师、教授、法官等）。这些措施激起了某种愤慨。总统兴登堡反对这一措施，要求排除那些在"一战"中服役的人或那些父亲或儿子在战争中阵亡的人们。纳粹接受了修改，允许这些已是真正爱国者并证明了他们也是"德国人"的犹太人可以例外。纳粹借此也表明，他们不是完全的反犹主义：也有值得尊敬的犹太人……纳粹也区分了100%的犹太人（Volljude），即其父母都是犹太人的犹太人，以及仅仅50%的，因而有"德意志"血统的犹太人（Halbjude）。

意识到冲锋队在外国媒体中的效果，希特勒谴责他们的初期反犹迫害。按照人们可以提出的最善意的解读，纳粹的初期反犹措施的目的是恢复（法令用的是 Wiederherstellung 这个词）德国公务人员的荣誉与尊严，并且"纠正"犹太人在德国公共领域占据的"不相称位置"。萨弗兰斯基（Safranski）称之为"怨恨的反犹主义"或竞争的反犹主义，它源自广泛蔓延的、认为犹太人在德国事务中占据"过多位置"的情感的反犹主义。[1]它区别于纳粹很快要付诸实施的更种族主义、更原始野蛮的反犹主义。但在1933年，甚至一些犹太人也认为纳粹的这些措施是有道理的，更何况他们中的许多人（有些人受洗过）感到比犹太人更德国化。这里人们会想起埃德蒙德·胡塞尔的悲剧。当纳粹批准他1935年赴维也纳开讲座时，他从这里得出了自己对于这个新国家的意义的积极判断，庆幸地发现"人们没把他列入那堆非雅利安人的肥料中"。[2]他也反对纳粹最初的反犹措施，这些措施对他不利，他强调自己的家庭在"一战"期间尽了流血战斗的义务，因为他的儿子沃尔夫冈（Wolfgang）在1916年的战斗中阵亡。所有这些都表明"犹太人"在希特勒到来前总是如此地不理解自己，同时也表明有些人最终认同了纳粹的那些可耻论证。

然而随着时间的推移，这些例外和对守法者的考虑逐渐消失。

---

[1] R. Safranski, *op. cit.*, 299 s.
[2] K. 舒曼（K. Schuhmann）在给他主编的胡塞尔通信（*Husserls Briefwechsel*, 1994, t. 10, 17）所撰写的出色导论中援引的证词。

伽达默尔身边的人里面最直接受影响的是卡尔·洛维特。由于他参与了"一战",他最初是被排除的。但一年后,由于他是"100%的犹太人",他被大学"解雇"并流亡到意大利。在他意识到自己被解雇时,他和伽达默尔有过一次秘密谈话。他对伽达默尔透露说,他已经通过他父亲的遗稿(Nachlass)得知他的父亲并不是亲生父亲。洛维特的亲祖父实际上是一个大公爵(非犹太人),他与一个年轻的犹太人(即洛维特的祖母)有私情。因此根据纳粹的种族分类,他只是一个"半犹太人"且可以证明这一点。因此他问伽达默尔是否应该提出这一点以能继续待在德国。伽达默尔为洛维特的信赖所感动,但他建议洛维特接受洛克菲勒基金会的奖学金,这笔资金能让他暂住在意大利,洛维特1933年就获得了该笔资金。[1] 伽达默尔对洛维特说,为了能待在德国而求助于那些烦琐的例外规则,这对于他和他的职位来说,都是不体面的。此外,对这件事情的复核将带来许多令人难堪的争吵。不管怎样,德国的精神分裂症的氛围对他来说都是令人窒息的:这些规则可能会变得更严苛,但也可能会放松。在这种情况下,他将可以重新获得本属于他的职位和荣誉。顺带说一句,伽达默尔后来履行了对洛维特的这一许诺,1952年他帮助洛维特获得了在海德堡的一个职位。由此洛维特出发去了意大利,并在这几年期间惦记着反犹法令是否会变得缓和些。[2] 这个谈话是如此私密,以至于洛维特在这个场合对比他年轻的伽达默尔用"你"来称呼。洛维特是伽达默尔少数用"你"来称呼的朋友中的一个。

而且,洛维特还是伽达默尔女儿尤塔的教父。这种做法并没

---

[1] K. Löwith, *op.cit.*, 78.
[2] Ibid. 洛维特当时自称是基督徒(*op. cit.*, 10)。

有被禁止，但此时处境已经如此变得很紧张以致许多"德国人"开始担心他们与"犹太人"的关系。洛维特很早就知道民众的勇敢不是属于德国人的高贵品质。[1]因而他提出放弃自己的教父身份，希望使事情对他朋友来说变得容易些。[2]也许他想要借此测试他的友谊。伽达默尔以忠诚于友谊的决心拒绝了他的提议。即使不是很承认政治修辞的重要性，但他依然是一个在个人事务上非常坚守原则的人。1935年11月10日，他写信给位于意大利的洛维特：

> 我不必要在这里向你详述为什么我尊重你不再做尤塔教父的选择，以及为什么我认真考虑但并不接受……请理解我，我并未感到不快，而只是关心你做出这一选择背后的想法：看起来你对之前关系的维持和延续没有信心。在我看来，教会教规中没有提及犹太人教父的退出（除非退出教会），这不是偶然的。你知道这对我来说只是一个类比。我非常确信你我之间的关系不会被这一怀疑所破坏。在我看来，这并不只是与我们所处的距离和我们的交往方式变为书信有关：之前在我们之间就已经有许多问题有待解决。但对我来说，我们的友谊有一个牢固的基础，当你在最后一次和我谈到你父亲文稿的事时，我们正是立足于此基础上。当然，政治领导的暴力使它们受到威胁。然而只有清晰具体的例子才能够驳倒我并向我证明：归属于德国的情感对你我来说有着不同的意义。政治暴力的威胁无疑是事实，但它必然使我们的关系遭到破坏这一点应该具体地呈现给我。只要我不否认我自身历史的连续性，或只要你也不否认你自己历史的连续性，我就无法相信这点。且让这事作罢吧。我得承认外在处境十分

---

[1] K. Löwith, *op.cit.*, 74.
[2] Ibid., 99："他拒绝了我放弃10年前就已担任的教父身份的决定，考虑到德国人和犹太人之间的政治鸿沟，我做出了这样的决定。"

糟糕，这使得那些"伪装的"（artificielles）措施变得必要，就像写信这件事。但这些措施的效力取决于个人怎么看待它，只要我不改变其伪装的性质。[1]

伽达默尔的论证依然不是非常清晰。可能正是因此之故，洛维特在1940年说伽达默尔的"信件负载了太多反思"。[2]伽达默尔提及了他依属于德国的情感，但估计这种情感对洛维特来说也有价值。外在的处境迫使人们采取一些"伪装的"和暂时的措施，然而很明显这些私人关系对伽达默尔来说更加重要。他为此感到荣耀。

在这些例外和临时的措施中，还包括有许多教授职位伴随着有人"解职"的消息而空缺出来。正是因此，伽达默尔在1934年夏季学期确定到基尔替补他朋友理查德·克罗纳的教席。要去接替一个犹太同事，这当然是很难堪的事情，但伽达默尔此时没有多少选择余地。在这种情况下他应该抗议并拒绝接受一个职位吗？在他的处境中，在知道它只是一个临时任命的情况下，他只能考虑自己未来的职业生涯。他的职位在之后学期的最后时刻（1934—1935年冬季）得到延续。伽达默尔期待有可能最终得到教席，而且最初他看起来还是很有机会的[3]，但他的职位在两个学期后没再得到延续。在后来，伽达默尔猜想可能是因为他在基尔

---

[1] 1935年11月10日给洛维特的信。
[2] K.Löwith, *op. cit.*, 99.
[3] 参见1934年7月23日许雷尔给伽达默尔的信："你的卡片和来自弗里达的信使我明白，你去基尔的事情进展顺利，我们希望你能留在那里。"

的纳粹堡垒中并不具有足够的"政治资历"。[1]

但伽达默尔在那儿不乏朋友,特别是他的同事、柏拉图专家库尔特·希尔德布兰特也在那儿任教,他与格奥尔格亲近,是一个毫无疑问的纳粹分子。[2]那儿也有许多其他格奥尔格圈子里的人,而且一切都表明他们对任命伽达默尔起了作用。但他的课程的主题完全无关政治。1933—1934年冬季学期他在马堡开了门"艺术与城邦"的课程[3],而他在基尔的教学仅仅涉及希腊自然哲学,这是他获得教授资格后对亚里士多德物理学研究的继续。这一时期伽达默尔唯一发表的成果是关于"古代原子论"的论文(1935年)。在此期间,他对从德谟克利特到亚里士多德的整个希腊物理学史感兴趣,他将之与伽利略和牛顿的概念进行比较。这里与马堡在精神气质上不同,马堡充满文学气息,而基尔以对科学领域的兴趣著称。1934年末,伽达默尔给科默莱尔写信道:"我在这里[基尔]的工作与马堡有很大差异。神学家或文学家很少关心哲学,但在科学家那里则不同。这里的校长,一个化学家,是这种情况的推动者。因此我可以为我关于古代自然哲学和现代科学发展的研究找到一片肥沃的土壤。不幸的是想在这里得到一个永久职位的机会并不大[……]在这里能很明显地感觉到学生数量

---

[1] HGG, « ... die wirklichen Nazis hatten doch überhaupt kein Interesse an uns ». Hans-Georg Gadamer im Gespräch mit Dörte von Westernhagen, in *Das Argument* 182 (1990), 544 (*Gadamer in Conversation*, 116); PL, 52 ; AAP, 65-66 ; HGG, « Erinnerungen an Richard Kroner », *FAZ*, 3.12.1977. 关于伽达默尔在基尔的教学,也见 *Geheimes Staatsarchiv Berlin*, 1. HA Rep 76 V a, Sekt. 9, IV, 1, Bd. 23, Bl. 269-272, 546-550. 在他于1945—1946年为占领军写的辩护文件中,伽达默尔一直强调"他在基尔的教学1934—1935年结束,是因为他在政治上不可靠",见UAL, PA 488, Bl. 95 et 164.
[2] 在他的回忆录《回忆斯特凡·格奥尔格和他的圈子》(*Erinnerungen an Stefan George und seinen Kreis*, Bonn, Bouvier, 1965, 242)中,希尔德布兰特谈到了"伽达默尔对党的抵触(Widerstreben)"。
[3] 根据洛维特的证词(K.Löwith, *op. cit.*, 76),在1933年纳粹掌握权力后,有如此多的课程涉及国家的主题(例如"国家与艺术",影射伽达默尔?),使得教育部长后来下令禁止教师论及政治的主题。

的减少,但从去年夏季起,我已经习惯了站在空荡的座位前讲课。但多亏了'工作圈子'和讨论班,我依然可以在大幅减少的学生中接近那些相对最好的。"[1]

因为不在马堡,伽达默尔错过了副总理弗朗兹·冯·帕彭1934年6月17日在马堡大学最大礼堂做的著名演讲。尽管帕彭曾经是纳粹夺权的助推者之一,这个演讲还是被理解为抵制独裁统治的罕见和最近的一次行为,此时这个独裁政权正忙于到处安插希特勒的"同伙"。[2] 帕彭在演说中控告一党制的建立、对表达自由的限制,并且劝告希特勒清除他自己阵营中的极端分子。格哈德·克吕格听了演讲并写信告诉在基尔的伽达默尔:"我们终于可以呼吸了:我们又回到了法治国家!"然而以一种反常的方式,帕彭的演讲产生了相反的效果,在1934年6月30日的长刀之夜,希特勒处决了他在冲锋队的对手和前总理施莱歇尔,指控他们策动阴谋。帕彭得以幸免似乎是因为希特勒担心兴登堡的反应。[3] 1934年7月3日帕彭向希特勒辞职并接受了在奥地利的一个不重要的外交职位。希特勒获取绝对权力的最后一个阶段正好发生在一个月后,伴随着8月2日兴登堡不出意料的去世。总统和总理的职位从此以后就集中在元首一人身上。从现在开始,所有士兵和公职人员,包括大学教授,都要宣誓向元首效忠。[4]

1934年6月30日普遍被当作纳粹恐怖统治过程中的一个转折点。此时它不再披着民主合法性的外衣了。在此之前,人们通

---

[1] 未注明日期的信件,但肯定写于1934年12月,因为它暗指了下一个假期。
[2] 演讲的文本见 K. H. Peter (dir.), *Reden, die Welt bewegten*, Stuttgart 1959, 369-380. 也见 Franz von Papen, *Memoirs, London, Andre Deutsch*, 1952, 310; John R. Willertz, *Marburger Geschichte. Rückblick auf die Stadtgeschichte in Einzelbeiträgen*, dirigé par E. Dettmering et R. Grenz, Marburg, Magistrat der Universitätstadt Marburg, 1980, 593-612.
[3] P. Hoffmann, 1988, 27.
[4] Ibid., 28.

常把纳粹党的"暴行"归咎于其激进派,恩斯特·罗姆的冲锋队的亲信们。但这次,希特勒的激进超过了罗姆本人。接近伽达默尔的那些哲学家,如雅斯贝尔斯和海德格尔(他们两个都不同程度地欢迎希特勒获取权力),总是把1934年6月30日看作清醒看清世界的一天。[1] 伽达默尔说,在他而言,他"很早就看清楚了这点",但他依然记得那天是一个引人注目的节点:"1934年6月30日是关键的一天,此时对我们来说最终变得显而易见的是,不经历流血的悲剧,我们就不能摆脱妄想狂式的独裁统治。当然,我们不知道的是这种情况什么时候会发生,我们对那将要蔓延欧洲的血海一无所知。"[2]

如果说到那时为止,伽达默尔还可以期待希特勒的疯狂可以很快结束,那么现在他不得不听命于一个新的独裁秩序,且只能眼睁睁看着它的发展。1935年2月,他在基尔的两个学期的替补职位结束了。过了几年,他再次成为马堡的一个普通私人讲师。从1934年末起,马堡的学院请求授予他一个"非永久性的编外教师"职位,这是他取得教师资格六年后得到的一个正式任命。[3] 这是一个在教师委员会里对伽达默尔的情况进行讨论的机会。委员会里的气氛是充满火药味的,因为列席的哲学家包括埃里希·弗兰克(他被看作亲"海德格尔派"和一个犹太人[一学期后,轮到他被解职]),以及詹森与马恩克(他们是公认的纳粹和反海德格尔派)。人们不难想象他们讨论的过程。1934年11月15日,弗兰克提交了一个不吝溢美之词的推荐。[4] 他称赞伽达默尔是海德

---

[1] 见 H. Ott, *Martin Heidegger*, 312, 317.
[2] HGG, « Erinnerung », in *Jahrbuch der deutschen Schillergesellschaft*, 1990 (34), 465.
[3] 伽达默尔写给格罗斯纳(C. Grossner)的信,引自他的著作 *Verfall der Philosophie. Politik deutscher Philosophen*, Christian Wegner Verlag, 1971, 235.
[4] PA Gadamer, UAM.

格尔学生中唯一一个"选择希腊哲学作为专业领域的人,这对于哲学研究来说是一个不可或缺的基础。"如果说"他的教授资格论文表明他还很依赖他老师的术语和方法",那么"他之后六年(的研究)证明他越来越独立,以至在年轻一代中没有人在学识上、在对材料的哲学洞察和阐述力的水平上能与他媲美"。伽达默尔为了致力于希腊哲学的紧张研究而懂得"抵制那使他能轻易获得表面教学上的成功的诱惑"。"这一成功在1934年夏季面世的小论文《柏拉图与诗人》中得到呈现,该文在专家的有限圈子之外也产生了强烈反响"。弗兰克没有说这是他教授资格考试之后六年间发表的唯一论文。但伽达默尔的反对者也没有对此大做文章。他们对其他一些他们认为有问题的方面给予了更为模糊的关注。詹森说:"如果我没有从其他机构那里听说到一些在这里值得听听的,对伽达默尔的候选人资格提出的更具个人性质的怀疑,那么我会自愿且无保留地赞同(弗兰克为伽达默尔呈交的)这一申请。如果在作证之后,它涉及的是不重要或简单的指责,是伽达默尔先生'表面上的疏忽',我请求不要将之小题大做,因为候选人已经证明了他在科学和教学水平上有充分的能力。但如果涉及的是严重的、值得注意的怀疑,而不只是表面的性质,那我不想以任何方式预判最终的决定。正是在那些有着世界视野的学科中,教师的品格格外重要。不论对错,人们常说,我们应该原谅伟大学者的许多事情。然而,在伽达默尔的情形中,我要说他的素质虽然不错,但并没有明显高于平均水平。我说这个只是为了强调我有保留的同意和不做最终决定的态度。我希望对伽达默尔先生的怀疑是微不足道的。在此情况下,不再有任何东西阻碍对他的任命。"

詹森的报告并没有说得很明确，然而，在其中存在一个关于"个人品性的"流言的怀疑，这可能是单纯的"形式上的忽略"。马恩克在他的报告中附和了詹森的保留意见："从学术和教学的角度看，我对任命伽达默尔博士为编外教授并无意见。我完全赞同我同事弗兰克的具体意见，即使我对伽达默尔和他都不算很了解。关于我同事詹森所谈到的怀疑，我也有所耳闻，但只是以一种我无法对此表态的形式呈现。因此我悬置我的判断，直到我更好地了解了事实。"这里可能有关的是何种猜疑？在官方的文件中没有很多详细信息。它可能或者与个人或道德品性的污点有关，或者与政治方面的可疑有关，但这可能很难当着弗兰克的面讲，他是犹太人。但我们完全有理由认为是政治功绩方面的不足妨碍了伽达默尔。使他的任命搁浅的，事实上是马堡教师国家社会主义协会的反对。1935年4月27日，瓦奇茨穆特（Wachtsmuth）以哲学系系主任的名义做出决定："教师国家社会主义协会的负责人反对现在任命伽达默尔博士为教授，其原因已经由签署人告知系主任，由负责人亲自告知伽达默尔了。而且负责人注意到伽达默尔的教授资格考试是在1929年2月23日；因此，规定的六年刚好过去。"然而在报告的边上，用铅笔写的一小段文字说明了真正的原因："到目前为止他对参与教师协会的活动表现得漫不经心。他还需要证明他对这个社团的看法。"这就是最大的问题，伽达默尔的"社群意识"（Gemeinschaftssinn）。伽达默尔是知道这些原因的。他后来谈到了"难忘且让人反感的讨论，尤其是，在那里人们用我们与犹太朋友和熟人保持的完全私人的友谊来指责我们"。[1]

---

1 PL, 55; AAP, 69.

伽达默尔的职业生涯因而处在绝境中。没有人指责他在研究或教学层面存在什么问题。从意识形态上说，他不是新德意志帝国的虔诚信徒，也不是政治上的抵抗者。他是沉默的，他与其犹太朋友的关系都继续保持着，并且已经注意保持距离了，但恰恰是这点被人质疑。伽达默尔的大学职业生涯遭到威胁，而他不可能在政治上不做出小让步的情况下拯救他的事业。[1] 因而他有必要证明他的"社群意识"，但他又不愿因此失去他的犹太朋友的信任。所以在1935年秋季，他决定自愿地参加（他总是承认这点）位于但泽附近的魏希塞尔明德（Weichselmünde）的政治改造营。

很明显，他是为了继续他大学的职业生涯，更具体地说为了获得非永久的编外教授的任职才这么做的。教师行业的负责人事实上已经表明他"暂且"（也就是说直到他证明了他的团体精神之前）拒绝伽达默尔的申请。事实上，1935年12月12日，仅仅在4月份拒绝的几个月后，教师协会的负责人就告知说他今后将支持伽达默尔的申请。因此在12月17日，马堡大学请求科学、教育和国民培训部同意伽达默尔编外教授的身份。1936年4月4日协会负责人批准了他的协议。再过一年后，1937年4月20日，该部同意了这一申请。1938年1月12日，伽达默尔依照约定的仪式做了宣誓："我承诺以良知和忠诚履行我职责所应负的义务，承诺遵守国家社会主义政府的法律和所有指示。"[2]

伽达默尔后来说，他的教授任命好几年受挫[3]是因为教师团体在政治上的抵制。的确有这样一个抵制，并且它对伽达默尔并非没有敬意，而态度的转变发生于1935年秋天。这可以被看作加

---

[1] PL, 56 ; AAP, 70.
[2] PA Gadamer, UAM.
[3] 见 GW 2, 489 ; PH, 26 et PL, 58 ; AAP, 73.

入魏希塞尔明德改造营的一个结果。对伽达默尔来说这是一个巧妙的策略上的妥协：它成功地证明了他的"社群意识"，又保持了对他的犹太朋友的尊敬。对此事实的证明是，伽达默尔在1935年11月10日给他朋友卡尔·洛维特的信中如实地讲述了该事，在信中他比较了他自己在这里的经验和洛维特作为战士所经历的经验：

> 在这个特别长的假期中，我研究亚里士多德和柏拉图（克莱因来我马堡的家待了14天），后来加入了在但泽的这个教师学会，我发现它能让人受益匪浅。它尤其减轻了我对大学接班一代的怀疑。鉴于中学教育水平的不断下降，很难说我们总体上持乐观态度。然而布克哈特（Burckhardt）所说的"简化的一代"是否包括青年人中的精英，这是一个严肃的问题。关于"同志"和"兵营的经验"，可以有很多东西可说，但人们只能从具体的亲身经验出发去理解。总之，人们可以在其中看到一种朴素（primitives）团体的样貌的恢复或苏醒，你在前线肯定有类似的经验。不同的是这种团体形态以即将或已经起作用的方式有意指向研究者和高校教师的职业。

伽达默尔从未否认参加该训练营对他来说是一次"受益匪浅的"经验。在他1977年的自传中，他依然坚持这点："那里的确存在某种类似于同志情谊的经验。老兵们对此很了解，因为它在这些环境中自然而然地发生。我在那儿遇到许多好朋友，学到了很多，并且很容易避开各种不愉快的关系。"[1] 因此伽达默尔第

---

1 PL, 56; AAP, 71.

一次有了战士生活的经验,这原是他所缺少的。在一个每人可以感觉到政治上的孤独的时代[1],它给予了伽达默尔某种超出政治参与的团结一致的情感。那里弥漫着"夏令营"的气氛,而高校的青年人需要"政治的引导"。唱着爱国歌曲列队前进[2],在森林中跑步,伽达默尔不顾脊髓灰质炎自愿地参与这些活动。毫无疑问他要比其他人慢,这使得他的同伴们唱道:"啊,这个伽达默尔,他总是跛行在后面。"

人们知道,海德格尔也对这种致力于在年轻教师中培育战士精神的培训营的想法感兴趣[3]。在辞去校长职务和尝试改造大学(通过上层的方式,如果可以这么说的话)失败后,他草拟了一个有关此类学术组织的计划。[4]这个有些不切实际的观念与现代大学的匿名状态相背离,指向了成就和专业化。如同他的老师,伽达默尔也被这一类型的机构所吸引。在这点上,他知道自己与他老师一致:"在遇到大学和党的头目的阻力后,海德格尔将希望放在了大学的新生代上。他支持教师协会的建立。我碰巧就加入了一个这样的协会。对于大部分人来说,这是他们取得教授资格的一个必要条件。对我而言,它是我复职的训练营,并且这的确是一次与大学年轻教师的有趣而重要的相遇,在那里只是例外的少数人如海德格尔沉浸在革命和国家主义的梦中。我在那儿交到

---

1 见 O. Pöggeler, *Philosophie und Nationalsozialismus—am Beispiel Heideggers*, Opladen 1990, 30.
2 PL, 56;AAP, 71.
3 见 T. Wilhelm, *Pädagogik der Gegenwart*, Stuttgart, Kroner, 1959, 108(也引用于 *Elisabeth Blochmann Briefwechsel 1918-1969*, dir. par Joachim Storck, Marbach, Deutsche Schillergesellschaft, 1989, 145):"这些教育协会是在 C.H. 贝克尔推动下建立的,他在 1919—1930 年间两次担任普鲁士文化部的国务秘书,在他看来,科学家的正直与向非常规教育形式的开放密切相关。"海德格尔自己在托特瑙组织了这样的培训营(见 M. Heidegger, *Das Rektorat 1933/34. Tatsachen und Gedanken*, in M. H., *Die Selbstbehauptung der deutschen Universität*, Frankfurt, Klostermann, 1983, 36, et la lettre à E. Blochmann du 16.10.1933, *op.cit.*, 77)。另见 D. Cassidy, *op.cit.*, 310.
4 见 R. Safranski, *op. cit.*, 325 s.

了好朋友，并且懂得了这些奥地利知识分子成员如何从他们长时间渴望的德国统一的视角来看待事情。然而在那个时期，这些年轻人，甚至海德格尔自己，都没有对'党'的幻想。在他与阿尔弗列特·鲍姆勒尔（Alfred Bauemler）决裂，以及由'罗森堡办公室'（centrale de Rosenberg）负责教师协会的所有计划之后，他也不认同这些教师协会后来的发展。"[1]

一天，这些寄宿的人到坦伦堡去远足，在那里伽达默尔远远地看到了元首。[2] 他觉得希特勒看起来像是一个非常左的小资产阶级，在那儿神经质地做着各种手势。伽达默尔惊讶地看到希特勒也很矮小，似乎很多的征服者都身材较小，如拿破仑、墨索里尼，以及海德格尔，好像他们的野心是一种补偿的形式。他的妻子弗丽达曾在莱比锡音乐厅见过希特勒，她曾说希特勒有着锐利的眼神。

在训练营中，伽达默尔遇到了一些后来成为朋友的年轻研究员，其中一些有着闪亮的职业履历。数学家威廉·马格努斯（Wilhelm Magnus，1907—1990）就是其中一个，他后来移居到纽约[3]，伽达默尔去那里拜访过他，此外还包括物理学家赫尔穆特·洪内（Helmut Hönl，1903—1981），德国大历史学家弗里茨·费歇尔（Fritz Fischer，1908—1999），以及协会负责人本人，文策尔·格莱斯帕赫（Wenzel Gleispach，1876—1944）伯爵。洪内曾在海德堡和慕尼黑学习物理学，师从菲利普·雷纳德（Philipp Lenard）

---

1 HGG, « Erinnerung », in *Jahrbuch der deutschen Schillergesellschaft*, 1990 (34), 466.
2 PL, 57 ; AAP, 71.
3 William Abikoff (dir), *The Mathematical Legacy of Wilhelm Magnus*, New York, American Mathematical Society, 1994, 199. 另见 Wilhelm Magnus, *Collected Papers*, NewYork/Berlin/Heidelberg/Tokyo, Springer Verlag, 1984.

和阿诺德·索默费尔特（Arnold Sommerfelt）[1]，他还在海德堡学习哲学，在那里他听了雅斯贝尔斯和李凯尔特的课程。因此他与伽达默尔之间的关系很快亲密起来，更何况伽达默尔那时在研究希腊的原子论。洪内后来在弗莱堡当教授，成为量子物理学家，并且是物理学界著名的"洪内常数"的发现者。对诗歌的热爱也把他与伽达默尔连接在一起。每天他都坚持背诵一首诗，而伽达默尔则试图仿效他。1930年末，他和伽达默尔、马克斯·科默莱尔三人一块去了波罗的海边度假。[2]

弗里茨·费歇尔则成为《德意志帝国战争的目的（1914—1918）》[3]这部名著的作者，在该书中他捍卫"一战"完全是由独裁者们（les Kaiser）所挑起的观点。在另一本于德国引起巨大争论的书中，他认为希特勒的出现不是历史进程中的偶然[4]，因为他的政治扎根在德国历史的连续性中。因而他对德国的历史持强烈的批判态度。费歇尔关于1935年的复职训练营的记忆因而显得更珍贵（我在这里援引一封他1998年1月27日惠寄给我的信中的片段）："我只能证实伽达默尔肯定格莱斯帕赫伯爵是一个非常自由而宽容的训练营主任时所说的话。他没有任何纳粹主义的迹象！那儿的气氛实际上是亲切友好的，协会活动包括一系列讨论会，在讨论会上每个参与者讲述他们自己的研究。如果我的记忆无误的话，没有哪个参与者注意到他个人的政治倾向。这是一个由国家管理的机构，向所有希望留在大学的人开放。那里的气

---

[1] 见洪内的回忆：«Rückerinnerung», dans A. Giannara, (dir.), *Convivium cosmologicum*, Helmut Höhn zum 70. Geburtstag, Basel/Stuttgart, Birkhäuser Verlag, 1973, 211. 伽达默尔为该纪念文集撰写了一篇文章，"物质是否存在"（第209—214页），该文是他1930年代开展的古希腊物理学研究的延续。很可能在但泽训练营中他讲的是他关于古代原子论的研究工作。
[2] 洪内1960年2月10日致伽达默尔的信。
[3] Paris, éd. de Trévise, 1970.
[4] F.Fischer, *Hitler war kein Betriebsunfall*, München, Beck, 1992.

氛很好,因为每个人都乐于倾听关于其他学科的讨论。"在这次训练营经历之后,费歇尔未再与伽达默尔发生私人交往,因为他在 1939—1947 年的战争中成为了战士且被俘了。

当时训练营的主导人物是法学家威利·格莱斯帕赫。按照伽达默尔的说法,他以卓越的包容开放著称。在伽达默尔的记忆中,作为奥地利人,格莱斯帕赫着迷于德意志和奥地利统一的想法,而对纳粹党持怀疑态度。[1]这可能是格莱斯帕赫给人造成的印象,然而有关他的传记(伽达默尔对此并无了解)则表明他的确是一个纳粹。要领导一个这样的训练营这应该是必须的。早在希特勒取得权力前,格莱斯帕赫就是纳粹,尽管他的命运并非注定是这样的:他 1876 年生于格拉茨,是一个著名的天主教法学家的儿子,1903 年他与玛利亚·罗森克兰茨(Maria Rosenkranz,她极有可能是犹太血统)结婚。[2]格莱斯帕赫曾在格拉茨和维也纳学习法学,在 1902 年成为瑞士弗里堡的教授之前,他还于 1900 年在维也纳的司法部工作过。1907 年他成为布拉格的德国大学教授,之后于 1915 年成为维也纳的正式教授。他在 1920 年代支持维也纳的国家社会主义学生,并于 1929—1930 年担任维也纳大学的校长,在那里他有意减少犹太学生的数量。正如他自己在履历中指出的那样,他反对奥地利总理恩格尔波特·德福斯(Engelbert Dollfuss,他于 1934 年被纳粹暗杀)的反纳粹政策。1933 年 10 月 22 日,他因为在一篇文章中严厉地批评德福斯的司法观念而被强制退休。于是他受到柏林的法学院的张臂欢迎,1934 年 9 月,他在那里被任命为正式教授。1933 年,德国司法部长汉斯·弗兰克

---

[1] OL, 56; AAP, 70. 伽达默尔参加这个学术营的时间被错误地标为 1936 年。
[2] 见关于格莱斯帕赫的文献,载于 *Bundestarchiv st. Zehlendorf*, n° 2991,下述信息源自该文献。

（Hans Frank）任命他为一个负责修订刑法的委员会的成员。他在国家社会主义刑法和之后的战争法的制订中起了重要作用。[1]他被吸纳为德国法学会的成员，并且很高兴地于1940年被任命为曾于1933年解雇他的维也纳大学的荣誉参事。1941年因健康原因他申请解除他在柏林的职务，最后于1944年3月12日去世，享年68岁。

因此，这涉及一个重大原则问题，但也有关一个虔诚的纳粹分子，一个从一开始就是纳粹的人。尽管他是一位著名的科学家，但他仍喜欢与基层和年轻教师打交道。1934年11月19日，他被任命为柏林教师团体的领导人，并且从那时开始就领导着好几个协会，其中就包括伽达默尔加入的但泽的复职训练营。1936年他离婚并再娶。人们不知道这是否是由于他第一任妻子的犹太血统，然而他有可能这样想。这也可以说明为何他有热情去领导这个不重要的复职学校。无疑他有一个"污点"需要掩盖。

伽达默尔从不知道格莱斯帕赫的妻子是犹太人，并且低估了格莱斯帕赫卷入纳粹的程度，当时伽达默尔只在对方那里看到了一个"背负着伟大德国观念的"刑法学家，他只是"在国际与民

---

[1] 格莱斯帕赫是许多刑法教材的作者。特别见 *Nationalsozialistisches Recht. Rede zur Feier der 5. Wiederkehr des Tages der nationalen Erhebung am 29. Januar 1938*, Berlin, Friedrich-Wilhelms-Universität, 1938.；以及 *Deutsches Strafverfahrensrecht. Ein Grundriß*, Berlin, Junker & Dünnhaupt, 1943;*Das Kriegsstrafrecht. Allgemeines Kriegsstrafrecht und Kriegsverfahrensrecht, mit einem Uberblick über das Strafrecht und das Strafverfahrensrecht der deutschen Wehrmacht im Kriege*, Stuttgart und Berlin, Kohlhammer, t. 1, 1940 ;t. 2, 1940 ; t. 3, 1941；et l'article *Tötung*, dans F. Gürtner (dir.), *Das kommende deutsche Recht*, Besonderer Teil, 2, Aufl. Berlin. 一本《纪念文集》在他60岁之际出版：*Gegenwartsfragen der Strafrechtswissenschaft, Festschrift zum 60, Geburtstag von Graf W. Gleispach*, Berlin und Leipzig, Walter de Gruyter, 1936. 关于格莱帕赫在纳粹法律建设中的地位，见 Hans-Ludwig Schreiber, *Die Strafgesetzgebung im "Dritten Reich"*, dans R. Dreier et W. Sellert (dir.), *Recht und Justiz im "Dritten Reich"*, Frankfurt a. M., Suhrkamp, 1989; Lothar Gruchmann, *Justiz im Dritten Reich 1933-1940. Anpassung und Unterwerfung in der Ara Gürtner*, München, Oldenburg Verlag, 1988; Berndt Rüthers, *Entartetes Recht. Rechtslehren und Kronjuristen im Dritten Reich*, München, Beck, 1988.

10 危险的职业生涯（1933—1939）

族政治的视角下"[1]思考纳粹德国。但伽达默尔从他那里获得了自己职业生涯的宝贵助力。毕竟如伽达默尔总是承认的，他是唯一一个"自愿"参加这个训练营的人。[2]格莱斯帕赫对伽达默尔以"你"称呼，并且向他承诺尽其可能帮助他获得教授任职，对抗阿尔弗列特·鲍姆勒可以想见的反对。在接下来几年中，伽达默尔总是收到格莱斯帕赫寄来的圣诞贺卡，在上面格莱斯帕赫向他保证他的任命不会推迟。在提交申请两年后，他最终于1937年4月得到了任命，此时他猜想格莱斯帕赫推动了此事，如他1937年7月28日写给洛维特的信中说[3]：

> 这个A.O[非永久的编外教授]职衔的获得让人惊讶，并且也是一个巨大的宽慰。就其自身而言，它不意味着任何东西，并不是说我们将不再需要数着每分钱过日子，但长期没有这个无意义的东西对于我们的生存来说是个严重的威胁——特别是我们在马堡的生活总的来说是很愉快的。而且对我来说感到满意的是，这位系主任不得不在他任职期间通过我的任职申请（从各种迹象看，这个职衔的获得与柏林的一位法学家的努力有关，他曾领导过我两年前参加的在但泽的教师协会）。克吕格的职衔所面临的那些困难长时间存在。他依然不可能有明确的职业前景，并且只要鲍姆勒依然垄断着评价的权力（这可能不再会延续很长时间），他就没办法抱什么希望。

对伽达默尔1935年任命起最大作用的埃里希·弗兰克，

---

[1] PL, 56; AAP, 70.
[2] Ibid.
[3] PL, 57; AAP, 72 的说法与此一致。

却在1935年末被"解职"了：这是一个令人辛酸的讽刺。而在1935—1936年冬季学期指派伽达默尔替补他的讲席（1936年夏季学期再一次替补），则是另一个辛酸的讽刺。[1]如果说伽达默尔的选择是理所当然的，这是因为他的朋友同时也是他任职时的竞争者克吕格已经接受了在哥廷根的一个替补教席。人们可能认为，他加入复职训练营已经帮助他获得了替补的位置。而随着弗兰克、洛维特和克吕格的课程被取消，伽达默尔就是之后唯一在马堡教授哲学史的人了（詹森和马恩克对此不感兴趣）。有了替补职位，他的财政处境得到一些改善。但在1936年夏季后，这些又无效了，因为这个哲学系的教授职位被撤回。[2]

在1936年夏季最后一次代替弗兰克时，伽达默尔开设了关于"艺术与历史（人文科学导论）"的课程。这样笼统的主题一般是被指定的，因为如人们说过的，当时只有他在教授哲学史。但这是一个他有机会在接下来几年的课程中去重复和深化的课程，并且它可以被看作《真理与方法》的第一个版本[3]，该书的前两个部分讨论的就是艺术和历史。伽达默尔处理这个主题间接地受到他老师海德格尔的榜样的激励，海德格尔在辞去校长职位后，转向了对艺术的研究。在1934—1935年冬季学期中，他已经开设了关于荷尔德林的第一个重要课程[4]。他也出版了关于"荷尔德林与诗的本质"主题的纲要式论文，他的学生深深为之吸引。曾听

---

[1] PA Gadamer, UAM.

[2] 见 *Chronik der Universität Marburg de* 1936 (42, 52)："弗兰克教授担任至1935年3月31日的教授职位于1936年夏季再次由伽达默尔博士填补。但不幸的是，后来教席从哲学系撤销，委托给了另一个学科的代表。"伽达默尔于1937年1月3日就这个问题写信给洛维特："这是一个标志性的事件：弗兰克的教席被取消了，取而代之的是一个亚述学的教席，很讽刺的是教席获得者的名字也叫弗兰克！教席撤销是詹森的决定，但这符合一般学术政策，这项四年的计划预示了更激进的方针，更心无旁骛地关注技术问题。"

[3] PL, 171 ; AAP, 205.

[4] M. Heidegger, *Les Hymnes de Hölderlin : «Germanie» et «Le Rhin»*, Gallimard, 1988.

10 危险的职业生涯（1933—1939）

过弗莱堡课程的人们突然透露出海德格尔讲授"荷尔德林的哲学"的消息。这些传言激起了伽达默尔的好奇心。1936 年 11 月他和埃里希·弗兰克（他此时处于"解职"状态）、格哈德·克吕格一起乘计程车到法兰克福参加海德格尔在那做的关于艺术作品起源的报告。[1] 不过两人没有更私人的会面，自 1930 年起（如果不是更早）他们的关系实际上就有些疏远了。伽达默尔后来说，这些年他总是避开海德格尔，但也很有可能是后者自己对他学生的缺少忠诚（包括在政治层面）感到有些不快。然而这些报告让伽达默尔对他老师的仰慕上升到新的高度。后来，他有时说他在报告中尤其看到了"对我自己长时间在哲学上所探寻的东西的一个肯定"。[2] 的确，伽达默尔一直都对美学和诗歌感兴趣，但看到他老师强调艺术伴随着"真理的原初设置入作品中"[3]，这对他来说是一个很大的启示。这就是为什么他在其他地方说，1936 年的法兰克福报告对他造成了"强烈的震动"。一个真正的"转向"——用海德格尔只是在 1946 年《关于人道主义的书信》中公开使用，但在此时的手稿中成问题的术语来说——在他老师的哲学中（可能也在他的传记中）出现了，正如伽达默尔在一封 1937 年 1 月 3 日给洛维特的信中说的那样：

---

[1] 海德格尔是 1936 年 11 月 17、24 日和 12 月 4 日在那做的报告，它们在 1950 年才发表在《林中路》（*Holzwege*）文集中，后者的法译本为 *Chemins qui ne mènent nulle part*（《消失于杳无人迹之处的道路》）。它们是海德格尔于 1935 年 11 月 13 日在弗莱堡"艺术史学会"上的一篇较短的讲座的重写版本，并且再刊于 1936 年 1 月的《苏黎世》。1935 年的原始版本发表于 *Heidegger Studies* 5 (1989), 5-22.
[2] GW 10, 76；HR, 104. 在这里法兰克福的报告日期被错误地标为 1935 年，就像伽达默尔常常做的那样；也参见 GW 4, 267 及其他各处。
[3] 伽达默尔在 1934 年的《柏拉图与诗人》（GW 5, 187）的第二句话中谈到了这一"明显的艺术主张"，它是"最深刻和最秘密的真理的揭示"。伽达默尔还于 1934 年 2 月在《德国教育杂志》（*Zeitschrift für deutsche Bildung*, février 1934, 324-238）发表了对美学领域的新近出版物的评论。

不久前在海德格尔关于"艺术作品的本源"的法兰克福讲座上我再次见到了他，在那里他展示了一个十分偏执的思考，在其中他构造了他自己的荷尔德林哲学。他的意图是尽可能严肃地对待神话，并且最终把它与世界创建的创造行为联系起来（对此《法兰克福报》上登了一篇机智但完全错误的对源初语言问题的批评）。一些内容让人想起至谢林为止的神秘传统。但他表现出一种可怕的孤独，如他做"报告"而非在研讨班的日常工作中总是表现的那样。

伽达默尔没有试图与海德格尔对话，由此在海德格尔那里感到了某种孤独。伽达默尔因疏远老师而感到良心不安了吗？不管怎样，他在接下来的几个月与海德格尔恢复了联系。1937年10月，他与海德格尔的其他两个以前的学生（瓦尔特·布罗克和格哈德·克吕格）结伴去黑森林拜访了他，好像他还不敢单独拜访他似的。[1] 伽达默尔意识到了他们之间的距离。他忍受着这一距离，同时这种距离允许他发展自己的独立性。相对于他，他朋友布罗克是海德格尔的忠实门徒，和其他很多人一样，模仿海德格尔有些晦涩的用语方式。克吕格很杰出，我们记得伽达默尔嘲笑他是"海德格尔的宠儿"[2]——可能带着一点醋意。与他老师共享一个深厚的神学传统的克吕格，成功地发展出一个独立的立场，并且在1931年论康德的重要著作《康德批判中的哲学与伦理》和某些论文中批评海德格尔。这是一个伽达默尔希望他自己能发展出来的独立

---

[1] 见已经引用过的洛维特1937年12月12日的信。伽达默尔有时谈到他在纳粹期间与海德格尔保持距离，并且只是在成为莱比锡教授后才再见到他（参见他的信件，发表于C. Grosser, *Verfall der Philosophie. Politik deutscher Philosophen*, Hambourg, 1971, 234）。事实并不完全如此。马克斯·科默莱尔的信也提到去黑森林拜访海德格尔（*Briefe und Aufzeichnunen 1919-1944*, Freiburg, 1967, 378-379），还有伽达默尔321页对此的详实描述。

[2] Max Kommerell, *Briefe und Aufzeichnunen 1919-1944*, 378.

立场,此时他还没有成功地做到这点。这样的立场在他1931年论柏拉图的书中也许可以找到萌芽,但伽达默尔对批判海德格尔感到迟疑。在他自己的领域,克吕格很快走到了伽达默尔前面,1939年他出版了强有力的论柏拉图的新著,《直觉与激情:柏拉图思想的本质》。伽达默尔对该书宏伟的序言印象深刻(克洛斯特曼出版社在克吕格死后单独出版了这篇序言),而对后面评注《会饮篇》的部分评价较低。因此在1937年著作问世前,伽达默尔就把它理解为一次隐晦地"基督教化"柏拉图的尝试。[1] 不仅如此,克吕格——他也是哈特曼的学生,以及是布尔特曼的朋友——还出版了另一部重要的著作,并且表现得比伽达默尔更多产。在这几年中,伽达默尔除了几篇关于希腊哲学的述评,只有两篇小论文:《柏拉图与诗人》和《希腊的原子论》。人们恐怕不能说政治气氛对他的产出有实际的影响,更何况如果他只从事希腊哲学领域的工作,如果他有避开过于激烈的政治主题的明智,他就没什么好担心的。他在回忆时说,他中止了长期以来对柏拉图国家学说和智者学说的研究。[2] 这一中断是相对的,因为在纳粹统治期间伽达默尔确实出版了两篇对这个问题的研究,《柏拉图与诗人》(1934)与《教育的柏拉图城邦》(1942)(我们会再次谈到它们)。此外,伽达默尔总是认为纳粹对大学的专业工作完全不感兴趣。[3]

---

[1] 见洛维特1937年12月12日的信:"克吕格现在在写一本论柏拉图的书(!),它应该非常有趣(其基本思路是在柏拉图那里看到一个'自然的基督教的灵魂'[une anima naturaliter christiana])。"感叹号意味深长,因为伽达默尔肯定认为他是一个更好的柏拉图专家。伽达默尔更赞赏的是克吕格关于康德的著作和关于笛卡尔的论文(《*L'Origine de la conscience de soi en philosophie*》,1933)。至于洛维特,伽达默尔更欣赏他1936年出版于巴塞尔的著作《雅各布·布克哈特》(*Jacob Burckhardt*)。它诞生于洛维特在马堡的教学工作(见 Löwith, *Mein Leben in Deutschland*),伽达默尔在那里发现了布克哈特和洛维特与自己之间的某种亲缘性(1995年10月30日的访谈)。

[2] GW 2, 489; PH, 25.

[3] 见《*Die wirklichen Nazis hatten doch überhaupt kein Interesse an uns. Hans-Georg Gadamer im Gespräch mit Dörte von Westernhagen*》, in *Das Argument*, 182 (1990), 543-556.

因此他感到自己可以相对自由地出版他的研究成果。

除了他关于柏拉图的工作，伽达默尔还一直致力于对亚里士多德的《物理学》做评注，但它从未出版。[1] 在这个时期，他也开始对黑格尔及其思想中的古代遗产感兴趣。[2] 事实上他致力于一个题为"黑格尔与古代辩证法"的研究，该文成为了1940年在魏玛召开的黑格尔大会的一个报告主题，它直到1961年才发表。这篇文章在1971年成为他的著作《黑格尔的辩证法》的第一部分。他在莱比锡于1939年开始教授的课程再一次是有关黑格尔的。

如果说伽达默尔这个时期发表的东西相对较少，这也是因为他健康出了问题。在几个月乃至几年时间内，他患有慢性肠胃炎。1937年7月28日他对洛维特说：

> 自从7月末起我（肠胃）就得了重病，可能是抽了太多烟的结果。无论如何，我自此以后执行非常严格的饮食食谱，吃水果和蔬菜，没有肉。我甚至不能说我的状况在改善，而且我担心我这个假期将要长期在医院度过。除此之外，我的总体状况还是令人满意的：我几乎不感到疼痛，能够很好和长时间地打网球，等等。但不幸的是我的脑力工作能力受到削弱，这无疑更多是不能抽烟导致的。我睡得很多并且有时是在工作当中。

事实上，1937年夏天，伽达默尔不得不在柏林的医院接受为期六周的治疗，"在徒然地试图让论辩证法的小书变得能出版之

---

[1] 1937年1月3日给洛维特的信："在完成两个学期关于柏拉图的课程后，我现在全身心投入对亚里士多德的研究。《物理学》的评注完成后，我希望将它作为一本可发表的书，但这要求其他事情比较顺利，而没有人能知道这点。"
[2] 1937年1月3日给洛维特的信。

后"。[1]1939年1月,他还对洛维特谈到他的病的后果:"我得的不是胃溃疡,而是慢性肠胃炎:从不呕吐,而是便秘和肠痉挛,这使得我有时痛不欲生。我的医生,柏林的沃格勒博士,认为原因在于烟草。这就是为什么1937年3月后我不再抽烟,然而禁烟一开始却使我的肠胃消化不良。此外,我变得几乎只能吃蔬菜,也不再能喝咖啡和茶。我的状态恢复得很慢。尤其是我的消化力变得对各种刺激物很敏感,特别是对讲课!"[2]我们不需要列更多细节,这些已经表明了伽达默尔身体的普遍虚弱,如他自己指出的,可能有教学压力导致的神经过敏的原因,也可能与脊髓灰质炎的长期影响有关。1937年和伽达默尔一起去拜访海德格尔的科默莱尔说伽达默尔那个时期非常瘦弱。[3]

如果他的身体并不健康——然而谁能想到他后来却成为百岁老人呢?——那么他身体的恢复恰恰受益于教授头衔和从此有希望找到一个稳定且长久的教席。当1937年10月27日人们让他到哈雷接替卡尔·普拉希特(Karl Prächter)的古典语文学教职时[4],第一个机会出现了。那是一所重要的大学,有悠久的传统(保罗·弗里德兰德在移居美国之前曾在那里任教),但这使伽达默尔面临不得不转换学科的两难处境:如果选择古典语文学,他可能不得不放弃他的哲学生涯?因为在最后几个月中他对黑格尔的哲学很感兴趣[5],所以这条道路对他不怎么有吸引力。黑格尔为他开启了一条新的通向希腊哲学的道路,而不必走文本的严格语文

---

1 1937年12月12日给洛维特的信。
2 1939年1月初给洛维特的信。
3 参见他在《书信》中的描述,第322页:"早上9点钟在垂柳下的美丽花园中与伽达默尔享用早餐,一直到11点30分;这让我觉得很愉悦。他卓越的智慧不可思议地将它的光芒播撒在灰暗而朴素的绸缎般的灵魂上,对此人们猜度不到什么。他似乎依然身体抱恙,我敬爱他。"
4 UAM, PA Gadamer, 23.
5 1937年12月12日和1938年9月30日给洛维特的信。

学的路子。正是因此才有了他那本论黑格尔和古代辩证法的小书的计划，该书在数十年后才出版。[1] 语文学的教席有着较为有限的吸引力，正如伽达默尔向洛维特解释的，后者在此时离开了意大利前往日本：

> （1937—1938年冬季）学期初有了一些新气象。很突然地，人们让我去接替哈雷的古典语文学教职空位（我出现在古典语文学的短名单上）。但我已经拒绝了：我不再有野心了，并且我认为人们今天不应该再随波逐流。此外古典语文学的处境变得很暗淡，它的听众不会超过十个人（作为学校改革的一个后果）。而即便哲学在新计划中也可能完全被取消，我们仍总是有机会产生更大的影响，只要它依然保留有神学系。[2]

事实上，这个古典语文学的工作机会增加了伽达默尔在哲学上有所建树的可能性。在这个时期，他还希望获得马堡的教授职位。没有人为弗兰克的哲学教席被撤销并被代之以亚述学教席而感到高兴。因此，马堡大学的校长提出了一个呈交给教育部的教席改组计划。这个计划打算"以体面的方式，在一个有利于发挥其真正影响的大学为亚述学教授，卡尔·弗兰克（Carl Frank）博士提供一个教席"。为了论证这一请求，人们强调指出，他在马堡没有一个听众，也没有与最亲密的同事有学术联系，这使得他的教席对于马堡大学来说实际上不存在。因此校长要求卡尔·弗兰克（他家人住在柏林）开设阿拉伯和希伯来的课程，但弗兰克

---

[1] 1938年9月30日给洛维特的信："我在夏天执着地继续研究黑格尔并学到很多东西。但很遗憾我关于黑格尔和古代的小书一直没能完成。"
[2] 1937年12月12日给洛维特的信。

回答说他的职位描述仅限于亚述学。按照校长的计划，这个普通教席可以回到哲学领域并交给马恩克一个正式的而非编外的职位。多亏了这种抢凳子的游戏，伽达默尔可以承袭马恩克的编外教席。基于这种考虑，哈雷的召唤提高了伽达默尔的地位，伽达默尔在马堡的政治和大学处境这些年来都是不稳定的。我们有必要来看看校长的整个申请，因为它提供了对那个时期伽达默尔概况（包括他的力量和虚弱）的一瞥：

在晋升马恩克博士，授予他一个普通教席之后，我建议把编外的职位交给伽达默尔博士，理由如下：伽达默尔属于哲学的最杰出的代表人。在德国哲学家中，他尤其是最好的柏拉图专家和整个希腊哲学的专家。他的职业生涯开始于作为海德格尔的学生，但他现在已经走上了独立的道路，并且不再被看作一个具体流派的代理人。他在教学上的成就也是杰出的。即使作为讲师，他不负责考试通过与否，在作为次级学科的哲学考试期间人们几乎不求助于他，他依然有一个稳定在 20～50 个学生的听众群体。从修辞学的角度看，他的讲课只是中等水平，然而他通过课程的结构和内容使他的听众深深着迷。

在这些情况下，人们惊讶地看到一个如此有才能的人在被任命为非永久的编外教授之前，不得不八年呆在私人讲师的位置上。教育部对他的任命只是在我向当时的负责人马特（Mattiat）教授的个人要求下才于 1937 年 4 月 19 日做出。

造成这种现象有许多原因。一方面，在德国大学中，最近的总体趋势无疑是哲学的职位在减少。另一方面，不幸的是，伽达默尔在教师团体领导的小圈子中觉得不适，后者事实上在这几年中支配了个人政治的选择。非常专制、强硬的讲话所渲染的氛围主导着当时的协会领导层，这使伽达默尔不容易适应。因此人们怀疑他不合群和缺乏团队合作的才能。所有这些都完全是错误的，我可以以我自己的经验来证明这点。几个月来，在马堡有一个汇聚了各门学科的工作坊，伽达默尔参与其中。我可以保证，他是其中最有分量的合作者中的一个，他的同事——不仅是他专业领域中的同事，而且包括语文学家和法学家——都受惠于他宝贵的观点。

此外伽达默尔还不幸地未得到哲学系系主任瓦奇茨穆特博士的赏识。这就是为什么1936年夏季该系主任宁可把哲学的编外教授的职位让给哥廷根而不是考虑把它交给伽达默尔。马堡大学现在不得不承担这些后果并且冒着失去伽达默尔这个最宝贵的合作者的危险。

据我所知，伽达默尔的重要性越来越被人们认识到，他现在出现在许多份候选人名单上，例如其中就包括海德堡。[1]如果我们未能尽快为他在这里谋得一个固定职位，那么马堡的振兴计划就会在因德希格拉贝尔(Deichgraber)的离去而遭遇危险的基础上，遇到另一个严重的挫折。[……]

我想补充一点，1937—1938年冬季学期初，负责人马特教授给伽达默尔打电话，让他去哈雷接替一个空缺的教席。这个有些奇怪的现象可通过以下事实得到解释：伽达默尔在希腊语文学的著述中让人非常感兴趣。因此他格外有能力研究哲学与古典语文学之关联的问题。但他的主要研究方向是且一直是哲学史。在与伽达默尔长期沟通并且得到马特教授的同意后，我希望哈雷的古典语文学的替代职位可以被撤销。因此我以最强烈的紧迫性请求教育部能够给予伽达默尔一个在马堡的职位，他的能力和成就配得上这个职位。

---

[1] 我不可能证实这一差不多是预言的消息（成为雅斯贝尔斯的替代者？）。

10 危险的职业生涯（1933—1939）

由此，伽达默尔放弃了哈雷的替补职位和获得一个永久职位的可能性，因为在马堡做哲学的机会的增加吸引了他。人们给他的保证没有被考虑，但哈雷职位和马堡重组计划的否决——当然是没什么用的，但事实上在当时集权管理下经常发生——提高了伽达默尔的地位。这很快就有了成效：不是马堡的编外教授职位，而是在几周后（1938年3月28日），德国教育部长海因里希·哈米亚茨（Heinrich Harmjanz）提名他任1938年夏季学期莱比锡哲学系替补教授的职位。[1] 于是他接替了哲学家阿诺德·盖伦（Arnold Gehlen）的教席，后者接受了一个柯尼斯堡的职位。在一个学期的临时接替者身份后，他就有望获得这一重要教席。在此期间他证明了自己，自1938年6月后他就得到了该教席。

古老的莱比锡大学坐落于莱比锡这座文化、出版之城，作为巴赫和门德尔松诞生地的著名作曲家之城，它享有稳固的声誉，但伽达默尔惊讶地发现这是一所十分非政治化的大学。[2] 此外，它所特有的不问政治无疑为聘用伽达默尔提供了便利。名单上的另两个候选人图宾根的特奥多·黑林（Theodor Haering）和法兰克福的汉斯·李普斯（Hans Lipps）都是公开的纳粹，然而，他们发表作品的数量和影响无疑都超过伽达默尔。

1938年6月28日系里准备的名单上的头一个实际上是特奥多·黑林（1884—1964）。他已经拥有数本关于德国观念论的著作，其中新近的一本于1938年面世，书名是《黑格尔：他的意志与作品》，它成了一部经典。那时他是一个知名的学者，年纪可能

---

[1] UAL, PA 488, p. 26. 关于哈米亚茨在伽达默尔的莱比锡任命中扮演的角色，见 J.Z. Muller, *The Other God That Failed. Hans Freyer and the Deradicalization of German Conservatism*, Princeton University Press, 1987, 319. 该书作者借助了对伽达默尔的采访。
[2] PL, 111 ; AAP, 135.

有点大了（54 岁），但水平却很高。而且系里的提议为其任命给出的理由是："从为莱比锡赢得一个完全成熟的学者的希望出发，他的那些研究在国际上得到广泛认可，他的教学出类拔萃；通过他的人格的分量，这一任命将使莱比锡在哲学严重萎缩后，有可能恢复在哲学上的崇高地位。"[1] 这封赞不绝口的推荐信并没有忽略黑林政治上的优点，他自 1937 年起的党员身份："他对德国国家社会主义信条的信奉是毫无保留的。"[2]

伽达默尔的名字只是出现在名单的第二位置上，从策略上看，这是明智的。他发表作品的列表显得较为单薄：除了 1923 年的第一篇论文和 1927 年关于《劝勉篇》的研究，自教授资格论文后他只出版了两篇实质性的文章（前面已提到过）。然而真正对他有帮助的，是他能够讲授整个哲学史——一个能够满足莱比锡的迫切需求的好运，在那里自从盖伦离开后，不再有人能够教这门课了。特奥多·里特（Theodor Litt）负责的另一个哲学教席因他本人的要求而中止了，原因是他反对国家社会主义，这在那时是一个富有勇气的行为。[3] 人们认为，通过他的教学和研究，伽达

---

[1] UAL, PA 488, 36.

[2] 在纳粹夺取政权之前，黑林一直是罗森伯格所创建的致力于德国文化的斗争群体的成员。后来他非常靠近罗森伯格的核心。1942 年，他参加了"欧洲和德国哲学"研讨会，该研讨会是一项致力于人类科学斗争的倡议的一部分。会上他的发言主题是"哲学、种族和民族性（Volkstum）——欧洲的德国哲学"（Volkstum 是纳粹用来指属于民族的东西的用语）。关于这个问题，见《Philosophy, Alfred Rosenberg and the Military Application of the Social Sciences》，dans Jahrbuch für Sozialgeschichte, 1992, 241-260. 但所有这一切使黑林成为一个人们害怕的人：他的名字出现在所有候选人名单上，但没有人想成为他的同事，所以他一直留在图宾根。参见普勒斯纳 1931 年 3 月 10 日给柯尼希的信件（Briefwechsel König-Plessner, p. 210）："没有人想要黑林，尤其是柏林。"

[3] 参见 1938 年 6 月 28 日的任命提名（UAL, PA 488, p. 35）："自从盖伦博士、教授去柯尼斯堡后，莱比锡大学的哲学普通教席就空缺了[……]这些年中，目前供哲学和教育学填补的普通教席对于哲学教学和研究具有至关重要的意义，这些教席的所有拥有者（J. 沃尔克尔特、斯普兰热、里特）都这么认为。但这一普通教席随着里特博士的退休而悬置 [他 1937 年获得退休金，那时他只有 57 岁] 因此现在应该填补的教席将是唯一代表哲学的教席。我的结论是，这个接替的学者研究领域必须广泛，在体系哲学和哲学史方面都要有很深的造诣，以便他能在研究和教学中处理哲学的核心论题。对我们来说，这就排除了仅仅专注于部分哲学领域的研究人员。"

默尔能够呈现整个从希腊（他的专长所在）到当代（他是海德格尔的学生）的哲学史。因此，人们看重的是他兴趣的广泛性，他跟随著名的保罗·纳托普、朱利叶斯·斯滕泽尔（Julius Stenzel）（犹太人弗里德兰德未被提及）和海德格尔学习的经历，以及他对物理科学所抱有的兴趣（他关于原子论的论文就是证明）。看起来这一对科学的兴趣促使了物理学家维尔纳·海森堡（Werner Heisenberg，1933年诺贝尔奖获得者）和莱比锡的教授以各自的方式促成伽达默尔的事。[1] 海森堡显然有着崇高的威望，他也是海德格尔的朋友，且一直对新物理学的哲学维度感兴趣。他自己后来出版了一些重要的哲学著作，特别是《整体和部分》（1969）。因此他希望伽达默尔可以作为一个给人以新刺激的对话者。在这一视角下，人们突出了伽达默尔关于亚里士多德物理学和黑格尔的研究，连同接下来的出版方面的承诺："伽达默尔这些年来在准备一个关于亚里士多德《物理学》的评注。这一工作使他投身于对物理学和数学的哲学基础的研究，在这方面他也重视这些科学的现代进展。《黑格尔与古代辩证法》一书也快要完稿了。"

但特别有助于伽达默尔的，是他已经接替了1938年夏季学期在莱比锡的课程，在那里他给人留下了良好的印象："在莱比锡上个学期的课程过程中，他以出色的表现证明了自己有能力接替哲学教席。他赢得了远近同事的特别的尊重，而且虽然他只是在这里教了很短的时间，但已经得到了很多学生的爱戴。"人们由此知道了在和谁打交道。人们也知道，不同于黑林和李普斯，

---

[1] 见 « A Conversation with Hans-Georg Gadamer », in *Journal of the British Society for Phenomenology* 26 (1995), 121: "在莱比锡，非常幸运的是，海森堡对我关于古代原子论的出版作品感兴趣。他是有足够权威的人——反对党。这就是为何我得到去莱比锡的电话：那儿的哲学教职员工（其中有一些是海德格尔的学生）想要我，而海森堡同意了。"

他不是纳粹分子,这符合自由倾向教授的期待,人们也以他的独立性为荣。当然,人们提到他参加了两个"国家社会主义"组织,国家社会福利组织和德国国家体能训练联盟。这是党所认可的机构。但国家社会福利组织(National-sozialistische Volkswohlfahrt)是一个关爱居民"健康"的慈善机构,它实际上替代了德国的红十字会。而德国国家体能训练联盟(Deutscher Reichsbund für Leibesübungen)是一个负责身体训练的组织,伽达默尔作为马堡的网球俱乐部成员的身份加入了该组织……在形式层面上,伽达默尔的确是由国家社会主义领导的组织的成员,但人们很难在那里发现政治因素。讽刺的是,提名委员会也无法逃脱这些政治嫌疑。

一个小小的巧合无疑对伽达默尔的事业有益。当时莱比锡大学的校长、皮肤科医生阿图尔·尼克(Artur Knick,1883—1944)来自布雷斯劳,和伽达默尔在同一所学校(圣灵公立中学)上过学。因而他对自己的同乡有一种直接的好感。在伽达默尔眼中,尼克是参与了纳粹党创建和发展的"老资格"党员之一,然而他对事情的发展感到深深的失望,以至于他认为重要的是吸引很多并非忠于纳粹的学者来莱比锡。[1] 在1938年夏季伽达默尔代理职务后,尼克向伽达默尔保证将支持他。

位于名单第三位置的是汉斯·李普斯(1889—1941),也是一个医生,而且他和黑林一样,也发表了很多研究成果。1936年他出版的《解释学逻辑的研究》成为20世纪现象学与解释学的重要著作。和黑林一样,他自1934年以来就成了纳粹党员,而

---

[1] 伽达默尔在 PL, 112; AAP, 136 中谈到了尼克:"在那里有一些上流层次的人物,其中有尼克校长,他是老资格的党员,他当然设想了第三帝国的其他可能的前途。对他来说[传统]优先于科学的价值。通过与纳粹狂热分子保持距离,他以意想不到的方式帮助了我们。"

且也是党卫军的成员（任职推荐信中指出了这点……）。1935年，他发表了《最后之战的士兵》，任职推荐信中这样描述他的性格："因参与世界大战而被深深打上了战士的烙印"（1941年9月10日李普斯被派到俄罗斯前线）。之所以他在任命考虑的第三位上，"不仅是因为他的专业领域，尽管从逻辑学延伸到法哲学，跨度不可不谓之宽广，但他的范围依然远不如黑林，而且是因为——不同于伽达默尔——人们在他那里没有发现哲学史的宏大主题，至少在他至目前为止的课程中。"

可见，莱比锡哲学系知道黑林和李普斯肯定是纳粹，而且他们的哲学成果在数量上要超过伽达默尔。因此它选择伽达默尔，就证明了其政治上的独立性。

然而审议延长到了夏天之后。于是人们再次要求伽达默尔代理1938—1939年冬季学期的哲学教席。[1]这是人们尊重他的标志和他作为教师取得成功的标志。给予他肯定的另一个标志是，1938年11月末人们委任他为哲学与教育学研究所的临时负责人。[2]由此伽达默尔在莱比锡获得了很大的成功。1939年2月6日，通过元首希特勒的决定，他被正式任命为普通教授和莱比锡大学哲学所的负责人。

当伽达默尔到莱比锡时，他惊讶于周围的自由和宽容气氛，这与马堡的狭隘形成鲜明的对照，这种氛围"使世界形势的险恶降为背景"[3]。甚至教师团体的负责人在他演讲访问期间都向他保证莱比锡大学是一所人们在这里潜心工作的大学。[4]那里的纳粹如

---

[1] UAL, PA 488, 46.
[2] UAL, PA 488, 50.
[3] PL, 111；AAP, 135.
[4] Ibid.

此之少，以致人们提醒他小心那些纳粹分子。因此，伽达默尔被告知说，他要小心心理学家汉斯·沃尔克尔特（Hans Volkelt）。他是约翰·沃尔克尔特（Johann Volkelt，1844—1930）的儿子，后者开创了莱比锡教育哲学的重要传统，爱德华·斯普兰热（Eduard Spranger）和特奥多·里特承续了该传统。里特这时已经辞职了，当人们让伽达默尔担任教育学与哲学研究所负责人时，他就被放置到这同一个传统中。在汉斯·沃尔克尔特的坚持下，伽达默尔在他父亲90周年的时候写了一篇致敬文章发表在莱比锡的一家报纸上。[1] 伽达默尔这么做是为了获得他儿子的支持。这是伽达默尔的外交策略，因为沃尔克尔特在党内很积极，并且有危险的名声。但也是这个原因使得沃尔克尔特在莱比锡同样受到排斥。他的政治热情妨碍了他在这里获得一个教席。[2]

这一现象表明，不是党员的伽达默尔相信，为了在政治上保护自己，有必要低头屈服。在他教学之初，他的谨慎的另一个很常见的迹象可以在莱比锡的档案中发现。1939年6月，他曾被邀请与美国《哲学精粹》（Philosophical Abstracts）杂志合作，后者可能试图获得伽达默尔作品的概要。但在那个时期，所有与外国人的联系都要交给当局。伽达默尔按照规定报告给德国教育部，请求他们的授权："请告知是否建议我回复此请求。如果回答是肯定的，感谢您送回这些密封文件。希特勒万岁。伽达默尔。"[3]

---

[1] HGG, « Das Vermächtnis eines Leipziger Denkers. Johannes Volkelt und sein Werk », Leipziger Neueste Nachrichten, 23 juillet 1938, 7. 这篇小文章里有一些段落，伽达默尔采用了当时的一些表述，但他考虑到了它们可能对沃尔克尔特的儿子有一些影响："沃尔克尔特不是一个政治思想家。但由于他十分忠于德国古典主义和浪漫主义的艺术和哲学遗产，因此他经常不知疲倦地警惕着这一遗产不要被唯物主义思想及其马克思主义代言人所消解。他1921年出版的自传结束于在这一遗产支持下的充满活力的信仰事业。这就是为什么沃尔克尔特特别是在今天有资格得到我们忠诚的承认。"

[2] PL, 112；AAP, 136.

[3] UAL, PA 488, 60（1939年6月13日的信）。

这种平常的情形表明了每个人都多么小心谨慎和遵守官方命令。至于"希特勒万岁",它让人不寒而栗,但作为信的末尾或见面时的致敬形式,这不过是习惯性做法。尽管它不是强制的,但伽达默尔很有理由认为必须在他的官方通信中用。

随着莱比锡教职的获得,伽达默尔的职业生涯告一段落。他尽可能地维护了自己的独立,这就是说既没有使自己的政治声誉受损,也不需要成为政治的牺牲品。几个月后,希特勒的战争狂热把人类抛向了可怕的灾难中,带来了所有伽达默尔认为人类已经克服了的东西。

11
这将会过去
(1939—1945)

直到 1938 年,一个不了解所有这些危害的德国人可能会说:希特勒在政治讹诈上是个天才;[他所实现的]欧洲平衡的恢复是出色的。但所有这些都将通向一场战争,而我们这些傻子不知道它即将来临。[1]

1939 年的时候,伽达默尔不相信一场新的战争是可能的。这很荒谬。如何相信这是不可能的? 1938 年当希特勒威胁要占领捷克斯洛伐克时,伽达默尔很紧张。但慕尼黑和张伯伦之间达成的协议"教育"伽达默尔这一切不过是一次赌博游戏。人们劝告他说,希特勒首先是一个很高明的战术家。对此,伽达默尔从未掩饰自己对希特勒的"成功"的某种赞赏。[2] 他在 1938 年 9 月甚至写信告诉洛维特这事,当时他在意大利做演讲旅行(平生中第二次逗留在国外):

我已经到意大利(科莫、米兰、热那亚、莱万特、比萨)超过一周,到佛罗伦萨也好几天了。不过我想我不必向你解释为什么现在才给你写信:这不只是因为旅行的印象完全占据了我,而且我不必向你描述意大利对来自德国中部小城的

---

[1] « ... Die wirklichen Nazis hatten doch überhaupt kein Interesse an uns », 547.
[2] 参见他在《德国席勒协会年鉴》(*Jahrbuch der deutschen Schillergesellschaft* 34 [1990], 466) 上的回忆:"当时,希特勒以令人瞩目的方式拒绝了 1920 年代占据主导的履行德国义务的政策,代之以力图重整军备的讹诈政策。凭借前所未有的权力本能,他已经认识到了西方的弱点,成功地将勒索成倍增加,直到达到极限。"

人产生了何种印象。但世界上所发生的事情使我因忧虑和恐怖而沉默。现在希特勒又一次赢得了他最冒险的一次赌博。甚至在他最坚决的敌人那里,都没有人不松了口气。意大利不同于其他大国,它从来没有做战争的准备。领袖(墨索里尼)无疑一直知道这是为什么!¹

根据伽达默尔那时候的估计,墨索里尼一直知道希特勒只是在虚张声势。在同一封信中,伽达默尔对协约国和法西斯国家的世界观的对比提出了相同的解释:"张伯伦和达拉第阵营与墨索里尼和希特勒阵营(它几乎将恶魔都释放出来)的政治风格之差异,在我看来本质上是建立在富与穷之差异的基础上。极权国家是贫穷的。他们没有现代武器来实现他们的目标,除了通过武器的威胁。在对统治的斗争中,从来总是敢于冒生命之险的人能占优势(参见黑格尔关于主人奴隶的那章)。"

在这封给洛维特的信中,没有任何东西表明伽达默尔在根本上不同意希特勒赌博游戏的目标。相反,他似乎正在使用黑格尔的范畴——他当时正以极大的热情在阅读黑格尔——来辨认在这一新的战争中使用危险的虚张声势的一些技巧。而希特勒最终"赢得了"他的赌博。应该补充说:再一次。可能是伽达默尔在希特勒和他的野蛮党的问题上弄错了,一开始没有对它们给予足够重视?希特勒在行动上还是取得了"成功":不论出于何种目的,失业基本上消失了,德国在很短的时间内再次成为世界性的势力,

---

1 1938 年 9 月 30 日给洛维特的信。伽达默尔 1938 年 10 月 16 日写给克吕格:"现在全世界都松了一口气,我最终决定公布消息。当人们不知道是否能留在故土的情况下,这很难。在佛罗伦萨和整个意大利,人们完全没有注意到战争精神,但有时我很难专注于绘画、建筑和山脉(如同祖国的分离所是的那样)。现在一切变得更容易。意大利是狂热的牺牲品:和平的拯救者。"(Gerhard-Krüger Archiv, UAT)

即使它的军队还很弱小（借助赌博游戏），它重新获得了"自然"的国界，社会和平与稳定得以重建。¹ 当然，所有这些都是以极权国家为代价而获得的，而后者连同对秩序和权威的尊重，植根于普鲁士和德意志传统的连续性中。在这一传统中，魏玛共和国构成了一个断裂，但它没留下什么特别有教益的回忆。此外，那个时代，在意大利、西班牙、日本和俄国甚至在所有伟大的国家，都有着与之相似的极权制度。反犹主义是这一制度中最卑鄙可耻的部分，然而在这里人们常常对其实际影响抱有错觉，或者人们不愿去正视它。伽达默尔几乎所有的犹太同事都"在休假"，但直到1938年和1939年，许多还待在德国。1938年11月9日"水晶之夜"的屠杀击碎了人们最后的幻想，尽管他们没有猜测到大屠杀事件。埃里希·弗兰克是伽达默尔那些于1939年离开德国前往哈佛的最后几个朋友中的一个。然而离开他一直把它当作祖国的国家带给他巨大的痛苦。伽达默尔当时正定居在莱比锡，向弗兰克购买了他的几件家具，其中包括一张至今在他办公室保存着的沙发。² 在他离开马堡时，伽达默尔一直陪他到车站，弗兰克洒下了热泪。但在"玻璃窗之夜"和苏台德危机之后，弗兰克知道他没有别的选择了。他对伽达默尔说，苏台德危机是希特勒最危险的恐吓，但也是最后一次，因为西方势力不会接受他打但泽走廊的主意。否则就将是战争。对伽达默尔来说，弗兰克是他周围人中第一个看到战争到来的人。在伽达默尔眼中这很可能是一

---

1 M. Balfour, « Could German Resistance Have Changed History ? », in *Germans Against Nazism*, New York, St. Martin's Press, 1990, 392: "直到1938年左右，希特勒在国内外的成就助长了认为希特勒有助于德国的信念。他如此经常地证明灾难的预言是错的，使得许多心怀疑虑的人们变得相信他的天才。" 另见 R. Safranski, *op. cit.*, 339: 在1930年代末，希特勒的政策在绝大部分大众眼中是成功的。
2 HGG, « ... *Die wirklichen Nazis hatten doch überhaupt kein Interesse an uns* », 547 (*Gadamer in Conversation*, 122).

个故土难离的流亡者可以理解的自我辩护，因为伽达默尔自己并不相信战争要到来。

伽达默尔后来轻微指责了人们在他犹太朋友成为攻击对象时的表现："我在这一时代学到了（从我和他人的经验那里），人们多么容易迷失在幻觉中，以及多么乐意想象一切不是那么糟，当他们不是自己被钉在刑柱上时。然而从没有人曾完全吸收这一教训。"[1] 尽管这些反犹措施如此恶劣，一些人会说人们夸大了它的程度：这些只是在新德国的巩固阶段的临时措施，而人们的反应无非是朴素观念和小资产阶级不满的可悲表达，在最近战争结束时遭受如此严重侮辱的情况下，这些措施的目的是恢复德意志民族的荣光。在看到这一朴素和"不重要的"反犹主义在协约国"宣传"中被过分渲染后，德国人的民族自豪感被激发起来。于是就有经典的托词：元首知道这些情况吗？在曾明确煽动"水晶之夜"的暴行之后，希特勒也谴责了暴行。人们会寻找各种借口，"只要他们不是自己被钉在刑柱上"。

对于一个"德国中部小城的居民"（根据伽达默尔在给洛维特的信中的自我描述）来说，心系民族复兴的目标和德国外族政策的"成功"并不是一件奇怪的事情。人们在伽达默尔1938年发表的一些文本中能找到某些迹象，在那里他几次说到德国人民的"使命"，对此人们有时需要做出妥协。1938年9月，布雷斯劳圣灵中学庆祝建校400周年，伽达默尔为纪念文集撰写了一篇小文章。[2] 这当然不是一篇重要的哲学文章，因为伽达默尔在那里首先表达了他对在那里待过13年的学校的眷恋之情。然而他在

---

[1] PL, 53 ; AAP, 66.
[2] *Festschrift zur 400 jährigen Jubelfeier der Schule zum Heiligen Geist in Breslau (1538-1938)*, dirigé par Ernst Maetschke, Breslau, Gutsmann, 1938, 89-91.

文章中很自然地谈到了第三帝国、中学的重要性和特殊处境下的德国大学："如果我从第三帝国时期大学教授的使命和关切出发来思考我在圣灵中学的那些岁月，这乃是因为当我回顾曾在中学一起度过的时间时，眼下这一视角很可能使我强调不同于我同事的那些事情。考虑到军队和经济的不断增长的需求，我们的德国科学面临一个很大的隐忧：缺乏好的接班人，特别是科学自身的优秀接班人。正是这一关切引导我思考在中学度过的这些时间：是什么东西激励我，是什么东西激励一个德国青年在大学学习？"伽达默尔因此，如他经常做的那样，谈到了榜样的角色，它促使一个教师全身心献身于科学。这一经验比人们在中学所学的一切都更重要。伽达默尔得出结论："我不用详细说明，对于更远、更高的目标，以及对于德国人的命运来说，中学和大学的责任和命运共同体的重要性意味着什么。"无疑人们可能以更批判的方式解读伽达默尔表现出来的对德国人民的关切，并且人们容易理解，中学和大学是密切联系的，而伽达默尔似乎完全认同德国人民的"最远、最高的目标"——在此场合，他本可以满足于赞扬他学校的美德。即使伽达默尔不是纳粹（这是毋庸置疑的），但对他来说，在战前的文字中提及德国人民的命运是很自然的事情。他在为艺术史家及社会民主党员理查德·哈曼——他曾是伽达默尔的老师[1]——60岁生日所撰写的献文中，也直接或间接地这样做了。在莱比锡的就职演讲中也是如此，在那里他援引黑格尔以强调"在人民的伦理实体中"历史精神的"根深蒂固和完善"。[2]

---

[1] HGG, « La fondation kantienne de l'esthétique et le sens de l'art », Festschrift Richard Hamann zum 60. Geburtstage am 29. Mai 1939, Verlag August Hopfer Burg, 1939, 32. 在该文中，伽达默尔赞扬哈曼"将艺术重新融入民族（völkisch）生活的背景中，艺术植根在该背景中并且由此揭示了它对历史和人民命运的重要性，作为文化世界的最高表现，它曾失去和否定这种重要性。"

[2] « Hegel und der geschichtliche Geist », in Zeitschrift für die gesamte Staatswissenschaft, 100 (1939), 37.

这样说是俗气的，但这个观念在被纳粹占用和不详地使用之前，完全是黑格尔的思想。而这也是当时伽达默尔（黑格尔）的想法，它与"德国人民的命运"的关联并不意味着就是与纳粹沆瀣一气，尽管纳粹占有德国历史的方式将自然的认同给予了后来的人们。今天，"德国人民的命运"的整个观念听起来是空洞的，但在1938年，它还有着显而易见的意义。根据伽达默尔这一时期（较少的）著述和所采取的立场，伽达默尔从没有认同"领袖"、纳粹党、它的意识形态或它的组织。他同事的数量使得保密不太可能（假如伽达默尔倒向纳粹的话）。

慕尼黑的"和平"，德国对外政策的成功和他自己的任职给伽达默尔带来了慰藉和满足的情绪。他的财务状况和职业处境很快得到改善。同时他的健康问题也得到很大改观。然而，伽达默尔离开马堡时情绪复杂。对他来说，脱离这座曾呆了20年的古老大学城的浪漫气氛，前往一个像莱比锡那样缺乏特点的大都市是件很困难的事情。只是这几年那里的政治气氛对他来说很压抑，即使他总是得到校长的支持，校长曾尝试挽留他到1939年，在詹森和马恩克于1940年突然去世后，也尝试召唤他回马堡。然而马堡不再如之前那样是知识分子的堡垒。1920年代的黄金时期已经过去了。伽达默尔的几乎所有朋友也都离开了那里，因为他们是犹太人，其中包括卡尔·洛维特，雅可布·克莱因，埃里希·弗兰克，保罗·雅各布森（Paul Jakobson）。由于重要著作的出版和他教育方面的才能，克吕格很快收到重要大学的邀请。[1] 在最

---

[1] 克吕格1938年9月15日被任命为马堡的非永久编外教授。1938年夏天，他在那替代马恩克的教席，后者该学期在柏林科学院工作。战争初期，他被征调到西部前线，但1940年1月5日得以退伍，以再次替代1939年7月26日在车祸中丧生的迪特里希·马恩克。1940年，他成为明斯特的教授。1946年接受了图宾根的职位后，1952他成为了伽达默尔在法兰克福的接替者，几个月之后，他经历了严重的脑血管意外，生命的最后20年一直处于瘫痪状态。

后的几年中，伽达默尔认识了一个新朋友，罗马法学家沃纳·克劳斯（1900—1976）。伽达默尔将他在奥克什大道的 39 平米寓所留给了他。[1] 弗丽达·伽达默尔也被他的魅力所征服。她在这几年对西班牙音乐感兴趣，曾学习西班牙语，并且爱上了克劳斯。这种联系显然对伽达默尔夫妻关系没有好处，而伽达默尔自己（至少）与莱比锡有着另一层联系。伽达默尔有能力忽略其他人的弱点，并且总是对克劳斯的科学成就怀有敬意，克劳斯是马堡伟大的浪漫传统的传承者，这个传统与库尔提乌斯、斯皮策（L.Spitzer）和奥尔巴赫[2]等名字联系在一起。克劳斯是一个才华横溢的研究者，一个有一点古怪和容易走极端的人（这一点不同于伽达默尔）。和克吕格、伽达默尔一样，他也在 1933 年"签署"了支持希特勒的教授宣言，但他在战争开始后成为了独裁体制的勇敢批判者。1942 年他与"白玫瑰"抵抗组织合作，这使他被"人民法院"（Volksgerichtshof）判以死刑。1943 年，伽达默尔写了一封信为克劳斯辩护，成功地使克劳斯的刑罚减轻。[3] 以他惯用的机智，伽达默尔把注意力引向了克劳斯性格的有些不稳定的特征，在当时的情形下这么做是明智的。战后克劳斯成了一个货真价实的马克思主义者，伽达默尔在莱比锡大学当校长时聘请他为教授。

伽达默尔保留他在马堡的寓所直到 1939 年 3 月 15 日，因为他在莱比锡也没有为他家人找到合适的住所。大城市多少使他感

---

1 参见 1938 年 9 月 30 日伽达默尔给洛维特的信："除了克吕格和布尔特曼，离开马堡还意味着与好几个朋友告别，其中包括克劳斯，在最后几年里我们 [弗丽达和我] 已经越来越学会欣赏。"关于克劳斯的作品，参见献给他的一期《明日》杂志（Lendemains, 18, Jahrgang, Heft 69/70 [1993]），以及 P. Jehle, Werner Krauss und die Romantik im NS-Staat, Hamburg, Argument, 1995. 也参见克劳斯的回忆 Vor gefallenem Vorhang. Aufzeichnungen eines Kronzeugen des Jahrhunderts, dirigé par M. Naumann, Frankfurt a. M., Fischer, 1995.
2 PL, 41；AAP, 51.
3 它发表于 Lendemains, 18, Jahrgang, Heft 69/70 (1993), 147-148.

到不安，如他在 1938 年 9 月 30 日给洛维特的信中写道的："在个人的层面上，莱比锡只意味着很可疑的好处。在马堡，一个月挣 400 马克，我们就属于有钱阶层了，但在莱比锡拿两倍的钱也不能算有钱。这里的居住环境尤其糟糕。人们如何能生活在一个看不到大自然、尤塔去上学需要乘车的地方？这是一个近乎无解的问题。我试图在冬季期间解决这个问题。然而，在新的情况出现前，马堡依然是我的家。"从职业的角度看，莱比锡对伽达默尔来说有好处，尤其是因为这一任职不需要他在政治上做妥协，正如伽达默尔在给洛维特写的同一封信中不无自豪地强调的："正如我从没有政治上的'闪光点'，这一任职具有一种象征的价值，人们也常常这样去理解。待在这样一个保存得很好 [bien conservée]（如果我可以把这个在厨房[1]中常用的词用在今天的大学中的话）的学院中，自然是件很惬意的事，在这里哲学依然是精神科学中的首要学科。从职业的角度看，我不能期望比这更好的事情。当然，经济困境的结束也是令人高兴的。"

伽达默尔也学习欣赏他在莱比锡的同事，即使与他们还没有建立起和马堡认识的朋友那样同等亲近的关系。[2]战争的处境和纳粹不断增加的恐怖使得同事之间的社会联系越来越难建立，以至于伽达默尔感觉比在马堡还孤立。然而他对莱比锡的非政治感到惊异和高兴，这与马堡判然不同："对于我调到莱比锡，只有一件事真正让我高兴：同事们都很好，而且他们都和我是同辈人：贝尔弗（Berve，历史学家）、施韦策（Schweitzer，考古学家）、克林格（Klinger，拉丁语学者）、沙德瓦尔特（古典语文学家）、

---

[1] 原文为 cousines（堂亲、表亲），应为 cuisines（厨房、烹饪）之误。——译者注
[2] « *Die Kindheit wacht auf* », Gespräch mit dem Philosophen Hans-Georg Gadamer, in *Die Zeit*, n° 13, 26.3.1993, 22-23.

海姆佩尔（Heimpel，历史学家）、亨策（Hetzer，艺术史家），然而也包括海森堡（物理学家）和小沃斯勒（Vossler junior）；在更年长的人中，有许京（英语学者）和瓦尔特堡（Wartburg）。这无可置疑地是德国最好的哲学和文学系。它基本上是非政治的和保守的，而且在基督教看来，没有任何公开的'基督徒'、我们知识的可能性的承载者和培训者。[……] 在整个院系中，只有三个党员，一直是三个！总的来说，'伟大的'政治支配了全部能量，以至于高校的文化政策多少被它所遗忘并由此而受益。"[1]

作为自特奥多·里特荣休后唯一真正的哲学教授，伽达默尔不得不开始涉及整个哲学领域，而不再是像以前那样局限在古代哲学。因而他养成了不看稿子授课的习惯，这使得他在教学上获得了很大成功。1939年夏天期间他作为普通教授所开设的第一门课名为"艺术与历史（人文科学导论）"，这门课重讲了他1936年在马堡第一次讲授的内容。由于哲学也是精神科学的女王，他的课程是其他学科的学生都需要修习的课程，伽达默尔所讲授的哲学是精神科学的一般哲学（它越来越成为他自己的哲学）。《真理与方法》的整个大纲都可以在这里找到雏形。这一把哲学作为对精神科学的普遍反思的观念——即人文科学的"解释学"——因而与狄尔泰的思想相联系。[2] 在莱比锡，这一扩大伽达默尔教学任务的计划对他有利：这使得他实际上要介绍整个哲学史，同时

---

[1] 1939年1月初写给洛维特的信。关于莱比锡盛行的非政治（毋宁说很少关心政治）的气氛，也见 K. Reinhardt, « Akademisches aus zwei Epochen », op. cit., 398. 莱因哈特于1942年离开法兰克福前往莱比锡，发现那里是"当时德国大学中最不受影响的大学"。莱因哈特召唤他圈子里的朋友去那里，其中包括伽达默尔、他的学生福克曼－施鲁克、古尔德勒和海森堡。另见 W. Heisenberg, Le Tout et la partie (1969), 以及 D. Cassidy, op. cit., 273（那里有出版商、教授、律师和法官在莱比锡组建的"金权政治"的问题，所有这些人都为这座城市的文化独立辩护）。
[2] 在1933年11月3日的《文学评论》（Literarische Rundschau）上，伽达默尔曾对狄尔泰做了一点小研究，但没有特别提到解释学的观念。

有机会去说明精神科学的认识模式。这是伽达默尔的一个大工地，自1936年至1960年，他定期地讲授这些以"艺术和历史"为总标题的课程。[1]

在一门精神科学导论的课程中从艺术开始，这意味着这些科学的认识模式一方面更接近于艺术经验而非科学经验，但另一方面也指这一经验完全获得了严格知识的地位（与"为艺术而艺术"的审美主义相反），即使它违背了方法论科学的规范。艺术、精神科学和哲学的真理既是独特的，同时又是普遍性的，它属于体验者的一部分。在这里，它的目的不是获得完全独立于观察者的科学结果，而是参与到真理的构造经验中，这个真理同时表现为历史的相遇。伽达默尔课程标题中所追问的历史，突出了真理本质上的"历史性"。然而这样一个以历史方式被理解的真理将导致相对主义（或历史主义）吗？这是一个困难的问题，它支配了伽达默尔的《真理与方法》及以后的研究。此外，1939—1959年，伽达默尔大部分的发表作品都致力于这一源自黑格尔和狄尔泰的"历史意识"主题。

伽达默尔1939年7月8日就职演讲的标题正是"黑格尔与历史精神"。如果黑格尔的观点在这里是决定性的，这是因为他是承认历史的展开不是一个外在因素而是哲学认识之本质的第一个重要哲学家。精神无非就是它的历史发展。[2] 但在伽达默尔看来，这也使黑格尔将这一历史性纳入由完全自身透明的概念之理念所决定的哲学系统中的计划变得疑难重重。伽达默尔

---

[1] "艺术与历史"课程（有或没有副标题"人文科学导论"）开设的学期包括：1936年夏季、1939年夏季、1941—1942年冬季、1944—1945年冬季、1948—1949年冬季、1951年夏季、1955年和1962年夏季。

[2] 见HGG, « Hegel und der geschichtliche Geist », in Zeitschrift für die gesamte Staatswissenschaft, 100 (1939), 27.

在这里问，黑格尔充分"承认了他自身的历史性"吗？[1] 就职演讲试图通过从青年黑格尔和他的"客观精神"概念（它说明了爱的具体经验）中汲取灵感来解决这一难题。它有助于我们懂得：精神总是某种具体的、具身化的，同时又是普遍的东西。黑格尔对客观精神的伟大发现（它总是使伽达默尔振奋）更多不是在他的逻辑体系中，而是在以历史的方式形成的具体的普遍性经验中。"民族的实体"（Volkssubstanz）是历史而具体的普遍性的其中一个形式。这里吸引伽达默尔的，乃是客观精神的准自治，以及这些形态的聚集、强制、暴露着的特性，它超越了参与的个体的意志和认知："'客观精神'学说只是超出了精神之主观性（它知道自身）的那一精神观念的表达。"[2] 伽达默尔由此试图突出青年黑格尔以反对老年黑格尔，并且借此看清反思哲学的限度，这种反思哲学赋以个体意识的视角某种特权。精神有不同于个体意识和自身反思（它认为自己把握了自己）的其他形式。《真理与方法》的另一个重大主题显露出来，即以历史性哲学之名对反思哲学的批判，这一历史性哲学受到黑格尔启发，尽管通过狄尔泰和海德格尔而被激进化，后者放弃了黑格尔的绝对观念。

通过这个关于黑格尔的任职演讲，伽达默尔向他在莱比锡的同事和听众证明了他对思想史的精通，以及对当下哲学讨论情形的熟悉。两周后，从7月24日开始——此时他终于领到了体面的薪水——他和家人在加尔米施-帕滕基兴的山区度过了

---

[1] 见 HGG, « *Hegel und der geschichtliche Geist* », in *Zeitschrift für die gesamte Staatswissenschaft*, 100 (1939), 28.
[2] Ibid., 35.

假期。¹ 他借此机会绕道康斯坦茨湖，拜访了在托特瑙的海德格尔。²1939 年 9 月 23 日，当收音机里宣布斯大林和希特勒签订互不侵犯条约时，他正好在海德格尔那。海德格尔对此感到高兴：他用拳头捶在桌子上，欢呼歌德精神和陀思妥耶夫斯基精神的联合。对他来说，这是希特勒宏大谋略游戏的一次成功。然而这一协议的真正意义也出乎伽达默尔的意料：一周后，伴随着对波兰的"防御性攻击"，第二次世界大战爆发了，与斯大林的条约使对波兰的战争得以可能，但西方势力对此不再容忍，虽然它们的最初反应过于迟缓，对于拯救波兰人来说来得太迟。

伽达默尔回忆到，在莱比锡，战争在悲哀的气氛中爆发。这与 1914 年战争爆发时所伴随的爱国主义的欢快形成鲜明的对比。³ 伽达默尔"感到震惊"，因为他沉浸在"如此这般的疯狂不会发生的幻象"中。⁴ 然而幻象在有些人那里还保持着。沙德瓦尔特对伽达默尔说，战争将在圣诞节前结束。但伽达默尔对此不抱希望。法国迅速投降，这在德国激起了 1918 年耻辱的战败之后的复仇

---

1 UAL, PA 488, 58.1939 年 8 月 10 日给洛维特的信。当时，洛维特想获得在美国的职位，询问伽达默尔是否有人对他在日本的工作感兴趣（以及可能认为伽达默尔会对此感兴趣）。伽达默尔回道："你的继任的问题向我提出了一个很难解决的问题。考虑到这里越来越严重的接班危机，在德国教哲学且有能力的人有很大机会在接下来的三年里获得一个永久教席，对他们来说三年的等待不足为虑。就我而言，我不会考虑去日本三年，在职业方面和（我所担心的）健康方面都是如此，因为我的胃的状况总是不大好。如果我没弄错的话，克吕格很快会成为讲座教授（Ordinarius）。"但伽达默尔在 1939 年 8 月写的信的末尾加了一句："你看，我是以乐观的方式——没有原因——考虑社会的状况，但如果出现相反的情况，所有理性的计算立刻作废。"
2 参见海德格尔 1939 年 10 月 2 日给布尔特曼的信（R. Bultmann/M. Heidegger, *Briefwechsel 1925-1975*, Klostermann, Frankfurt a.M., 2009, 202）："伽达默尔最近来这里做短暂旅行。马堡的时代于是重新变得比在经常闪现的回忆中更鲜活。伽达默尔的到来使我很高兴，我希望克吕格也很快找到一个职位和有保障的工作。"1941 年 5 月，轮到海德格尔去莱比锡拜访伽达默尔（海德格尔[以及伽达默尔]1941 年 5 月 21 日给布尔特曼的信，同上，第 204 页）。
3 PL 113；AAP 137-138。另见 *L'Héritage de l'Europe*, 5. 年轻人看到的是另外一些事情。卡尔-奥托·阿佩尔（*Diskurs und Verantwortung*, Frankfurt a. M., Suhrkamp, 1988, 374）谈到了深深的爱国情感支配了他，促使他 1940 年自愿加入军队。
4 PL 113；AAP 138。

满足感，它成为德国人的胜利时刻，在此之后，伽达默尔前往海德堡拜会雅斯贝尔斯，这是伽达默尔当时十分尊重的哲学家。由于他的妻子是犹太人，1937年他就被停职了。尽管如此，他一直居住在海德堡直至战争结束。伽达默尔认为一场长达30年的新战争将席卷欧洲。"有着乌克兰的粮仓，高加索地区的油田和对欧亚大陆的统治，"伽达默尔说，"希特勒还将能够对抗美洲大陆30年。"雅斯贝尔斯以坚定的口吻回答说："伽达默尔先生，没有人能够预言历史的进程！"事实上，几个月后，希特勒就入侵了巴尔干半岛，并很快对苏联展开进攻。从此刻开始，战争就不再只是德国的悲剧了。

在这些阴郁的日子里，伽达默尔与雅斯贝尔斯保持着联系。不同于许多海德格尔的拥趸，他们了解他们老师对雅斯贝尔斯不屑一顾的轻蔑态度，伽达默尔对雅斯贝尔斯的作品和人格怀有高度的敬意。早在1932年，他就指导过一个针对雅斯贝尔斯的小书《我们时代的精神状况》的讨论班，并且在埃里希·弗兰克的鼓励下在一封长信中向雅斯贝尔斯做了汇报。[1] 伽达默尔无疑以为雅斯贝尔斯与海德格尔还保持着自1920年代以来的崇高友谊。然而两位思想家的哲学之间的对立、在此期间海德格尔的诋毁性评论，以及海德格尔为希特勒背书的行为，都使得"生存哲学"的两位导师之间的距离越来越大。但这并没有阻止伽达默尔在纳粹期间与雅斯贝尔斯保持良好关系：他到海德堡去拜访他，与他通信，并且在1943年为他60周年的纪念文集撰写了一篇文章（然

---

[1] 1936年，雅斯贝尔斯"以其他良好的愿望"将他论尼采的书送给了伽达默尔。在雅斯贝尔斯马尔巴赫的档案中，有七封1934—1943年间伽达默尔写给雅斯贝尔斯的信。希望它们有一天能出版。

而它从没有出版）。[1]这些不离不弃的见证对雅斯贝尔斯来说是珍贵的，因为其他许多的哲学教授（其中包括海德格尔）在这些艰难的岁月里与他断绝了往来。按照伽达默尔的说法，这一不离不弃对他1949年获得雅斯贝尔斯的教席有帮助（即使雅斯贝尔斯更倾向于克吕格）。只有在伽达默尔到海德堡之后，他与雅斯贝尔斯之间的关系才有了一丝裂隙，这完全是雅斯贝尔斯在海德堡的学生们的风言风语中伤所致。我们后面会回到这点，但最终，它使得伽达默尔没有受邀襄助雅斯贝尔斯1953年的70岁纪念文集。然而，在十年前，伽达默尔就有勇气在处境显然还很恶劣的时候给予同事道义上的支持。

1940年1月，伽达默尔到意大利这个"友邦"做第二次长途旅行，在佛罗伦萨做了两个讲座，其中一个有关德国哲学中历史的重要性。[2]他利用这次出国的机会给洛维特写了一封信（从德国寄这封信太危险了），在信中他将意大利安宁而迷人的氛围与德国阴森的环境做了对比："人们如何能将莱比锡的丑陋跟佛罗伦萨的美丽和神圣正义协调起来？我将后者区别于'德国正义论'（germanodicée）的观念，德国正义论从没有成功地成为神正论（théodicée）。克吕格在前线（只是为了让你知道），而布罗克被土方工程所征调。这两人都希望在所有德国大学重新开放时受到召唤。"

在回到莱比锡后，在他的"对手"马恩克和詹森突然去世后，

---

[1] 伽达默尔文章的题目是"哲学中的上帝问题"。该文直到1987年才出现在他的著作集第九卷中，后者收录的是在康德和上帝标题下的论文。

[2] *Leipziger Neueste Nachrichten* 20.1.1940，UAL, PA 488, 62；PL, 114-115；AAP, 139.1月7日，伽达默尔谈到了当代德国哲学中的历史问题，1月11日谈到了荷尔德林哀歌《面包和美酒》（Pain et vin）的历史和哲学阐释（见T. Orozco, 1995, 102 s.）。伽达默尔1940年10月在马堡再次做了这个报告，在那他也开设了讲座"荷尔德林对古代的态度和德国观念论的历史哲学"（1940年9月21日伽达默尔给J.艾宾浩斯的信）。

伽达默尔很荣幸也很惊讶地受到马堡教席的"邀请"。让他满意的是，这一邀请"特别强调"给予的是同一个地方的哲学普通教席[1]，几年前正是在那里他的职业发展受到限制。在接下来的几个月中，莱比锡大学和马堡大学为争取伽达默尔而展开竞争。马堡大学的哲学系突然人才凋零，它试图对德累斯顿的教育部、莱比锡大学的负责人施加影响，但没有效果。因为莱比锡的哲学系主任沃尔夫冈·沙德瓦尔特（伽达默尔的朋友）坚决加以挽留。他强调，在几年前失去盖伦后，伽达默尔的离去将意味着对骄傲的莱比锡大学的沉重一击。[2] 当然，马堡对伽达默尔来说依然有吸引力，然而，在他品尝了思想的新自由和作为教师的成功之后，就不再愿意冒险回到马堡了。如果说海德格尔偏爱柏林之外的"外省"，伽达默尔则发现越来越需要莱比锡这样的大城市。因此，1940年8月18日，他"心情沉重"地告诉马堡大学校长他打算留在莱比锡的决定：

> 我这样做违背我的个人意愿，并且愧疚于无法报答您和系主任让我回马堡的盛情。但下面的考虑是确定的：我担心的是，这么快回到马堡使我不能提供马堡大学和这个哲学职位有权期待我的东西。今天哲学到处需要为保持它的地位而斗争。正如我在莱比锡所获得的经验表明的，在这一斗争中一个不受个人敌意影响的新人（homo novus）更容易获得成功。在马堡，这么短时间之后，我不再是没有过去的新人。

---

1 UAL, PA 488, 63 à 72 ; UAM, PA Gadamer, 29.
2 UAL, PA 488, 66. 参见1940年3月29日沙德瓦尔特给萨克森教育部长的信："请尽一切可能阻止伽达默尔教授离开莱比锡。伽达默尔教授在莱比锡的两年活动中迅速获得了同事和学生的尊重。他非常积极的合作被证明对所有学科都有益，无论哲学系内外均如此。他开展了杰出的教学活动，尤其是出色的研讨班，并培养了一批勇敢的学生。几年前，随着盖伦教授去了柯尼斯堡大学，莱比锡大学的声望遭到重大损失。这种事情不能再重复了。希特勒万岁！沙德瓦尔特。"

您在克吕格事情上指出的（不邀请他的）原因，多少也适用于我。尽管如此，辜负马堡哲学传统和它的领导人的信赖，还是让我难过。然而，指引着我做决定的学科兴趣也是指引着马堡哲学系的东西。因此，我有负您的错爱。希特勒万岁！汉斯-格奥尔格·伽达默尔。[1]

当伽达默尔毫不犹豫地指出，他在马堡曾有且可能依然有私人上的对手（一直是前系主任瓦奇茨穆特），他留在莱比锡就变得非常确定。自然，按照德国的传统，他利用了这次机会为自己在莱比锡争取更好的条件，但首先是新人的身份、不受过往和各种敌意的约束这点促使他留在了莱比锡。马堡这一页就这样翻过去了。不过伽达默尔依然保持着与该校的密切联系，并且怂恿他在马堡的同事聘用康德主义者朱利叶斯·艾宾豪斯（他自弗莱堡以来的朋友），后者最终获得了那个职位。[2]1940年春季，伽达默尔还拒绝了明斯特大学的职位提名（克吕格从战场上回来后获得了这个位置）。伽达默尔当时被其他大学觊觎，而他选择留在莱比锡再次提高了他的声望。1940年，他被选举为萨克森科学院和雅布洛诺夫斯基协会成员[3]，对于40岁的年轻教授来说这是不同寻常的荣誉。这些崇高的荣誉对伽达默尔在莱比锡有益，也解释了为何他在1946年被一致推举为校长。如果人们不考虑《真理与方法》获得世界性成功后，他在海德堡所获得的迟来的声誉，那么，作为大学教师，伽达默尔在莱比锡这些年享有的巨大敬意

---

[1] 1940年8月18日伽达默尔写给马堡大学校长的信。
[2] 见 J. Ebbinghaus, dans PSd, t. 3, 44.
[3] 该协会由波兰王子亚历山大·雅布洛诺夫斯基于1774年创立。它由9名成员组成，一般是莱比锡大学的正式教授。9名成员在每年的2月4日雅布洛诺夫斯基生日时召集开会，用协会的资金为三个科学奖颁发奖励。伽达默尔是该协会最后一名成员，因为它在1945年被苏联占领军解散。

是他从未有过的。

从那时起，伽达默尔并不令人意外地获得了旅居国外的许可[1]，尽管不是作为国家社会党人，但这一点恰恰在莱比锡受到尊敬。1941年，他被邀请到法国的德国研究所做报告。在他的自传中，伽达默尔并不否认，他当时可能被宣传的目的利用了：纳粹想要向外国人证明，"独立"的知识分子也在德国大学任教。[2] 他在那用法文所讲的这个讲座，其讨论的主题"赫尔德思想中的人民与历史"在今天的读者看来很"有辱声誉"。因而这是一个让人争讼不止的文本。[3] 的确，人民的问题和赫尔德本人的问题在纳粹那里是十分被看重的。就伽达默尔而言，他是在关于德国历史和德国观念论的新研究视角下对此问题感兴趣。伽达默尔和纳粹在这里有一个真实的"交汇"，尽管伽达默尔的视角与纳粹的视角并不一致：在他那里没有任何生物主义，任何对党、纳粹主义、元首或德国人种优越性的直接暗示。伽达默尔在那里特别提到了赫尔德对于斯拉夫人民的兴趣，并且伽达默尔有理由在回忆录中指出，这想必会激怒纳粹。伽达默尔总是一再说，在他看来，这涉及的是"纯粹科学"的分析[4]，此外它在战后还再次出版。其中的关键是，重新出版时，伽达默尔重校了某些带有时代气息的段落，在其他形容词中删去了他在文中用过三次的形容词"种族的"

---

[1] 见 T. Orozco, *Platonische Gewalt*, 102 s.
[2] PL, 118；AAP, 144. 关于这个问题，见 F. Delannoy, « Les écrits de jeunesse de Gadamer et le national-socialisme », dans *L'Irréductibilité de l'herméneutique. Le Cercle herméneutique*, nos 8-9, décembre 2007, 70 s.
[3] C. Grossner, *Verfall der Philosophie. Politik deutscher Philosophen*, Hamburg, 1971；G. Warnke, *Gadamer. Hermeneutics, Tradition and Reason*, Stanford University Press, 1987；T. Orozco, *op. cit.*, 1995；C.Delacampagne, « Questions d'interprétation », in *Le Monde des Livres*, 17 mai 1996；F. Delannoy, *op. cit.*
[4] PL, 118；AAP, 144.

(völkisch)[1]，这个词当时已较少被使用，但 1945 年后则变得完全不能用。其他的修订也值得思考。在 1941 年的版本中，人们还读到："由于赫尔德，'人民'这个词在德国获得了一个新的深度和新的力量，事实上它远离所有政治话语，完全区别于'民主'的政治口号。""这一非政治化的预见和对将要到来之事的准备，是他那个时代德国人的命运；可能政治上的这样落后的命运就是'人民'的德语概念（与西方的民主话语不同）被证明有能力在新的当下创造新政治和社会秩序的前提。"

这些段落对我们来说无疑是陌生的、令人反感的。它们被删除是有充分原因的，这证明伽达默尔不再承认这些话。然而，一个更宽容的解读可以在这一人民和历史的难题中认出一个在黑格尔以来的德国哲学中占据很大部分的主题。像海涅、马克思、尼采、海德格尔等其他著作者都对此感兴趣，而赫尔德是在黑格尔之前最早探讨它的其中一人。查尔斯·泰勒（Charles Taylor）后来在赫尔德那里看到了浪漫主义以及人们今天所谓的"社群主义"（communautarisme）[2]的一个伟大先兆。正是基于这些角度伽达默尔对此感兴趣，尽管是用着十分不同甚至不可卒听的用语。但我们不要忘记他的主题是"有着时代氛围的"。按照他文本中的表述，一切都表明它与整个政治口号风马牛不相及。尽管他的文本完全没有谈到元首、国家社会主义或种族观念，但它的确提及了"新的当下"和"它构建新政治和社会秩序的能力"，以及"完

---

[1] F. Delannoy, *op. cit.*, 71. 然而德兰诺伊回忆说，"民族主义"（volksdeutsch）的用语对于 1933 年间的所有政党来说都是共同的，包括左派的政党，它不代表某种特定的政治取向。奥罗斯科（T. Orozco,*op. cit.*,1995, 235-239）已经发表了一个关于赫尔德文章曾被删去或修改的所有段落的有用的列表。
[2] C. Taylor, *Hegel*, New York, Cambridge University Press, 1975；*Hegel et la société moderne*, Paris, Cerf, 1998.

全区别于'民主'的政治口号"。[1]这些段落并不光彩，可是如果人们将伽达默尔的文本与德国教授在巴黎所做报告的汇编中的其他文本比较，就会发现前者是完全无害的。[2]一个很著名的康德主义者（！）格哈德·冯克（Gerhard Funke）在报告中揭露如亨利·柏格森这样的"异邦人种"作者的思想对法国所施加的影响。[3]在伽达默尔的文本中完全没有类似的内容。引人注目的毋宁是，伽达默尔强调了在赫尔德那里人性观念的重要性：人之本质中有一部分是需要提升到人性观念的。[4]即使奥罗斯科的质疑性的研究也承认，此人性的观念与纳粹的意识形态是相对立的。[5]

可能是因为意识到两者之间的距离，伽达默尔感到他的文本需要有对人民观念的现实性的含糊参照，然而整个文本依然缺乏具体、直接的政治内容。民主的"西方"观念这里当然是被批判的，尽管对于伽达默尔那代德国人来说这不是显而易见的，对于赫尔德本人来说就更不是。以他的方式，在法国的公众场合凸显在赫尔德那里人民观念的重要性，其实是为了表现善意。他的文本是以法语宣读的，人们很难想象伽达默尔那样亲法的思想家会希望德国长期占领法国。只是在纳粹看来，对法国的占领并不意味着过于"咄咄逼人"，更不用说假如将它与东欧国家相比的话。德国人的确在那里"安排"了维希政权，但到那时为止这是受一个在法国很受尊敬的元帅领导的。德国人试图寻求——以他们的方式，当然是扭曲的方式——与法国人民的"和解"。人们可能

---

[1] *Volk und Geschichte im Denken Herders*, Frankfurt a. M., Klostermann, 1942, 23.
[2] F. Delannoy, *op. cit.*, 74.
[3] 奥罗斯科（T. Orozco, *op. cit.*, 113）引用了冯克的证词。而它最终表明了伽达默尔的文本和可疑的文本搅在了一起。但这样做时，伽达默尔的文本显得相对无害，而且从政治角度来看几乎无损伽达默尔的声誉。伽达默尔显然不必对文集中发表的其他文本负责。
[4] *Volk und Geschichte im Denken Herders*, 17.
[5] T. Orozco, *op. cit.*, 128.

会认为，正是这点促使了伽达默尔在法国听众面前谈论人民的观念。按照他的回忆，许多法国人和他一样（！），在德国人的占领中看到的是"一战"后法国傲慢自大的后果。[1] 此外，伽达默尔的文本充满了对人民之间，特别是德国和法国人民之间和解、理解和尊重的影射。[2] 按照德国的立场，德国与法国之间的某种和平已经实现。1940年7月22日，和法国的"停战"（1918年11月11日用的也是这个词）协议已经签署，并且当1941年5月伽达默尔做报告时局势显得"稳定"了。1941年6月22日起希特勒对苏联的攻击使战争增加了残酷而野蛮的新气息，而至此为止的战争对德国甚至对法国本身来说都还是"祥和的"。萨特，那个时代最伟大的法国思想家之一，曾谈到过"奇怪的战争"[3]，谈到这一战争看起来不像战争，因为所有的势力似乎都屈服于德国人的意志。他利用这个机会重新修订他的主要著作《存在与虚无》（1943），该书受胡塞尔和海德格尔启发，然而在书中战争的现实性没有任何体现。

在这种情境下，伽达默尔做关于赫尔德人性问题的报告，承认人民主权的重要性（在上下文中这很自然），希望借此对法德对话做出一点小贡献，对此人们能够加以指责吗？接下来的战争灾难，以及最终不名誉地抛弃人民观念的行为，能使我们以另一种方式看待这件事，但在1941年，伽达默尔的想法是希望达成和解。然而报告最麻烦的方面是一个人们不能在文本本身中读到

---

[1] *H.-G. Gadamer on Education, Poetry, and History*, 1992, 149："我有一些朋友，一些法国朋友，他们像我想的一样。他们不是纳粹的同情者。但他们和我一样，认为法国的失败也是法国在"一战"后持有的一种非常傲慢的政治态度的结果。 如果不是坚持这些政策，比如无限的赔款，希特勒就不会上台。同样地，英格兰也没有遏制希特勒的扩张主义冲动。他们欢迎这样一个事实，即希特勒统治下的德国已经开始限制法国的权力。"

[2] 正如奥罗斯科所强调的那样 (T. Orozco, *op. cit.*, 117).

[3] J.-P. Sartre, *Carnets de la drôle de guerre* (novembre 1939-mars 1940), Paris, Gallimard, 1983.

的特殊情况。伽达默尔在报告中谈到赫尔德作为"历史感"(sens historique)观念的奠基者,但在念"sens"这个词时没有发"s"的音。他的法国听众因而可能认为他说的是"历史之血"(sang historique),而这完全是不折不扣的纳粹意识形态的精神……在讨论中人们使他注意到了这点,他赶忙纠正了这一歧义。

可以出国旅行这一事实使伽达默尔相信人们接受或容忍了他的独立性,因为所有出国旅行都必须得到教育部[1]的许可。这一保证对于一个不是党员、没有任何"政治功劳"可供炫耀而只是投身于他的教授职业的人来说,有其自身的分量。鉴于普遍的恐怖气氛和在德国肆虐的检举告发,在他的文本中点缀一些意识形态术语方面的妥协,可能是比较谨慎的做法。在极权政体的普遍怀疑的视角下,它们是相对无害的。在这样的极权体制(这已经不同于签名的情形)下生活的人们完全能理解这点,对于那些并不接近官方意识形态的人们来说尤其如此。

在伽达默尔回到莱比锡之后,希特勒发动了对苏联的进攻。这是纳粹政权追求长期目标的开始。从现在开始,纳粹的战争和血淋漓的恐怖不只是残酷的,因为它更让人绝望了。伽达默尔的许多优秀学生被征召到东欧前线,其中包括卡尔-海因兹(Karl-Heinz)、福尔克曼-施勒克(Volkmann-Schluck)以及瓦尔特·舒茨(Walter Schulz)。[2]苏德战争的开启与希特勒犹太灭绝的决定

---

[1] D. Cassidy, *op. cit.*, 465:"每个公务出差的许可因而都能被接受者看作官方对他高度评价的具体证据。"见伽达默尔正式提交给教育部的批准申请,载于 UAL, PA 488, 73。这个申请得到了沙德瓦尔特系主任和贝尔弗校长的支持。沙德瓦尔特和贝尔弗两人都是古典文化的专家,他们被认为是纳粹分子,但对伽达默尔十分同情。沙德瓦尔特几个月后接受了他家乡柏林的一个职位。在莱比锡,伽达默尔成功地接替了卡尔·莱因哈特,后者迄今为止一直在法兰克福。
[2] 1994 年 5 月 28 日瓦尔特·舒茨写给作者的信。另见 D. Misgeld, G. Nicholson(dir.), *Hans-Georg Gadamer on Education, Poetry and History*, 13.

阴险地相吻合。[1] 当然，这依然是一个"秘密的"决定，人们无法想象其规模。伽达默尔总是以令人信服的方式保证，当时他对此一无所知。[2] 然而一切已经表明，对犹太人的镇压在不断加强。当我问伽达默尔他对即将发生在犹太人身上的事情是否有预感，他总是提到他 1947 年写给朋友卡尔·莱因哈特的文本中的描述，后者实际上代表了他的看法：

> 我习惯性地散步到莱比锡的城市大公园，玫瑰谷（Rosental）。在一片开阔地的尽头，有一条小路伸向小树林，那里有一块用长椅围起来的小地方，围绕着这里的可能是儿童游乐的场地。从某个时候起，在这个地方的入口就有一个黄色的告示牌写着"犹太人专用"。这个小场所是留给犹太人的，因为他们不被允许进入大公园。人们可以看到有儿童、妇女和男子在那坐着。莱比锡的居民在它前面路过却不大会转头去看。一开始的时候，这些被排斥的人坐在那里，当天气好时，许多人、太多的人挤在这个小地方。逐渐地，长椅开始空起来。后来只有两三个人在那，到最后可能只有一个人。接着一切都荒废了。草长起来了，树木的苔藓越来越多，鸟儿在那里做窝。黄色的告示牌还一直在那。但有一天，我注意到它也消失了。[3]

一般德国人都觉得大部分犹太人已经移民了。伽达默尔的许多朋友就是这样的。其他人则是"被迫"迁居的。1942 年 1 月，依然待在莱比锡的犹太人被盖世太保集结起来，而后用大卡车运

---

1 P. Hoffmann, 1988, 44.
2 D. Misgeld, G. Nicholson(dir.), *Hans-Georg Gadamer on Education, Poetry and History*, 13.
3 K. Reinhardt, *Akademisches aus zwei Epochen, op. cit.*, 399-400.

走了。[1]其中一个知道"最终解决方案"的人是卡尔·戈德勒(1884—1945),他是反对希特勒的德国抵抗运动中的一个非凡人物。他来自一个律师之家,1930年当选为莱比锡市的市长。在魏玛共和国的最后几年中,他是布吕宁的心腹幕僚,后者在1932年5月提议他为自己的继任者。他当时是胡根堡的德国国家人民党(DNVP)成员,但这并没有妨碍布吕宁1931年任命他为德国价格管制委员会的委员。由于他政绩很好,纳粹延续了他1934—1935年的任职。因为具有高尚的公民意识和严格的道德良知,戈德勒被视作国家忠诚的服务者。正是这种良知使他与当局保持距离。1937年他辞掉了莱比锡市长的职位,因为纳粹希望从公共空间移走犹太作曲家门德尔松的雕像,门德尔松曾在莱比锡生活,在这里领导了世界闻名的格万特豪斯(Gewandhaus)音乐学校。戈德勒于是成为了德国抵抗运动的一个主要组织者并且为罗伯特·博施(Robert Bosch)工作,后者是斯图加特的一个电子巨头,为他秘密工作提供支持和经济资助。[2]戈德勒是1944年7月20日暗杀希特勒行动的其中一个英勇的主使者。由于他的声誉和威望,他将成为希特勒倒台后德国的第一任首相。他甚至曾准备他的任职讲话,然而却于1945年2月2日被处决。

在莱比锡的这些年,伽达默尔与戈德勒经常来往。戈德勒的女儿玛丽安(Marianne)跟随奥托·沃斯勒(Otto Vossler,

---

[1] 见 D. Cassidy, 430: "在1942年1月的两个十分寒冷的日子里,盖世太保公开围捕了莱比锡城里剩下的犹太人——男人、女人和孩子——剥去了他们的外套,并用一辆敞篷卡车将他们带到18公里外的一个小镇,短暂拘禁在他们最后旅程的第一站,那最后的终点我们现在知道是东部死亡集中营。"
[2] 关于戈德勒(Goerdeler),参见 G. Ritter, *Carl Goerdeler und die deutsche Widerstandsbewegung*, Stuttgart, Deutsche Verlagsanstalt, 1954; 以及他女儿玛丽安·梅耶 - 克哈梅尔(Marianne Meyer-Krahmer)的见证(*Carl Goerdeler und sein Weg in den Widerstand. Eine Reise in die Welt meines Vaters*, Freiburg, Herder, 1990)。

1902—1987）学习历史，也修习了伽达默尔的课程，并且是他的助理、将来的妻子凯特·莱克布施的朋友。戈德勒对伽达默尔很信任，邀请他在他的私人俱乐部（不要将它与他的"周三俱乐部"混淆，后者在柏林聚会，并且直接负责针对希特勒的密谋）讲话。伽达默尔曾在他的自传中描述过这个俱乐部："当斯大林格勒的灾难使那些即使瞎了眼的人（除了那些昏了头的人）也能看出战争的结局时，形势普遍变得更危险了。因为正是在这个时候，政治抵抗运动发展壮大了。戈德勒当时在他家里定时举行聚会，人们在聚会上做报告。一天，我在那里谈到柏拉图的国家学说，我记得戈德勒的反应和通常一样十分坦率：这种知识分子的演说正是我们'将来'需要的。人们在为未来准备着什么，人们可以感觉到这点，虽然并不明确知道。"[1] "将来"暗指的是，在暗杀成功之后，当他必须用他的聪明才智重建德国时，德国所需要的智慧。伽达默尔说"非常坦率的"反应，是因为他知道这样的想法是危险的。然而被邀请在戈德勒的俱乐部上讲话，这完全是伽达默尔和他的独立性的荣誉。他并不完全清楚那个密谋（如果不是人们后来知道该事以及戈德勒被处决的话），尽管他感觉到某件事情正在筹划。[2] 由于伽达默尔在自传中没有再谈这件事，于是我与戈德勒的女儿玛丽安·迈耶-克拉默取得了联系，她写信给我谈到了两家之间的关系[3]：

> 伽达默尔和我家之间的关系开始于我1938年到莱比锡学习语文学（和历史）时。1943年伽达默尔和他的第一任妻

---

1 PL, 118；AAO, 144 (trad. mod.).
2 1994年9月24日与作者的访谈。见 D. Cassidy, 460："周三俱乐部的每个人都知道俱乐部的反希特勒倾向，而且大部分人都知道这个处境越来越不妙的密谋。"
3 玛丽安·梅耶-克哈梅尔1993年10月3日写给作者的信。

子被邀请到我家参加我的博士学位庆祝宴会。在1936年12月我父亲辞去他的职务后，我父母继续与莱比锡社会有部分联系。他们组织了晚上的讨论会，伽达默尔和其他人受到邀请。您可以确信的是，我父母只邀请了值得信任的人（我母亲乐意和我一起参加伽达默尔的课程），即讨论会肯定与公开的国家社会党人无关。然而这个讨论会也因此与有密谋想法甚至知道我父亲正在准备此事的人无关。因此我记得那里没有涉及对尖锐的政治问题的讨论。公开的对抗当局乃是十分危险的。在一个极权国家，或更好地说，反对一个极权的国家，有不同程度的表现：从小心谨慎地为了保全而妥协，到致力于颠覆政权的密谋。

伽达默尔的态度不是密谋颠覆，而是"小心谨慎地保全"。他也不是极权统治中的阴谋家。在纳粹统治的最后几年，伽达默尔希望党卫军发动对希特勒的袭击。关于这样的事件的流言在伽达默尔交往的圈子中流传，当他1943年遇到海德格尔时他还告诉了海德格尔。[1]作为军队的精英，党卫军的指挥官们非常清楚战争继续的后果，因为希特勒是完全疯狂的。只有他们能够主导这样的袭击，因为他们有武器，并且一些人有条件接近元首。正是在这种情境下，克劳斯·冯·施陶芬贝格于1944年7月20日发动了刺杀，但刺杀很快失败了。希特勒在莱比锡发动了德国前所未有的镇压浪潮，因为他决心消灭所有或多或少参与这一密谋的人。在刺杀期间，伽达默尔正在布雷斯劳，目的是会见医生和哲

---

[1] 1996年2月6日与作者的访谈。与海德格尔的见面可能发生在1943年10月，在康斯坦茨湖的乌贝林根巴德酒店度假之后（见UAL, PA 488, 85 s.）。莱因哈特（K. Reinhardt, op. cit., 399）也谈到了关于戈德勒的这些谣言："通过拉丁语学者弗里德里希·克林格的引荐，我有时参加了一个戈德勒也在其中的社交圈。我们谈论他所说的事情，它看起来令人难以置信，他说事情很快会有一个令人愉快的逆转。"纳粹自身早就意识到了戈德勒密谋的目标，并密切监视着他（J. Fest, Staatsstreich. Der lange Weg zum 20 Juli, Berlin, Siedler, 1997, 193, 206）。

学家维克托·冯·魏茨泽克(Viktor von Weizsäcker),说服他接受莱比锡的职位。[1] 然而每个与戈德勒有联系的人都感到了威胁,正如卡西迪(Cassidy)回忆的:"在持续的恐怖统治之下,周三俱乐部的所有成员都被抓进监狱,很快被传讯和处死(或由于他们的地位而被允许自杀)。甚至那些出入俱乐部而对这个密谋有所了解的人,尽管他们没有参与密谋,也被判处了死刑。"[2] 伽达默尔没有参加周三俱乐部,但他也必定胆战心惊,因为所有与之有往来的关系都受到怀疑。[3] 他的名字能够在戈德勒的文件上找到。一个含糊的告发和他曾在戈德勒俱乐部里做报告的事实,都足以使他被定罪。人们知道戈德勒在狱中时,曾主动透露他朋友和共谋者的名字,以突出反抗的大规模。[4] 戈德勒只是主要的一个人,伽达默尔还有其他理由感到恐惧。这些年,他还与其他共谋者有往来,可能关系会远一些,但这可能使他受牵连。特别是他的一个朋友安道尔夫·赖希温(Adolf Reichwein)是一个社会主义的抵抗者,曾经在马堡和伽达默尔一起听过沃尔特斯的课,并且战争期间两人在波罗的海的希登塞度假岛上重逢。赖希温在1944年7月初被逮捕,同年8月20日被处决。[5] 伽达默尔还与约翰内斯·波皮兹(Johannes Popitz,他曾在1933—1944年担任普

---

1 HGG, « Breslauer Erinnerungen », *op. cit.*, 206. 在莱比锡档案馆(UAL, PA 488, 86),这是7月15—25日伽达默尔去布雷斯劳大学的公务差旅。伽达默尔利用去布雷斯劳(那里有他的家人)的旅行为莱比锡哲学图书馆购买书籍,它们经常被轰炸所摧毁。战后,维克托·冯·魏茨泽克将成为伽达默尔在海德堡的同事。伽达默尔也与他的侄子里夏德·冯·魏茨泽克很熟,后者于1984年至1994年任德国总统,并且参加了2000年伽达默尔的百岁寿辰庆典。关于这个家族的历史,见 M. Wein, *Die Weizsäckers. Geschichte einer deutschen Familie*, Stuttgart, Deutsche Verlagsanstalt, 1988, 341-405.)。在他回到莱比锡时,伽达默尔收到了马克斯·科姆米尔1944年7月25日去世的消息。8月5日在马堡举行的纪念仪式上伽达默尔表示了悼念。
2 D. Cassidy, *op. cit.*, 122.
3 PL, 122 ; AAP, 148.
4 G. Ritter, *Carl Goerdeler und die deutsche Widerstandsbewegung*, Stuttgart, Deutsche Verlagsanstalt, 1954, 426 s.;J. Fest, *op. cit.*, 307.
5 关于安道尔夫·赖希温(1898—1944),见 J. Fest, *op. cit.*,238s.

鲁士财政部长）有联系。他有富有教养的名声，喜爱精神科学，并且资助了这些学科的出版（其中包括了伽达默尔的一些著作）。和戈德勒一样，波皮兹也是刺杀希特勒行动中最积极的一个成员。如果密谋成功，他就是文化和财政部长。波皮兹 1944 年 7 月 21 日被捕并于 8 月 3 日被判死刑，1945 年 2 月 2 日被处决（与戈德勒同一天）。

*

还有另一个很大的理由让伽达默尔战战兢兢并感到危险。在袭击之后的恐怖清洗中，他的学生及情人凯特·莱克布施被揭发和逮捕了。她向伽达默尔学习哲学以及向奥托·沃斯勒学习历史。当福尔克曼-施勒克被征召到前线时，她接受了他的助理职位。凯特 1921 年生于伍珀塔尔，父亲有一个纺织厂。这是一个自由的灵魂，一个自由思想者（Freidenker），正如他的女儿称他的那样。在希特勒获得权力的那天，他就说："这是德国自由的末日。"他 1936 年突然去世，享年才刚 45 岁，死于服用医生开的药，医生在诊断和用药上犯了错误：于是他被突然的打击击倒，在他女儿惊恐的注视下死去。父亲是她生命中的偶像，而在她 15 岁时命运荒谬地将他夺去。我们无法描述这一冲击对年轻的女儿来说意味着什么。在伽达默尔 2002 年去世后，她向我透露说，她与伽达默尔那一辈人的联系，的确有目睹父亲突然去世（她想寻找一个父亲的替代）的因素在里面。凯特·莱克布施只有一个兄弟，在斯大林格勒战役的前线阵亡。显然，生活对于她来说不是温情脉脉的。然而她光彩夺目而美丽，为她的独立性、直率而强有力的雄心而自豪。当时她在莱比锡学习，她去那里是由于尊敬这所大学的独立性，她从不隐瞒自己对纳粹的想法。在袭击发生的几天后，她和几个女同事在等公共汽车。她们谈到了袭击的失败，而人们记得凯特·莱克布施说了一些很平常的话："啊！这条狗[即希特勒]被暗杀的那天将会是我生命中最美好的一天。"凯特·莱克布施的这句话肯定没有任何不同寻常之处，这不过是来自23岁青年学生的一个无害的宣言。然而在刺杀后普遍的妄想和怀疑的气氛中，这是危险的，因为所有狂热的纳粹分子都感到有义务举报一切他们所知道的周围可能有的谋反。就这样，对密谋一无所知的凯特·莱克布施被她的同事举报了。她很快被逮捕并被"人民法庭"（Volksgerichtshof）控以叛国罪。

我可以查考到的莱比锡的证人描述，开姆尼茨的一个年轻女孩举报了她，说她充满了"对纳粹的150%的"怨恨。按照她们一致的看法，这个女孩嫉妒凯特·莱克布施的美貌和智慧，同样也嫉妒她与伽达默尔的亲密和众所周知的关系。[1] 根据伽达默尔的学生、凯特的朋友罗斯玛丽·赫尔曼（Rosemarie Herrmann）的说法，这个年轻的纳粹分子曾威胁要举报凯特·莱克布施，因为后者习惯对纳粹发表一些大胆的议论。因此凯特·莱克布施得到过预先的警告。根据罗斯玛丽·赫尔曼的说法，这个女孩的举报也针对伽达默尔本人，由于她的嫉妒，但无疑也由于伽达默尔所设课程的有些"非政治"的特征。在每堂课的开始，所有教授都必须伸直手臂行德意志礼，但不那么狂热的纳粹分子满足于手臂的含糊而迅速的手势。所有学生都懂得这意味着什么。在凯特被

---

[1] 这里所给出的信息基于——除伽达默尔夫妇的证词外，伽达默尔不是很乐意谈这点，但他妻子在伽达默尔去世后更加健谈——对这些事件的多个独立证人的采访，其中有些人要求匿名。我乐于向卡尔·戈德勒的女儿玛丽安（她生活在海德堡）和路德维希堡的罗丝玛丽·克莱因克内希特－赫尔曼表示感谢。两人在莱比锡向伽达默尔学习，并且与凯特·莱克布施熟识。

捕入狱后，伽达默尔更有理由感到"战战兢兢"——如他在自传中委婉地说的那样——并且认为自己处于危险之中。警察在凯特那里找到了伽达默尔的信件，并且传唤了伽达默尔。伽达默尔向他们解释说这些都是私人信件，强调这个年轻学生可能倾慕他。伽达默尔是一个大学教授（Herr Professor），这在德国很受人尊敬，同时他是一个已婚人士，人们直接将这些信还给了他。伽达默尔烧掉了信，并且与凯特保持了交往的距离……

人们可以在1999年出版的德文传记上读到这个省略号，该书出版于伽达默尔有生之年，这个省略号的意图（尽管难以理解）是表示我没有说出所有我知道的东西。这两个当事人现在已经作古，现在我可以说那些我知道的东西，只要我认为这些东西有超越个人隐私和闲言碎语（"人们告诉我……"）的重要性。首先，凯特·莱克布施对伽达默尔疏远她的态度十分气恼。他断绝了与她的所有联系，从不写信给她，从不去看望她，也不在她即将要经历的诉讼中扮演任何角色。他是个懦夫吗？在爱人最困难的时候他弃之不顾吗？人们可以思考这个问题，然而作为传记，我们把判断留给读者。对于伽达默尔，一个已婚人士，一个孩子的父亲和受人尊敬的教授，可以"辩白"的是：很清楚，受到更大的连累于他是很危险的。可能正是因为这点，他疏远了她。我认为凯特·莱克布施一直怨怪伽达默尔。并且如果后来他受到凯特冷酷的、过于严厉的对待（即使在有陌生人在场时），回想起来其中也有点婚姻复仇的因素在里面。然而我不想在这里过于陷入精神分析，这不是我的专长。其次，我要说的另一件事情是，我与伽达默尔讨论过是否在这一传记中叙述这一情节（我在这里不谈凯特对她丈夫的态度，并且这一切只不过是她的一面之辞和她的事情）。只是在后来我才明白伽达默尔夫人为何慎重地守口如瓶（在她丈夫去世前，她不敢对我说她有多么责怪他）。这是否是一件应该保持私密的事情？我认为不是，因为这里有诉讼，并且此事属于伽达默尔在国家社会主义之下的生活。他的传记旨趣很明显：它表明伽达默尔与一个学生往来密切，而这个学生被纳粹判刑。但我未能说的是，当事情变得危急时，伽达默尔与她保持了距离，这对他来说并不光彩。在1999年传记中我没有说，我也不能说的另一件事情是：伽达默尔不只是与她保持了距离，他的很多行为也发生了变化。根据罗斯玛丽·赫尔曼——他以前的学生——的说法，学生们（他们知道凯特的故事和她与伽达默尔的关系）注意到伽达默尔教授的"德意志礼"变得更坚定有力，正式会面时"希特勒万岁！"的口号也喊得更响亮了。总之，因为担心自己的性命，伽达默尔感到需要做出更明显的手势来表明他的"顺从"。他没有成为党员，没有揭发检举任何人，也没有任何作恶行为，但重要的是表明他没有什么可责备自己的。在严酷的时刻，在他的处境下这种行为在某种程度上是"可以理解的"。但可能更恶劣的是——虽然这更多属于八卦的范围——伽达默尔当时有了一个新情人，弗豪·冯·乌特瑙（Frau von Wütenau），另一个学生，她有很好的出身（"冯"），凯特·莱克布施可能对此一无所知，因为她被关在监狱。这是罗斯玛丽·赫尔曼告诉我的。这个冯·乌特瑙，我没有找到关于她的任何记载，可能不是一个重要人物。但历史倾向于证明伽达默尔想要翻过这一页而重新开始。这就留给省略号吧……

  凯特·莱克布施的案子于1944年11月7日在柏林开庭，和她的生日是同一天。法庭对她的指控是"动摇军心"（Wehrkraftzersetzung），可判死刑。在纳粹政权下，某种程度的依法依规还得到坚持，诉讼是按照法定程序进行的。对于一个判决来说，必须要有两个证词。除了已经指控的那个纳粹，凯特能否被释放有赖于对另一个同事格特鲁德·伯特霍尔德（Gertrude Berthold）的审理，后者跟随伽达默尔学习，并且在特奥多·亨策那里学习艺术史。[1] 令凯特惊讶的是，格特鲁德有勇气撤销指控她朋友的最初的证言，指出那是在强迫的情况下做出的。这个翻供救了凯特的命。因为只有一个孤立的证言，无法得到佐证，指控"因为缺乏证据"而被驳回。

凯特·莱克布施记得法官在整个一天中不停宣判死刑，显得有点疲惫，这可能也使他们想尽快结束审判。在难以置信的一天之后，她和那些被判死刑的人一起被安置在警察的一辆卡车上，她有一种得到"第二阶级的解放"[2] 的不好感觉。然而她并没有就此被释放。民事法庭放过了她，但盖世太保对与密谋有关的一切更加多疑，强制她"遣返"（Rückführung）。因而她被转移到盖世太保在柏林帝王大道的监狱。1945年4月初，她收到要运送她到收押女性的拉文斯布鲁克（Ravensbrück）集中营的命令。运送命令上写着"审查日期：5月8日"。她问监狱的看守这意味着什么（这多少是不被允许的）。对方生硬地回答道："在此之前，将有一个关于你的报告。"凯特在狱中遇到一个半犹太血统的人，她的亲属们在7月20日的袭击事件中受牵连并被处决。因而她

---

[1] 特鲁德·伯特霍尔德后来是特奥多·亨策的12卷本著作的编者，该著作1981年起在斯图加特的乌拉豪斯（Urachhaus）出版，其第一卷就是献给乔托（Giotto）的。关于人民法院的制度和实践，见 H. W. Koch, *Volksgerichtshof: Politische Justiz im 3. Reich*, München, Universitas Verlag, 1988；K. Marxen, *Das Volk und sein Gerichtshof: eine Studie zum nationalsozialistischen Volksgerichtshof*, Frankfurt a. M., Klostermann, 1994.
[2] 凯特·莱克布施1997年11月10给作者的信。

能向她解释5月的所谓"审查"意味着什么。看守严厉的目光已经很清楚地透露了。在盖世太保监狱中的其他囚犯（被控偷盗和违反公共法规的轻罪）也从拉文斯布鲁克集中营回来，跟她讲述那里发生的处决以及其他无法形容的暴行。于是凯特·莱克布施很快明白她必须与要在她转移文件上签字的监狱负责人"谈判"。她已经注意到对方很喜欢她（我们曾说过她长得非常迷人）。之所以凯特·莱克布施相信她有操作的空间，是因为看守很清楚苏联的军队包围了柏林，并且因此可能不会再接到转移命令。为此她必须找到一个机会跟对方说。当时，英国习惯于19点准时轰炸柏林。那时会有警报响起，所有的囚犯和看守按惯例都要到地下室去。在警报撤去后，她与监狱负责人一起上楼时直接问他："听说你今天早上收到了转移的命令。我想给你一个建议。你不应该送过去。"那个严厉的普鲁士人似乎并不理解，于是她加了一句："你和我都知道这意味着什么。"他的表情证实了极大的不安所在："今天是周三。我建议你不要在周一前送过去。"这次，规则似乎得到了尊重，他尽量显得放松："好的，好的，亲爱的莱克布施，我将为你这么做，只是为你。"他重复道，即使这显然使得他良知分裂。接下来的周一，即4月23日，俄罗斯人准备入侵柏林，轮流将炮弹雨倾泻在城市上。监狱负责人于是决定打开监狱门，释放了所有的囚犯。这样他就逃避了良知的两难，这个良知使得他没有签署转移凯特·莱克布施的命令……在释放他们之前，监狱将逮捕他们时收缴的私人用品归还给了他们。凯特·莱克布施收到了一个她祖母给她的金链子，以及她的储蓄账本（好像这对她还有用似的！）。监狱的负责人坚持让所有囚犯给他签署收到用品的收据。德国的命令在混乱中得到顾全：负责人打开了监狱的大门,违反了他最严格的职责,不过却让囚犯签了符合规定格式的收据。当时,凯特·莱克布施从窗户里看到,在院子旁,盖世太保的警察们拼命地焚烧所有档案文件,以免它们落入敌人之手。而这并不妨碍监狱负责人制造新的文件。

和在监狱里遇到的"半犹太血统"朋友一起,凯特·莱克布施首先在这个朋友的朋友家柏林-达莱姆那找到了避难所,连同另一个"半犹太血统"的名叫穆勒(Müller)的女性,她是两个女孩的母亲。这些犹太人正好住在党卫军的首领海因里希·希姆莱(Heinrich Himmler)的私邸旁边……苏联军队接近了这一区域。关于她们,传言的最坏的事情成了现实。穆勒的邻居们宁可自杀,而凯特·莱克布施则对我保证说她奋力抵抗了强奸的企图。很明显她必须尽一切代价逃离柏林,与在易北河另一边的盟军汇合。逃亡途中,在她寻找避难所的其中一个住宅中,她遇到了威斯特法伦政府的前首脑冯·吕宁克(von Lüninck)男爵,后者也想去西部并且找到他的家人。因此他们一起上路,路上靠吃芦笋撑下去,芦笋是凯特·莱克布施用她依然有用的储蓄账户中的钱买的。他们在菲尔斯滕贝格滞留了一段时间。而后冯·吕宁克男爵独自踏上了他的道路,因为这位绅士不想使像凯特·莱克布施这样的年轻女子暴露在非法穿越易北河(它是当时占领区之间的"前线")的危险之下。他建议她最好走边防站通过。她听从了,不过人们拒绝准许她穿越边境。但她坚决要到西部去。她用自己的金链子贿赂了一个士兵,对方愿意帮助她,给了她一个被用作木筏穿过易北河的木门。

她去了莱比锡,那里不是太远,并且被美国人所占据。她住在伯特霍尔德家。这也是她十个月以来第一次再见到伽达默尔。

帝国此时正在溃败，一切都表明美国人将撤出莱比锡，以将萨克森州交到俄罗斯人手中。于是她决定离开莱比锡。伽达默尔和她有过一次小谈话，对她说这是一个操之过急的决定，因为德国的所有边境很快将消失。她回答他："这一切不过是冷咖啡"，也就是毫无意义。接下来的历史证明她是对的。首先，她再次见到在伍珀塔尔的母亲，并且在1945—1946年冬季重拾起她在哥廷根的学业。然而那里遇到的历史教授们的不曾中断的国家社会主义使她感到震惊。于是从1946年夏季学期开始，她就转到法兰克福去学习，在那里她再次遇到了曾在莱比锡时认识的她所喜爱的历史老师奥托·沃斯勒。一年后，伽达默尔本人也接受了在法兰克福的职位。凯特·莱克布施在美国审查办公室工作了一段时间，之后在伽达默尔的推荐下，成为克洛斯特曼出版社的校对员。1950年7月，她嫁给了伽达默尔，并且和他一起去了海德堡。[1]

*

在纳粹梦魇的最后几个月所代表的历史中，伽达默尔的态度并不是很光彩。他显然不是第一线的抵抗者。否则，他将经历和戈德勒或赖希温一样的遭遇。但是，他的朋友和学生的圈子直接或间接地证明了他不是纳粹，即使他作为大学教授，以及由此作为政府公职人员和公众人物，不得不时不时向政权提供他"善良倾向"的外在迹象。在极权国家中，这是任何人都无法避免的妥协。然而他的确与公开的反对派和抵抗者交往密切，例如戈德勒，或

---

[1] 由于凯特·莱克布施的故事属于伽达默尔的私人生活，因此伽达默尔从未公开地谈论关于她的案子。但他有时间接地提及，特别是1990年的访谈 « ... *Die wirklichen Nazis hatten doch überhaupt kein Interesse an uns*», 549 (*Gadamer in Conversation*, 126)："我们都以夸大盖世太保对事情的掌握程度的方式参与了恐怖活动。我们以为它知道一切。我经历过这样的事情：由于它的揭发，我的妻子被控告到人民法院。我是戈德勒的朋友，而他的女儿是我的学生之一。当戈德勒被揭露时，我们都很害怕。"

（在另一个水平上）凯特·莱克布施。当他1943年在"人民法庭"上被传讯时，他也站在了他朋友沃纳·克劳斯一边。然而伽达默尔看到，他抵抗的真正使命在别处，即在对卓越的哲学教育的追求中，这种教育有助于培养纳粹梦魇过去后人们所需要的独立知识分子。在斯大林格勒战役之后，所有德国人都知道，纳粹的命运已经被最终决定了。唯一不确定的是留给德国的地位是什么。没有人知道将发生什么，对伽达默尔来说唯一紧迫的是克服一切困难继续哲学工作。法兰克·德兰诺伊（Frank Delannoy）曾重新找到1943年伽达默尔的一个学生的珍贵见证，这个学生叫古德伦·施瓦茨穆勒（Gudrun Schwarzmüller），是一个受政治迫害的人物的女儿，她说："在莱比锡我遇到了如伽达默尔、莱因哈特、克林格等教授。在他们的课堂上和讨论班上，所有思想、所有语词都是针对纳粹精神错乱的解毒剂（gegen den braunen Ungeist），因为他们所教导的，乃是思想，是精神的自由、责任、对知识的憧憬和对真理的爱。我们这些学生都知道他们所处何地。"[1]

正如鲁迪格·布伯纳（Rüdiger Bubner）注意到的，伽达默尔在纳粹期间的课程计划与他1960年代在自由而开放社会中的一般无二：前苏格拉底哲学、柏拉图、亚里士多德、康德、黑格尔、海德格尔、里尔克。[2] 在他1942年论柏拉图的论文中，伽达默尔谈到了"哲学的培养"，它比所有政治纲领更重要。这是他在自己全部职业生涯中为之捍卫的一个信念。

在日常现实的恐怖中，它是伽达默尔拥有的唯一价值，即使

---

[1] G. Schwarzmüller, « Leipzig Universität 1943 », dans Wallersdorf. Briefe an die Herausgeber, 引自 F.Delannoy, op. cit., 77.
[2] R. Bubner, « Laudatio auf Hans-Georg Gadamer », dans Sinn und Form, 49, 1997, 11-12.

它有危险。这种日常现实是怎样的？按照伽达默尔的回忆，它被持续不断的轰炸所支配，其结果是使所有超越当下生存的努力瘫痪。这导致一种麻木，能够在民众中激起对盟军的怨恨反应，最终被用来服务于纳粹统治的利益。[1] 莱比锡的相邻城市德累斯顿的轰炸尤为人知。但莱比锡也没有逃过轰炸。1943 年 12 月 4 日，整个城市中心被夷为平地，其中包括大学上课的主要建筑。那天，大学的 92 个学院和临床机构中的 58 个被波及。教学因而被转移到圣托马斯学校，当后者也被破坏时，就转移到了主图书馆。当图书馆也遭到轰炸后，就换到了小学校和古代的王室住宅开展教学，最经常的是在没有供暖的房间："在中心城区的差不多所有建筑都被摧毁（1943 年 12 月 4 日）的约 10 天之后，我在一个尚保持完好然而没有供暖、灯光和玻璃窗的房子里继续我对 [里尔克] 第三哀歌的阐释。学生们在那里（当然，也没有这一切），每个人都裹着厚厚的衣服，手里拿着蜡烛。Tenebrae[2]。"[3]

这些振奋精神的授课的继续，是人们在普遍绝望中的唯一希望。它们的取消有心理上的糟糕影响。正如卡尔·莱因哈特所回忆的："我从未感到我的教学如当时那般有意义，将来也不会。"[4] 那个时候，伽达默尔在电车上遇到了他朋友安东·基滕贝格（Anton Kittenberg），后者和他妻子凯塔琳娜（Katharina）在主持因泽尔出版社，对方在他耳边轻轻地说了一句古老的罗马箴言 et illud transit（这也将过去），这意味着我们继续坚守在那里，我们的

---

[1] 见 J. Fest, *op. cit.*, 339.
[2] 指基督教的熄灯礼拜仪式。——译者注
[3] PL, 118；AAP, 143. 也见 K. Reinhardt, *op. cit.*, 399.
[4] K. Reinhardt, *op. cit.*, 399.PL, 116；AAP, 141 (tr. mod.)："对其他人来说，很明显，纳粹悲伤记忆的'过时'浪潮已经结束了，而从政权的角度看，现在是一个个批判的青年坐在了教室里。"

工作将继续。[1]

伽达默尔的社会生活局限于与同事们打交道。教授们构成沙漠中的一片绿洲，在其中人们可以随心所欲地谈话。伽达默尔说，在他的记忆中，纳粹和党在那里没有影响力。他所在的系和大学在很大程度上未受影响。在阿图尔·尼克之后，当时在大学很有影响的经典古代文化专家赫尔穆特·贝尔弗（Helmut Berve）接替成为校长。他在就职演讲中，曾引用歌德的话"艺术家的形式，并不言说"，以强调不是政治、而是科学（以及艺术）对大学至关重要。[2] 当伽达默尔成为政治告密的对象时，校长总是保护他。它们为数众多，潜藏危险，但在莱比锡却不奏效（至少在1944年7月20日以前是这样）。恰恰是伽达默尔课程的非政治特征吸引了学生们，或更准确地说是女学生们，因为基于一切效用的考量，教室里只有女生和战场上的轻伤员，所有的小伙子和年轻人（经常是大一点的孩子）都上了前线。所有人都钦慕他自由而宽容的精神。只有在伽达默尔1960年代与哈贝马斯的争论中，以及随着哈贝马斯自命为进步主义之后，他才显得是一个"保守主义者"。不同于更年长的、有些高傲、冷淡和自负的教授们，伽达默尔富有魅力，散发着精神开明和清新的气息。

正如在马堡时的情形那样，伽达默尔在莱比锡参与了经典古文化兴趣俱乐部，并且培育一种存活在大学理念中的学术共和国（res publica litterarum）精神。在那里他再次遇到了卡尔·莱因哈特、贝尔弗校长、考古学家伯恩哈特·施韦策、法学家弗朗兹·维克尔（Franz Wieacker）和德布尔（de Boor）、拉丁语学者弗里

---

[1] 伽达默尔后来经常引用的这句名言概括了当时他的精神状态。见 «... *Die wirklichen Nazis hatten doch überhaupt kein Interesse an uns* », 550；AAP, 144；GW 8, 367。
[2] D. Cassidy, *op. cit.*, 430.

德里希·克林格、艺术史家特奥多·亨策，同时也包括一直生活在莱比锡的物理学家维尔纳·海森堡，虽然他当时在柏林的威廉皇帝研究所（Kaiser-Wilhelm-Institut）工作。这个小群体代表了大学的领导之魂，而伽达默尔在那里享有很高的声望。1945年1月，沃尔夫冈·威尔曼斯（Wolfgang Wilmans）校长身体有恙（他1944年接替的贝尔弗），伽达默尔成为校长的接替人选[1]，虽然他不是党员（对官方职位来说，这是普遍需要的）。幸运的是，这件事没有发生（副校长马施克主持校长的工作直至选举，在政府倒台后，伯恩哈特·施韦策被美国人批准接替校长），因为这对于他的思想的接受来说无疑是一个悲剧。几个月后，1946年，在苏联势力（它们接替了在莱比锡的美国人）的支持下伽达默尔成了校长。人们总是在这一任命中看到（并且有理由这样看）伽达默尔政治独立性的证明。这当然有助于他当选校长，不过真实情况是他本可以因同样的理由在纳粹统治下更早成为校长，因为他享有的独立性声誉使该所大学的教授们十分满意。在其他政权下，大学也尝试捍卫它的独立性，稍有不同的是，在共产主义政权下它做得不那么成功。

---

[1] 参见1945年1月2日弗丽达·伽达默尔给克吕格的信（UAT, Krüger-Archiv）："现在，必须离开的是校长（汉斯-格奥尔格不幸冒险继承这个职位！）。我希望事实并非如此，因为校长任期已经到了。"

12
阶级斗争标志下的
校长任期

> 不再有人能否认，我们进入了这样一个时代：工人阶级成功地将他们的意图主张施加于政治领导上。
>
> ——伽达默尔，1947 年[1]

当美军进攻的坦克 1945 年 4 月 18 日到达莱比锡时，伽达默尔正在阅读沃纳·耶格尔的书《教化》(*Paideia*)[2] 的最后一卷。作品居然能于 1944 年在柏林出版，尽管它是由一个 1935 年因其妻子是"半犹太人"而移居芝加哥的作者所写。"全面的战争？"伽达默尔后来自问。[3] 纳粹真的成功地以深入持久的方式渗入和玷污了学术研究的世界吗？伽达默尔属于那些成功地在古典研究中找到庇护所的人。这使得他可以利用如约翰内斯·波皮兹这样有权势的部长的善意保护，后者允许出版古代文化领域及符合其古典人文主义精神方面的著作。

伽达默尔当时居住于宁静的马克勒贝格的房子里，这个房子是从沙德瓦尔特那里接手过来的，当时沙德瓦尔特得到了柏林的任命。房子的屋顶已经被轰炸所破坏。邻居和学生们帮助伽达默尔将一个临时大帐篷覆盖在整个房子上，但很快房子被美军征用

---

[1] « Universität in unserer Zeit. Der Leipziger Rektor über den gesellschaftlichen Auftrag der Wissenschaft », in *Göttinger Universitäts-Zeitung* 2, 9 mai 1947, n° 11, p. 10.
[2] 参见，GW, 5, 229. 关于沃纳·耶格尔很好地洞见到了纳粹 1933 年的掌权，见 G. Leaman, *Heidegger im Kontext*, Berlin, Argument, 1933，以及奥罗斯科更带偏向性但信息丰富的文章：« Die Platon-Rezeption in Deutschland um 1933 », *op. cit.*
[3] GW 2, 491; PH, 28.

作驻扎士兵。伽达默尔乐意服从征用，因为这证实了纳粹的噩梦的确将要终结。于是他有几周借住在朋友格特鲁德·伯特霍尔德的父母家。正是在那里，1945年5月的一天，凯特·莱克布施突然出现了。伽达默尔在楼上的卧室听到她的声音。这是几个月来他收到的她还活着的第一个信号。她很快动身前往伍珀塔尔，因为她害怕俄罗斯人的到来，以及与伽达默尔家住在一起可能不方便。

伽达默尔有时回到自己家去找一本书或看看是否一切安好。他宽慰地看到美国人很注意爱惜他的住宅，虽然他们在屋里到处都挂满了性感美女的照片。但这就是美国人，而这可能属于他们给莱比锡带去的自由之风。

战争结束的几周后，伽达默尔得知他的学生福尔克曼-施勒克在位于勒肯镇的美国俘虏营中，这个镇在莱比锡往南25公里处，尼采就出生和埋葬在这里。在这一伽达默尔描述的"平生中为数不多的英勇行为"中，为了解救他的学生，他骑着女儿的自行车，在难以通行的道路上经过两天的长途跋涉。[1] 美国人表现出了灵活变通，伽达默尔得以成功地使学生被释放。因此他有可能与美国人融洽相处。

然而美国人没有在莱比锡停留很长时间。4月份，艾森豪威尔将军和他的部队放弃前往柏林而将德国首都的解放留给苏联，后者承受了战争最惨重的伤亡（2000万人死亡，东部前线比西部更惨烈）。然而，按照德国政治形势的最终条约（其细节还有待协商）的预期，美军能够驻扎在柏林。作为交换，美国势力7月

---

[1] « Gedenkworte von Hans-Georg Gadamer », in *Gedenkreden auf Karl-Heinz Volkmann-Schluck 1914-1981*, Kölner Universitätsreden, n° 59 (1983), 9-10.

1日从他们所占据的图林根州和萨克森州撤回。他们7月2日被苏联军队替换。在所有人的心中，这一政治操纵的直接后果并不明显，虽然普通德国人对俄罗斯人的恐惧根深蒂固。人们也可能将占领方的变更看作总体和平条约达成之前的一个临时措施（而这直到1990年才实现）。

对于美国人和俄罗斯人来说，当务之急都是去纳粹化。这几年甚至几十年，德国都忙于这件事。意图将纳粹从所有官方岗位上清除出去，特别是将他们最恐怖的暴行（实施种族灭绝的集中营中的暴行）暴露给德国舆论和国际舆论，这很容易理解。它的值得推崇的目标乃是清除纳粹意识形态的根源，以避免它卷土重来（不到30年的时间发生的两次世界大战事实上为我们敲响了警钟）。然而从德国人的角度看，这种忧虑有些夸张，因为经过12年的纳粹恐怖，大部分的德国人认为不再需要特别的措施来去纳粹化。纳粹主义自身已经身败名裂了。不过德国人也很理解对于占领者来说，去纳粹化是第一位的事。这对大学也有影响。从5月10日起，伽达默尔已经填了一份美方的表格，在表格上他需要回答有关他政治过往的一些问题。不久后，俄罗斯人以可能更加坚决的态度要求这样做。

在纳粹统治的最后几个月，尽管房子受到破坏，大学依然继续运转。在战争最后的几周期间大学被关闭之后，人们决定让它重新恢复运行。在1945年5月11日写给所有教授的信中，副校长埃里希·马施克（Erich Maschke）敦请他们5月16日选举一个新校长，信里回顾了这所荣耀的大学在最近这几年中所表现出的坚韧："自1943年12月4日以来，在莱比锡大学400年来历史中最糟糕时刻，乃是不放弃这所大学的坚定决心鼓舞着教授们和同学们。我们面临着修复被空袭所造成的损毁的直接任务，以及通过在当下达到其顶点的危机，保持我们大学的连续性和捍卫其实体，至少是它的根本核心的更普遍义务。在其大部分的建筑和图书馆被破坏后，这一核心仅仅通过它的教授团体得到体现。它特别应该得到保护，因为它代表了大学最后的伟大价值。"[1]

信的内容很清楚：如果大学成功地挺过了1943年12月及之后几个月的物质上的破坏，那么现在迫切的是在希特勒统治倒台后捍卫它的自治和它生存的意志。为此，当然必须从校长开始，重新确立大学的领导。从德国投降前的一周，5月1日起，美方就同意了新校长的选举原则，提出的条件是候选人不能做过纳粹党员（长期以来这是去纳粹化中的唯一决定性准则）。由于美国人禁止多于五人的集会，选举只能采取书面投票的形式。在5月11日的信中，马施克指定了可供考虑的候选人，明确了有六人已经拒绝被提名，他们是：海因里希·波恩卡姆（Heinrich Bornkamm，神学）、特奥多·弗林斯（Theodor Frings，德国文学）、特奥多·里特（哲学与教育学）、路德维格·威克曼（Ludwig Weickmann，地球物理学）、布克哈特·赫尔费里西（Burckhardt Helferich，化学）和埃伯哈德·施密特（Eberhard Schmidt，刑法学）。已经接受提名的是阿尔布雷特·阿

---

[1] UAL Rektorat 50. 埃里希·马施克（1900—1982）是经济学和社会史教授。1933年起他是冲锋队的成员，1937年起是纳粹的成员。1945年11月15日，他受到萨克森州政府解雇教师的影响。但是伽达默尔总是在他身上看到一种独立精神。载于1984年3月21日的信件（发表于 Helga A. Welsch, « Entnazifizierung und Wiederöffnung der Universität Leipzig 1945-1946. Ein Bericht des damaligen Rektors Professor Bernhard Schweitzer », in Vierteljahreshefte für Zeitgeschichte 33, 1985, 349）。伽达默尔认为，他的"客观、诚实和保护我们所有人不受政权影响的意愿"对他的同事来说是毋庸置疑的。1946年他成为斯派尔的教授，1956年成为海德堡的教授。1968年他得以退休。

尔特(Albrecht Alt,学家、旧约专家)、弗里德里希·洪特(Friedrich Hund, 物理学)和伯恩哈特·施韦策。伽达默尔没有在第一轮投票中被考虑，不过他从副校长马施克那里接受了组织选举的授权。

最终是考古学家伯恩哈特·施韦策（1892—1966）当选。新校长出身于人文科学，他体现了莱比锡大学的人文传统，这有助于捍卫大学的独立性。1938—1944年，他担任由沃纳·耶格尔创立的杂志《古代》的负责人，伽达默尔1943年关于"荷尔德林与未来"的报告刊登在该杂志上。[1] 他属于莱比锡的古典古文化专家的小"圈子"中的一员，这个圈子聚集了莱因哈特、克林格和伽达默尔等人。他新官上任的第一把火就是遴选系主任。5月19日，他任命他的朋友伽达默尔为大哲学系（这个系下面包括了人文科学、语文学－历史学和精确科学）的代理系主任，直至严格依照程序的选举举行。选举于7月5日举行，它确定了伽达默尔系主任的职务。在关于他的任命的说明上，强调了如下事实："作为大学教授，他发挥着深远而持久的作用；这些年，通过教育他的听众清晰而独立地思考，他卓有成效地帮助了莱比锡的大多数人文科学的学生远离国家社会主义。"[2]

伽达默尔是一个政治上无可非议的候选人，能够在所有政治监管势力面前捍卫科学的独立性。当然，人们普遍地相信美国人而更加怀疑俄罗斯人。尽管如此，一些人依然害怕占领当局轻率地将他们的政治理想强加于大学，特别是担心在去纳粹化问题上

---

[1] 现载于GW 9, 20-38。但伽达默尔说（GW 9, 471），它是不可能出版的，因为它在结尾引用了荷尔德林的和平赞美诗的诗节。这篇文章只是1947年发表在《对精神传统的贡献》上。
[2] UAL, PA 488, 130。

有过于任意运用的危险。[1] 教授们在纳粹下以极大代价所捍卫的大学独立性必须得到保持。

作为一个如此大的院系的系主任,伽达默尔此后参与了大学的所有重大决定。第一个要操心的事情就是大学的重新开张和恢复运转。但在这之前,还有许多关于人员、物资,也包括原则方面的问题需要解决。在物质以及人员方面,大学受到严重破坏(和德国的其他大学一样)。1943年12月以后,大部分建筑都成为了废墟。然而人员受到的破坏可能更为严重。不仅许多教授在战争最后几个月的"总动员"期间在前线战死,还有许多科学家和医务人员在美军撤离莱比锡时被他们带走或"强行疏散"。在1945年6月22—26日,不少于52名莱比锡的教授和研究员这样被带走(总计有1294～1800名科学家被美国人从他们让给俄罗斯人的地区那里带走),虽然他们中的许多人无疑对此感到很乐意。[2]

大学受到各级政府实行的去纳粹化措施的影响。当然,人文

---

[1] Jerry Z. Muller (*The Other God That Failed, op. cit.*, 318) 正确地看到了与1933年教授们持有的态度类似的态度:"现在,有些教师同情新的权力当局;至少到1945年,有许多人支持大学的某种去纳粹化。但最重要的是,与1933年一样,教师似乎一直注意保护自己免受那些拥有军事政治权力的人的意识形态动机所引发的行为的影响。在1945年和1933年,其策略都是根据他们过去的记录从那些被认为最受新政权信任的教师中选择大学官员。因为只有通过这种信任,大学才能免于被教授们所认为在其权限范围内的最糟糕过分的任意干涉的影响。"
[2] 关于这个问题,见 H.-U. Feige, «*Vor dem Abzug: Brain Drain. Die Zwangsevakuierung von Angehörigen der Universität Leipzig durch die U. S. Army im Juni 1945 und ihre Folgen* », in *Deutschland-Archiv* 24 (1991), 1302-1313. 这种强制撤离的目的似乎是使俄罗斯失去具有重要战略意义的科学家。它引起了人们对莱比锡的美国人的一丝苦涩感受,也引起了施韦策校长的抗议。伽达默尔在1947年秋季的校长告别演说中提到这一点:"建立一个自由民主的德国,这是今天所有人的任务,它必须在不可动摇的基础上进行。国家社会主义政权毁坏了科学研究和教学的纯洁性,许多教师因为加入过纳粹或其组织而被解雇,而在占领军替换期间,一些研究者和高水平教师被要求违背他们的意愿离开莱比锡。"人们对美国人在莱比锡大学的马克思主义历史学中驱逐知识分子十分赞赏(见 D. Keller, *Karl-Marx-Universität Leipzig, in Wissenschaftliche Zeitschrift. Gesellschafts—und Sprachwissenschaftliche Reihe* 27 [1978], 21 s.; *Alma mater Lipsiensis. Geschichte der Karl-Marx-Universität Leipzig*, dirige par L. Rathmann, Edition Leipzig, 1985, 272)。然而,海尔格·韦尔施(Helga A. Welsch ,*op. cit.*, 343) 回忆说,有几位同事自愿参加了这次"强制撤离",几个月后,他们中很少有人想要回到莱比锡。

学科在纳粹统治下成功地维护了他们的自主性,其中一个原因应归于在大学改组中担任领导职务的那些代表,但在其他院系还有更多的纳粹党员。在医学系里,不少于73.5%的研究员和教授曾是纳粹党的这个或那个机构的成员。这就是为何医学系可能要关闭的问题会成为伽达默尔校长任期中一个巨大而难解的结。[1]在他看来,在医科大学里,这一对党的归顺是可以理解的:一个临床院系的负责人不希望被他的作为党员的门房告发。

人事的问题因而常常是去纳粹化的问题。这个意图当然应该受到赞扬和理解,但它所激起的争论变得越来越意识形态化。大学的领导者和教授们害怕人们利用它强加一种新的意识形态。领导此后的城市事务的苏维埃军事当局(SMAD)实际上希望用认同了社会主义的头脑去取代那些被解雇的教授,社会主义被当作对抗纳粹主义的最好解药。在苏维埃地区,去纳粹化活动开展得远比德国西部地区更积极,这就是其中一个原因。[2] 苏维埃的意识形态兴趣一望可知。因此许多教授认为他们不过是在摆脱了棕色外套(纳粹)后很快又穿上了红色的,这个说法来自经过特奥多·里特修改后的弗里茨·塞尔布曼(Fritz Selbmann)的用语[3],这个了不起的哲学家在1937年勇敢地辞去了他的职务。

在伽达默尔看来,在纳粹如此轻视大学和知识分子,让其放任自流的意义上,"红色"意识形态对大学来说甚至更为危险。

---

[1] 见H.-U. Feige, «*Aspekte der Hochschulpolitik der Sowjetischen Militäradministration in Deutschland (1945-1948)* », in *Deutschland-Archiv* 25 (1992), 1169-1180. 关于医学院的困难(它的命运在伽达默尔看来很重要,因为其目标不是"在大学里实施革命,而是治病救人"),见 PL,125;AAP, 152.
[2] 见 H.-U. Feige, « *Aspekte der Hochschulpolitik der Sowjetischen Militäradministration in Deutschland (1945-1948)* »,1171s.
[3] PL, 123;AAP, 150.

共产主义者试图改造知识分子和彻底地渗透进大学。[1] 去纳粹化为此提供了一个绝佳的机会,它很多时候可能只是被当作一个借口。占领者们于是很自然地利用了德国人强烈的负罪感。一个德国人如何能够反对去纳粹化?是否有心术不正者用口口声声说着和平、民主、和解和新起点的社会主义者替代了纳粹分子?在奥斯维辛之后,很难有德国人与如此喋喋不休的陈词滥调对抗。大学明显面临着一个新的强制意识形态化的威胁。这就是为什么对于教授们来说捍卫大学的自主性非常重要,正如在过去12年他们勉力所做的那样。面对苏维埃军事当局,大学的"资产阶级"领导人有时提出纯粹现实政治(Realpolitik)的论据:如果新的占领者过于粗暴地施加一种政治意识形态,他们会有在异邦人面前丧失威信的危险。只有承认教育和研究的自由,他们才能达到其政治目的。紧张是不可避免的:俄罗斯人用去纳粹化的招牌来嫁接他们的意识形态,而"资产阶级的"大学试图通过强调这最符合新占领者的利益来捍卫他们的独立和自由。这一意识形态的争执支配了未来这些年的校长政治。今天看来,这一斗争的结果一开始就是注定了的,然而在1945—1946年,其结果还是不明朗的。德国划分为联邦德国(BRD)和民主德国(DDR)仅仅是始于1949年。1945—1946年,有些人可能希望苏维埃的存在只是占领者们关于德国问题的解决方案达成一致之前的一个临时措施。尽管有着担忧和不确定性,但德国人已经从纳粹和战争中解放出来,能够憧憬一个新的未来了。

在美国人支持下上任的伯恩哈特·施韦策试图通过提出大学

---

[1] 见伽达默尔与塞巴斯蒂安·克莱因施密特(S. Kleinschmidt)的谈话,载于 Sinn und Form 43 (1991), 488. 第三帝国的情况不同,纳粹只是鄙视知识分子,而马克思主义者想要征服他们。想要征服比蔑视要危险得多得多。

的新章程来捍卫大学的独立性。伽达默尔说，"我们德国人对原则问题的偏爱是与生俱来的。"[1]伽达默尔觉得那个章程富有智慧、审慎和妥当，不过它被苏维埃行政当局以（特别是对去纳粹化问题）"没有太大作用"为由否决了。施韦策曾成功地说服了美国人，去纳粹化可以由大学自己更有效地领导，因为它能更好地审查每个具体的案例。[2]由政治力量领导、以入党作为唯一标准所进行的肃清有任意专断的危险。伽达默尔很清楚这点，有些人是党员但并不是纳粹的信徒，而另一些人是不折不扣的纳粹却不是党员。另一些人可能在这时或那时与纳粹妥协过——特别是在1933年的普遍欣快症时期——但他们却是大学良好运转的必不可少部分，尤其是在医学系，那里意识形态显然扮演着相较人文院系不那么重要的角色。

苏维埃军事当局的政府一开始就反对这一大学自我净化的观念。它对德国大学抱有极大的不信任，在它看来德国大学中的精英分子对纳粹意识形态的巩固做出了不小的贡献，这种看法并不全错。它也发现美国人表现得更通融，因为他们固有的"资本主义"世界观与大学中还很流行的资产阶级和保守主义的意识形态相一致。苏维埃军事当局认为恰恰是要根除这种意识形态，因为对于德国历史而言，只有马克思主义才标志着一个新的、彻底而革命的起点。

保守主义者施韦策因而被视作站在美国那边的人，苏维埃军事当局不可能长时间容忍他。1945年10月31日，他需要在计划

---

[1] PL, 123; AAP, 150. 这个章程的文本在档案馆中：UAL Rektorat 21.
[2] 见 Helga A. Welsch, *op. cit.*, 341: "每个案例都应该单独地考察，成为纳粹党或它的组织的一个成员的事实不足以成为决定性的，还必须考虑促使他加入的特定原因和他在政权面前所做的实际行为。"

中的大学恢复运转的场合（位于莱比锡的多明我教会的古老教堂）发表讲话。他将演讲稿提交给苏维埃军事当局批准，却被否决了，因为他没有充分承认"大学生的教育应该以如下方式组织：将纳粹和军国主义的学说彻底清除，以使民主观念的发展得以可能。"[1] 在10月25日的大学理事会紧急会议上，人们阅读了莱比锡新市长埃米尔·泽格纳（Emil Zeigner）博士的一封信，在信中大学校长被"恳切地请求放弃它的科学研讨会而以纯政治的研讨会代替"。[2] 信件引起了理事会成员的愤慨。强硬的特奥多·里特质问"市长有什么权利做出这样的表态"，并且宣称"以最大的决心拒绝考虑这一愿望"。接下来的讨论谈到了如此干脆利落地拒绝可能有的灾难性后果。伽达默尔提出一个更加圆滑的方案：以理事会的一个代表的名义做一个口头回复可能更加合适，里特教授就是一个很好的代表。[3] 底线显得不可调和，大学的重启在最后时刻被苏维埃军事当局取消。11月15日，去纳粹化的标准被再次收紧，这次是萨克森州政府主导的：在10月15日40人被解雇后，又有60名教师被解职。施韦策连同他的大学自我净化计划因而受挫。然而看到人们允许一些被解雇的医生继续工作，他觉得很满意，因为这至少可以拯救一些人的性命。他并没有借此博得政治机构的恩宠。在1945年11月9日召开的理事会后续会议上，莱比锡市长泽格纳连同萨克森州人民教育部的高校与科学负责人埃米尔·门克-格吕克特（Emil Menke-Glückert）博士亲自到场。[4] 施韦策开场就说到在耶拿大学开启后，就到了莱比锡大学开启的

---

1 引自 H.-U. Feige (1992), 1175.
2 1945年10月25日大学理事会会议纪要。
3 同上。
4 同上。

时间。但泽格纳就像在这种大会上的惯例那样，模糊地谈到使任务变得困难的不信任的大环境。很明显，施韦策的政治生命快要到头了。12月21日的下午，门克-格吕克特州务卿走近他的办公室要求他辞职。[1] 人们指责他领导去纳粹化过于松懈。[2] 人们还因他的一些刺耳的发言而指责他，例如，他说辞退医生将"轻率地将人的宝贵生命置于危险之中"。他宣称自己是清白的（尽管他可能是这么认为的）。施韦策认为他在柏林受到指责，是因为这是一个方便的虚构，某种对纳粹的同情。[3] 看到大学的重新开办的最终目标因为他个人而有搁浅的危险，他于12月31日递交了辞呈。

根据伽达默尔的回忆，是施韦策告诉他他将被指定为下一任校长。[4] 伽达默尔的光芒在最近几个月期间变得耀眼，他的任命在理事会内部很快被一致通过。他有自由开明且不教条主义的声誉，这使得他能够以他的前任所没有的更加灵活更有手段的方式去捍卫教师们的利益。物理学家弗里德里希·洪特参加了讨论，他以下面的方式总结了促使这一任命的原因："通过在纳粹时期的表现，伽达默尔获得了声望。人们也意识到他所拥有的审慎、灵活性，以及对马克思主义—列宁主义的一定认识。"[5] 伽达默尔当然不是一个马克思主义专家，但作为哲学家和黑格尔专家，他所具有的知识使得他能够抵制新领导人的意识形态。对一些棘手的问题，他同样懂得更灵活权变地处理。不同于施韦策，伽达默尔并

---

[1] 当时的副校长弗里德里希·洪特1992年8月3日给作者的信。1946年1月5日大学理事会会议纪要。
[2] 瓦尔特·马尔科夫（Walter Markov）1992年8月给作者的信。
[3] 1946年1月5日大学理事会会议纪要，UAL Rektorat 1。
[4] PL, 124; AAP, 151。
[5] 1992年8月3日弗里德里希·洪特的信。

不认为需要不惜代价将马克思主义者从教师阵营中清除出去，如果他们称职的话。[1] 此外，在其公开讲话中，伽达默尔似乎打算采用马克思主义者的用语"社会主义者"和"反法西斯主义"，今天人们阅读他作为校长所发表的所有公开讲话，会感到有些震惊。无论他这样做是基于策略的考虑还是源于信念，苏联占领者将他视作一个可以共事的人。1946年1月21日，他被推选为校长。他任命拉丁语学者弗里德里希·克林格作为哲学系主任的接班人，这有助于（在将来一段时间）捍卫大学的人文主义方向。

他当选的第一个有利后果就是大学于1946年2月5日重新开办。作为意识形态新开端的标志，开学典礼不是在多明我教堂而是在莱比锡最大的电影剧场中举行。[2] 重新恢复运行的是一个缩小版的大学：在纳粹统治结束时，还有340名教师，而在重启那天（仅八个月后）只有不超过101名教师。[3] 在1946年2月19日写给奥斯卡·许雷尔的信中，伽达默尔将他校长任期的第一周描述为"无止境的苦差"，他只能接受这些苦差，因为只有他能与那些政治机构打交道：

> 这里有许多事情要讲。我担任系主任八个月，这个工作不是太困难，但它使我在莱比锡目前所处的社会紧张环境中学到很多有益的政治方面的东西。现在我是校长，而这意味着再也没时间消遣娱乐了。在这个推倒重来的阶段，领导大学这样一个庞大机构是一份没有尽头的苦差事，尽管一半人员的就职就构成了领导班子。但我不得不完成这一苦役，因

---

[1] 1992年8月瓦尔特·马尔科夫的信："我的工作的一个重要部分是在东德、西德以及海外寻找社会主义方向的研究人员，以填补空缺，而又不拉低大学的水平。"
[2] 参见 B. Schweitzer, *Die Universität Leipzig 1409-1959*, Tübingen, Mohr, 1960, 22.
[3] 伽达默尔的告别讲话（Ms.）。

为我是唯一成功地与当时的政治力量建立了某种信赖关系的人。我希望我能将这辆嘎吱作响的汽车拉出泥潭并带到大路上，以便我能最终回到哲学工作上——并且，如果运气好的话，去一所小型大学。[1]

在当时的时代处境下，一所德国大学的重启绝不是件容易的事情。其他国家的人通常认为德国的大学和知识分子在国家社会主义意识形态的建立中扮演了一个帮凶的角色。海德格尔、卡尔·施密特以及其他人成为了政权的护教者。卡尔·雅斯贝尔斯还向同盟国建议在几十年内给德国强制安排保护国，以控制德国的恶魔。大哲学家恩斯特·卡西尔（他移居到了美国并于1945年4月13日去世）1944年对德国大学表达了他深深的怀疑："在不少于十年内，所有的大学都应该关闭，那些政治上清白的教师都应该到高中去督学。重要的不是德国人现在学到的很多东西，而是他们最可能忘记的东西。"[2]

这种怀疑论普遍存在。许多是外国人，但也有很多深深忏悔的德国人，他们认为国家社会主义是德国文化的最有害本能所造成的后果，而这一本能从未得到其实践和对民主的捍卫的有力阐明。同盟国因此应该保持警醒，确保大学的重启在民主的积极支持下进行。在莱比锡大学重启典礼上，柏林的苏维埃军事当局人民教育部部长彼得·W. 索洛图钦（Pjotr W. Solotuchin）教授（圣彼得堡的列宁格勒大学的前校长）第一个发言。他一开始就强调莱比锡大学重建的使命在于"造就新的人，他们能够领导反对军

---

[1] 奥斯卡·许雷尔1946年2月19日的信。
[2] 接着托尼·卡西尔（Toni Cassirer）的证词，引自 Heinz Paetzold, *Ernst Cassirer. Von Marburg nach New York. Eine philosophische Biographie*, Darmstadt 1995, 194-195.

国主义、种族学说和纳粹主义的法西斯思想的坚决不妥协的斗争，以揭露各种形式的反动思想，无论它穿着什么样的外衣。"[1]苏维埃军事当局的最高司令官朱可夫元帅要求"严格监督德国行政机构的工作，以防止纳粹分子（这些德国人民的敌人）的活动死灰复燃。"他希望莱比锡大学成为"新型的、民主的大学"："它要成为面向未来的科学与文化的人才摇篮，它唯一的目标是培育能够为新的民主国家服务的优秀青年，他们要能领导一场针对可能阻碍新民主德国成长的各种反动理论及实践的残酷斗争。"

伽达默尔的校长讲话回应了这一彻底革新的愿望。伽达默尔完全承认，之前的大学因为与纳粹主义妥协而不值得信任，这种状况必须改变。然而，他仍大胆地坚持用"科学的源初特征"[2]来作为其讲话的标题。他的意图恰恰是在半信半疑的公众面前捍卫独立的科学工作者所能给民主复兴带来的贡献。此外，伽达默尔强调"这是大学所处的关键时刻"，以此直接拷问这一怀疑："造成暴行和——以及同时，就其可能性而言——我们人民的非同寻常处境的，乃是文化和人文主义的美好而高贵的传统本身变得可疑了，这个传统最精美的果实，就是我们国家的大学。否则如何解释国家社会主义的怪物会在我们人民中诞生，如何解释自由而科学的教学研究机构会屈服于人民的最卑劣精神的爆发？"他解释道，德国大学的本质因而处于十字路口。它的理性应该被重新定义。

伽达默尔校长因而欢迎"所有劳动者群体，特别是那些用他

---

[1] UAL Rektorat 50.
[2] über die Ursprünglichkeit der Wissenschaft, Johann Ambrosius Barth Verlag, Leipzig, 1947（再刊于 GW 10, 287-294）。我在下面引用莱比锡档案中的原始文本（UAL Rektoat 50），其中包含了经伽达默尔手的一些更正。

们双手的艰苦劳动为集体服务的人们"参与这次重建。他表示非常高兴地看到市里各个部门、政治团体暨行业协会的代表参加这一典礼，因为大学意识到它的发展依赖于最多数人民的支持。这一对工人的存在的强调应该是新占领者乐意听到的。他们无疑也很高兴听到校长允诺给予他们在大学中更重要的位置，很长时间内他们是被排除在大学之外的。因此"以特别的心情和关切，我们欢迎我们之中那些没有接受过高等教育的人们凭借他们的天赋和禀性进入我们行列，即成为工人学生（Arbeiterstudenten）[1]。"

然而，这些政治上老练的片段没有掩盖以下事实：校长讲话的重点完全放在对科学家的独创性和独立性的捍卫上。这样，伽达默尔的文本较多地指向了马克斯·韦伯关于"学术作为职业"[2]的著名讲话（尽管没有点名）。在讲话中，伽达默尔实际上捍卫了研究者应完全献身于科学的理念，最早在布雷斯劳中学的老师赫尔曼·雷歇尔的形象那里，无疑也在他自己的父亲那里，他就膺服于这个理念。此外，科学的"原初特征"（Ursprünglichkeit）这一主题还贯穿了他1945—1947年在莱比锡的公开讲话。然而至少有两个原因使得这一主题变得成问题。一方面，纳粹的恐怖统治使得它声誉扫地，它不止一次表明学者们容易被收买。伽达默尔直言不讳地承认这点。但另一方面，学者的这一独立性也被苏维埃占领者怀疑，他们在这里察觉到一种资产阶级的意识形态。按照马克思主义学说，他们所希望的，乃是更加政治化的学术，即扎根于现实需要和社会经济的学术。据此学说，智慧应该是社会秩序的反映。因此对于像伽达默尔这样的德国人来说，捍卫学

---

[1] 这个模糊的术语同时指学习的工人和出身于工人阶级的学生。
[2] 1943年，伽达默尔做了一个关于"科学作为职业：论科学的使命和职业"的报告（*Deutsche Presse Korrespondenz*, 28 octobre 1943, 4-6）。

术的原初性并不容易。这一理想不是已经遭到纳粹分子的践踏了吗？马克思主义不是已经把它揭示为一个幻象了吗？

伽达默尔给出了一个巧妙的解答，他提出恰恰是研究者的独立性使得他能为政治共同体做出不可替代的贡献，为抵制法西斯的诱惑筑起堡垒。在这点上，伽达默尔阐述了科学工作者的三个特征：首先是他的客观性（Sachlichkeit），在不同观点的对立中，他确保仅仅听从理性论证的引导；其次是他的决心（détermination），这促使他仅仅服从真理的严格命令，即使它的思想只是被未来的人们所承认；最后是他的谦逊，因为这使得他乐于承认其他人的判断，使他成为"社会的所有进步力量的天然的同伴"。在演讲的过程中他再三重复这一主要准则："如果这一客观性[决心和谦逊]原则的力量在德国学者那里足够强大，那么对国家社会主义统治懦弱的服从对他们来说就不会是一个诱惑。"正是学术的这三个原初美德是纳粹所践踏的，但却是今天的民主改革所迫切需要的。伽达默尔没有真正说明为什么学术向纳粹屈膝，以及如何能够阻止将来再一次投降，然而他的辩护已经在学术的这些原初价值（它需要重新发现）和"我们人民的民主改革"的迫切需要之间建立了清晰的关联。"资产阶级"教授们为这一对大学自治的坚决捍卫感到满意，而俄罗斯人很高兴看到伽达默尔加入社会和"民主"复兴的行列。

一切完全取决于从民主那里听到的是什么。在纳粹独裁倒台后，民主在西方和东方都成为时髦的口号。然而它在不同地方的意义不尽相同。在西方，人们对民主的理解是选举自由、表达自由，以及作为其结果的大学的自决和教育研究的自由。这种民主概念是"资产阶级"教授的民主概念，伽达默尔与之接近，尽管他试图将这一期待与东方的民主所意指的东西调和起来。而对俄罗斯人来说,西方的民主只是形式的民主,完全没有改变社会的不平等。因而民主对他们来说意味着普遍的革命,其目的是打破资产阶级的特权,创造一个新的社会秩序。对他们来说,只要社会秩序被资本主义所支配,即建立在不平等和压迫之上,那么民主就是不可能实现的。

理论上说,这两种概念并不是完全不可调和的。不可能将形式的民主和更大的社会民主化联结起来吗?这时是德国的"零时"(die Stunde Null),一切希望都还有可能。所以尽管"冷战"出现,许多人还在幻象中自欺欺人,认为一个新的社会秩序是可能的。尽管有害怕和现实主义,但伽达默尔无疑也抱有一些幻想。而且,他的自传中用来描述校长任期的那一章的标题就是"幻象"。在阅读这些常常带有很强的那个时代的马克思主义倾向的发言稿时,人们可能想知道在何种程度上他真的相信苏联的社会民主化。他对社会改革甚至社会主义改革必要性的影射,他对"工人学生"和马克思主义学说的欢迎,仅仅是一种修辞和外交上的挡箭牌吗?人们完全不知道他的公开发言多大程度上是应景之词,但伽达默尔校长的许多行为让人们相信他的确认同这一社会民主化的观念,至少在某些时间里是这样。在其言语和行为中,与他的前任施韦策相比,伽达默尔都表现得更为理解新占领者们的要求,特别是在去纳粹化的问题上(尽管伽达默尔事实上沿用了施韦策所采用的倾向于逐案审查的自净化方针),在工人学生的问题上(尽管伽达默尔坚持严格把关),在以马克思主义为旨趣的"社会科学"新学院的创建的问题上(尽管伽达默尔徒劳地想要使其处于校长的直接监督下),以及在"大学的监管人"问题上。借助监管人，政治当局希望能够掌控大学。伽达默尔这边则希望由一个信任他的人担任这个职务，使得他有可能对政治人物施加自己的影响……这很麻烦。如果伽达默尔在其校长施政中与苏维埃军事当局的意图总是合拍，那他每次实施他们的措施时必定更温和节制，这才使得莱比锡大学的马克思主义历史文献几乎只是把他说成一个试图延缓大学"民主化"的"反动"校长。只有他的继任者，欧文·雅各比（Erwin Jacobi），才被承认为这所大学的第一任"进步"校长。1953年，莱比锡大学被"强制"冠以"卡尔·马克思大学"[1]的名称。

然而，这并不妨碍在伽达默尔18个月的校长任期中，俄罗斯人把他视作值得信任的人，并且对他离开去法兰克福感到难过失望。[2] 即使他的讲话中包含修辞策略和审慎成分，但伽达默尔的确认为大学在民主和哲学方面需要革新。在他看来德国大学的危机体现了德国文化的史无前例的危机。这就是，德国总是被视作一个文化沃土，哲学和大学是这片土壤上绽开的花。现在这整个传统被说得一无是处。因此对伽达默尔来说最紧迫的任务就是恢复德国文化的声誉，以及同时，恢复它的哲学和大学文化的声誉。1945年12月2日，在成为校长之前，他就已经在莱比锡新文化协会（Kulturbund）成立时针对文化复兴发表了一个有力的讲话：

---

[1] 见 D.Keller, « Karl-Marx-Universität Leipzig », in Wissenschaftliche Zeitschrift 27 (1978), 41: "1947年10月1日，经过证实的反法西斯主义者和学者欧文·雅各比教授当选为校长。10月31日他投身于新的职务中。和他一起，反法西斯和民主的力量第一次得到了政治支持和有力的鼓励。"关于1953年"强加"（verpflichtend）给大学以新名称一事，见 Chronik der Karl-Marx-Universität, dirigé par G. Handel et G. Schwendler, Verlag Enzyklopädie Leipzig 1959, 8, 66. 1946年，伽达默尔想借莱比锡300周年之机将名称改为"莱比锡大学"，但未能如愿（Séance du sénat universitaire du 28 août 1946, UAL Rektorat 1）。另见伽达默尔校长在该周年纪念上发表的讲话，1946年7月1日："纪念戈特弗里德·威廉·莱布尼茨300年诞辰，1946年7月1日莱比锡大学庆祝辞"，现载于 GW, t. 10, 295-307.

[2] PL, 133 ; AAP, 161.

"在此紧迫时期,我们创建一个这样的文化协会所面临的处境是如此明显、如此严重和如此令人失望,这几乎不需要我来强调。数十年来,德国民族在外国人那里享有光荣的声誉,被视作诗人的民族、思想家的民族和优势文化(在这个词最高贵的意义上)的民族。我们知道,只有对我们的理智生命整个地加以彻底改造(gründliche Umformung),才能使我们的文化传统重新攀上顶峰。"1945年末,伽达默尔将这一改变文化航向的理想放在当时的政治语境中:"这就是为什么我认为这一文化协会的经济基础与我们人民所期望的伟大政治前景相一致:这是一个劳动、才干和学习的社会主义共同体。以此方式,我们正致力于公民生活的真正革新,因为对我们来说重要的乃是这些力量的解放,不只是那些创造者,也是那些接受者的力量。"这一"社会主义"复兴要成功,德国人就应该以激进的方式(radikal umlernen)重新定向,远离他们那已经带来悲剧的危险的浪漫倾向:"我们希望唤醒公众对学术的参与,尝试使学术的智性生命与我们时代的社会意识融贯起来。在我看来,这是学术能够为集体效力的一个最关键的使命:教育德国人面对现实。它需要最终清除我们的青年和我们的人民的浪漫主义的狂热(romantische Sucht)。"讲话以充满激情、愧疚和坦诚的词句结束:"我们也根据我们的能力而工作,致力于人们如今称为人民团结的目标,它不只是我们时代的行动或使命,它是我们的全部生存意义本身。"[1]

这个真诚的讲话多少代表了伽达默尔校长的立场,以及他的希望和幻想。这也说明了为什么伽达默尔这般表现得有意与俄罗斯人和他们的社会主义化目标合作。而且,"共同体"和团结

---

[1] GW 10,294.

的意义一直是伽达默尔的哲学的一部分，即使他很快就丢掉了对现存的社会主义的幻想。这个意义也表露在1946年2月5日校长讲话结尾所表达的希望中："应该承认，德国民众的公民意识（Staatsgesinnung）遭到了非常严重的摧毁和破坏。认识到这一点的人将把他生命的全部力量奉献给这一公民意识的革新。愿致力于这一使命的我们的大学、愿承载着面向未来的全部力量的信任的德国学术，在人类文明的这一道路上前进，由此净化和重新荣耀德国之名。" 因为这是伽达默尔在校长任期及以后的知识分子工作中的另一个重大任务（即使不是最重要的任务），也就是在德国文化经受重创之后，努力使德国重受尊重，而这对伽达默尔来说意味着，使其哲学家和诗人重受尊重。最终，哲学和文化的重新荣耀的任务变得远远比1946年挂在嘴边的社会主义新生更重要。此外，伽达默尔在海德堡的重要学生鲁迪格·布伯纳（1941—2007）看到了他老师战后的所有行为的其中一个重要意图："尽管他怀疑所有浮夸的典礼（prestations pompeuses），即使他强调哲学的非政治特征，尽管他意识到所有历史倾向的模糊特征，汉斯-格奥尔格·伽达默尔依然根据个人在其历史和社会处境中所具有的能力，毕其一生老练而审慎地致力于恢复这个国家在哲学和音乐上的文化尊严。"[1]

专注于这一文化任务，以及忙于校长的紧急事务，使得伽达默尔中断了他自己的哲学研究工作。在他忙于职责时，唯一的寄情之所是诗歌，在1945年的讲话中他称诗歌为他的"内在信仰"。他曾在多篇论文中（第一次在教学之外）进行诗歌阐释，特别是关于歌德、里尔克、黑塞甚至尼采（但也包括巴赫和莫扎特）的

---

[1] R. Bubner, *Laudatio auf Hans-Georg Gadamer*, in *Sinn und Form* 49,1997, 11.

论文中。[1] 它们经常是一些伽达默尔周末利用宝贵闲暇所撰写的应景小论文。这些文章是为热爱文化的广大公众所写的，他总是以德语作者为论述对象，这不是一个偶然。他想提醒同时代人在德国传统中还有着伟大的人物。说真的，人们很难在谈到伽达默尔时与对德国传统的决裂或"彻底重新定位"联系起来。伽达默尔更多谈的是德国最美好传统的恢复和重新唤醒。他念兹在兹的是这些传统有助于德国的康复。

正是在这一精神指导下，他在一篇重要论文中强调如莱布尼茨这样的作者能够给德国复兴带来的贡献。莱布尼茨1646年7月1日生于莱比锡，这个城市正准备庆祝他的300年诞辰。伽达默尔首先要求他的同事、历史学家奥托·沃斯勒（人们记得他是凯特·莱克布施的老师）做一篇献词[2]，然而由于他接受了法兰克福的职位，最后是伽达默尔做了发言，这个发言于1990年才发表在《莱布尼茨研究》上。今天人们很难相信这点，但在1946年，庆祝这样一个德国思想家——他被有些人视为德国文化有害倾向（即浪漫主义和反理性）的先驱人物——不是件容易的事情。

当伽达默尔在讲话中谈到莱布尼茨"在德国精神中唤醒了这一对于活力力量如此德国范以及如此危险的偏好"[3]时，他也提到了这点。由于莱布尼茨的无意识表象学说，他还是"浪漫派的非理性主义的其中一个奠基人，这个主义的致命后果直到今天人们还能感觉到。"[4] 他的透视主义和主观主义实际上能被看作"相对

---

[1] 这些研究出现在 GW 的第 9 卷中。
[2] 系主任伽达默尔1946年1月18日给奥托·沃斯勒的信 (UAL, PA 66 Otto Vossler)，引自 G. Wiemers, « *Nachruf auf Otto Vossler* », in Jahrbuch der Sächsischen Akademie der Wissenschaften zu Leipzig 1987-1990, Leipzig, Akademie-Verlag, 1990, 206.
[3] HGG, « *Zum 300. Geburtstag von Gottfried Wilhelm Leibniz. Festrede an der Universität Leipzig am 1. Juli 1946* », GW, t. 10, 295-307.
[4] Ibid.

主义和历史的个人主义的先声，这两者给19世纪历史意识和德国学术中的历史思想打上了深刻烙印。"所以人们在他那里发现了"虚无主义和对理性感到失望之危机的预兆和预备"。[1]

这里人们不难感觉到德国人的愧疚意识，在经历了最可怕的灾难之后，这种意识以批判的目光审视它的传统。然而伽达默尔试图在莱布尼茨那里寻找"治疗德国疾病的良药"。[2]这首先就在于在莱布尼茨那里力的观念总是与理性的观念联结在一起。不过这一理性在他那里不能还原为与现代科学和力学有关的形象。莱布尼茨让我们学会发现"世界本身的艺术作品"，艺术本身乃是能够表达的：它的比例感，它对存在规律的非概念性意识并不是向我们呈现了一个科学真理以外的世界，而是服务于同一任务（也即认识宇宙之任务）的另一种方式。[3]力学科学不是理性的唯一面孔。由此莱布尼茨能够帮助我们调和"物理科学的世界景象与拥有生命的人的普遍意识，而不会触上非理性主义暗礁而沉没"。[4]

因此，伽达默尔呼唤莱布尼茨的调和精神，以及科学和艺术概念在他那里所具有的宽广而丰富的内涵。他没有忘记强调，莱布尼茨的这一思想乃是在另一场可怕的战争（1618—1648）之后提出来的："正是在30年的战争悲剧后，在战争苦难所导致的侵袭着人民的深深疲惫之后，他重新找到了欧洲的道路，以令人印象深刻的方式，在国民的团结一致中，使德国之名、德国智慧和德国劳动力量重获声誉。"[5]它所表达的意思很清楚：正如德国

---

[1] HGG, « Zum 300. Geburtstag von Gottfried Wilhelm Leibniz. Festrede an der Universität Leipzig am 1. Juli 1946 », GW, t. 10, 295-307.

[2] Ibid.

[3] Ibid., 306

[4] Ibid.

[5] Ibid., 296.

从30年的战争中重新振作起来,她也能克服眼前的灾难,只要德国能表现出和解的精神,重新找到欧洲的道路。人们可以说,经过50年的欧洲一体化进程后再来看,伽达默尔的这一建议有着某种预见性。

伽达默尔很幸运活到了1996年7月1日莱布尼茨诞辰350周年,并且看到他的预言得以实现。那天他在奥地利电台做了一个访谈,在那里他回顾了他1946年讲话的背景[1]:

> 战后的处境使得我们希望纪念莱比锡城伟大的儿子莱布尼茨。我成了法西斯统治最终垮台后的第一任莱比锡大学校长。在大学的教堂里我谈到了莱布尼茨对于我们欧洲人以及对于世界学术的重要性。如果人们想知道在这样的世界——一方面,精确科学的前所未有的进步支配了一切,而另一方面,形形色色的宗教、哲学和伦理学在全球盛行——谁能够给予我们启发,人们总是要回到莱布尼茨。如果我们想要公正地对待最近的几个世纪(它一方面丰富多产,另一方面又有其片面性),我们就需要回到这一出发点。在这方面,莱布尼茨的形象是个异类。因此,在1945年和1946年,在希特勒的疯狂战争给我们带来无限灾难之后,人们以特别的方式思考他。事实上,回顾莱布尼茨当时的处境是很适时的,因为恰恰是招致了三十年战争的这些宗教斗争使得他在欧洲的中心去重建欧洲文化。

1996年,伽达默尔还致敬了莱布尼茨的"透视主义",这一学说使得他能够承认视角的多元的合法性。它构成了伽达默尔

---

[1] 《*Die Welt als Spiegelkabinett: Zum 350. Geburtstag von Leibniz am 1. Juli 1996*》,由尼古拉斯·哈尔默领导的奥地利电台的一个广播节目,他慷慨地给了我这次采访的文字并允许我引用。

后来所捍卫的"解释学"理性的一个重要部分。"它尤其是宽容（Geltenlassen）的一个重要模式。我认为在哲学史中没有比莱布尼茨更重要的宽容模式，因为他清楚地看到不同观点和视角之间的紧密联系和相互依赖关系，认为这属于真理本身的结构。"伽达默尔在1996年阐述说，解释学"乃是倾听他人的能力，认为他人可能是正确的"。

这一任务自莱布尼茨和1946年以后得到扩大。欧洲的和解是一个迫切的任务，而今天整体的全球化也需要这一宽容和对话的解释学美德："当前的关键在于世界文明，如果我们毕竟要一起生存下去，这一世界文明就必须克服起源和历史的差异而实现一致的团结。如果我们不学习莱布尼茨所阐述的这一包容与和解的精神，那么我们就无法克服我们所面临的巨大危机。因此，如果我们要应对人类在今天的挑战，我们需要将如莱布尼茨这样的人的统一而普遍的力量尊为典范。"

*

在1946年，作为诗人和思想家诞生地的德国，它的未来还充满不确定性，此时伽达默尔首先考虑的是将目光投向那些最启人心智的人物。然而，他的任务面临某种悖谬：如果他承认"净化"德国的"浪漫主义狂热"的紧迫性，如果他试图拯救德国主导性的文化传统，那么就绝不能通过某种浪漫主义来做到这点。这一挑战乃至精神分裂，也长时间悬于分裂的德国文化生命之上：文化左翼强调在奥斯维辛之后必须与德国浪漫主义倾向彻底决裂，而更加修正主义倾向的人们却试图坚持它最优秀的传统。这就是为什么如尼采或海德格尔这样的作者，也包括费希特、黑格尔以及其他作者在德国有顽强生命力的原因。一些羞愧的德国人将这些思想家看作至少部分地应为此次灾难负责。

现在人们还不能解决这一争论。但在1945—1947年间,伽达默尔本人似乎在这两种态度之间徘徊:他公开地主张要彻底地重新定向,但又为德国传统中的伟大作者辩护。的确,时代的处境是非常特殊的。它较少地被对过去的解释所支配(著名的清算历史 [Vergangenheitsbewältigung])——刚刚过去的历史是如此沉重——而更多被新起点的使命所支配。因而它的目光更多地投向未来而非刚刚过去的事情。[1]这一未来的迫切需要也引导着伽达默尔校长。为了完成他的文化革新政策,他只能妥协,首先是与俄罗斯人妥协,而德国人刚刚与他们展开了一场残酷的战争。

在一段时间内,伽达默尔的确认为这一民主改革能够在"临时"苏维埃政府的支持下取得成功。在1946年年初,德国问题依然是悬而未决的,而俄罗斯人似乎更坚持德国统一。如果说他们在去纳粹化问题上显得更严格,在这点上努力与美国人区别开来,那么在允许东德的教授接受西德职位的问题上,他们表现得很宽

---

[1] 参见马克斯·穆勒的富有启发的描述(Max Müller, *Auseinandersetzung als Versöhnung. Ein Gespräch über ein Leben mit der Philosophie*, dirigé par W. Vossenkuhl, Berlin, Akademie Verlag, 1996, 175):"对于从战场上回来的年轻一代学生和年轻教师来说,对最终可能的新开端的乐观态度压倒了当下的直接困难,也远远压倒了过去的巨大负担。在那,这是一个在后来只能在指责和控告的形式下感受的问题[针对那些没有抵制纳粹的一代]。这不是当时的情绪。人们一劳永逸地从过去那里解放出来,因为这12年和它们强加于我们的生活方式不再使我们瘫痪了。它们使开放、正直、创新和自由不仅变得困难,而且也不可能。我们展望未来,说:'事情就像从前一样,那些事情结束了,不会再重复了:未来的道路是敞开的。'"以及第181页:"我们(我和我的朋友)首先经历了崩溃,就像感受到巨大的希望,我们并没有被要致我们于瘫痪的指责所压垮。我们不想以某种方式为自己辩护或为自己开脱,我们在当时没有采取防守的态度。在重建的新起点上,我们毋宁看到了我们的任务和在进攻中的责任。我们不只在我们人民(也就是我们每个人)身上看到了过失,而且在所有地方都看到了过失。多年来,盟军一直拒绝向像布吕宁这样的总理表达谅解,布吕宁根本不是民族主义者,而是捍卫了他的国家众所周知的利益。但让人们普遍感到惊讶的是,他们对帕彭和希特勒十分宽容。没有他们的纵容,希特勒可能不会上台或维持权力。我这代的人们记得很清楚。在正常的选举中,甚至在1933年上台后,希特勒也从未获得议会多数席位,他的运动或党派也没有。因此,他从未赢得德国绝大多数人的支持。"

容。在是否允许人才流动的问题上，特别是涉及在战略和军事上敏感的精确科学领域中工作的研究人员时，同盟国方面更为苛刻。由于伽达默尔对俄罗斯人做工作，他的许多同事和朋友接受了西德的任命，他们无疑担心边境线很快将关闭：哲学家卡尔·莱因哈特 1946 年回到了法兰克福，而历史学家奥托·沃斯勒 1945 年末已经在那里接受了一个职位，拉丁语学者弗里德里希·克林格 1947 年 3 月出发前往慕尼黑，西奥多·里特 1947 年 10 月获得了波恩的教授席位。前校长施韦策很快"移居"到图宾根。作为"交换"，可以说，伽达默尔努力吸引更加社会主义倾向的研究者来到莱比锡。例如，他成功地引进了西德的著名马克思主义教授如沃纳·克劳斯、法学家阿图尔·鲍姆加滕（Arthur Baumgarten）和历史学家瓦尔特·马尔科夫（Walter Markov）。他将后来聘请恩斯特·布洛赫到莱比锡的贡献归于自己，此外布洛赫还成了他的直接继任者。[1] 在克劳斯的怂恿下，历史学家汉斯·梅耶（Hans Mayer）很快加入了他们。[2] 尽管这所大学失去了它的"资产阶级"教授，而招募了马克思主义教授，但失去的最终比得到的要多。

伽达默尔离开东德这条船而接受西德的职位只不过是时间问题。他清楚地看到，一所如莱比锡大学这样著名的高校，在越来越不得不屈服于意识形态的束缚的情况下，它的学术水平无法长时间地得到保持。1946 年春天起，雅斯贝尔斯就向克吕格询问伽达默尔是否会接受西德的职位。伽达默尔 1946 年 5 月 4 日回复说他很快会这样做，并且强调这意味着他要重新开始他的哲学工作：

---

[1] 就布洛赫而言，人们只能谈到伽达默尔与他的最初接触，因为迟至 1948 年春天，推动他的任命的进程才开始，而当时伽达默尔已经离开莱比锡了。见 H.-U. Feige, « *Ernst Bolchs Leipziger Berufung* », in *Deutschland-Archiv* 14 (1991), 379-385.

[2] 见 H. Mayey, *Ein Deutscher auf Widerruf: Erinnerungen*, Frankfurt am Main, Suhrkamp, 1982, 337.

来自克吕格的消息让我有机会马上告知您这里的情况。很明显，我在这里担任校长的事实促使有些人得出我打算接受其他可能职位的结论。无论我们在德国的什么地方，我不认为人们能摆脱当前的政治问题，但在大城市生活了八年后（而我对它还是完全陌生的），因为管理上的责任，我已经与我的老朋友和哲学工作分别了，我迫切希望换个地方，在那里人们能聚精会神地工作，在那里我能够重新回到从前的生活模式和大学生存的古老风格。

我从克吕格那里知道您热心地关注我的将来。因此我清楚地表露态度，以避免对我处境的误解，这似乎是恰当的。我很快会去如弗莱堡、图宾根这样的城市，甚至去法兰克福，因为这些城市离马堡很近，为此我甚至宁可永远地失去我的财产。我甚至可以去耶拿，但这个城市因缺少可交往的同事而令人难以接受。

十分高兴地看到您将自己如此深入思考的话语传递给青年们，我希望您和您妻子健康长寿。诚挚的敬意，汉斯－格奥尔格。

在1946年6月18日的一封信中，当海德堡的一个职位空缺出来时（它与恩斯特·霍夫曼的教席有关），伽达默尔再次将他的美好设想告诉了雅斯贝尔斯："非常感谢您的来信。关于海德堡的可能情形的消息让我看到了一个美妙的前景。因为这正是我需要的，这是个人们可以静心工作的地方，并且有着工作的良好条件。三年以来，这是我可望而不可得的事情。我们研究所的图书馆的重建历尽了辛苦并且取得了一定的成就，但再一次承担这类工作会让我望而生畏。"在秋天，他参加了德国西南地区的大学校长会谈，借此机会打听了西德的空闲职位。在弗莱堡，他表达了接替海德格尔教席的兴趣，这个职位已经"悬空"并且还将在很长时间内继续如此。[1]

此外，一切似乎都表明伽达默尔是海德格尔所中意的接替者。1945年9月1日，他写信给斯塔德尔曼（R.Stadelmann）说："首先，我推荐伽达默尔（莱比锡）；但我不知道他现在在哪里。从精神的气度来看，同时作为教师和作为同事，他肯定都是最好的人选（der Wertvollste）。我希望他作为继任者，如果我们能够做到这一点的话。"[2] 在1945年11月30日的一封信中他再次举荐了他："此外，伽达默尔是一个优秀的教授，具有非常丰富的经验并且热爱教学。他最近从莱比锡（在那里他是系主任）写信给我，对我说他很想去一所更小的大学。[……]对于学生和对于院系的工作来说，伽达默尔都更为重要；他是一个天生的教授，拥有许多荣誉（在这个词的褒义的意义上）——他有广阔的视野，心胸开放，与事情本身保持着直接接触。显然，如果人们问我对这个问题的意见，那么我会将伽达默尔指定为继任者的第一人选。"[3]

海德格尔正确地认识到他的意见在弗莱堡不再如此重要，他在那里已经失势。他的职位首先交给天主教的哲学家罗马诺·瓜尔蒂尼（Romano Guardini），但在遭到后者的拒绝后，弗莱堡采取了代理的耐心策略，直到海德格尔为此找到了一个解决办法。[4]

---

[1] H. Ott, *Martin Heidegger. Unterwegs zu seiner Biographie*, Frankfurt a. M., Campus, 1988, 319. 早在1946年2月19日，伽达默尔就告诉许雷尔弗莱堡可能会开放一个职位以及他想要到西德去："海德格尔被授予荣休教授——他写信给我，强调这即将到来。克吕格去了图宾根。克劳斯在马堡安顿得很好。至于大学工作人员，这里的情况仍然相当不错，但如果各区之间的边界变得更通畅，事情将会迅速发生变化，因为慕尼黑和法兰克福都有重要的需求要填补。我更喜欢弗莱堡、图宾根和马堡。但现在我还待在这里。那协调此迷茫而苦涩的青春和它的命运的挑战，在我看来既重要又困难，无论在这边还是那边都是如此。"

[2] 海德格尔1945年9月1日给R.斯塔德尔曼的信（GA 16, 395）。

[3] 海德格尔1945年11月30日给R.斯塔德尔曼的信（GA 16, 407）。

[4] H. Ott, *Martin Heidegger. Unterwegs zu seiner Biographie*, Frankfurt a. M., Campus, 1988, 319.

直到1951年授予他荣休教授并允许他恢复教学后，这事才得以解决。

那么伽达默尔在担任校长职务后很快就想要离开莱比锡吗？最初，他无疑想保留所有可能选择（在1946年5月，他甚至提到了接受位于东德的耶拿的职位的可能性）。在我与他的谈话中，他肯定地告诉我，在接受校长岗位时，他对民主改革仍有可能在莱比锡实现抱有很大期盼。什么时候他丢掉了幻想？从他看到自己成为政治告发的对象开始。它发生于1946年秋季，无疑受到了德国统一社会党（SED）的指使，这是一个新的共产主义党派，越来越有权势并且很快就压制了所有异见。1946年11月2日，莱比锡日报发表了"促进民主大学学生联合会"的决议，批评前纳粹党党员被重新雇用。在文件中伽达默尔没有被直接点名，但他的领导很显然受到质疑，而施韦策校长就因为这些相同的原因而被赶下台。决议如下：

> 在促进民主大学学生工作联合会的一次会议上，与会学生注意到有理由担心曾是纳粹党成员的教授们被允许重新从事教学。莱比锡大学民主学生大会认为这样的做法不利于大学的民主化，反而会使大学成为反动派的新堡垒，因为人们不能指望这些纳粹党的教授在一年之内就变成进步和反法西斯的教师。他们为这一新的招募辩护说，他们找不到这些岗位的其他替补者。学生民主大会相信，他们并没有很认真地去寻找那些学术能力无可非议的真正反法西斯教师，因为对于准许成为教师而言，有实际学术能力而缺乏纯粹形式上的资格条件似乎比曾参与纳粹党构成更大的障碍。学生民主大会在这里非常明确地表示，在任何情况下都不会接受纳粹教

授无异议地被重新聘用。如果重新聘用不顾这份决议而进行，民主学生现在在这里呼吁所有学生以民主的方式联合抵制这些前法西斯教授的课程，并且抗议这一不民主的举措。这份决议将通过一个代表团转交给尊敬的莱比锡大学校长先生，以大学民主化的名义请求他支持学生民主大会的努力。[1]

伽达默尔感到愤怒，不只是对它的内容，而且也是对它所采取的方式，即公开污蔑的办法，这让他想起纳粹的某些做法。这份决议在呈给校长之前首先递交给了媒体。伽达默尔公开表示反对，向萨克森州政府提出抗议并且和所有系主任一起递交了辞呈。[2] 他解释说，按照他的看法，如果不能得到学生的信任，他就无法继续履行他的职责。然而一个更深入的调查表明决议不完全只是受到学生大会的支持。它更多地是"民主学生工作联合会"（AdS）小团体的"杰作"，这个组织1946年8月由德国统一社会党组建，目的是渗透并且掌控学生组织。在11月，这个组织还只是内部包含许多派别的学生组织中的少数派。[3] 他的主席格哈德·斯蒂勒（Gerhard Stiller）自己将决议递交给媒体，却把它说成是"学生大会的决议"。伽达默尔与斯蒂勒有两次剑拔弩张的会面（11月4日和6日），将他的所有指责斥为无根据的。在伽达默尔的要求下，州政府和学生代表明确收回了这份决议。[4] 在11月8日的新决议中，学生大会重新公开表示了对伽达默尔管理的信任。在1947年2月6日的第一次学生选举中，支持伽达默尔的资产阶级

---

[1] UAL Rektorat 46.
[2] Ibid.
[3] H.-U. Feige, *Die Leipziger Studentenopposition (1945-1948)*, in *Deutschland Archiv* 26 (1993), 1057-1068.
[4] 关于所有这些声明和反声明，见 UAL Rektorat 46。

党派获得了绝对多数，这让德国统一社会党感到不快。[1]

伽达默尔以惯用的手法度过了危机，甚至使事情转而有利于他。然而怀疑的种子已经种下了。尽管德国统一社会党和民主学生工作联合会的攻击被压制了，但很显然这个煽动者的小团体得到了政治权力的支持。从现在起，伽达默尔校长在一场一开始就输了的战斗中用光了一系列的防守手段。去纳粹化的问题在这里依然棘手。即使民主学生工作联合会的指责全都被否认为"没有根据"，但事实上在医学系除了重新聘用纳粹前党员外伽达默尔没有其他选择。但这里的前纳粹太多，这使得1947年6月11日的理事会甚至考虑了关闭已经名存实亡的医学系。他已经预先设想了让附近的大学来分流它的学生。但没有医学系的莱比锡大学会是怎样的？在如此重大的一个城市里，公众的健康怎么保障？

其他一些特殊的事件也给他带来了挫败，尤其是汉斯·弗赖尔（Hans Freyer）教授的事件。这位保守倾向的社会学家出版了许多声名远播的重要著作，其中1931年题为"右派的革命"的论著是政治科学的经典之作。此外在1935年，他撰写了题为"帕拉斯·雅典娜：政治意志的伦理学"的作品，该书公开主张纳粹教义。然而他从未成为党员，因此他得以在1946年2月重新从事教学……1946年11月，伽达默尔校长经历第一个大危机的那个月，萨克森州教育部部长阿尔弗雷德·西蒙（Alfred Simon）告知伽达默尔，一个高校外的净化委员会认为弗赖尔不能够再待在大学。

---

[1] 在1947年2月6日的学生选举中，德国统一社会党只获得了21个代表中8个代表的支持。在每个团体有6个代表的情况下，德国自由民主党和德国基督教民主联盟占据了绝大多数。但在1948年，警察逮捕了资产阶级政党的所有领导人，包括学生会主席沃尔夫冈·纳托内克（Wolfgang Natonek），他被判25年劳役（见引自H. U. 菲戈的最后一篇文章）。在伽达默尔校长任期的最后几个月里纳托内克是信任伽达默尔的人，关于纳托内克，见施韦德齐克（W.M. Schwiedrzik）的广播节目：《 Das "Antifa" – Intermezzo. Der Kampf um die Universität Leipzig in den Jahren 1945-48 》，Deutschlandfunk, 16.2.1993 (Ms.).

里特和伽达默尔试图指出弗赖尔是一个富有盛名的教授，他的政治观点已经彻底改变了（gründlich umgelernt），因为所有那些跟随莱比锡政治演变的人都可以证明这一点。[1] 尽管如此，这又是一场徒劳的斗争：在对弗赖尔的案例数次重新审查之后（它由伽达默尔发起，伽达默尔试图为他辩护），他于1948年2月被解雇。后来他接受了明斯特的一个职位，但在西德他的过去还纠缠着他。

莱比锡大学的政治化已经势不可当了。为了减弱大学和政客之间不断增加的不信任，市里提出设立一个"监管人"，以便在两者之间做协调。对于政客来说，这无疑是监视大学动态的一个新方式。在这点上，伽达默尔没有像他的前任施韦策那样抵制，因为他希望有一个站在他这边的监管人，使他自己能对政客产生影响。这都是"幻想"而已，他说……

一个对于大学的未来还更为关键的斗争，是有关一个新社会科学系的创建（社会科学系被称为 Gewifak）。它公开宣告的目标就是在大学里面为马克思主义学说开辟空间。伽达默尔和他的"资产阶级"同事首先指出这会徒劳地陷入与已经存在的法学系和社会科学系的竞争，在如此困难的时期，大学很难容许这样的一个累赘存在。的确在这里马克思主义较为薄弱。伽达默尔和里特并不反对给予它更多的位置，但他们希望人们在作为科学学说的马克思主义（它应该在大学里受到重视）和作为政治纲领的马克思主义（这超越了大学的权限）之间做出鲜明的区分。[2] 当然它建立了一个委员会……但再一次，很显然，这是一项政治权力的

---

[1] 1946年11月20日大学理事会，UAL Rektorat 1。关于伽达默尔对弗赖尔的支持，参见杰利·穆勒的杰出著作（J. Z. Müller, *op. cit.*, 328）："由于这个委员会的决定，弗赖尔有可能被永久解职，这深深地惹怒了伽达默尔，不只是因为他对弗赖尔的高度评价，而且因为他原则上反对去纳粹委员会对弗赖尔工作的评价，这个委员会由一些没能力胜任这一工作的人组成。"
[2] 1947年3月5日理事会期间里特的介入，UAL Rektorat 1.

新动作。伽达默尔最终让步了，因为他认为这是能够保持监督这些新职位人员任命权力的唯一方式，如此才能确保那些以才取人的准则能得到尊重。他首先任命了来自巴塞尔的法学家阿图尔·鲍姆加滕，他成为新院系的第一任系主任（副主任是马克思主义经济学家弗里茨·贝伦斯［Fritz Behrens］），然后是马克思主义历史学家瓦尔特·马尔科夫和法学家欧文·雅各比，后者很快接替了伽达默尔的校长职位。引进的质量是有保证的。

但苏维埃军事当局希望这个院系的创建等同于在"资产阶级"大学中间安置一个特洛伊木马。[1]他们通过任命大量的马克思主义新教授和教师，来改变大学中力量的比例。此外，学生经过了政治标准的筛选，有着比其他学生更好的条件，拿到的奖学金比其他大学学生高两倍。在很短的时间内，该系就成为东德地区德国共产主义精英荟萃之地。[2]该院系教学开始于1947年夏季。在这个学期（这将是伽达默尔在莱比锡的最后一个学期），伽达默尔甚至在该系开设了"科学的方法论"[3]的课程……

伽达默尔校长任期的最后几周被有关工人学生（Arbeiter-studenten）的政治新争论败坏了。在他所有讲话中，伽达默尔都是支持让更多来自工人阶层的学生进入莱比锡大学的。在这里，能力的基本标准也必须得到尊重。但他很难让德国统一社会党接受这一原则，他们反对准入考试的"贵族"观念。1947年7月23日，在一次学生大会期间一个名为普拉齐奇（Plätzsch）的学生发表了一个不当的言论后，一个新的危机爆发了。关于想要学习的

---

[1] 关于该院系的历史，见 H.-U. 菲戈不可缺少的文献：« Die Gesellschaftswissenschaftliche Fakultät an der Universität Leipzig (1947-1951) », in Deutschland Archiv 26 (1993), 572-583.
[2] H.-U. Feige, « Aspekte der Hochschulpolitik der SMAD (1945-1948) », in Deutschland-Archiv 25 (1992), 1177.
[3] H.-U. Feige, « Die Gesellschaftswissenschaftliche Fakultät an der Universität Leipzig (1947-1951) »,576.

工人的问题,其中一个重要的公平原则是,大学中工人的比例应该与他们在社会上的比例相一致。普拉齐奇大叫,如果这样的话,那么大学中白痴的比例应该与社会中数量的比例一致,因此约5%的白痴应该被允许读大学。这是一个在错误的时间开的一个拙劣的玩笑。将工人和白痴做隐晦的比附,激起了学生会中德国统一社会党的愤怒,他们立刻要求将普拉齐奇赶出大学。学生会主席纳托内克(Natonek)的权威也受到质疑,因为他要普拉齐奇明确表示他的意见完全不是针对工人。在8月1日大学理事会上,这件事情成为剧烈争论的对象。伽达默尔和大部分的理事会成员认为普拉齐奇做得不够漂亮,但不认为他意图挑衅。依里特的看法,普拉齐奇也不是想将工人和白痴做类比,他只是抨击人为限定名额的想法。他认为,纪律处分是没有必要的,因为"理事会没有为了政治原因而实施'献祭'的权力,而这样的政治判决是过去13年间的常态"[1]。理事会温和地平息该事:对普拉齐奇的发言感到遗憾,但保持对学生会主席纳托内克的信任。对德国统一社会党来说,这意味着理事会在政治上保护了普拉齐奇和纳托内克。[2]只有普拉齐奇受到了很轻的处分,仅仅是伽达默尔校长的谴责。[3]8月1日,伽达默尔与学生开了场"工人学生与大学"座谈会,在座谈会上他成功地平息了部分危机,方式是承诺继续进行这一实验,肯定允许工人进入大学学习的社会和政治的必要性,但此时他的心已经不在这了。

所有这些都属于自1946年11月他成为校长以来的"让人郁

---

1 1947年8月1日理事会期间里特的参与,UAL Rektorat 1.
2 这是这个解决方案在大学的马克思主义历史中得到的解释,见 Keller, « Karl-Marx-Universität Leipzig », 36.
3 参见卡伊萨(V. Caysa)和艾克勒(K. D. Eichler)在出版伽达默尔的文本时写的导论: « Arbeiterstudium und Universität », in Kultur & Kritik. Leipziger philosophische Zeitschrift, März 1994, Heft 6, 126.

闷的工作"。[1] 在1947年夏季的时候，伽达默尔就已经准备动身去法兰克福。在他的自传中他说，"1947年春季"[2] 起他手里就握有法兰克福的聘书，因为当他在波罗的海的阿伦斯霍普度过他的"夏季休假"时，法兰克福大学的校长、后来的政治家华特·哈尔斯坦（Walter Hallstein）本人向他发出了邀请。[3] 无疑这是一个口头的承诺，因为在1947年8月一切还没有定下来。伽达默尔希望在10月1日开始他在法兰克福的教师生涯，但如果他想按照规则要求递交辞呈给莱比锡大学，进而以较好的方式离开莱比锡，他就必须尊重提前六周预先通知的期限。8月14日，他将辞职信寄给了萨克森州政府，尽管此时与法兰克福大学的商谈还远没有尘埃落定。[4] 这里还有另一个问题：伽达默尔还没有得到在法兰克福有住房的保证。这绝不是一件容易的事情，当时法兰克福成了废墟，那里是美国军政府所在地，所有可用的住房都被征用了。这个保证一直没有落实，伽达默尔只好顺其自然，他最初在法兰克福的时候就和妻子、女儿住在克洛斯特曼出版社的公寓的一间卧室里。[5] 官僚主义的商谈还拖延了很长时间，因为伽达默尔只是在1948年5月8日才被任命为法兰克福的正式教授（1948年7月1日生效）。在这一正式任命下达前，他满足于这一替补法兰克福哲学普通教席的保证。

伽达默尔的离开对莱比锡大学来说意味着声望的失去。这不是因为他的校长任期时间（20个月）有问题，因为在德国校长任

---

[1] PL, 127; AAP, 154.
[2] PL, 139; AAP, 169.
[3] PL, 127; AAP, 154. 早在1946年6月，法兰克福大学就对延聘伽达默尔表现了兴趣（1949年6月25日，当时的法兰克福大学哲学系主任奥托·沃斯勒致黑森州部长的信，载于UAH, PA 3849）。他在莱比锡的前同事沃斯勒和莱因哈特为他在法兰克福的任职铺平了道路。
[4] 1947年8月14日伽达默尔给法兰克福校长华特·哈尔斯坦的信（UAL, PA 488, 186）。
[5] PL, 143; AAP, 174. 1948年1月27日给马丁·海德格尔的信（DLA）。

期更短的也不罕见。他的前任施韦策只在任8个月时间，而他的继任者雅各比只做了12个月的校长。此外，施韦策1945年提出的章程规定，校长的任期为期一年，其续任只能以例外的方式进行。[1] 然而伽达默尔不想伤害莱比锡市民的感情，对他们说他接受法兰克福的任命是无法抗拒地想要回到出生的故乡黑森（法兰克福和马堡属于同一个州）。当他向他们解释黑森是格林兄弟（著名童话故事的作者）[2]的故乡时，他们立刻就理解了，并且祝愿他旅途愉快。他还注意使校长的交替能够平稳进行，为了参加继任者的就职仪式，他特意于1947年11月初从法兰克福回到莱比锡。

在他的告别讲话中，他做了一个正面的总结，回顾了第三帝国灾难之后大学重建所面临的挑战和他所取得的成就。他避开了所有政治或个人的争议，重点谈到经过12年的法西斯主义大学政策后，人们已经承认了"在学术研究和教育中马克思主义观念的全部合法性"。他谈到新社会科学系的创建，强调它将来"要赋予自身以学术的轮廓，吸引高质量的教师献身于社会科学的教学，而不只是把它当作次要的事情"。[3] 这是在谨慎地提防过分的政治化，但却以捍卫学术的源初特征（这个方针引领了他的校长任期）的名义。

然而最后的一个偶然事件扰乱了他的归程。1947年11月7日深夜，刑事警察来到他的住所，以有人检举揭发为由逮捕了他。[4]

---

[1] UAL Rektorat 21, 1945年12月21日讨论该章程的委员会会议。参见马尔考（W. Markow）1992年8月写给作者的信："伽达默尔可能已经同意担任比惯例的12个月更长些时间，最多将达2年的校长。在此之后，他可以接受西德的职位。因此这是说好了的，并且是广为人知的。这就是为什么他的离开并没有在教师中引起惊讶或遗憾。他是一个处事灵活的校长，善于审时度势。"

[2] PL, 133 ; AAP, 162.

[3] 伽达默尔的告别讲话，UAL Rektorat 86.

[4] PL, 133 ; AAP, 162. 整个事件后续，我在德累斯顿萨克森档案馆中查阅了这个小事件的档案记录（Ministerium für Volksbildung, n° 1532）。

伽达默尔完全不知道自己为何被逮捕。尽管如此，他还是被一个俄罗斯官员监禁和审讯，不断地要他回忆自己曾经做过的事。伽达默尔永远无法说出自己一无所知的事情。他们讽刺他说他很快就会有几个月时间来想。在监禁和审讯了几天后，由于莱比锡大学、雅各比新校长和德国统一社会党的抗议，他得以释放。人们一点也搞不清楚告发的是什么，但伽达默尔怀疑跟当时一个名叫尤塞科（Jusek）的下层官员有关，他曾是货真价实的纳粹，后来又成为狂热的共产党员。[1] 他很可能对伽达默尔去西德感到嫉恨。

这件事使莱比锡、德累斯顿和柏林的政治负责人感到荒谬，他们组建了一个调查委员会以弄清楚怎么回事。罗伯特·龙佩（Robert Rompe），柏林的高校管理负责人概述这一当局的紊乱时，将此事件描述为"一件巨大的蠢事，它再一次使我们在西德面前丢脸"。[2] 这件不可思议的事对伽达默尔来说至少有好的一面：如果他离开莱比锡时有些纠结，那么现在他只能为最终离开这里而感到庆幸。

---

[1] 1997 年 7 月 9 日与作者的谈话。
[2] 1947 年 11 月 17 日阿尔伯特·西蒙的信，大学校长给萨克森教育部部长哈茨奇（Hartsch）的信（见于德累斯顿档案馆，已指明的地方）。

13

法兰克福与海德堡:在通向解释学的道路上
(1947—1959)

> 我潜心伏案于书桌前,但沮丧地意识到我天性容易受环境的影响。一次会议或一场对话就使得我思考和言说的方式完全不同于我独居斗室时的方式。不过,最终我必须完成这一工作。
>
> ——汉斯-格奥尔格·伽达默尔
> 1955年4月5日致厄纳·克吕格的信[1]

伽达默尔最初从莱比锡搬家的时候,德国统一社会党的官僚们也表现出拙劣的行径。1947年9月8日,警察扣留了他妻子弗丽达想携带到法兰克福去的私人物品。[2] 她去马堡是为了帮助沃纳·克劳斯搬家到莱比锡去,并且想借此顺便携带一些个人物品到法兰克福。这大概被看作非法的,因为9月23日有人签发了一个对她的逮捕证。伽达默尔极力抗议,强调这有关的是一次"公务出差"行为,因为她是去帮助马堡的一位教授搬家到莱比锡。[3]

在他1947年11月最关键的一次搬家时,伽达默尔想了一个好主意,他自己坐在火车车厢里运送他的行李,并且备有大量的香烟、雪茄和烈酒,以疏通辖区之间的诸多检查关卡。[4] 法兰克福和莱比锡之间相距仅400公里,但当时可用的铁路路线如此曲折,使这一长途旅行持续了至少4天。

如果伽达默尔希望在法兰克福遇到不那么官僚作风和狭隘无

---

[1] UAT, *Nachlass* Gerhard Krüger.
[2] 伽达默尔1947年10月10日写给施塔特罗达警察局长的信(UAL, PA 488, 190)。
[3] Ibid.
[4] PL, 139; AAP, 170.

13 法兰克福与海德堡：在通向解释学的道路上（1947—1959）

知的政府机构，那他起初会感到失望。1947年9月，一开始在从美国军事当局那获取居留许可证时，他就遇到了许多困难。[1] 在他到了法兰克福时，当局仍拒绝发放给他许可证，一直到校长介入才得以解决。[2]

法兰克福当时是美国军事当局所在地。这个城市在地理上如此中心，作为歌德的故乡和德国皇帝加冕地，人们料想它将成为西德新共和国的首都。然而莱茵河的康拉德·阿登纳表示反对，他是美国方面信赖的人，新联邦德国的第一任首相，他更有意于安宁的波恩大学城——贝多芬（在那个时代还享有丝毫未损的声誉的少数德国人之一）的故乡。因而法兰克福城当时不得不去习惯新的政府。黑森州及其在威斯巴登的内阁建立起来了，因为直到1947年之前法兰克福还属于普鲁士，后者因为被瓜分而有着不好的名声。在这个较好的大学都有着若干世纪历史的国家，法兰克福大学本身是最近建立的（1914年）。在其30年的历史中，它获得了受人尊敬和"进步"的声誉。在那里社会科学占据着重要的位置，马克斯·霍克海默战前在这里领导了"社会研究所"，警察于1933年3月关闭了该研究所。[3] 根据它在那个时代已经负有的声誉，"法兰克福学派"的大部分成员都是犹太人，并且他们都移民到日内瓦、巴黎，继而到美国了。随着霍克海默1950年2月最终回到法兰克福[4]，研究所低调地重新开张了（霍克海默也在1951年成为大学的校长），但在其主要成员流亡美国期间，

---

1 1947年9月27日伽达默尔致法兰克福大学校长的信（UAL, PA 488, 189），以及他1947年9月25日给哈尔斯坦校长的电报（UAH, PA 3849）："没有居留许可，搬迁就不可能。要求通过电报紧急证明和确认。伽达默尔。"
2 PL, 140；AAP, 170.
3 见 R. Wiggershaus, *Die Frankfurter Schule. Geschichte. Theoretische Entwicklung. Politische Bedeutung*, München/Wien, Carl Hanser Verlag, 148.
4 Ibid., 453.

其马克思主义的定位显著削弱。它的"批判理论"越来越带有意识形态的社会学批判形式,他们已经丢掉了对苏维埃共产主义、共产主义革命的不可避免性和无产阶级先锋队功能的幻想。它的批判依然针对的是在西方国家占据主导的"意识形态",在那里文化工业的功能是维持资本主义。它抛弃了马克思主义的一些乌托邦设想,转而受到叔本华和弗洛伊德的悲观主义的滋养。在很长时间内,霍克海默还不想人们重新修订其学派的首要纲领,该纲领被认为过于马克思主义。然而该学派在1960年代末经历了一场奇特的复兴,成为大学生造反和消费社会批判的主要灵感之一。这些关于意识形态批判的争论在对伽达默尔思想的接受中扮演了重要角色。然而当伽达默尔1947—1950年间在法兰克福担任教授期间,批判理论还没有出现。像霍克海默和阿多诺这样的教授回国还存在许多问题。通过占领势力制定的修复政策,被纳粹辞退的教授才得以恢复他们的职位。后来,伽达默尔自称为霍克海默和阿多诺回到法兰克福做过贡献。[1]霍克海默是第一个回国的,因为他在法兰克福时就已经是教授,而年龄小八岁的阿多诺当时还只是个私人讲师,刚在神学家保罗·田立克(Paul Tillich)的指导下完成关于克尔凯郭尔的资格论文答辩。1949年11月,当时已得到海德堡任命的伽达默尔遇到了阿多诺,向他保证他有很好的机会成为他在法兰克福的继任者。[2]几个月后,伽达默尔写信给霍克海默,说阿多诺是一个很好的继任者,选择他是明智的,

---

[1] 见HGG, *Esquisses herméneutiques*, Vrin, 172, 以及1986年7月19日海德堡周报(*Communale*)上刊载的伽达默尔访谈:"可以说,是我让霍克海默和阿多诺得以回国。这不是我的特殊功劳,因为对我们来说很显然的是,应该询问法兰克福的元老们——他们由于1933年事件而放弃了他们的研究所和工作——是否对在德国恢复自治的时刻回来感兴趣。他们回来是由于所有人都清楚的原因:当时是麦卡锡时期。"
[2] R. Wiggershaus, *op. cit.*, 449.

13 法兰克福与海德堡：在通向解释学的道路上（1947—1959）

因为对他和阿多诺来说，他们的哲学方向在法兰克福是非常有代表性的。[1] 然而最终是格哈德·克吕格直到 1953 年才接替了伽达默尔，无疑这是伽达默尔最乐意看到的。

伽达默尔和当时法兰克福学派的代表人物并不是太投缘。他们之间是礼貌的学院式关系，他们的气质和做哲学方式非常不同。伽达默尔被他们理解为传统大学哲学的代表，在最坏的情况下，是一个海德格尔主义者，而伽达默尔发现法兰克福学派的工作更多是社会学而非哲学的。伽达默尔回忆，遇到他们——"马克斯和特迪（Teddy）"（霍克海默和阿多诺）——时，他感觉"好像突然来到城市的农民。我们有着农民的所有优点和局限。霍克海默和阿多诺那些人在我们看来格外变幻不定，他们很聪明，但缺少实质内容。而与海德格尔在一起，我们感到很习惯，简而言之，在一个完全不同的层次上。我们感觉与他们离得很远"。[2]

1950 年，霍克海默、阿多诺和伽达默尔三人都参加了尼采逝世 50 周年之际的一个电台辩论。[3] 这是当时伽达默尔和他的法兰克福同事之间的唯一一次哲学交流，但伽达默尔认为人们誊录的那个录音稿太低劣。[4] 根据伽达默尔的回忆，霍克海默认为尼采对资产阶级的道德精神失去了信心，而这妨碍了他拥抱进步和社会改革的理想。伽达默尔怀疑这是否是谈论尼采的最恰当视角。在他看来海德格尔对此的思考远比这更彻底。

1960 年代，法兰克福学派变得众所周知，伽达默尔的解释

---

1 伽达默尔写给霍克海默的信，载于 M. Horkheimer, *Gesammelte Schriften*, t. 18, Frankfurt, Fischer, 1996, 123.
2 *Hans-Georg Gadamer on Education*, Poetry and History, 141 (SG, 3 A).
3 « *Nietzsche et nous : entretien avec Theodor W. Adorno, Max Horkheimer et Hans-Georg Gadamer* », publié dans HGG, *Nietzsche l'antipode*, Paris, éditions Allia, 2000.
4 HGG, *Esquisses herméneutiques*, 172.

学也是如此，此时一场更富有成效的争论能够发生了。伽达默尔的学生们这样鼓动他们的老师。伽达默尔很愿意接受这一挑战：有一天他放了一本阿多诺的《否定辩证法》在他的行李箱中，为了在度假时阅读它。但他偶然在车站遇到了他的学生莱纳·维尔（Reiner Wiehl），后者告诉他阿多诺突然去世的消息（1969年）。[1] 这两种对立个性之间的争论因而没有发生。在解释学与意识形态批判相对抗的史诗般的争论中，他与哈贝马斯的争论取得了更好的成效。哈贝马斯能更好地理解伽达默尔：在其思想形成的开始他就受到海德格尔的影响，并且对伽达默尔的解释学有较多的了解，当时伽达默尔已经受邀到海德堡担任教授，并且恰恰是因为哈贝马斯在法兰克福寻求职位遇到困难，在那里马克斯和特迪在他的问题上产生了不同意见……我们后面会再回到这个问题。

在伽达默尔从教过的所有大学中，法兰克福大学无疑是他最少表达出怀念之情的大学。他的自传仅仅将之作为一个"插曲"。海德格尔很早就预感到伽达默尔不会在那里待很久。1948年1月，他写信给伽达默尔："法兰克福可以作为过渡。但长时间来说，这不是一个适合你的地方——只要多少还有可能在今日唤起和培养某种能够成长的东西。"[2] 伽达默尔没有在这里久待。在个人层面，这也是他处境困难的几年，因为他的婚姻破裂了。德国依然百废待兴，西德的繁荣还没有出现，1947年冬天的情况尤其严酷："起初我在法兰克福的时候[……]很多方面都是很艰难的。粮食的配额通常极为有限，取暖需要精打细算，而且实际上人们完全买不到什么东西。无论如何，人们生活在和战时相同的环境中。"[3]

---

[1] PL, 175；AAP, 211.
[2] 海德格尔1948年1月13日写给伽达默尔的信，载于JMHG 2005-2006, 36。
[3] PL, 140；AAP, 171.

13 法兰克福与海德堡：在通向解释学的道路上（1947—1959）

并且伽达默尔在那里一直没有住宅。

他还忍受着新海塞省盛行的官僚主义的难以置信的烦琐作风，在那里所有个人选择都被交托给一个"中性权力"的不可见的权威，它负责一切而又什么都不负责。伽达默尔将这种"客观化的匿名的疯狂"视作"社民党文化"，海塞的"左派"。[1]伽达默尔这样说不是因为他有不同的政治倾向，而是因为他感到人们并没有很尊重大学管理的自治，这个自治原则在莱比锡已经遭到如此的破坏了。在法兰克福，没有人尊重学者或教师，后者是没有任何理事会可以替代的。在东德，在布雷斯劳和莱比锡[2]，教授普遍得到应有的尊重，但在法兰克福一切都不同，这里更加官僚，对教授更多不信任。

激怒伽达默尔的是，对他任命的确认被海塞的官僚不断推迟。1月27日，他写信给海德格尔：

> 海塞内阁负责秋季所有新教授任命的确认，它以拒绝确认对我的任命开始它的工作。理由是："实存主义"。现在，是文化部（它在1946年9月就做出了该提议，并且在1947年7月同意我1947年8月1日入职，这比其职能被内阁削减要早很多）和内阁（社民党）的其他部门之间协商的问题。如果这些老爷们不希望在我的事情上闹出丑闻和走司法程序，他们无疑应该让步。然而在我们内阁官僚体系及其普遍精神状态中，整个过程表现出非常典型的党派专断的倾向。与之相比，魏玛共和国的伎俩就是小巫见大巫了。还有心怀敌意和幼稚的猜想认为来自大学和文化部的唯一候选人

---

[1] PL, 142；AAP. 172. 大学将它翻译成这样："为了决定任命某人担任教职，有必要从无数方面收集专业知识。信息越多越好，做出的决定越恰当。"

[2] 见《Breslauer Erinnerungen》,206.

(unico loco)提名就足以推断出被提名的候选人是一个右翼。在我的情形中,这个猜想是极为荒谬的。[1]

伽达默尔已经从中得出教训:"令人失望的是,甚至我的住房问题都不幸受此影响。这个过程只是促使我在接下来的几年里决心避开所有外部和政治的活动。"[2]

尽管出生在马堡,但也是因为来自"东德",伽达默尔在法兰克福的大城市里遭到某种不信任。他当然在那里重新结识了如奥托·沃斯勒和卡尔·莱因哈特这样杰出的同事,但再也没有他在莱比锡时所熟悉的那种古风式的同事和团结关系:"不管怎样,哲学系——在那里有着许多杰出的专家——给我留下了与我记忆中的莱比锡的大学组织截然不同的印象。在法兰克福,协商的事情可以怎样地拖延不决啊!对一些细微的琐事,人们可以怎样地发怒和争吵啊!最终我认识到占据了系里会议的这些琐事只不过反映了日常的处境,而我们在莱比锡的美好的团结在我看来则证明了我们所受到的压力。我和它保持着距离,因为我很早就意识到这意味着什么:人们自我麻醉在'中性权力'的幻觉中,以为与东德相比,这里的大学有着不断增强的独立性,人们还不信任来自东德地区的人们,然而后者对西德人视而不见的战后社会问题却有着更深的认识。"[3]

这种不信任的一个迹象——也是促使伽达默尔尽快离开这前往海德堡的苦涩滋味——体现在他担任1949年8月28日法兰克福召开的歌德200诞辰纪念大会主席时。当大会的议程后来公布

---

[1] 伽达默尔1948年1月27日写给海德格尔的信(DLA)。
[2] 同上。
[3] PL, 141; AAP, 172.

时，伽达默尔的名字不见了。[1] 多么心胸狭隘的大学！尽管如此，伽达默尔在法兰克福任教的时间比一般认为的要长。虽然他 1949 年秋季接受了海德堡的职位，但早在 1949 年夏季就已经被那里认定为客座教授了，他仍担保在 1949—1950 年冬季、1950 年夏季和 1950—1951 年冬季学期继续代理在法兰克福的教席，并且他做这些一开始除了收到交通和旅居的包干补贴外，没有额外的酬劳。[2] 但伽达默尔会留在海德堡吗？甚至在 1950 年 2 月 11 日（伽达默尔 50 岁的日子），霍克海默还坚定地相信伽达默尔"不会去海德堡，而是会待在法兰克福"。[3] 他犯错了，但这可能是由于伽达默尔还住在法兰克福，因为他 1950 年 6 月 29 日才留下他妻子而搬家到海德堡，以重新开始他与凯特·莱克布施的生活，他们于 1950 年 7 月 8 日结婚。[4] 对霍克海默来说，伽达默尔是一个忠实的教授，他很早就有所耳闻。[5] 没有任何迹象表明当时两人关系紧张。的确，霍克海默担任他在法兰克福的工作是在 1950 年 2 月，而此时伽达默尔已经至少一只脚踏进海德堡了。

在去法兰克福时，伽达默尔曾希望能接上他的哲学工作的

---

[1] PL, 143；AAP, 174.
[2] UAH, PA 3849. 直到 1950—1951 年冬学期，法兰克福哲学系主任马克斯·霍克海默要求伽达默尔得到补偿。关于这个问题，参见 1950 年 12 月 1 日霍克海默给法兰克福大学负责人的信："对这个要求的赞同的答复，将使学院不再有缺少法兰克福哲学的有力代表的巨大忧虑，它已经得到伽达默尔教授的最慷慨的保证，因为寻找他的接替者的协商一直没有完成。伽达默尔教授在前往海德堡时向学生们承诺，在他被继任者接替之前不会放任他们不管。学院非常感谢这种不求回报的支持。伽达默尔的合同规定，他并没有因他的大量工作获得任何报酬，学校只为他的差旅支付每学期总计 900 马克的补贴，但这完全被他的其他费用（交通、停留、住宿）所抵消。学院认为，不应该再让伽达默尔教授处于这种处境中。"
[3] 马克斯·霍克海默 1950 年 2 月 11 日写给默得森·霍克海默的信，载于 M. Horkheimer, *Gesammelte Schriften: Briefwechsel 1949-1973*, Frankfurt a. M., Fischer, 1996, 112.
[4] 见弗丽达·伽达默尔 1950 年 7 月 26 日给 D.I. 齐谢夫斯基（D.I. Tschiżewskij）的信："您肯定知道我与汉斯-格奥尔格·伽达默尔分开了。他与一名学生去了海德堡。"
[5] 马克斯·霍克海默 1950 年 2 月 11 日写给默得森·霍克海默的信。在 1950 年 3 月 15 日的一封信中（M. Horkheimer, *Gesammelte Schriften*. t. 18, 122），伽达默尔对霍克海默谈到了对他刚刚出版的著作《理性的消逝》的高度评价。

线索，这个工作被校长任期和12年的纳粹专政所中断。在法兰克福以及很快在海德堡，他遇到了新一代学生，这些学生无所畏惧和聪颖，他们也鼓励他这么做。后来他的许多学生成为德国哲学界的权威。人们在这里指的是在德国声名卓著的那些哲学家，但他们在国外可能不那么有名，例如迪特尔·亨利希（Dieter Henrich，来自马堡，并且在成为伽达默尔的同事之前成为他在海德堡的助手）、沃尔夫冈·威兰（Wolfgang Wieland）、莱纳·维赫尔（Reiner Wiehl）或康拉德·克拉默（Konrad Cramer）。伽达默尔在1975年自传的最初提纲中赞扬了他们的优点，[1]并且自豪地指出他们已经走上了属于自己的不同道路，因为他不想形成所谓的"伽达默尔主义"。这里说的是他的第二代学生，因为他第一代的学生们，卡尔－海因兹、福尔克曼－施勒克和瓦尔特·舒茨等人，这时已经各自在科隆和海德堡成为杰出的教授。作为教师的伽达默尔总是用心培养年轻一代的思想家，并且乐意提携特别有天分的年轻人，如尤尔根·哈贝马斯、卡尔－奥托·阿佩尔、恩斯特·图根哈特（Ernst Tugendhat）和奥托·珀格勒（Otto Pöggeler），他们并不直接属于伽达默尔门下。这使他在这几十年来博得了一个有时善意、有时恶意被赠予的绰号，即德国哲学的"幕后主导者"。[2]海德格尔思想的国际影响是伽达默尔无法与之比拟的，但即使他也没有成功地培养出有着如此才华和如此广泛兴趣的学生圈子。有许多外国人加入了第二代学生行列，如意大利的詹妮·瓦提莫和瓦莱里奥·维拉（Valerio Verra），西班牙

---

[1] GW 2, 493; PH, 31.
[2] 这个表述最初在格罗斯纳的一篇著名文章中被使用，载于1970年4月3日的《时代》，再版于 Verfall der Philosophie. Politik deutscher Philosophen, Reinbek bei Hamburg, Wegner Verlag, 1971, 54, 题为"学院哲学的幕后主导"。该书中也有与伽达默尔发表的第一篇访谈（"共通感与技术统治"，第219-233页）。

的埃米利奥·莱多（Emilio Lledo），以及哥伦比亚的卡洛斯·B.古蒂雷斯（Carlos B. Guttiérez），他们成为解释学在拉丁世界的使者。在他1968年荣休后，由于他到国外，到加拿大、美国还有意大利讲学，他还培养起了相当于第三代的学生。

从伽达默尔到法兰克福起，他的学生就劝说他出版一本"系统的"、实质性的著作，像人们在德国所说的那样。他的一些同事开玩笑说它太被需要了。他的确被其他琐细的工作分散了精力，理由是他必须首先关心学生们的迫切需要。考虑到法兰克福书籍的极度缺乏，许多图书馆已经遭到破坏，伽达默尔专心致力于"教学用书"的出版计划。为了给他的学生提供哲学史的一般指导方向，让他们理解1920年代（在哲学上真正有创造性的最后一个10年）哲学讨论的线索，他重新编辑出版了狄尔泰的《简明哲学史》（1949），并且在克洛斯特曼出版社（他的出版商）那里出版了哲学经典文本的一个小丛书。他自己1948年在其中译注了亚里士多德《形而上学》第12（Lambda）卷。1953年，他和朋友赫尔穆特·库恩一起创办了一本新杂志《哲学评论》，致力于对哲学的新出版物的批评讨论。伽达默尔将编辑工作委托给他妻子凯特·莱克布施，他说，这样她就有事情可以做了。这本杂志成为战后德国最重要的哲学杂志。包括哈贝马斯、阿佩尔及其他人在内的许多年轻作者成为了该杂志的第一批主力军。

如果说在莱比锡担任校长时期他尤其侧重于对诗学的阐释，那么现在则倾注心力于偏教学性质的出版物。当然，这是值得褒扬的，但伽达默尔借此逃避了最终出版自己独立著作的日益增加的压力。很长时间，他认为这类工作不适合他，并且他的能力还达不到。在这方面其他人比他更有天分。他认为自己的能力不在概念体系的建构上，而是在于具体的现象学阐明，在于哲学史的对话和讨论。然而，恰恰是这一对话实践成就了普遍解释学的理论，后者成为他的主要著作。自从他早期对哲学中的体系观念的批判（1923年他的第一篇论文的主题）以来，他就一直对哲学中的纯粹建构抱有怀疑。在他自己课程所关系到的人文科学理论中，他也同样这么认为。想要给人文科学强加精确科学的方法论和建构性理想乃是一个错误，它们绝不满足于此，这样做对它们完全不公正。人们在那里发现的毋宁是另一种形式的知识，它不是对事情的支配，而是参与。因此并不奇怪，在法兰克福和海德堡，伽达默尔就有这样的想法：从他的"人文科学导论"的重要课程（有时放在"艺术和历史"的标题下）出发，来呈现他对这一真理经验的特有信念。但它涉及的不是新的概念建构，充其量只是对历史工作和精神科学的语文学的方法的哲学辩护。[1]

海德格尔也为他学生的畏缩感到惋惜。他经常在他学生面前叹息说："伽达默尔总归必须出版一部真正的著作。"[2] 只是，海德格尔本人部分地要为伽达默尔对自己的怀疑负责，正如伽达默尔在其自述中承认的："在很长时间里，写作对我来说是一个真正的折磨。我总是有海德格尔越过我的肩膀看着我的可怕感觉。"[3] 在一切受惠于他老师的现象学阐明能力的情况下，如何才能撰写一本经得起他审查的书？尽管有其不足，但海德格尔是一个天才，而伽达默尔认为自己不是。即使在他撰写了《真理与方法》并且

---

[1] 1956年1月29日写给克吕格的信（UAT）。
[2] 伽达默尔在1995年2月11日接受奥地利电台采访是谈到这点。这得到海德格尔一个亲近的学生瓦尔特·比梅尔（Walter Biemel）的口头证实。
[3] GW 2, 491; PH, 29. 参见1995年2月11日伽达默尔在与NDR的R. 路德维格的对话中的解释："我担心我做的事情不够好，在他的眼中微不足道，或者说自己可以做得更好。由此，在1950年代，当我最终受到我在海德堡的学生的压力时，我强烈克制了写作，他们总是对我说，我总得'出版一些东西'"。

获得了巨大声誉后，他依然这样认为。

当时海德格尔的遗产在德国让人感到窒息。伽达默尔观察到，在他周围总共有两种与海德格尔关联的方式，但在他看来两个都不明智：一方面，是对老师和他的行话的费力模仿，例如，在他非常杰出的学生卡尔-海因兹、福尔克曼-施勒克那里可以观察到这类"海德格尔迷"；另一方面，是在法兰克福学派的社会政治批判或实证主义认识论精神指导下对海德格尔的无休止的清算，他们通常利用他的政治错误。即使在离伽达默尔非常近的身边人那里，他也能感到这样一种傲慢。1953年，卡尔·洛维特（伽达默尔召唤他回海德堡）出版了一本严厉针对他老师的严肃著作《海德格尔：贫困时代的思想家》。这个攻击来自一个流亡的犹太人——海德格尔很早时期的学生，这使得攻击尤为有分量，特别是他还对海德格尔的政治愚行做了重新理解。海德格尔错误地理解了该书，将之看作充满了怨恨的檄文。[1] 格哈德·克吕格同样在1949年的一篇文章中对《关于人道主义的书信》提出严厉指控。[2] 如列奥·施特劳斯所做的那样，他批判海德格尔的虚无主义过于

---

[1] 见海德格尔1954年1月19日写给布洛赫曼的信（*Martin Heidegger—Elisabeth Blochmann Briefwechsel 1918-1969*, dirigé par J. Storck, Marbach, Deutsche Schillergesellschaft, 1989, 103）："他（洛维特）对什么是思想一无所知，他很可能憎恨它。我从没有遇到这样一个完全生活在怨恨和'反对'某物中的人。"关于海德格尔对洛维特的恼怒，也见 H. W. Petzet, *Auf einen Stern zugehen. Begegnungen mit Martin Heidegger 1929 bis 1976*, Frankfurt a. M., Societats-Verlag, 1984, 98。在这同一封信中，海德格尔提醒人们注意伽达默尔和洛维特在海德堡的紧张关系："克劳斯·瑞奇（Klaus Reich）的任命可能存在某种利益交换，因为伽达默尔开始厌倦他的朋友他的'受欢迎程度'，使得他夸口说他最终将得到其他地方的任命。"关于伽达默尔与洛维特在海德堡的关系，见曹街京最近的宝贵证言（Kah Kyung Cho, « *The Way of Philosophy as Paideia : Heidegger and His Two Disciples in Heidelberg* », in *Philosophy and Culture*, vol. I : *Comparative Thinking*, May 2007, 1-39）。洛维特因他老师的极端反应而感到很受伤，他总是觉得与对方很亲近。因此，在伽达默尔1969年为老师80周岁组织一次小型研讨会时，他能够在那再次见到海德格尔，并与他实现某种和解，这让他感到由衷地高兴。参见研讨会的文章，载于 HGG (dir.), *Die Frage Martin Heideggers. Beitrage zu einem Kolloquium mit Heidegger aus Anlaß seines 80. Geburtstages*, Heidelberg, Winter, 1969.

[2] G. Krüger, « *Martin Heidegger und der Humanismus* », in *Studia philosophica* 9 (1949)，再刊于 *Theologische Rundschau*, 1950, 148-178.

现代，并且宣扬要回到柏拉图主义。

伽达默尔对所有这些主流解释都不满意。在他看来它们都没有达到海德格尔的反思层次和彻底性的高度。因此他自己很长时间里对冒险写关于他老师的文章感到踌躇。他第一篇关于海德格尔的论文是为1960年雷克拉姆出版社出版的《艺术作品的起源》所写的后记，并且是在海德格尔的明确要求下撰写的，后者觉得伽达默尔的文章非常好。[1] 这篇论文与《真理与方法》同一年面世并非偶然。一切发生得就像伽达默尔等着在公开对海德格尔的思想表达意见以前完成他的主要作品。他在这里评价的方式比在《海德格尔的道路》（1983年）论文集里的更鲜明，在那里，赞赏压倒了批评。

在他还在法兰克福生活的时候，伽达默尔就留心协助为海德格尔恢复权利。他首先为他的老师筹备60岁《纪念文集》的出版（1949年9月26日）。这个计划并不是顺理成章的，因为在当时海德格尔由于政治上的过往而不再受人尊敬。大家都知道他在弗莱堡已经处于停职休假状态。伽达默尔感到这是不公正的，因为他很清楚其他比海德格尔抱以更大热情、卷入纳粹时间更长的哲学家的状况。从1930年代中期起他不就已经承认"政治错误"了吗？这个纪念文集1950年在克洛斯特曼出版社出版，被冠以一个有些奇怪的标题："共济"（Anteile）。这个词同时意味着"参与""见证""拥护"和"同情"，就好像在表达他们的慰问。这里可以看到一个为海德格尔"恢复名誉"的尝试，有好些人拒绝参与其中。伽达默尔不得不向他们保证这并不是出版文集的意

---

[1] 海德格尔1960年9月3日致伽达默尔的信（JMHG 2005-2006, 37）："重读你的文章，我觉得它写得非常好。你对我上一个作品的晕头转向的读者们指出了决定性的方向。衷心感谢你的支持，这肯定会结出硕果。"

13 法兰克福与海德堡:在通向解释学的道路上(1947—1959)

图。罗马诺·瓜尔蒂尼在这点上感到担忧,伽达默尔1949年5月13日回复他:"有一个抉择是迫切的,它涉及你已经与克吕格讨论过的问题,参与献给海德格尔的《纪念文集》的问题。我理解你的担心,并且我向你保证,这个计划只是客观承认有呈现海德格尔在哲学上的贡献的必要。克吕格在此期间已经确认参与,条件是我们仅限于标明'纪念文集,呈给哲学家马丁·海德格尔',不加献词。是他让我给您写信。撰稿人的范围,我局限于那些在某个时候曾与海德格尔思想发生丰富关联和见证了它的人,无论是他那代人还是之后的年轻人。它当然不是一个门徒的圈子。"[1]

瓜尔蒂尼和克吕格提出了他们加入的两个条件:客观的形式和洛维特的加入。[2] 没有人愿意向一个政治上可疑的人表达过分褒扬的敬意。因而洛维特的参与就十分重要,他的命运是众所周知的:他是海德格尔学生中最引人注目的一个犹太学生,并且被迫流亡(汉娜·阿伦特当时在德国并不那么有名)。所有人都知道他在其中只会贡献批评。他的在场将使文集不会是一种颂扬,而是就此给予它"客观的形式"(按照瓜尔蒂尼的说法)。当伽达默尔向他保证洛维特会加入时,克吕格最初感到惊讶。他如此震惊以至于私下地向洛维特求证这一点。这种不信任多少让伽达默尔感到不快。

在为《纪念文集》寻求"道义上的"权威时,伽达默尔小心地询问雅斯贝尔斯是否觉得"参与其中对他来说是可以考虑的",[3] 他对雅斯贝尔斯的迅速拒绝并不感到奇怪。除了洛维特,伽达默

---
[1] 伽达默尔1949年5月21日写给瓜迪尼的信(*Nachlaß* de Romano Guardini, Bayerische Staatsbibliothek)。
[2] 伽达默尔1949年5月30日写给瓜迪尼的信(出处同上)。
[3] 伽达默尔1949年2月13日写给雅斯贝尔斯的信。

尔还寻求得到其他犹太流亡者的合作，如1933年海德格尔在弗莱堡的助理韦尔纳·布罗克（Werner Brock），以及库特·里兹勒（他不得不离开法兰克福，到了纽约的"新学院"）。这两人都找理由拒绝了。布罗克从剑桥回信说他感到十分受惠于海德格尔，但他怀疑是否有能力撰写"有价值的东西，能作为给思想家海德格尔的真正献礼"。[1] 里兹勒一开始接受后来又拒绝了，解释说他最初认为《纪念文集》对解除压在海德格尔身上的出版禁令是有必要的，而在自海德格尔已经恢复发表权利后，这就不再有必要了。[2]

由于伽达默尔的协调努力，《纪念文集》最终面世了，撰稿人有瓜尔蒂尼、恩斯特·荣格尔和弗里茨·荣格尔两兄弟、瓦尔特·F. 奥托、埃里希·沃尔夫、克吕格、洛维特、瓦尔特·布罗克、福尔克曼-施勒克和伽达默尔。但其尴尬也是显而易见的：它推迟了一年面世，这并不是太反常，反常的是它没有前言，也没有主编，以至于没有人知道是谁负责此事。没有外国人出现在其中，并且所有人应该都注意到当时另一个重要的"实存主义"哲学家雅斯贝尔斯未在其中。如果说海德格尔当时是一个受到羞辱的思想家，那么他很快就展开了报复，由于《关于人道主义的书信》（1946）和《林中路》（1950）的成功，他重新成为1950年代炙手可热的哲学家。

伽达默尔还帮助海德格尔走出了孤立状态，克服困难使海德格尔当选为海德堡科学院院士，这是使海德格尔受益的其中一个珍贵荣誉。海德格尔总是十分感谢伽达默尔，多次从弗莱堡坐两

---

[1] 韦尔纳·布罗克写给伽达默尔的信（*Nachlaß* de Romano Guardini, Bayerische Staatsbibliothek）。
[2] 伽达默尔1949年5月21日写给瓜迪尼的信。

个小时的火车去海德堡做客。伽达默尔常常借此机会组织和他的学生的私下的小型研讨班。[1] 然而伽达默尔的学生们惊愕地发现这并不是像伽达默尔经常做的那样的真正研讨班，而是一场独角戏，海德格尔在那里宣读一些隐秘的文本而很少开放讨论（尽管在几杯酒后会有一些讨论）。这个场景是有些奇怪的：海德格尔在伽达默尔的家里讲话，而为了给予更高的礼仪，那里设置了一个小的幕布，就好像一个剧院，幕开启后，海德格尔开始讲话。所有人都意识到这意味着"特权"，人们需要听海德格尔讲话，伽达默尔的学生对此感到很不快。此外，大部分伽达默尔的第二代学生，如亨利希、维赫尔、布伯纳、富尔达（Fulda）、哈贝马斯和图根哈特都对海德格尔产生了强烈的反感，这在它们的文本中能明显感觉到。伽达默尔依然保持着对他老师及其遗产的忠诚，只是在 1976 年之后当海德格尔的目光不再越过他肩膀审视他时，才开始表现出与海德格尔的距离。但 1950 年代，他仍表现出对他极大的尊重，他与海德格尔的通信很快就会证实这一点，他虔诚地参加海德格尔在德国南部各地（达姆施塔特、法兰克福、慕尼黑和布勒赫河）出席的少量会议。

*

1949 年秋天，以接受海德堡职位的方式，伽达默尔成为当时另一个巨人卡尔·雅斯贝尔斯的接替者。30 余年来，雅斯贝尔斯的名字就与海德堡这个城市联系在一起。对大多数公众而言，他

---

[1] 参见里卡多·多托里（R. Dottori）关于海德格尔 1970 年参加伽达默尔研讨班的证言：R. Dottori, « *Kritisches Nachwort. Zu "Hegels Dialektik" von H.G. Gadamer und zum Verhältnis Hegel-Heidegger-Gadamer* », in *Bijdragen* 38 (1977) 176-192；以及多托里就此撰写的重要著作：*Die Reflexion des Wirklichen. Zwischen Hegels absoluter Dialektik und der Philosophie der Endlichkeit von M. Heidegger and H.-G. Gadamer*, Tübingen, Mohr Siebeck, 2006.

和海德格尔是实存主义的两个代表人物,尽管他们俩都不太喜欢这个在法国流行的称呼。自1920年代初,他们就互有好感并建立起友谊。两人都阅读了克尔凯郭尔,他们的团结本质上建立在他们对当时学院哲学的反对上:雅斯贝尔斯认为精神病学家不承认生存的重大问题,而海德格尔没有在学院哲学中发现彻底性,认为它将有赖于雅斯贝尔斯的工作。他们的主要著作的问世(1927年海德格尔的《存在与时间》和1932年雅斯贝尔斯的《哲学》)表明了两人之间的差异乃至某种竞争关系。攀上纳粹的权力使他们的友谊进一步和真正地破裂,即使雅斯贝尔斯以相对善意的眼光去解读海德格尔的校长讲话。人们今天也知道,雅斯贝尔斯自己也把某种希望寄托在1933年的"民族飞跃"上。战后人们忽略了这点,而所有人都知道雅斯贝尔斯的不幸遭遇:他的妻子是犹太人(或"半犹太人"),1937年他因此被要求退休。1945年4月,他妻子和他甚至到了被运到集中营的地步。在解放后,雅斯贝尔斯因此享受了非同寻常的道德权威,被颂扬为(德国非常需要的)少有的知识分子反抗的英雄。雅斯贝尔斯对此感到不快,甚至指出这是促使他接受瑞士巴塞尔的职位的其中一个原因。[1]

在此声誉光环之下,1945—1946年冬季学期,他开设了一门关于"德国的精神处境"的重要课程,讲稿1946年以"罪责问题"[2]的标题面世。这个作品掀起了关于"集体罪责"问题的讨论,当时正值纽伦堡审判期间。在纳粹政权垮台后,雅斯贝尔斯多少显得是德国的"良心"。当时,他还创办了一本杂志,被冠以富有

---

[1] 见雅斯贝尔斯在海德堡当地报刊发表的文章:《Gegen falsche Heroisierung》, RheinNeckar-Zeitung du 25.1.1946。见1949年7月10日他给海德格尔的信的片段:"我开始看到有迹象表明,如果我留在海德堡,我将被称颂为民族英雄。我在那里的处境很可笑。"
[2] K. Jaspers, *La Culpabilité allemande*, Minuit, 1948, repr. 1990.

启示的标题"改造"。伽达默尔还在其第一期上发表了一篇论文《普罗米修斯与文化悲剧》。如果说海德格尔是过去时，那么雅斯贝尔斯就是风头正劲的哲学家。然而在 1950 年代，一个难以置信的"转变"发生了：海德格尔的光芒和名望，以及他的"第二时期的"哲学几乎完全压倒了对此感到惊异的雅斯贝尔斯。

雅斯贝尔斯也是带着深深的苦涩离开海德堡的。[1] 这当然与海德格尔无关，而是与德国民众对他关于德国的罪责问题的带有敌意的接受密切相关。后来他否认曾经为集体罪责的观点辩护，但这个表述与他的名字已经捆绑在一起了。因此，一些恶意的流言指责他背叛了国家。[2] 不管怎样，雅斯贝尔斯感到在呼吁德国进行道德改造上失败了。他认为德国从未在摆脱古老的魔鬼上取得成功，他拱手认输并在 1948 年 3 月接受了巴塞尔的职位，在那里他继续近距离观察德国并撰写相关文章，但他的影响减小了。那个城市刚好属于边境的另一侧，靠近海德格尔所在的弗莱堡，但这两位思想家除了在 1950 年代初试图接近外，再也没有相见。

在伽达默尔 1949 年春天前往海德堡讨论他的条件时，他遇到了一个新的"住宿"的问题：所有旅馆都住满了，他在俾斯麦广场的长椅上过了一夜，第二天警察叫醒了他，告诉他人们无权在这里睡觉。[3] 因为从他的重要朋友奥斯卡·许雷尔的葬礼上回来，他心情非常消沉，"被许多其他事情弄得疲惫不堪"[4]——这

---

[1] E. Wolgast « Das zwanzigste Jahrhundert », in W. Doerr (dir.), *Semper apertus.Sechshundert Jahre Ruprechts-Karls-Universität Heidelberg1386-1986. Festschrift in sechs Bänden*, t. III : *Das zwanzigste Jahrhundert 1918-1985*, Berlin/Heidelberg/New York/Tokyo, Springer-Verlag, 1985, 38. 见同一卷中施特恩贝格尔的文章：D. Sternberger, « *Karl Jaspers* » (1883-1969),285-298.

[2] K. Jaspers, *Provokationen. Gespache und Interviews*, dirige par Hans Saner, Müchen, Piper, 1969, 171 s.

[3] PL, 167 ; AAP, 200.

[4] Ibid.

暗指他困难的婚姻处境。他还刚结束遥远而激动人心的阿根廷之旅，这是他的第一次海外旅途，在那里他参加了胡安·庇隆（Juan Domingo Peron）总统发起的世界哲学大会。在长时间闭塞在德国之后，他得以在那里第一次再见到他的老朋友卡尔·洛维特、赫尔穆特·库恩和其他朋友，以及全世界的哲学同事。[1] 不同于一些典型的"海德格尔主义者"避开会议，伽达默尔在会议上觉得很享受，因为这种见面开阔了视野，这在哲学上绝不是不光彩的事情。海德格尔本人被邀请与会，但法国军政府没有批准他离开德国（有其他纳粹嫌疑的人也曾到拉丁美洲寻求庇护）。因此作为荣誉，伽达默尔代表所有欧洲参会者发表简短演说。[2]

伽达默尔将海德堡的任命视作"秘密梦想的实现"和"他职业生涯的目标"。[3] 我们记得，1946年5月伽达默尔曾在信里对雅斯贝尔斯说，对他而言来自海德堡大学的任命将是"美妙的前景"，这是德国最古老最负有盛名的一所大学，黑格尔和马克斯·韦伯大学曾在此任教过。然而接替雅斯贝尔斯的必须是另一个杰出而著名的人物。从哲学历史的长期视角看，人们可以说这是从实存主义哲学到解释学的有机过渡，然而在1949年，这看起来并不是自然或和谐的。与雅斯贝尔斯相比，伽达默尔出版的作品少很多，也不是那么有名。此外，雅斯贝尔斯还曾希望克吕

---

[1] 见伽达默尔在1995年2月11日《法兰克福评论报》（*Frankfurter Rundschau*）上的谈话："我特别记得战后我们到阿根廷门多萨的一次旅行，在长时间的闭塞后，我又见到了讲意大利语、法语和英语的同行。对我来说很有趣的是去看人们与别人交谈时可以发展出来的所有想法。相对于认识的所有独白统治，对话是一种优越的形式。这里有对话的最大秘密：是他人给了我某种两人都感兴趣的东西。而在今天的德国讨论中，这并不常见。"

[2] 见 *Actas del primer congreso nacional de filosofia. Mendoza Marzo 30-Abril 9 1949*, Cuyo, 1949, t. 1, 85-87. 人们也能在这里看到海德格尔撤回的信。海德格尔学派在这个大会上依然很有代表性，因为除了伽达默尔外，还有奥托·博洛诺瓦尔特·布罗克，尤根·芬克，埃内斯托·格拉西，路德维希·兰德格雷贝和威廉·西洛希。

[3] HGG, «Der Blick in die Weite und auf das Ruhende. 600 Jahre Universität Heidelberg», *Verlagsbeilage der Süddeutschen Zeitung*, n°237, 15.10.1986.

格作为他的接替者,甚至为此和部长交涉。但当时在图宾根的克吕格拒绝了这个职位。据伽达默尔说,这是因为他不想他的任命仰赖于雅斯贝尔斯的直接干预。柏林人克吕格无疑更喜欢大城市,这使得他1953年接受了伽达默尔在法兰克福留下的空缺。

在克吕格拒绝后,伽达默尔于1949年夏天(5—7月)收到来自海德堡的客座教授的邀请[1],保证给他提供两个空缺哲学席位(恩斯特·霍夫曼和雅斯贝尔斯)中的一个。他在那里做了题为"西方形而上学的终结"的讲课和关于《笛卡尔沉思录》的研讨班。[2]在德国传统上,提供一个职位前邀请候选人以临时替代者的身份证明自己,这并不少见。在莱比锡和法兰克福,伽达默尔已经做过类似的事情。其结果是,1949—1950年冬季学期,他被任命为雅斯贝尔斯的接替者。

当时雅斯贝尔斯和伽达默尔之间的关系是相互恭敬的,仅此而已。直至成为雅斯贝尔斯的接替者之前,伽达默尔总是对他保持高度敬仰。他曾经阅读过雅斯贝尔斯1932年的三卷本《哲学》,并且确信阅读的是一本将要成为经典的著作。1932年夏季学期,他还针对雅斯贝尔斯面世的小书《时代的精神状况》开了一个研讨班。然而受海德格尔的影响,他对雅斯贝尔斯的哲学史论述没有很深印象,觉得那里有太多的说教和心理学色彩。

在伽达默尔受聘于海德堡后,他们的关系冷却了。这里无疑有着某种失望,一个著名教授面对他的尚是无名之辈的接替者时感到的正常的失望。但雅斯贝尔斯留在海德堡的学生的闲言碎语也起了不少作用。他们很快向他讲继任者的坏话。伽达默尔在他

---

1 UAH, H-IV, 572-12.
2 UAH, PA 3850.

的自传里讲了一件非常有趣的事：雅斯贝尔斯以构思好的、说教的立场回答他学生向他提出的所有问题，而伽达默尔总是回答"我不知道"。[1] 见鬼，伽达默尔不能回答所有问题，这让那些以为哲学家掌握所有知识的人们感到失望。其他人向雅斯贝尔斯报告说对伽达默尔而言哲学无非就是哲学史。[2] 一些更恶意的杜撰还编排说，伽达默尔有时在雅斯贝尔斯以前学生的博士学位考试和资格考试上制造困难，只是因为他们是雅斯贝尔斯的学生。[3] 这让伽达默尔十分生气。然而没有什么能阻止人类的诽谤。

最后一件小事使事情走到了临界点。1953 年，一个德国大学想在雅斯贝尔斯 70 岁庆典时授予他荣誉博士学位（我们记得，伽达默尔当时没有被邀请参加献给雅斯贝尔斯的《纪念文集》）。他们礼貌地询问海德堡大学（雅斯贝尔斯在这里呆了如此长的时间）是否也有这样的想法。伽达默尔高兴地接受了这个想法，并且毫不困难地说服了校长授予他哲学博士（雅斯贝尔斯获得的是医学博士学位）。由于雅斯贝尔斯受慢性背部疾病之苦，不便出远门，仪式只能在巴塞尔举行。因此，1953 年 2 月 28 日，伽达默尔和哲学系主任汉斯·沙费尔（Hans Schäfer）前往巴塞尔，参加荣誉博士典礼，这天也是雅斯贝尔斯的生日。在雅斯贝尔斯的办公室，巴塞尔大学校长埃德加·沙林（Edgar Salin）（格奥尔格的密友，伽达默尔和他很熟）、雅斯贝尔斯夫妇和海德堡的"客

---

[1] PL, 167; AAP, 201.
[2] 汉娜·阿伦特 1952 年在海德堡做报告，肯定将她的不好印象告诉了雅斯贝尔斯。在 1952 年 7 月 18 日写给她丈夫的一封信中，她谈到了"海德堡的伪知识"，那里的教学水平十分糟糕，"一些可笑的教授说，形而上学是不必要的"，一些教派和山头占据了那里。"这是一个可怕的巫师炼药锅，很庆幸所有这些与我无关。"（引自 E. Ettinger, *Hannah Arendt-Martin Heidegger*, München, Piper, 1995, 105 s.）
[3] 这个恶意的猜测也出现在雅斯贝尔斯 1956 年 1 月 31 日给汉娜·阿伦特的信上："如果我没记错的话，我已经告诉过你，我的一名学生在海德堡获得了 DFG 的资助，但他与伽达默尔的关系并不好（可能因为他是我的'学生'，但他是完全自主的）。"

13 法兰克福与海德堡：在通向解释学的道路上（1947—1959）

人们"有一个小型会见。在告别时，雅斯贝尔斯表达了与汉斯·沙费尔私下聊聊的愿望。格特鲁德·雅斯贝尔斯对她丈夫说："卡尔，你也想要和我们的老朋友伽达默尔说吗？"雅斯贝尔斯生硬地回答说："是的，是的。但他要等一会。"因此伽达默尔在候客厅等待，随后雅斯贝尔斯与他做了简短的交谈。在这次巴塞尔旅途之后，雅斯贝尔斯在海德堡的学生眉飞色舞地描述说雅斯贝尔斯把伽达默尔拒之门外，让他在外面等着。伽达默尔对这些流传在海德堡的闲话十分恼火，而雅斯贝尔斯可能是流言的唯一源头。因而伽达默尔在1953年3月15日回复雅斯贝尔斯的礼节性感谢信中尝试将事情说清楚：

> 非常感谢您亲切友好的来信。在海德堡流传着[……]先生的描述，说我在您那里受到的接待流露出某种冷淡和冒犯。我很高兴地看到事情并不是这样。我长时间以来都十分崇敬您。每次到海德堡拜访都总是给我留下非常特别的印象。会面时您的坦率让我愉悦。因此，想到您让我感到自己甚至不被欢迎在您60岁生日上献上我的祝福，我很难过。
>
> 从您信中的好意和我自己对您本人和您的哲学工作的尊敬出发，我冒昧请求您回顾一下近十数年间所有可能破坏您向来对我的信任的事情，这种信任是我十分珍视的。我对动摇这种信任的一切一无所知，在您长期工作的地方生活和教学，我感到十分高兴，但如果您对我作为接替者的行为有疑虑，会使这种幸福令人难过地被搅乱。不可避免地，我会以我自己的风格开展工作，其中许多做法无疑可能不适合所有人。但如果如您尊敬的夫人告诉我的，认为我没有提携别的学生而只是提携我自己的，那我感到完全误解了我。[……]

我只能请求您告知我您在这些问题上的判断。请相信授予您荣誉博士学位来荣耀您的学院也将继续尊重您的判断。向您的夫人致意,她曾热忱地招待我,向您致以最美好的祝福,您忠诚的 HGG。

雅斯贝尔斯礼貌地回信,答应向他的学生澄清事情,说他"将让事情各归其位"(den werde ich mir kaufen)。这个表述在伽达默尔看来十分粗俗,他们的关系再也没有得到改善。[1] 当有虫子钻进了苹果里……

*

只有撰写一部实质性著作,伽达默尔才能在海德堡留下他的印迹。近似于康德 1781 年创作《纯粹理性批判》、海德格尔 1927 年创作《存在与时间》之前孕育了十年的时间,伽达默尔 1950 年代耗费所有精力在著述上。在德国重建这些年的清教徒精神下,伽达默尔从公众生活和大学管理中退了出来。从"传记"角度看,伽达默尔的生活就变得乏味了许多。从现在开始,伽达默尔在一个开放的、最终民主和越来越繁荣的社会中过上了德国大学教授的正常生活,即仅仅按照大学日历上的轨迹按部就班地生活。自 1914 年以来的动荡的政治历史也从 1947 年或者说 1949 年(德意志联邦共和国成立那年)起失去了它一触即发的特征,那时每天都面临生存的问题。德国人当然意识到"冷战"氛围所

---

[1] 也参见雅斯贝尔斯 1963 年 12 月 28 写给 K.H. 鲍尔(K.H. Bauer)医生的信,信中提到了伽达默尔,载于 Karl Jaspers/K. H. Bauer, *Briefwechsel*, dirigé par R. de Rosa, Berlin/Heidelberg/New York, Springer, 1983, 70. 情况表明,1962—1963 年伽达默尔被提名为海德堡大学校长候选人,这一前景让雅斯贝尔斯和鲍尔都不高兴。伽达默尔败给了弗里茨·恩斯特(Fritz Ernst, 1905—1963)。见弗里茨·恩斯特校长的讲话:« *Menschen und Memoiren* », Heidelberger Jahrbücher 6 (1962), 27-38.

导致的危机方面，那些最近冲突的直接后果：其中有朝鲜战争（它被伽达默尔那代人看作第三次世界大战的开端[1][这代人已经见识了两次世界大战]）、1961年柏林墙的建立、古巴导弹危机以及分裂的德国因无数间谍丑闻而闻名。（西）德国是民主的，但人们感到它的命运（不总是显而易见地）系于美国和苏联的主要势力的善良意志。只有原子弹的存在使新的冲突变得不太可能，但这一不可能之事常常影响了伽达默尔的生活。尽管当时伽达默尔从未表达过他的政治观点，但在他看来没有杜鲁门、艾森豪威尔和阿登纳所施行的遏制政策之外的其他办法。他很了解俄罗斯人，知道他们对力量关系的逻辑很敏感。

德国民主功能的奇迹让伽达默尔惊讶，因为他像其他许多人那样，总是认为德国不是非常适合民主。当时他不喜欢建立在候选单选举（Listenwahlrecht）上的比例代表制模式，认为它有利于政党寡头，后者使政客不必向选民负责。伽达默尔曾说过，他总是投票支持一个小的自由党派自由民主党（FDP）[2]，它常常在建立与两个大党——基督教民主联盟（CDU），阿登纳和科尔的中间偏右政党；德国社会民主党（SPD），勃兰特和施密特的中间偏左政党——的其中一个的同盟中扮演关键角色。他既不太欣赏社会民主党的统制经济和国家干涉主义思想（在法兰克福那他已经看到了它的效果），也不认可基督教民主联盟的德国民间的和模糊的"基督教"的精神。但他并不是一个武断的人，他认为所有政党中都有优秀人才，而且政治家们，无论他们属于哪个党派，

---

[1] PL, 170; AAP, 204.
[2] 见 *Hans-Georg Gadamer on Education, Poetry and History*, 140. 关于对政党候选单基础上的比例制度的批评，见 l' entretien radiophonique de HGG avec K. Kamberger, « *Die Stunde Null* », 1985; Interview with HGG, in *Radical Philosophy* 69 (1995), 33.

都会愿意接受国家理由的引导。自由民主党的诱惑之处在于，它是一个小党派，如果它想要在国会中有一席之地，总是要为自己的生存斗争（德国法律要求一个党派要存在必须获得5%的选票）。因此，在选民的直接制裁下，相比其他政党它更加驯服。从历史上看，这个小党派是俾斯麦的旧国家自由党的隔代继承人。[1]在德国政治历史上有太多的断裂，难言真正的连续性，但人们可以说，伽达默尔最终投票支持了他父亲支持的政党。

尽管伽达默尔关注时事，但不同于如雅斯贝尔斯、哈贝马斯或其他法国知识分子，他不参与也从不抱有公开的政治立场。此外他带着一定外部的眼光看德国，因为他从不爱读德国的报纸，它们的意识形态色彩都太鲜明了。从他到海德堡起到生命的结束，他预订和每天早上阅读的报纸都是瑞士的《新苏黎世报》。

因此对伽达默尔来说海德堡意味着平静的资产阶级生活的开始。在他童年时，在威廉二世统治垮台后，德国输掉（perdues）了两次世界大战——伽达默尔总是说，当人们失去（perd）后更能理解它——随着伽达默尔民主的两次失败尝试，即魏玛共和国和他在莱比锡的校长任职之后，伽达默尔的生活变得不再紧张忙乱了。但恰恰是在这时，在他的传记不再那么有趣时，他的哲学开始成形。为此他需要在当时找到持久和聚精会神的工作节奏，这在他那里很不容易。

1950年代初，海德堡大学的前校长和海德堡科学院院长莱因哈德·赫比希（Reinhard Herbig）想鼓动伽达默尔出任校长职位。伽达默尔的夫人凯特·莱克布施对此坚决反对。他丈夫已经"有

---

[1] G. Mann, *Deutsche Geschichte des 19. und 20. Jahrhunderts*, Fischer, Frankfurt, Neuausgabe 1992, 985；R. Hofmann, *Geschichte der deutschen Parteien. Von der Kaiserzeit bis zur Gegenwart*, München/Zürich, Piper, 1993,236.

条件"撰写重要著作了,而他长期以来满足于发表一些小的作品。现在是最终把时间交给他长期酝酿的总体计划的时候了。这个计划力图为精神科学的工作辩护,为文学、哲学、历史、艺术甚至神学辩护,他一直生活在这些科学中,并了解了它们最杰出的一些代表人物:这种科学的真理究竟是什么?是什么使它能被称为知识,如果它不能产生像其他科学那样的量化的"结果"?伽达默尔的观点是,我们关于人文科学所经常提出来的方法论过多地模仿了精确科学,即使在它捍卫其独特或唯一的特征时。每次居高临下地进行比较时,我们都把它当作一个"低人一等"的科学。伽达默尔认为,通过更多地借鉴艺术经验,人文科学能得到更好的理解,在那里创造穿越了多个时代。因此伽达默尔的想法是,为了呈现他的普遍概念,他要从关于人文科学导论的课程和对艺术和历史的反思开始。[1] 伽达默尔为此目的求助于解释学的普遍性的标题,这并不奇怪。然而这个标题在 1950 年代以前他很少用。阻止他这么做的,无疑更多是狄尔泰传统中解释学的方法论定向,除了神学,唯有在狄尔泰那里这个术语才被赋予意义。然而,这一定向正是伽达默尔力图与之争辩的,他认为精神科学的独特特征不只在于且首先不在于它们的特殊方法。伽达默尔在这里可能受到布尔特曼 1950 年发表的论文《解释学问题》的影响[2],在那里,这位马堡的神学家批评狄尔泰的方向,同时完全接受了他所偏好的术语,这一解释学术语也启发了 1920 年代的青年海德格尔。因此我们就有可能设想一种人文科学的"解释学",它不屈服于

---

[1] 关于《真理与方法》的缘起,也见我的研究:« Zur Komposition von "Wahrheit und Methode" », dans *Der Sinn für Hermeneutik*, Darmstadt, Wiss. Buchgesellschaft, 1994, 1-23.
[2] R. Bultmann, « Le Problème de l'herméneutique » (1950), dans *Foi et compréhension*, Seuil, 1970, 599-626. 关于这个问题,见 « Que sais-je ? » sur *L'Herméneutique*, PUF, 2006, 3e éd. 2011, 43-47.

方法论范式的警告，特别是布尔特曼本人跟随海德格尔，强调解释者在他所理解对象之中的投入。如果人们不能和他所理解的东西保持某种生命联系，那么他就不能理解。这一关系总是受到阐释自身的处境和它的提问的支配。布尔特曼说，在此，客观性的条件不在于与对象保持距离，而是在于人们和它展开的对话。为了强调阐释分有了它所承载的认识的真理，布尔特曼在这里谈到了一种"参与的理解"。当然，布尔特曼的视角主要是针对解经，在这里，阐释不可避免地可能受到他所研究的文本的影响，然而他的一般观念能够得到全部精神科学的支持。此外，在1961年9月8日写给布尔特曼的信中，伽达默尔意识到自己与他之间的一致："在我的书中，我从我自己的经验领域出发，即从哲学、艺术和人文主义传统的经典领域出发，以表明历史意识依然充满了接触事情本身的真理抱负，这在我看来恰恰与近年来神学的情况，特别是与您自己的神学著作相一致。"[1]

很难弄清楚是否布尔特曼在这里对伽达默尔施加了最具决定性的影响，不过布尔特曼1950年文章中的许多"原-伽达默尔式"概念激发了伽达默尔的思想。由此，在1950年代初起，伽达默尔逐渐开始在"解释学理论"的标题下呈现他自己的研究计划。1951年5月27日，在当选海德堡科学院院士时，他发表了一个简短但著名的讲演，第一次宣读了这一思想。他所希望有朝一日发展出来的这一解释学理论试图从理论上为如下事实辩护："所有阐释都包含自我理解的要素，并且哲学史领域中的所有研究本

---

[1] 伽达默尔1961年9月8日写给布尔特曼的信（*Nachlass Rudolf Bultmann*, UAT）。

身都是哲学。"[1]

伽达默尔很长时间以来就致力于这一"解释学的"哲学。他更愿意称之为"哲学解释学"而非"解释学的哲学",正如海德格尔所希望的那样。在他看来,自己用"哲学"的标题显得太自负了[2],这个词是保留给那些伟大人物,柏拉图、黑格尔、海德格尔用的。就他而言,他希望满足于提供或毋宁说实践一种能够有益于一种相关于"哲学"的解释学,因为它能够阐明精神科学的工作。

提出这一"理论"被证明是一项艰巨的任务,而撰写它对伽达默尔来说更是纯粹的苦役。从1931年起,伽达默尔就没有发表真正的著作,并且第一部作品也相当于大学教授资格所强制要求的结果。伽达默尔的性格偏向苏格拉底式,喜欢对话甚于写作,正如他1983年发表在《新苏黎世报》上的一篇文章承认的那样:"必须写作对我来说的确是折磨。面对面交谈,这一沉默的,然而总是回应他人的在场在哪里?人们寻求与他人谈话,以便继续那可被称为思考的与自身的对话……这就是为什么我总是尽可能地推迟写作。"[3]

然而在1950年代,他不可能再逃避了。在妻子的督促下,伽达默尔牺牲了大量的假期来准备他的手稿。他也得到了海德堡和马堡的神学家的鼓励,他们对解释学非常感兴趣,然而这个主题差不多再没有别人对此感兴趣。[4] 人们意味深长地注意到,1950

---

[1] 这篇文章以"过去30年的哲学"为题发表于海德堡大学的杂志《鲁伯托·卡洛拉》(*Ruperto-Carola* [5]1951, 33-34)和《海德堡科学院会议纪要》(*Sitzungsberichte der Heidelberger Akademie der Wissenschaften*, 1953-55, 108-110)。
[2] GW 10, 199 ; HR, 251.
[3] GW 10, 354.
[4] PL, 168 ; AAP, 202.

年代在神学家圈子之外很少有会议致力于这一研究。作为对自己马堡年代的怀念,伽达默尔定期参与"马堡的古代经典作家"的年度会议,在那里遇到了布尔特曼的好些学生。在那里他做了关于"什么是真理?"(1953)和"习俗与历史性"(1957)的报告。他重新在那里找到了有益于他研究的类似于早年马堡的精神氛围,在海德堡他是感到有些孤寂的,除了去马堡外他很少外出。马堡的古典学专家们——他通常的盟友,冷淡地接待了他(似乎是因为他抛弃了第一任妻子)。在哲学上,人们记住的是重要而世界闻名的著作作者雅斯贝尔斯的伟大。在海德堡哲学上的另一个代表人物是伽达默尔协助从美国回国的洛维特,他也发表了一部颇有分量的著作。雅斯贝尔斯和洛维特都受到纳粹的迫害,这提升了他们的声望,而且他们的作品常常面对更大范围的公众。而当伽达默尔敢于走出他的隐居地时,他也还是局限于对有限的公众讲话。

他的解释学的撰写一再延长。1955年5月14日,他还向克吕格预告书将很快出版:"在此期间,我的手稿快要完成了——我曾在你50岁生日时告诉过你它的主要思想——并且我希望在今年将它们都出版,尽管有学期开学和其他事情分心。"然而这个计划还是被放弃了。他答应担任哲学系主任,而且一次自行车的小意外事故也阻碍了他在这年出版著作的计划。[1] 1955—1956年,他撰写了书稿的第一个版本。这个版本现在藏于海德堡大学图书馆,它的第一部分发表在1992年的《狄尔泰年鉴》上。然而伽达默尔对它并不很满意,觉得它太过晦涩含混。对于这一尽人皆知的复杂性,伽达默尔的同事引入了一个新的度量单位Gad,以

---

[1] 1956年6月25日伽达默尔写给克吕格的信。

13 法兰克福与海德堡：在通向解释学的道路上（1947—1959）

表明其不必要的复杂性的程度。[1] 1956 年，他向克吕格承认："我所缺乏的总是简化问题和以统一的方式建构的能力。尽管我尽力去做，但我还是没有摆脱我的 Gads 含量。"[2]

1957 年 11 月，他被邀请担任鲁汶迈西尔主教讲席，这给了他最后一个新的推动力。这是伽达默尔又一次与神学背景的机构发生关联。伽达默尔基于 1956 年的原始版本，在法文译本的帮助下做了五场报告。这些报告 1963 年在"历史意识的问题"的标题下以法文出版。[3] 他的妻子凯特打字录入了 1956 年的原稿，同时提醒她丈夫注意一些过于含糊的段落，或要求他做出进一步的解释。因此伽达默尔的手稿显著受益于她的批评才能，在作为《哲学评论》的编辑和克洛斯特曼出版社及法兰克福美国审查办公室的审校员时，她发展了这一才能。没有 1950 年代她对她丈夫的工作纪律的要求，就没有《真理与方法》的面世。

1958—1959 年冬季学期期间，伽达默尔在打磨他的最终版本，这是他第一次享受职业生涯的学术假期，"以完成这些紧急的科学工作"。[4] 纪念海德格尔 70 周年的《纪念文集》中的《理解的循环》一文可以让人们预先了解该书的代表性思想。这是那本 500 页的巨著的其中一个关键部分，该书 1959 年以"哲学解释学的要素"为标题呈现给他的出版方。

这个已经出版了《哲学评论》的出版社接受了该著作，但觉得他的标题有些怪异。在那个时候有谁知道解释学是什么呢？不过保罗·西贝克（Paul Siebeck）应该很清楚，因为他也是布尔

---

1 PL, 46；AAP, 58.
2 1956 年 1 月 29 日伽达默尔写给克吕格的信。
3 HGG, Le Problème de la conscience historique, Seuil, 1996, 以及为 1975 年英文版所撰写的新序言。
4 伽达默尔 1958 年 7 月 29 日写给斯图加特文化部长的信（UAH, PA 3850）。

特曼以及神学方面的可靠出版规划的出版者。但对于一部哲学著作来说，他也清楚地感到解释学这个术语并不合适。因此他劝伽达默尔寻找一个更吸引人的标题。日复一日，伽达默尔和他夫人琢磨着其他标题。伽达默尔首先想到的是"理解与事件（événement）"，它的德文表述（Verstehen und Geschehen）比法文要更好。[1]它让人想起马堡的精神，因为布尔特曼自己已经在西贝克那里出版了以"信仰与理解"（Glauben und Verstehen，在这里德文标题也更贴切）为标题的文集，其于1933年面世的第一卷题献给海德格尔。但两者之间的相似可能太明显了。这样他们才找了"真理与方法"的标题。这个标题让人想起歌德（《诗歌与真理》），立即使人印象深刻。它激起了许多误解，因为这本书很少谈论"真理"和"方法"，尽管标题的目的是给人以启示。伽达默尔后来辩白说本想确立两者之间的对立，但真理与方法之间的这一张力有助于作品的成功。其德文和法文的拼写方式，作为对布尔特曼和歌德的致敬，能够给出一个如"方法和真理"这样平淡的标题。但这会使人们以为这本书想要以笛卡尔的精神呈现一种方法以获得真理。这个标题毋宁让人们回想起谜一般的"真理"，在它后面跟随着"方法"。把它放在后面是有意的，因为根据伽达默尔的立场，与真理经验的规定相比，方法是更晚来到的东西。他的意图是警惕哲学方法和现代性的纠缠。

就像德国重建的清苦的1950年代那样——它专心致力于实

---

[1] GW 10, 75；HR, 101. 其思想是："重要的不是我们的行动，而是发生在我们身上的事情。"它是该书导论的一个显著段落的回响（GW 1, 3；VM, 13）："是的，在接下来将表明在何种程度上在所有理解中存在着事件（Geschehen）[……]不是在这里看到为科学制定规则的抱负[……]而是为了纠正这些作为科学事物的错误观念。"也参见第二版序言的标志性表述（GW 2, 438；VM, trad. 1976）："问题不在于我们所做之事，也不在于我们要做之事，而是在于伴随我们的发生（geschieht）事件，它超出了我们的意愿和所作所为。"

现"经济奇迹"(Wirtschaftswunder)——伽达默尔穿越沙漠的路途结束了。1960年代更加动荡,并且带来了清新而自由的新风,当然,伽达默尔在哲学上对此做出了贡献。

14

《真理与方法》：
一部出人意料的作品

> 我正在阅读伽达默尔的大部头著作《真理与方法》（500页）。我可能说不好：我觉得这里既没有真理，也没有方法，尽管这是一个人们可以为之辩护的想法。它似乎是当代德国哲学（以及"解释学"）的圣经。

——汉斯·阿尔伯特[1]

1960年2月11日，伽达默尔庆祝他的60岁生日。为此，一个小型的庆祝活动在他的寓所（贝格施特拉塞大厦的第五楼）举行。他主要的学生，马堡、莱比锡和海德堡的同事和朋友都在那里相聚，其中包括海德格尔，这场小型聚会中的真正明星。[2] 出版人保罗·西贝克从图宾根带来了两份小生日礼物。第一份是献给伽达默尔的《纪念文集》，题为"现代思想中的希腊存在"，它概括了迄今为止伽达默尔工作中的一个重要部分，尽管其光芒相对比较收敛（没有外国人出现在《纪念文集》中[3]）。其中包含海德格尔的一篇未发表论文，《黑格尔与希腊人》，这本身是一个事件，因为该文给他带来了前所未有的声誉。伽达默尔和海德格

---

[1] 1967年给保罗·费耶阿本德的信，载于 *Paul Feyerabend-Hans Albert Briefwechsel*, dirigé par Wilhelm Baum, Frankfurt a. M., Fischer, 1997, 30.

[2] K. Cramer, « *Gedanken über Hans-Georg Gadamer* », dans M. Cepeda et R. Arango (dir.), *Amistad y Alteridad. Homenaje a Carlos B. Gutiérrez*, Bogotá, Universidad de los Andes, 2009, 71.

[3] 由他的三个以前的学生迪特·亨利希、瓦尔特·舒茨、福尔克曼－施勒克主编，纪念文集以赫尔穆特·库恩的致敬文章开头，包含了三位编者和奥斯卡·贝克尔、瓦尔特·布罗克、马丁·海德格尔、阿图尔·亨克尔（A. Henkel）、格哈德·克吕格、卡尔·洛维特、约翰尼斯·洛曼（J. Lohmann）、鲁普雷希特·普夫劳默（R. Pflaumer）、沃尔夫冈·沙德瓦尔特、露特·埃娃·舒茨（E.-E. Schulz）、沃尔夫冈·威兰（W. Wieland）、保罗·弗里德兰德（他当时在洛杉矶教书）的文章。

尔对此非常高兴。而后保罗·西贝克从包里拿出另一本书,《真理与方法》的第一版,伽达默尔和在场的其他人都是第一次见到该书。大家都感到十分惊喜:伽达默尔终于有了一部重要著作。学生、同事和朋友们想必都认为伽达默尔在其中重新呈现了他教学中的重要观念。他已经不是很年轻,很快就要退休了,而且像其他人一样,他自己也认为这本著作可能来得太晚了。[1]

然而《真理与方法》很快成为当代解释学哲学的基本著作和自《存在与时间》以来德国哲学最引人注目的著作。读者们亲切地简写这两部著作,常常用它们的首字母 SuZ 和 WuM 来称呼它们。WuM 显然处于与 SuZ 的连续性中,尽管在做其他一些事情上它有着自己的天赋。它从一个看起来边缘的问题,即精神科学的认识论问题出发,以穿过整个哲学史的方式处理艺术、历史和语言领域,并且在普遍存在论的"顶点"那里结束。人们读这本书就好像参加一场马拉松:他需要耐心,需要深呼吸,准备好面对大量的 Gads。它是一个真正的大全(somme),解释学的大全,并且由此,对伽达默尔来说,是反对所有大全的大全,因为它要捍卫的是绝没有终结的"解释学经验"。由此出发,在人的有限性(该书每一页都在论证该观点)主导下,这部著作的挑战乃是:它试图把握理解是怎么回事,但懂得一种理解理论绝不会达到对其对象的决定性把握。该书的主要论点事实上是,当人们试图强加一种方法到理解上时,我们总已经到得太晚。如果理解并不让自身真正被奠基,这是因为它是我们一直立足于其上的基础和大地。伽达默尔因此很乐意用埃米尔·施泰格(Emil Staiger)1955 年的表述来概括它吊诡的任务:"去理解当我们理解时那把

---

[1] K. Cramer, *op. cit.*

握我们的东西。"[1]在他看来重要的不是发现理解的最终基础，而是意识到属于解释学经验的事件（événement）方面。这一经验不是人们能够在实验室里掌控的程序，它不过是某种我们所达到的、让我们惊讶并且迫使我们以别的方式去思考和改变我们观看方式的东西。我们所经受的这一经验（虽然在其中我们并不是被动的）与我们的有限性，与所有理解的原动力有关，这一理解涉及文本、艺术作品、传统、人类行为或生活世界的语言状态的阐释：每一次我们都重新回到那些搅动我们的问题，并且使我们得以继续与自身的对话。在任何时候，我们都承载着效果历史（Wirkungsgeschichte），处于效果历史之中，这个历史为我们打开了理解的视角和视域，而排除了其他视角和视域。重点在于意识到这一局限性，因为正是这一意识使得我们能够开阔我们的视域，使我们进一步向他者开放并获得一点智慧。这一智慧不在于无所不包和百科全书式的知识，而在于受有限性约束，承认我们绝不能实现这一状态。然而这一处境完全不是可悲的，因为实际上正是我们的有限性使我们能够彼此学习，并且总是向新的经验保持开放，意识到在语言、公共生活和团结一致中我们已经拥有的被遗忘的"基础"，我们在友谊、家庭、制度和常识中获取关于它们的经验，它们以比我们意识到的更为紧密的方式将我们聚集在一起。

解释学谦逊的美德——他的批判性刺激——使得我们警惕我们的理解想要超越或忽视其自身有限性的虚假主张。伽达默尔揭露了在现代科学的普罗米修斯式主张中存在着的这样一种过分要

---

[1] GW 2, 108；PH, 106. 对该书这一论点的更完整介绍，见 *Introduction à Hans-Georg Gadamer*, Cerf, 1999, 2007.

求，后者贪求柏拉图将之保留给神的绝对确定性。科学主义正成为我们时代的新偶像。伽达默尔的质疑针对的不是科学——这是荒谬的，因为他对科学十分尊敬——而是科学崇拜所带来的慑服、盲目和忘乎所以。方法的掌控是人们所乐意和希望的，但它只包含我们生命经验中的极小部分。人的生活世界，继承自传统的共通感，使交流得以可能的语言的世界，爱、同情和情感的世界，都不是方法所能掌控的领域。然而，这里也存在人们分享和理解的"真理"经验，在这里存在着典范。伽达默尔所要捍卫的就是这一"解释学的真理"。

为此，他挑选了解释学这一术语，这体现了伽达默尔对这一古老理论传统的小小的挑战，他对该理论传统十分熟悉但试图改变其航向。正是这一解释学传统学派致力于提出阐释的规则和方法。因此许多人首先想到的是伽达默尔想要在施莱尔马赫、狄尔泰、埃利希·罗特哈克（Erich Rothacker）和埃米利奥·贝蒂（Emilio Betti）的庄严谱系中自己提出一套新的人文科学的方法论。这是这本书所引起的第一个巨大但意味深长的误会。这是不可避免的，因为解释学乃是当时人们给予人文科学的方法论的名字。而伽达默尔感兴趣的是完全不同的事情：绝对不是回到人文科学的方法，而是超出方法控制的领域。在这里人文科学构成一个理想的出发点，不是因为它基于特殊的方法论（它的解释学是一个理论）而与众不同，而是因为它的表现方式和自治能够说明整个方法论的限度。因此在该书的一开始，伽达默尔不是在科学的法庭上去讨论精神科学的方法论，而是去讨论自然科学家赫尔曼·冯·赫尔姆霍茨的纯朴而明智的反思，后者在一个被遗忘的1862年讲座中强调在人文科学知识中想象、记忆乃至"分寸感"

(tact)的地位。对于刻画了人文学科特点的这一分寸感、想象、记忆和趣味来说,这里存在一个方法吗?祝想要寻找方法的人们好运吧!因此伽达默尔开篇以令人耳目一新的方式从分寸感、教化(Bildung)、趣味、共通感和判断等独特概念那里汲取资源,以提醒我们,人们以前曾承认它们承载了知识和真理。当它自18世纪末以来,在后来的现代性中,在奠基于对象化、方法论乃至数学的掌控中,以及在观察者相较于对象之距离的科学知识的特有典范中受到规范后,这一真理就失落和被压抑了。伽达默尔强调,这一方法有其权利,并且取得了令人钦佩的成功,但它的胜利在认识的其他模式的阴影中趋于受贬斥。它们就是人文主义的知识模式,在它关心那首先致力于以发展他的判断能力的方式教化个体的认识时,该知识就得到培养。现代科学多少遗忘了人文主义者的这一明证,其认识应该通向对正确感觉和适当感觉,对(在良好感觉或共通感觉 [common sense] 的意义上的)共通感的培养,同时是良好的和共同的感觉的培养,这种感觉为我们人类共同体奠定了基础。这一共通感的唤醒伴随着普遍概念的提升,但它不是科学法则的普遍概念。相较于并没有清楚意识到自身限度的所有极为与众不同的视角,这一普遍概念毋宁意味着对距离的克服。以微妙的方式,正是这一现代科学的方法知识的地方主义(它自称是普遍的),是伽达默尔同时想要揭露的。

赫尔姆霍兹有些笨拙(但其智慧有时还处于摸索状态)地谈到更为"艺术"的归纳法,以描述人文学科的知识模式。这里的艺术关系缺少明确指向。它是一种模糊的关系,因为如果人们把艺术理解为认识的一种次级形式,与任意和纯粹的主观性相关联的话,它就可能有贬义。这种理解与伽达默尔的艺术概念极为格格不入。在动人心弦的诗歌、迷人的戏剧或成功的绘画中,哪里有任意呢?这里不也有着严格性、真理和"认识"的经验,后者与单纯的方法完全无关?正是这一真理的呈现,在较强的意义上,深深吸引了伽达默尔,并且使他决意以哲学的方式为之辩护。

伽达默尔这里似乎为了与艺术接近而与科学方法保持距离。然而这一与艺术的亲缘应该很好地被理解,因为它有着至关重要的作用。重要的是完全从艺术经验出发——这一经验对伽达默尔来说总是首要的——以重获在精神科学整体中可以遭遇到的真理经验。然而这一艺术真理自身总是如在艺术家那里一样,没有得到哲学家们的充分思考。伽达默尔在这里指责艺术的审美化,这乍看起来有些奇怪。据此,伽达默尔想要说的是,依照严格"美学"的标准,艺术经验会过于片面地被理解,就好像艺术世界完全不同于知识和行动的世界一样。伽达默尔认为,两者之间并不是完全割裂的,恰恰相反:通过在启人深思的艺术作品中"革新"(trans-formant)其现实,它有助于我们更好地理解现实。在伽达默尔眼中,"审美意识"过于颂扬主观性、创造、天才、游戏和表达(它们无疑是在一个艺术作品中活动)的方面。伽达默尔在这里谴责了现代科学垄断整个知识和真理问题所导致的疑难。如果唯有科学能够解决真理问题,那么艺术应该负责其他事情。但是什么事情呢?伽达默尔认为,正是为了回答这一问题,人们发明了纯粹美学的世界,这个世界被游戏、外观和幻象的观念所主导。如果只有科学能谈论现实,那么艺术就只能位于它的边缘。由此在伽达默尔看来,艺术处于边缘地位,受到轻视,因而完全位于科学、现实乃至社会的边缘:它毋宁被"生活在社会边缘的人"或"放荡不羁者"所实践,这些人后来将成为宗教界"艺术"

崇拜的对象。伽达默尔在这里谴责艺术的一个致命概念，这个概念当然常常得到艺术家自己的辩护，却证明了现代科学对艺术中的概念的支配。伽达默尔明确指出，不，艺术经验乃是真理和现实的经验（在这些术语的充分意义上）：在一首诗或一幅"真正"的画中，我们认出了事物之所是——伽达默尔教导，好的图像给出了事物持久的本质——并且我们分有了真理。我们参与了这一真理，因为它打开了我们的视野并且对我们说："你应该改变你的生活！"这一经验仅仅是审美的吗？在那里它只是处于外观、幻象或想象的层次？伽达默尔称，完全不是如此，相反它是认识、真理的经验，同时也是现实的经验。它有时比其他科学更好地向我们谈论现实。事实上，艺术作品的真理比科学真理更卓越地跨越了时代。今天人们会如同阅读一部给我们教益的"当代"作品那样阅读索福克勒斯的剧作或柏拉图的对话，但不再有人去读20世纪初的一本医学或物理学著作。

　　这一艺术分析对伽达默尔来说之所以关键，乃是因为据他看来，当人文科学想要捍卫自身在精确科学方法论面前的自治时，这就使得它们通过审美态度来理解自身。由此，人文科学很不幸地在过于"审美主义"的范畴的帮助下为自身辩护，即撇开了艺术经验的真理方面，以此方式它们就依然总是处于现代科学的秘密支配之下。正是因此，狄尔泰以最美好的意愿说，理解的任务乃是重新创造艺术的原初创造过程，艺术自身以审美的方式被理解为它的主观性和天才的表达或表现。这类天才、表达、创造和再创造的观念对伽达默尔来说依然过于美学了。人文学科的意图不是更好地理解作者的"心理"，而是理解它们对我们所讲的内容，它们的真理要求。人文科学的这一心理学的（但也是历史主义的）

转向导致了艺术作品内容的丧失。对伽达默尔来说重要的是认识到，在对文本和传统的理解中我们分有了相关于我们的真理而不是分有了表达，在后者那里天才只是体现为它的主观性。据此，他反对精神科学的平庸肤浅的审美化及其经验形式的边缘化（因为它们不符合现代科学的精确标准）。测量、计算和客观化的界限不是人类知识的界限。

伽达默尔的解释学致力于捍卫人文方面的可能知识领域的合法性，科学的方法论将它弃置在一边，而审美主义又使之变得微不足道。在诸人文科学的领域中，同时也在实践知识领域（正义和幸福的观念很少依赖于客观化）和对话的经验中，以及更为根本的，在我们的隶属于语言的基本处境（它可以是无所不包的）中，伽达默尔重新发现了这一超出了人文科学支配领域的知识的"解释学"经验。在这里，了解或获得一个经验并不意味着控制或支配某个事物。根本的经验毋宁是参与到意义中的经验、遭遇的经验和合理之物（ce qui est sensé）之不容置疑的在场的经验。如果人们试图在它之上确立科学的标准，将它提升到意识的透明性的程度，就将完全错失这一解释学经验。只有在《真理与方法》后，伽达默尔才在这里找到了一个好的表述：我们的存在比意识拥有更多的存在。用德语说听起来好得多，mehr sein als bewusstsein：我们所是的存在不局限于那在我们的意识中能成为透明的东西。不过意识自身已经是这样的：意识自身在其行为和思维方式中，不完全是透明的或面向自身在场的。对亚里士多德来说，只有神代表了思维的完美形式。我们对自己的理解通过那并不完全一目了然的传统才实现和得以可能，因为常常未来的人们对此比我们看得更清楚。

伽达默尔在这里抨击了他称为"历史意识"的观念,这种观念认为,对我们再现的历史特征的快速意识(conscience expresse)的把握(通常可以追溯到19世纪),将使我们不再以同样的方式受制于历史的支配,我们可以以完全客观的方式去研究历史。尽管我们试图把握意识,但我们真的避开了历史的秘密作用了吗?伽达默尔认为,我们并没有真正避开,或者说我们顶多只是想象能够如此。伽达默尔以强有力而可靠的语句阐明了我们不可超越地隶属于历史:"事实上,并不是历史属于我们,而是我们从属于历史。在我们通过对过去的反思理解自身之前,我们以一种完全自发的方式在我们所生活的家庭、社会、国家中理解自身。个体的自身意识只是在历史生命流动的封闭圆圈中的微弱摇曳的光线。这就是为什么个体的前见比他的判断更好地构成了他存在的历史实在。"[1]

在理解中前见是不可避免的,这是伽达默尔最广为人知的论点中的一个。伽达默尔并不因此倒向历史主义(l'historicisme)或相对主义。我们彻头彻尾地是历史的存在,据此伽达默尔是"历史主义的",但历史并不使我们变得怎样都可以。相反,正是历史使我们能够区分那得到证明的、因而是合法的前见和不合法的前见。如果伽达默尔强调前见使理解得以可能,那么他也同样强调这些前见是暂时的,并且可被不断地修正,而人们很少注意到后面这点。对其历史规定敏感的意识,在面对能够暗中规定它的前见时能够特别保持警惕,并且对前见的修正保持开放。伽达默尔认为,在这里,历史的"工作"对我们有益。当我们想要认识我们与之连接并且有可能理解的过去时,历史不是我们需要跨越

---

[1] GW 1, 281; VM, 298.

和克服的深渊。历史的耐心工作使得已经经受检验的地标和经典作品浮现出来。"典范"的范例对于伽达默尔这样的古典文化专家来说是一个启示,只是它的意义远远超出了伽达默尔所偏爱的学科范围。此外,伽达默尔在这里让人们注意一个显而易见的事实:在精神科学中,正如在文学和艺术中,的确存在着"典范",这属于它们的特有特征。但什么是典范的作品?它当然是在历史中诞生的作品,因而能够被视作它的时代的反映,但它却以成为必读参照的方式成功地超越了它的时代。大多数人文科学不必感到羞愧,特别是典范依不同时代而以不同的方式被阅读——这证实了它们的"超越"特征——它们的经典总是不断在变化。因此,在承认谁是经典时,当下是有发言权的。于是在这里有着当下与过去的"融合",伽达默尔认为这一融合是所有历史理解的构成要素。由此引出他的一个较强的观点,据此,理解与其说是"主体性的一个行为",不如说是一个"视域融合"的活动,在这里过去和当下相互渗透:没有与过去的关系,就没有当下的提问,而没有当下,也就没有使当下得以可能的过去。"视域融合"在多个层次上起作用:有当下与过去的融合,也有阐释者与它所理解的东西的融合,阐释(interpretans)与阐释对象(interpretandum)的融合。理解的对象部分地被理解它的主体所构造,但同样也被将之传递给我们的历史的工作所塑造。

对历史的隶属——对伽达默尔来说它是如此的不可超越——并不意味着我们无法挽救地陷入相对主义和虚无主义。这一灾难性的景象在伽达默尔看来只是秘密的笛卡尔主义思想的一个荒谬结论,它认为如果一个真理不是奠基于绝对的确定性上、在各方面都得到保证,那么它就完全是相对的。如果人们只是想要这一纯粹理性的创造（它就是数学），那么在我们的世界经验中找不到任何这样的东西。真理的经验并不缺少实在。经典作品的持存，就像对它们的各种各样的接受，证明了历史这一独特的丰产性。当他谈到我们的"历史性"时，伽达默尔并不因此如尼采乃至海德格尔那样强调观点的相对性和威胁我们的虚无主义，而是相反，强调我们给历史带来的定向，或者说在某种程度上，我们超越自身历史处境的能力，并且恰恰是由于历史的援助。因为正是历史性使得我们能够区别有效的东西和不那么有效的东西。伽达默尔在这里捍卫一种强烈黑格尔色彩的审慎乐观主义：乃是历史造就了某种理性的东西。当然，历史造成了暴行，但也是历史本身教导我们，让我们警惕它们的重演。由此我们就有可能从中引出历史教训，让我们不再重蹈覆辙。

这就是为何伽达默尔要捍卫传统和权威的真理方面：因为传承给我们的传统常常是被证实和经受了考验的事物，因为权威是得到意识承认的，这个意识赋予它判断的优越性。伽达默尔并没有说什么样的传统或权威应该得到捍卫，这不是他的意图，他只是想强调它们表明了历史的丰产性，以及它们能够克服或缓和我们从属于历史的那些疑难。我们的意识本身受到历史的雕刻。这也意味着我们要意识到伽达默尔称为"效果历史意识"（他的主要概念）的东西。这个术语至少描述了两件事情：被历史所造就的意识，以及对历史的感激，也就是有关我们对历史所负的这一债务的意识，即使它确保我们关于自身的意识绝不会是完全的。他说，"作为一个历史的存在者"，这决不意味着"能够导致对自身的认识"。但是，在人们可以称为效果历史意识的智慧中保持自觉意识，这也很重要。

当他的同事赫尔穆特·库恩问他思考自身的历史处境是否可能的时，伽达默尔在1962年2月25日给对方的回信中答复："思考其自身的历史性，为什么这会成为不可能的？不过我也认为认识它是不可能的。此外，我常常谈到，我们的历史存在的本质恰恰就在于我们不能认识自身。但是否对自身的认识只是一个空洞的反思？我更愿意认为它是最真实的认识。"[1]它是最真实的，因为它表现为批判。意识到它的限度的效果历史意识，一方面让我们警惕意识的最终基础的幻象，另一方面在新经验的敞开中达到顶点，这个新经验帮助我们在某种程度上超出自身当前视域的界限。

对话由此在伽达默尔的解释学具有重要性。与他者的相遇使得我们至少某种程度上能超出我们的界限。不过，对话模式尤其使伽达默尔能够阐明人类理解本质上的语言性特征。在著名的格言"能被理解的存在就是语言"中所概述的根本思想就是，我们的理解必定与语言的形式相吻合。理解并不是首先体现为一个思维或理智的过程，后者随后采取了语言的形式，理解就是一个语言的过程，是对语言的寻求。人们只是在用语词表达某物的界限内理解，如果人们达不到这点，乃是人们并没有完全理解。当然，并非一切都可被言说，但这意味着并非一切都能被理解。这属于人的有限性。

我们的理解本质上从属于语言要素，这一观念是革命性的。它额外赋予了至那时止只是作为人文科学方法论的解释学以"普遍"的维度。对伽达默尔来说，解释学完全超出了这一范围，以

---

[1] 伽达默尔1962年2月25日给赫尔穆特·库恩的信 (*Nachlass* Helmut Kuhn, Bayerische Staatsbibliothek, sigle Ana 581)。

我们理解的根本性语言处境的普遍哲学的形式出现。这就是伽达默尔曾说的，我们对历史的从属等同于我们对语言的从属：它并不真的与限度有关，而是与可能化有关。语言不是限制了理解，而是使得理解得到训练和得以展开。此外对伽达默尔来说，语言的特征表现为它本质性的敞开：它向所有能被言说的东西开放。一切可被理解的都可以被言说。语言因而能够向所有陌异的内容敞开怀抱，因为所有能够被理解的东西都能够被翻译。事实上，理解已经是翻译。因此翻译原则上总是可能的。这可能同样是一种乐观主义，然而它属于我们理解处境的一部分：我们是理解的存在者，这一理解寻找语言，并且这一语言能够欢迎所有可被理解的东西。

通过强调语言的敞开，伽达默尔最终承认语言具有本体论的意义。正是语言让我们能够说出一个东西是什么。的确如此，语言在伽达默尔那里与其说是思想或一定文化的表达，不如说是这些东西本身。可以说，存在本身呈现为语言。语言不是阻止我们言说存在的障碍，相反乃是在其中存在始终得到表达的要素。

伽达默尔在这里反对这样一种现代观念，它认为语言在存在和我们之间竖起一堵墙或一个屏风，就好像语言是如此这般阻止我们通向存在的事物，因为它只是我们的精神、主人的一个产物，它与存在之所是毫不相关。这种唯名论的观念使语言成为表达我们思想的单纯符号。伽达默尔的观念更多是本体论的：语言一开始就是存在的最初表达。当我们谈到一个苹果或一名医生，当我们发出痛苦或快乐的叫喊，凭借语言并且以语言的方式，事情本身就在那。为了捍卫语言的这一本体论意义和他自己的解释学，在他著作的结尾，伽达默尔以令人非常惊讶的方式从先验的中世纪学说中汲取思想资源。他从相对被忽略的东西那引出一个学说，这个学说清楚看到了我们思想或语言的重要观念同时也是，并且首先是存在的重要观念。美、善、真、一——这些超越所有种类，被称为先验的或普遍的崇高谓词——不是单纯的创造或思维抑或主体的观看方式，而是存在本身的特征。这一先验的中世纪形而上学的伟大之处在于它"要求思考作为存在本身之时刻的知识，而非作为主体行为的知识"。[1] 当他谈到存在本身的语言，就好像语言是"存在之光"时，伽达默尔就通过这一观念在语言中重新建立了存在与思想的本质性共属关系。

当海德格尔阅读这些内容时，他觉得并不合他的趣味，就像他写给他的学生奥托·珀格勒的信中说的："我很奇怪地看到，伽达默尔在他的书的结尾没有进一步考察就恢复了存在的形而上学，并且将语言设想为存在的先验规定。"[2] 然而学生已经完全从老师的阴影中摆脱出来了，尽管还受到老师的许多分析的启发。海德格尔曾在伽达默尔之前提出，人是理解、历史和语言的存在，致力于理解存在，但所有这些思想在他的弟子那里获得了一个新的转向。是的，人是理解的存在，总是受到意义筹划的引导，只是伽达默尔强调的不是恰当的理解奠基在直面他的有死性时自身本真性的坚定抉择，而是强调这些筹划总是能够通过与被阐释的事物的对话而不断得到纠正。就像奥托·马夸特（Odo Marquard）以诙谐的方式说的，伽达默尔不是"向死存在"，而是"向文本存在"。这意味着理解包含了一种面对面（vis-à-vis）。

---

[1] GW 1, 462; VM, 483.
[2] 海德格尔1962年1月11日写给奥托·珀格勒的信：«Merkwürdig ist ja auch, wie Gadamer am Schluss seines Buches die Seinsmetaphysik ungeprüft aufgreift, die Sprache als eine transzendentale Bestimmung des Seins fasst.»

它不仅仅是自身生存的独白,而是与他者的遭遇和对话,在某种程度上这使得我们能超越自身的历史性。历史不是被标记为存在的遗忘或巨大的误入歧途,在那里"形而上学"是罪魁祸首,历史乃是培育我们的意识、帮助我们在生存中确定方向的沃土。这一意识因为意识到它的局限性而必定是对话的意识。语言因此从对话的观念出发被理解,然而其方式如此偏离中心,显得不像是主体性的表达,而是像存在本身的呈现。存在以语言的方式给出,而语言永不停止地为我们给出存在,就如让-吕克·马里翁所说的。

只有描绘一幅历史的壮观画卷,呈现出他丰富的人文主义文化,伽达默尔才能充分展开他的论点。他经常引用的还是同一批作者(经典的作者!)——海德格尔、亚里士多德、柏拉图、康德、黑格尔、胡塞尔和狄尔泰,但不是将他们看作笼罩西方哲学的存在遗忘的代表,而是在其不仅证明精神科学的真理,而且首先阐明人的有限性的尝试中,伽达默尔找到了自己的盟友。柏拉图强调解释学经验的对话特征,亚里士多德强调解释学的伦理学根源,而黑格尔强调其历史的维度。虽然伽达默尔拒斥黑格尔的绝对知识,但他和黑格尔都捍卫历史的潜在理性的观念或我们的历史处境。

但是在1960年,伽达默尔很少提及他自己与海德格尔的关系,可能是担心他老师的反应,伽达默尔感到海德格尔的目光"越过他的肩膀"。伽达默尔从未正面批评他,甚至很少讨论他的著作,即使在涉及同样主题时也是如此。在其作品的开篇,在为教化的人文主义传统恢复名誉时,伽达默尔对《关于人道主义的书信》未置一词,后者是对人道主义标准和滋养它的不详的形而上学的一个说明;伽达默尔倚重柏拉图的对话精神,而未注意他作为存在遗忘的开端，他捍卫艺术作品的真理经验和语言的本体论意义，而没有援引《艺术作品的起源》或海德格尔最近关于语言的著述。可以说，他与海德格尔的继承关系是显而易见的，但也可以说很多地方并非如此。伽达默尔讨论的主题是海德格尔式的，但其调子常常有所不同。在他更为晚期的作品中，这些区别显得更为清晰，也进一步揭示了他对解释学的贡献。

*

眼下，伽达默尔终于完成了他的大部头著作并松了一口气。就像1927年的《存在与时间》一样，这本书（它的作者此时还并非广为人知）并没有立刻引起轰动。它的主题和艰深的分析天然地让大众敬而远之。因此，这本500页的书需要一些时间才能得到人们的了解和认可。毕竟它有自己的道路。虽然它最初的销量很不起眼，但从1965年的第二版和1960年代后期起，其销量翻了一倍甚至三倍。[1]除了该书内在的优点，还有许多要素有助于这种缓慢的成功。一方面，这本书受益于意识形态批判（它随着1960年代末的学生起义而引发轰动）和解释学之争所获得的新关注。在学生抵抗最激烈的时候，尤尔根·哈贝马斯抽时间讨论了解释学，无疑严厉地批评它，但这给它在大众场所带来巨大的曝光度，这是以其他方式从未可能获得的。另一方面，该书提出的解释学"综合"回应了1960年代早期对德国哲学的明显需求。当然，海德格尔支配了1950年代，但他的思想和成功对于德国人来说并不容易把握，尤其是因为1950年代被抑制的对他的政

---

[1] 1961年卖了697册，1962年749册，1963年647册，1964年290册，1965年29册。1966年，销量为1274册（第二版），1967年、1968年、1969年、1970年、1971年分别为1062册、1146册、1304册、1484册、1430册。

治历史以及整个德国的讨论得到了很大恢复。最吸引人们的是当时的两大哲学学派，它们并没有总是在哲学专业人士周围引起普遍的赞同：法兰克福学派（霍克海默、阿多诺，别忘了还有恩斯特·布洛赫的乌托邦哲学）和更加认识论取向的、受波普尔（阿尔伯特、施太格缪勒、卡姆勒、劳伦森）的逻辑实证主义（卡尔纳普、石里克）启发的哲学或分析哲学，后者在维特根斯坦那里被发现或"重新引入"。法兰克福的批判理论在越来越反叛的学生中获得了巨大成功，但它仍被专业人士，即被教授们冷落，因为在他们看来它似乎太政治化，太社会学，太檄文化。至于分析哲学，它也鼓吹与传统的彻底决裂。同样很显然，它多少奴性地借用了在牛津或美国所实践的哲学形式，它可能不适合德国和它的传统观念。在这种情况下，伽达默尔的著作令人耳目一新。它很难"在政治上"定位，也不是胡塞尔和海德格尔的简单重复，而是实现了过去与现在的完满融合：它为语言和理解方面的原创而大胆的论点辩护，却完全不与传统决裂。相反，它明确地、以令人耳目一新的方式为传统恢复了名誉。这里有海德格尔和黑格尔，但不是太多（ma non troppo），就像人们在音乐中说的那样。这些主题是如狄尔泰这样的思想家所处理过的——人文科学、解释学——但伽达默尔赋予它们一种当代的独特意义。在它常常指德国教授的"体系性"大部头著作的意义上，这部著作雄心勃勃，但它提出的新综合是以有限及本质上未完成的名义进行的。此外，伽达默尔的这本书激起了丰富多样的解读，其重点在几十年内发生着变化，由此也证实了伽达默尔关于接受史的"生产性"的观点。作为热衷对话的人，伽达默尔将他自己的哲学付诸实践，积极参与他的作品所引发的讨论，就此人们可以说，在它出版50年后，它被承认为沉淀下来的"经典著作"。

然而在1960年,谁能预料到这些?就像通常发生的那样,伽达默尔从曾寄书给他们的好朋友和同事那收到了几封友好的信件,他们祝贺他取得了令人瞩目的成就。事实上,大多数人感到惊讶。康斯坦茨文学教授乔斯(Jauss)和伊瑟(Iser)——他们曾是他的学生——不相信伽达默尔最终完成了一本真正的著作。伽达默尔?在致谢信中,他的神学同事汉斯·冯·坎普森(Hans von Campenausen)给了他一份供再版用的勘误表,伽达默尔认为这(再版)不会发生。列奥·斯特劳斯在美国写信告诉他,他在其中看到了一个海德格尔主义者写过的最重要、最有思想的作品,但他认为伽达默尔多少有些屈服于虚无主义和相对主义。[1] 在他看来,这本书受其眼界所限,不够激进:当海德格尔以尼采来解释自身时,伽达默尔在他看来还停留在狄尔泰和他的人文科学的辩护的次要问题之中。对于伽达默尔来说,被正确理解的历史意识不会通向相对主义或尼采,而是通向与人类有限性相符的对真理的新理解。伽达默尔一开始对没有收到布尔特曼的消息而感到失望,布尔特曼和海德格尔一样曾参与了他60周岁的纪念文集(由保罗·西贝克出版)。但这是因为布尔特曼没有收到他的书,在伽达默尔的寄信人列表上他的名字被写错了[2]。布尔特曼很快读到了这本书,并且在他的作品中盛赞它为一本"十分重要的著作,对神学也是如此"。[3]

---

[1] HGG/Strauss, L. « *Correspondance autour de Vérité et méthode* », dans *Philosophie*, n° 75 (2002), 76-86.
[2] 布尔特曼1961年9月8日给伽达默尔的信(*Nachlass* Bultmann, UAT)。
[3] R. Bultmann, « *Der Gottesgedanke und der moderne Mensch* », in *Zeitschrift für Theologie und Kirche 60* (1963), in *Glaube und Verstehen*, t. 4, Tübingen, Siebeck, 1965, 4e éd. 1993, 120. 见我的文章 « *Gadamer et Bultmann* » dans G. Deniau et J.-C. Gens (dir.), *L'Héritage de Hans-Georg Gadamer*, collection Phéno, 2003, 113-131.

海德格尔也使他的学生感到焦虑，伽达默尔及他们共同的朋友如沙德瓦尔特不明白为什么海德格尔如此长时间保持沉默。当然，对新作品发表积极评论不是他的风格，但伽达默尔毕竟是他最忠实的弟子中的一个，伽达默尔料想该书的不少方面让海德格尔感到不快。海德格尔很可能感到伽达默尔受他后期哲学，即转向（kehre）的和偏离主体性的哲学的启发，并将它与他青年时期的实际性的解释学的起点和《存在与时间》的理解的分析联系起来。只是他的学生是否很好地理解了他超越形而上学和主体性的激进性？这似乎是可疑的，因为伽达默尔径直依赖于柏拉图主义甚至黑格尔，而海德格尔在那里诊断出形而上学的开端和终结，它们主导了技术的思维。伽达默尔当然放弃了理念或绝对知识的直接视觉的形而上学，但他通过依赖于柏拉图和黑格尔的辩证法来实现这一目标。海德格尔从未喜欢这一"辩证法"思想，因为在他看来辩证法消除了所有矛盾和否定性。而且在1960—1970年代的黑格尔—马克思主义氛围中，"辩证法"一词已成为一个非常时髦的术语，海德格尔对此深恶痛绝。[1] 可能最使他不快的，是伽达默尔不抱敌意地保留了继承自德国观念论的意识概念。我们的历史存在的经验要再次收束在意识的把握之中吗？在他眼中，伽达默尔在此在（Dasein）面前退缩了，重新落入了意识哲学的轨道。后来他告诉伽达默尔，他可能从未摆脱从纳托普那接受来

---

[1] 伽达默尔知道他老师抵触辩证法和黑格尔。1965年1月21日他写信给海德格尔："今年夏天你会再来海德堡吗？为了恢复对黑格尔的对话，我可以给你年轻人记录的我关于黑格尔和海德格尔的讲课笔记 [1965年夏天学期：'从黑格尔到海德格尔']。这迫使我反思，我所没有解开的谜，即看到我的这么多学生热衷于黑格尔，必定有其原因，当然，亨利希在这里的存在加强了这点。但是，我的课程有着相反的目标：通过明确地引入只是与您一起开启的维度来纠正这种趋势。唉！似乎辩证法的'思辨'比我在课堂上提出的现象学工作方式更容易被学会。这就是为什么我完全错误地试图辩证地解释你的文本，特别是你的'遮蔽'和'去蔽'的概念。"

的新康德主义框架。在这点上,伽达默尔承认,他可能并没有错。[1]然而,如果说对海德格尔来说这是一个错误,那么对伽达默尔来说则并不必然如此。他的学生没有想要与形而上学传统决裂。这在伽达默尔的书中也有很强的代表性。伽达默尔也从未在海德格尔《关于人道主义的书信》中所谓的"形而上学的语言"那看到什么真正的阻碍。在1968年的一篇重要献辞中,伽达默尔询问,真的有形而上学的封闭语言这样的东西吗?语言不总是能够克服自己的障碍吗?谈论"形而上学的语言"就证明了这一点。如果形而上学没有在他面前谈到存在、真理、基础和此在,海德格尔的思想怎么能表达出来呢?因此,在伽达默尔看来,并没有形而上学的被禁锢的语言,只有我们在努力思考和克服理解自己的障碍时所使用的语言。

在海德格尔眼里,对传统和人文科学的伽达默尔式捍卫是怯懦的行为。像列奥·施特劳斯一样,海德格尔对伽达默尔在技术时代的危机面前不够激进和反应冷淡表示遗憾。至于解释学,海德格尔不再真正承认它,特别是不承认伽达默尔所提供的那个版本的解释学。1970年代初,奥托·珀格勒想要出版一本关于解释学哲学的小论文选,询问海德格尔是否可以在其中节选《存在与时间》的第31—33节。海德格尔回答说解释学不是或不再是他的主题:"'解释学哲学',这是伽达默尔的事;它是对'分析哲学'和语言学的一个很好的平衡。但从长远来看,技术审查也最终将取代奄奄一息的'精神科学'。社会学—精神分析的术语已经在新闻业中如此根深蒂固,以致仍坚持反对这种普遍的陈词

---

[1] 参见伽达默尔关于这一影响所写的注释,载于他对沃尔措根论纳托普的著作的评述,见 *Philosophische Rundschau* 32 (1985),160。关于在意识和未及于此在中,解释学的 rechute 的观念,见 O. Pöggeler, *Heidegger und die hermeneutische Philosophie*, Freiburg/München, Alber, 1983, 395.

滥调的堤坝将很快被毁坏并被肤浅所取代。"[1]

1961年初,也是在珀格勒面前,海德格尔对第一次阅读《真理与方法》感到恼火:"在此期间您也将看到伽达默尔的书。关于我与胡塞尔的关系,他犯了一些明显的错误,当然这只能依靠认真的语文学工作来纠正。"[2] 一年后,正如我们在前面已经看到的,海德格尔对伽达默尔与形而上学的关系感到惊愕:"我很奇怪地看到,伽达默尔在他的书的结尾没有进一步考察就恢复了存在的形而上学,并且将语言设想为存在的先验规定。"[3]

海德格尔习惯于在他的通信中说第三方的坏话。他对珀格勒以及其他人所做的评论表明,在1961年和1962年,他的确读过或通读过该书。的确,他没有及时地让伽达默尔本人了解他对该书的感受。这并不是很礼貌的行为,接人待物方面不是海德格尔的长处,而伽达默尔理解这点。这本书与海德格尔所做的事情有很大不同,老师有其他方面的关切。不过伽达默尔还是很间接地获悉了海德格尔的第一个信号,并且是通过一个奇特的中间人,雅克·拉康。拉康在弗莱堡会见海德格尔后不久访问了伽达默尔。海德格尔曾与他喝了一杯,然后送他回了酒店。在路过一个摆着伽达默尔书的书店时,海德格尔问拉康是否认识他。拉康回答说,不。因此海德格尔进了书店去买这本书。[4] 海德格尔称赞该书,可

---

[1] 海德格尔1973年1月5日给珀格勒的信,引自O. Pöggeler, 1983, 395 s.
[2] 海德格尔1961年1月7日给珀格勒的信。
[3] 海德格尔1962年1月11日给珀格勒的信。
[4] « *Entrevista con Hans-Georg Gadamer* », dans Revista de la *Asociación Española de Neuropsiquiatría* 59 (1996), 523 : « En fin, curiosamente, él [Heidegger] nunca me dijo nada sobre Verdad y Método : y todos mis amigos me preguntaban sobre su opinión. Mi única información sobre su juicio es indirecta ; proviene de una visita de Lacan a Heidegger. Lacan fue a su casa ; pero luego,durante su visita a la ciudad, Heidegger vio en el escaparate de una librería mi libro, y le preguntó a Lacan si lo conocía. Ante su negativa, lo compró y se le regaló al tiempo que lo elogiaba. Era ese su estilo. Más tarde, sí llegó a decirme que ese largo comentario que hice sobre Celan era, de entre mis libros, el que más apreciaba. » 关于拉康当时攀交海德格尔的过程,见 E. Roudinesco, *Jacques Lacan. Esquisse d'une vie, histoire d'un système de pensée*, Fayard, 1993, 291-306.

能是因为拉康可以在那里为他关于语言和无意识的研究找到有用的观念。但是当海德格尔写信给伽达默尔或与他见面时，他几乎没有谈到《真理与方法》，毋宁是称赞他的其他著作……海德格尔对他说，他1973年论策兰的著作是他最喜欢的。[1] 他对《黑格尔的辩证法》（1971）也有积极的评价，因为他明白不管怎样，伽达默尔总是努力区别于黑格尔。他可能以更接纳的姿态阅读了伽达默尔对柏拉图的研究，因为它们能够作为对他自己解读希腊哲学家的一种纠正，后一种解读太过体系地将他们视为形而上学的开端。[伽达默尔自己在他关于"黑格尔的遗产"报告的后记中引用了这些信件（GW 4,476），他为海德格尔理解他的柏拉图研究的意图感到高兴。]伽达默尔对此不无自豪。

1969年2月14日，海德格尔应邀出席了伽达默尔在海德堡的最后一次讲课，并做了简短发言。[2] 他开篇说，伽达默尔在1923年见证了他作为马堡老师的第一堂正式课，45年后，他来参加他的朋友和同路人的最后一堂课。近半个世纪的岁月将他们联结在思想的劳作中。为了彰显这种团结，海德格尔对伽达默尔的课程主题——黑格尔和海德格尔——做了一番考察。两者的共同点是遵循了胡塞尔也采用的"回到事情本身"的口号。这是因为现象学的基本经验唤起了思想的可能性，他通过引用自己的《存在与时间》的文本来评论："对现象学的预备概念的解说表明，现象学的本质不在于作为一种哲学思潮而现实存在。比现实性更高的是可能性。只有知道它作为可能性，人们才能理解现象学。"[3]

---
[1] 访谈载于 *Revista de la Asociación Española de Neuropsiquiatría* 59 (1996), 523, 以及 GW 10, 269.
[2] 事实上，伽达默尔作为普通教授的最后一次讲课是1967—1968冬季学期。他继续以海德堡名誉教授的身份从事教学，但他当时以为1968—1969冬季学期将是他的最后一次课程。
[3] M. Heidegger, *Sein und Zeit*, §7, 38.

无疑，他想说的是，伽达默尔自己以他的方式在哲学方面抓住了这种可能性。而他乐于强调，抓住可能性是真正的思想实践。在1969年，我们不可能在不考虑到马克思的情况下谈论实践、行动或现实。因此，海德格尔并没有抵制尝试引用马克思著名的关于费尔巴哈的第十一条论纲的诱惑："哲学家们只是以不同方式解释世界；但问题在于改变世界。"但是，他带着刻薄的微笑补充道，如果人们想改变世界，就必须解释世界。借此他肯定了伽达默尔的论点，即解释学的普遍性，并且出人意料地成功征服了众多马克思主义听众。本来人们料想他们将要破坏这次见面。伽达默尔还在一封信中告诉海德格尔并向他保证，如果有必要，他的讲话可以晚上在他家面对一群客人进行。[1] 如果这没有必要，那是因为海德格尔的某些东西在青年学生的革命和乌托邦精神那得到承认。他的哲学本身就是在寻求一个新的开端，甚至它想要比马克思主义者所梦想的要更激进。关于他所愿望的这个新开端，海德格尔以克莱斯特的一句名言来结束他的阐述（没有强调它与施洗者圣约翰的说法相呼应）："我在一个尚未在那的人前面隐退，我屈服于他，在他之前一千年，在他的精神面前。"[2]

---

[1] 伽达默尔1969年1月27日写给海德格尔的信，JMHG 2002,31："我不必强调，您参与课程的哲学贡献（你是课程讨论的对象！）对我来说是我教学生涯中最美丽的王冠。但是，请您完全自由行事。如果由于某种原因14日星期五的宁静会被打扰，一切可以晚上在我家举行，包括您的主题论述'空间和林中空地'。"

[2] 见认识论学者、波普尔主义者，伽达默尔的对映体汉斯·阿尔伯特关于这次相遇的叙述，引自1969年2月21日给费耶阿本德的信（*Paul Feyerabend – Hans Albert Briefwechsel*, 96），在那钦佩穿透了讥讽的距离："星期五下午，我们有幸参加了伽达默尔的最后一次课，课堂上海德格尔（亲自！）做了15分钟的发言。[拉卡托斯]对伽达默尔给我们讲的'废话'感到愤怒，但这使他后来理解了逻辑实证主义的必要性（感谢他的'伽达默尔经历'）。海德格尔好一点——他可能是人生中第一次提到马克思论费尔巴哈的第十一条论纲，也许是为了与学生运动拉近距离，至少是以'阐释'的方式——他用一句话来结束，即人们只能以这样的方式来阐释：说他（海德格尔）是最伟大人物之一，并且在1000多年里还将会有更伟大的人出现。发言让人印象深刻，并且以微弱的声音说出。听众们基本上保持沉默，充满敬意，但在最后当然有掌声。"

通过他的出席，海德格尔以自己的方式向他的学生表明了他对对方的喜爱和对对方哲学的认可。在1970年代，他们的关系更加亲密，开始在信中彼此称呼对方为"亲爱的朋友"。意识到伽达默尔在知识界越来越高的地位，海德格尔对他的出版物也抱有更大的兴趣，尽管与他的解释学仍保持着距离。他特别询问伽达默尔解释学是否能够应对控制论越来越具侵略性的挑战。[1] 其目的是批判性的，不过伽达默尔至少被认为是一个真正的对话者。当海德格尔1971年祝贺他获得勋章骑士（德国最高科学荣誉）时，伽达默尔以谦恭的态度回复他："我可能不必对您说，我非常清楚，我是作为您的代表（Stellvertreter）去接受这项荣誉的。而且不只是在一般意义上或人们感谢他的老师的意义上，而是在所有人都知道的跟随的意义上；我也非常清楚，鉴于您的原创思想有着难以理解和难以接近的名声，我的中庸倾向和优柔寡断几乎成了（解释学的）原则，使得我将之变得易接近和可接受。"事实上，是海德格尔的政治过往使得他作为不受欢迎的人（persona non grata）被区别对待。

海德格尔1970年4月10日遭受了一次小的中风，这使他访问海德堡变得更加罕见。他有时会请求伽达默尔去弗莱堡探望他，以讨论伽达默尔近期对柏拉图、黑格尔以及海德格尔的阐释。当伽达默尔在美国担任客座教授时，有时会写信给他分享自己的经历，同时也向他证实《存在与时间》及其后来的作品在那得到了既热烈又敬重的欢迎，与它在德国所经历的狭隘对待毫无共同之处。海德格尔这边则对弟子过多的旅行表示忧虑：如果伽达默尔

---

[1] 1972年2月29日伽达默尔给海德格尔的信，引述于GW 4,479："解释学的更成熟的规定迫使我们提出如下问题：是否以及在何种程度上，信息技术的单一普遍主张，作为一种高度缺乏'理解'的模式，能够被纳入解释学？"

在他论柏拉图的书中投入更多精力,他将能更好地服务于哲学。

在他从挪威做报告的返程途中,伽达默尔得知海德格尔于1976年5月26日突然去世。[1]因为知道海德格尔想要在为家人保留的私密仪式中安葬,他没有去梅斯基希参加葬礼。他很快给海德格尔的遗孀写了一封慰问信来解释他的缺席。恩斯特·荣格尔是参加葬礼的为数不多的人之一。据荣格尔说,那次的"天主教"仪式很繁冗,却有些尴尬,因为所有人都知道海德格尔"曾与天主教保持距离,不过却从未真正成功"。[2]海德格尔本人希望有一个天主教仪式,他曾与神甫、朋友伯恩哈德·韦尔特(Bernhard Welte)讨论过细节,而且还要求人们在葬礼上朗读荷尔德林的五首诗,它们可能是他真正的福音。

1976年12月,伽达默尔参加了在弗莱堡举行的纪念海德格尔的活动。[3]在他的报告《作为上帝精神》中,他刚好谈到了海德格尔的神圣问题。[4]此外他还经常谈到他老师的"宗教维度"[5],因为他在海德格尔对"上帝的追寻"中看到了他的生命和全部工作的隐秘肉刺。自1923年以来,他一直近距离观察海德格尔,他能比其他人更好地谈论这个问题。如果神学家谈到这个问题,人们会察觉到一种恢复神学的尝试。只有出自伽达默尔之口,才会更可信。在伽达默尔看来,对上帝的探求是他的形而上学传统批判背后的秘密灵感。形而上学之神,世界的"终极因",对海

---

[1] 1976年5月28日伽达默尔给马塞尔·雷尼耶(Marcel Régnier)神父的信。几周后,1976年7月30日,布尔特曼去世。

[2] 伽达默尔1976年5月28日给埃尔弗里德·海德格尔的信:"[弗莱堡哲学家韦尔纳]马克斯打电话问我为什么没有参见葬礼。我很难过被排除在外,因为我只是想尊重他的意愿。"

[3] E. Jünger, A. Gnoli, Franco Volpi, *Les Prochains Titans*, Grasset, 1998, 54. 见伯恩哈德·韦尔特的布道:《 Suchen und Finden. Ansprache zur Beisetzung am 28. Mai 1976 》, in *Erinnerungen an Martin Heidegger*, dirigé par G. Neske, Neske, Pfullingen, 1977, 253-256.

[4] CH, 203-217.

[5] 《 La dimension religieuse chez Heidegger 》,CH, 187-201.

德格尔来说只是一个思想的偶像,并不足够神圣。只有荷尔德林接近那位更加神圣的神,正是因此他对它的缺席感到如此痛苦。

在海德格尔去世后,伽达默尔继续研究海德格尔的作品和他的遗产,他已成为德国最负盛名的代表。在他的威望支持下建立了一个"马丁·海德格尔学会",它有助于海德格尔走出一些人所批评的巴登的地方性。伽达默尔在那里做了一些出色的报告,吸引了很多人的关注。他也密切关注海德格尔的许多未发表作和讲课稿的持续出版,它们被纳入 1975 年启动的全集出版计划中。对海德格尔早期文本和讲课稿的阅读对伽达默尔来说就像与他自己的青年时代和思想源头的重新遭遇。伽达默尔很兴奋地在那认出了对他来说如此醒目的解释学现象学家形象,这在他的出版物中并不总是能看到。尽管伽达默尔同情海德格尔转向后的一些文本的目标,但他认为它们过于矫揉造作,也许有些太过故意的隐晦。至于《存在与时间》,伽达默尔总是觉得海德格尔太顺从地接受了胡塞尔先验哲学的术语和思维方式。然而海德格尔在他整个青年时期的课堂上持续批判的正是这种思想风格。当然,《存在与时间》是一部令人赞叹的作品,一座丰碑,但它实际上并不是真实的海德格尔。伽达默尔最高兴的是 1989 年著名的《纳托普报告》的重新发现,它对伽达默尔思想形成有决定性作用。当文本在海德格尔百年纪念的 1989 年出版时,伽达默尔以"青年海德格尔的神学写作"为题写了一篇序。伽达默尔当然知道这并不是一种"神学的"写作,至少在表面上是这样。这个标题是想影射狄尔泰 1905 年着手出版的黑格尔的"青年神学著作"。伽达默尔的想法是,这些早期手稿的重新发现使得一个世纪之后人们能够理解黑格尔的真实意图。《纳托普报告》在他看来能够完成同样的任务，即为更好地理解海德格尔及其"宗教"探索开辟道路。

这种对海德格尔的重读促使伽达默尔写了许多论文，它们在1983年结集为《海德格尔的道路》出版。但这并不是他与海德格尔争辩的终点，远非如此，因为他仍然有机会撰写关于他老师的许多新文章。其中三篇关于海德格尔的文章，载于1987年出版的作品集第三卷，被翻译在法文版的《海德格尔的道路》（2000）中，而且伽达默尔还在1995年面世的作品集第十卷也即最后一卷（《解释学回顾》，2005）中发表了至少七篇关于海德格尔的新文章。人们可以说，《海德格尔的道路》是一本伽达默尔从未停止撰写和没有完结的著作。从事哲学无非就是与其老师的对话。

伽达默尔知道他的高龄使他成为海德格尔和整个时代的最重要证人之一。在海德格尔去世后，他成为德国哲学界越来越受尊崇的涅斯托耳（Nestor）[1]，它的传承让人自豪，这个传承从莱布尼茨和康德直到费希特、谢林、黑格尔、叔本华、马克思、狄尔泰、尼采、胡塞尔、海德格尔和如今的伽达默尔。随着伽达默尔不断增加的声誉，他从老师的阴影中摆脱出来，越来越意识到自己的地位。当尤尔根·哈贝马斯在1979年的斯图加特为这位解释学大师获黑格尔奖致赞词"海德格尔式外省的城市化"时，他肯定了伽达默尔的自主性。这个说法传遍了哲学世界。它冒犯了海德格尔主义者们，他们不喜欢看到海德格尔被限制在"外省"，不过伽达默尔并不反感该文。在伽达默尔那里的确有某种更城市化和不那么难对付的东西，特别是在他的对话意识、对传统和他者的欢迎，以及对人文主义及其伟大文化的复兴方面。这促使伽

---

[1] 希腊神话人物，通常用来喻指某个领域资历最老、最有威望的长者。——译者注。

达默尔越来越与海德格尔区别开来,更致力于刻画他的解释学。海德格尔期望的无非是一个奇特的新开端,使我们从存在的遗忘中摆脱出来,此存在遗忘保证现代技术的到来,而后者是更古老的形而上学的后果,但伽达默尔则倚重共通感、对话、实践理性和判断的被遗忘的人文主义美德。在德国之外,在北美和南美、意大利和整个拉丁世界,人们常常注意到伽达默尔与海德格尔之间的这些差异。[1] 两位思想家的对峙依然将占据即将到来的世代。

*

《真理与方法》同时收到了赞扬和批评的评论,在该书1965年的第二版序言中,他提到并认真回应了这些评论。[2] 它们是一些具有很高水平的评论家的作品,如奥托·珀格勒、赫尔穆特·库恩、沃尔法特·潘能伯格(Wohlfahrt Pannenberg)、卡尔-奥托·阿佩尔和阿方斯·德·威尔汉斯(Alphonse de Waelhens,他是《存在与时间》的第一个法语译者)。而最激烈和富有成效的讨论首先来自意大利法学家艾米利奥·贝蒂(1890—1968)。1955年,贝蒂以意大利语出版了1000页的《阐释通论》,在该书中他发展了一种雄心勃勃的解释学,在狄尔泰精神的指导下,这种解释学被构想为人文科学的方法论。这部著作严厉谴责了海德格尔和

---

[1] 我们不一一列举美国论述伽达默尔的文集,仅见有代表性的,L.E. Hahn(ed.), *The Philosophy of Hans-Georg Gadamer*, The Library of Living Philosophers, vol. XXIV, Chicago and La Salle, Il., Open Court Publ., 1997, 因为人们能在这里找到伽达默尔后来对所有贡献的回应。

[2] *Vérité et méthode*, trad. E. Sacre, Seuil, 1976, 7-19. 不过, 伽达默尔回避了海德堡学者曼弗雷德·蒂尔(Manfred Thiel)所写的一个长达40页的十分恶意的报告《哲学中的社会学年代错误》, 载于 *Studium sociale. Ergebnisse sozialwissenschaftlicher Forschung der Gegenwart, Festschrift zum 65. Geburtstag von Karl Valentin Müller Müller*, dirigé par K.G. Specht, H.G.Rasch, H. Hofbauer, Köln/Opladen: Westdeutscher Verlag, 1963, 223-265. 作者在该文中将伽达默尔与戈培尔相对照,并且只在伽达默尔那看到了对海德格尔的辩护(第251页)。他认为伽达默尔的书是"可耻的","自1945年以来最没有品格的书,人们惊讶地发现它甚至已经出版。"这迫使他得出结论,"哲学教席的去斯大林化(在这里为了避免更合适的术语)尚未完成"(第264页)。在40页里作者充满了恶意, 这在伽达默尔接受过程中前所未有。

布尔特曼的相对主义和主观主义。他在《真理与方法》中也发现了同样的错误,因此很快撰写了一本名为"作为人文科学一般方法论的解释学"的小册子(1962),在那里他激烈抨击伽达默尔,表达了他的若干反对意见,它们被《真理与方法》的众多批评者不断重复引述:"主观主义,对阐释前见的不可接受的辩护,对方法的拒斥,在生产者的作者原意和接受时所获得的意义中存在的作品意义的混淆,等等。"[1] 这一争论在美国再次上演,参加者有富有影响的文学批评家赫希(E.D. Hirsch)和许多德国阐释者如塞博恩(T. Seebohn)、汉斯·阿尔伯特(Hans Albert)和汉斯·克拉默(Hans Kramer),包括他们的绕不开的"解释学理性的批判",直到今天依然在持续。[2] 不过根本性的东西贝蒂已经说过了,它有着坚实的论据,特别是有着精细而精心构造的解释学(如果它不像伽达默尔解释学那么原初)为基础。伽达默尔对此感到惊讶甚于气恼,因为他尊敬贝蒂的学术构想和博学。后者还在1962年的宣言中引用了他近期与伽达默尔的引人入胜的通信摘选。但伽达默尔认为,贝蒂的构想与他自己的有很大不同,而且因为这个原因,贝蒂的批评并没有真正击中他。贝蒂捍卫的是解释学的严格方法论的概念,而这并不是伽达默尔的解释学概念。贝蒂和他之后的其他人一样都相信,伽达默尔的目的是提出一种新的理解"方法论"(据他看来就是放任他的前见)。这是一个误解,但这种误解不无原因,因为直到伽达默尔为止,解释学的目的本质上就是作为方法论。因此《真理与方法》的作者要对此负责,他利用

---

[1] E. Betti, *Die Hermeneutik als allgemeine Methodik der Geisteswissenschaften*, Tübingen, Mohr, 1962.
[2] E. D. Hirsch, *Validity in Interpretation*, Yale University Press, 1967; T. Seebohm, *Zur Kritik der hermeneutischen Vernunft*, Bonn, Bouvier, 1977; H. Albert, *Kritik der reinen Hermeneutik*, Tübingen, Mohr Siebeck, 1994; H. Krämer, *Kritik der Hermeneutik*, Munich, Beck, 2006.

1965年的第二版序言重申或明确了,他的志趣完全不是方法论的。伽达默尔以他的天才的表述解释道:"问题不在于我们做什么或我们应该做什么,而在于超出我们的意愿和行动而伴随我们发生的事情。"[1]它的目的不是为精神科学提供新的规则,而是在更为现象学的意义上描述它们的真理经验,尽管它们遵循自己的方法。伽达默尔在贝蒂那很少看到自己的对立面,以至于他建议他的出版商西贝克出版那本意大利文巨著的德文译本(它出版于1967年,但卖得不多)。这是狄尔泰做解释学的方式,这种方式有其权利和合法性,不过在伽达默尔的思想中,其目的截然不同,也更加哲学。它的意图不是投身于"反对"方法的契约,类似于保罗·费耶阿本德以其无政府主义的辩护词《反对方法》(1975)所做的那样,而顶多是当人们希望将人文科学转变为一种不能为其辩护的"科学"类型时,缓和人们在人文科学的地盘上所滋长的方法论期望。于是,人们屈服于一种必须要加以纠正(因而也有可能纠正)的科学偏见,因为它会遗忘精神科学的更为人文主义的使命和起源。

甚至当时的许多认识论者也有兴趣阅读伽达默尔的作品。批判理性主义的伟大代表卡尔·波普尔就是一例,他自己在1934年的《科学探究的逻辑》一书中就批判了精确科学的实证主义,转而捍卫如下观念:科学的假设从来不能被经验所证实,最多只能被证伪。1968年9月,在维也纳举行的第14届世界哲学大会上,波普尔遇到了伽达默尔,维也纳也是波普尔所批评的逻辑实证主义诞生的地方。波普尔当时对伽达默尔肯定说,他的认识论与解释学之间的确存在着相通之处:两人都承认,科学依赖于假说和

---

[1] HGG, Préface à la 2ᵉ édition de *Vérité et méthode*, trad. Sacre, 1976, 8.

前见，它应该不断地检验；他们都同意，没有真正的方法能够找到这样的假说，而且决定性的经验很大程度上是消极的：它迫使我们修正自己的观点。在他不太多的谈到伽达默尔的地方，波普尔认识到与伽达默尔的这些交汇点，同时强调了他自己的想法的不同之处和优点：

> 事实上，我与伽达默尔一样远离实证主义（例如）：我实际上发现——我对实证主义的批判正是建立在这点上——精确科学并不以实证主义的方式运作，而是本质上遵循一种以"前见"来进行的方法。只不过，它尽可能利用新的、可批评的前见，使其受到严格的批评（在我1934年的《科学探究的逻辑》中对此有论述）。我甚至在这个意义上使用前见这个词，并且表明在培根反对前见的运动中弄错了精确科学的方法。[……]因此，使我与伽达默尔区分开来的东西在于对精确科学的"方法"的更好理解，在于一种真理的逻辑理论和批判态度。但我的理论和他的一样反实证主义，并且我已经表明，文本的阐释（解释学）也是以适用于精确科学的方法进行的。此外，我对实证主义的批评获得了非同寻常的成功。几年后，它在很大程度上被维也纳学派的最后继承者接受，以至于哲学史家约翰·帕斯莫尔（John Passmore）能够写道："实证主义像一种哲学运动一样死了。"[1]

波普尔的学生汉斯·阿尔伯特当时对两位哲学家的相似之处感到非常惊讶，以至于他在想伽达默尔是否从波普尔那盗用了他

---

[1] 波普尔给格罗斯纳的信，引自 C. Grossner, *Verfall der philosophie, op. cit.*, 285. 在维也纳，伽达默尔做了一个开场报告"论理性的力量"。

的观念，波普尔至少16年前就提出了该思想……[1] 伽达默尔只是在很久以后才知道他与波普尔之间存在一致之处。[2] 在《真理与方法》中，伽达默尔所感兴趣的传统并不是科学哲学及其实证主义的内在批判的传统，而是解释学和现象学的传统[3]，后者认识到"被给予"总是一个阐释性的被给予，也即对伽达默尔来说，是一个在语言中呈现的被给予。

如果说这种一致对波普尔来说很珍贵，这是因为在1960年代他自己重新处于关于社会科学中的实证主义（与阿多诺和哈贝马斯相对抗）的激烈争论中。阿多诺和哈贝马斯指责他是"实证主义"，这是当时最糟糕的罪名，因为他总是谈到精确科学的模式。由此波普尔乐于强调他像伽达默尔一样对实证主义持批评态度。但波普尔和阿尔伯特后来与伽达默尔保持距离，尤其是因为在后现代主义的推波助澜下，对伽达默尔作品的接受喜欢强调贝蒂最初所谴责的"相对主义"。1994年，汉斯·阿尔伯特在他第一次阅读伽达默尔的四分之一世纪后，发表了对伽达默尔的毫不妥协的批判著作，该书以他经常使用的"纯粹解释学批判"为题。有点奇特的是，这本书由出版伽达默尔著作的同一家出版社出版，这与波普尔相同。这不是伽达默尔和波普尔两位哲学家所分有的唯一不同寻常之处。他们还都是勋章骑士，两人有时在联邦共和国总统的支持下在波恩举行的勋章骑士年会上相遇。他们有时会有交谈，但波普尔生活在英格兰，比伽达默尔较少定期参加这些

---

[1] 参见1967年2月20日阿尔伯特给费耶阿本德的信（*op. cit.*, 30），关于《真理与方法》："还有一些非常有趣的部分，尤其是关于前见的部分，在那里他捍卫了类似于波普尔在《开放社会》和《猜想》中的观点！我很惊讶。波普尔16年前就提出了的观点！这个'好老头'（指伽达默尔）会在论述的时候利用他（卡尔）吗？"
[2] 《真理与方法》第五版（1986）增加的一个注释强调了这点（GW 1, 359 ; tr. fr. 376）。
[3] 参见伽达默尔的自我批评，载于 GW 2, 4（« Entre phénoménologie et dialectique. Essai d'autocritique », dans AC 2, 11-38）。

集会，他说自己不记得他们第一次在维也纳相遇时他对解释学表示过同情。

在维也纳，波普尔和伽达默尔还有其他理由感到彼此团结一致。1968年8月21日，苏联坦克开进捷克斯洛伐克以镇压"布拉格之春"，后者想要以人性化的方式发展共产主义。布拉格的现象学家扬·帕托切克（Jan Patocka）参加了维也纳会议，能够为他们提供降临在他的国家的这一悲剧的第一手信息。布拉格事件验证了波普尔和伽达默尔的"自由主义"态度，讽刺的是，此时德国及其他地方的大学和学生正慑服于马克思主义的魅力。这个时期，波普尔已经出版了几部著作捍卫了开放社会的美德，告诫人们警惕极权主义的乌托邦。伽达默尔与他抱有同样的信念，不过他几乎没有写过政治方面的文章。尽管如此，征服了大学生"知识分子"的马克思主义新左派谴责伽达默尔是一个"保守派"。这场争论将构成伽达默尔接受史上的重要一章。

15
来自意识形态批判的攻击

> 大学里的骚乱不是小事。它体现了一种深层的不安，人们到处都能认出这一不安的征兆。在这里，我想到的并不是那个显而易见的事实，即这些事情是外面的机构组织所操纵指挥的。这当然是无可置疑的。但值得思考的是，这一事件达到了如此之大的规模。尽管大学青年与公众舆论之间有着隔离的状态，但整个事件似乎有可能类似于标志了新时代的瓦尔米炮击：它开启了一个与充分管制的世界相对抗的造反时代。
>
> ——汉斯-格奥格尔·伽达默尔[1]

如果说在与贝蒂的争论中，伽达默尔可能感到遭遇了与解释学的实证主义概念或"陈旧"概念之间的一场过时的战斗，那么时代风气很快就迫使他处于更多是防御的位置上了，在那里，他自己的概念被看作"保守的"。对他的这一批评由年轻的尤尔根·哈贝马斯提出，后者因而被视作在解释学面前捍卫"意识形态批判"之必要性的青年异议者中的一个主要思想家。这一论战使解释学走出了大学小圈子讨论的默默无闻的范围，获得了出人意料的关注度和地位。这是哈贝马斯巨大功劳中的一个。直到那时止，《真理与方法》获得的只是不冷不热的待遇。即使是最亲近伽达默尔的学生们也不相信他的作品将脱颖而出成为哲学经典。鲁迪格·布伯纳相信："我们这些最年轻的学生当时并没有料到伽达默尔的著作——尽管它有着丰富的分析和敏锐的现象学观察——将展示

---

[1] 1968年2月3日给海德格尔的信。

出如此的力量和生命力，以至于将在之后不止一代的时间里成为被译成许多语言的当代哲学基本著作。这部著作长期以来被视作经典。"[1]

当时，伽达默尔并没有意识到自己发表了一部经典作品。甚至在后来，他还有时为自己的书受到那么多人的喜爱而感到惊讶："解释学中如此值得人们珍视的东西是什么？"有一天他问他学生托马斯·鲍迈斯特（Thomas Baumeister）[2]，当时他已经年纪很大了。在《真理与方法》出版以后，他一如既往地推进关于思想经典的教学和研究活动，仿佛什么也没有发生，丝毫没有对他的解释学的缓慢成功做出某种推测。他1960年代的教学目录表明，在1967—1968年为博士论文候选人而组织的关于"解释学诸问题"的小型研讨班之前，他没有开设针对解释学的特别课程。当时这个主题变得时髦起来，而正是这时他准备要退休了。

1960年，伽达默尔感到终于从撰写《真理与方法》的重负下解放出来，并且打算将研究转向更古典的问题，而其企图心也将更谦逊："当我完成了这项重要工作时，我感到所有其他任务就显得容易了。"[3] 由此他恢复了关于柏拉图和黑格尔的研究，这些研究他在几十年前就已经开始，只是战争、校长任职和法兰克福与海德堡的新起点迫使他暂时放下了这些研究。1971年《黑格尔的辩证法》论文集的出版实现了他在1930年代末所制订的计划。作为黑格尔协会和大会的成员，他还在1960年代致力于管理和组织工作：1962年，他创立了颇有影响的"黑格尔协会"，定期地

---

[1] R. Bubner, *Laudatio* de Hans-Georg Gadamer, dans *Sinn und Form* 49 (1997), 8.
[2] T. Baumeister, « *Hans-Georg Gadamer. Der Philosoph als Improvisator. Oder : Uber die allmähliche Verfertigung der Gedanken beim Reden* », in M. Cepeda y R. Arango (dir.), *Amistad y Alteridad. Homenaje a Carlos B. Gutiérrez*, Bogotá, Universidad de los Andes, 2009, 66.
[3] PL, 182 ; AAP, 219.

参加一个概念史研究团体的活动，这个团体推动了一个专业杂志的创办和乔基姆·里特著名哲学历史词典的编撰。[1]他还是德国哲学学会的主席，在此位置上组织了学术研讨会并编辑了会议综述。他从未缺席海德堡科学院的任何委员会或会议（1968年他是海德堡科学院的主席），在菲舍尔出版了哲学经典文选，撰写了多篇百科全书文章并继续负责他的杂志《哲学评论》，在那里他定期发表书评和研究报告。这些都是值得赞扬的活动，然而它更多属于一般教授的常规活动，而非在其作品中耕耘的"哲学家"的工作。但在1960年代，伽达默尔并没有感到自己属于这个上流精英群体。只是随着与哈贝马斯的争论、海德格尔的逝世和年岁的增长，这些事情才发生了变化。他1970年代起获得的许多奖项和荣誉（荣誉勋章、黑格尔奖、荣誉十字勋章、荣誉博士，等等）也有助于改变他对自己的看法。

不同于如胡塞尔或海德格尔这样的哲学家，伽达默尔并不认为需要在他的课堂上讲述他自己的哲学。似乎他对进一步发展1960年他已经呈现了其"主要线索"的解释学不再感兴趣。他顶多希望给解释学增加一个诗学维度来作为对文学文本地位的反思[2]，但这并不会从根本上一劳永逸地改变解释学的概念。只是……《真理与方法》的新版本，1965年的第二版、1973年的第三版和1986年的第五版促使他撰写关于解释学的新论文，它们对伽达默尔作品的讨论十分重要。伽达默尔乐意并娴熟地考虑人们对他的作品的接受状况，因而在他的解释学中每次都会给出不同侧重的表述。如果说伽达默尔从未想要对他的解释学思想做新

---

[1] 见 M. Kranz, « Gelehrte Geschäfte. Warum Hans-Georg Gadamer nicht Herausgeber des Historischen Wörterbuchs der Philosophie *wurde* », Zeitschrift für Ideengeschichte 2 (2008), 95-111.
[2] PL, 182 ; AAP, 219.

的综合，那么他更愿意谈的是对它的"延伸"。当他开始出版他的作品集时，第一卷就收纳了1960年著作的主体部分，只是这本书现在（1986）被冠名为《真理与方法Ⅰ》。第二卷主要汇集的是后来的研究成果，被冠以《真理与方法Ⅱ》这一新标题。伽达默尔想借此指出，通过对历史的接受和历史的工作，通过效果历史（Wirkungsgeschichte），反思的工作就得以可能，从此以后对作品的反思也是作品本身的一部分。

无论如何，他从没有想要再写一本论解释学的著作。此外，他觉得也不再有时间实现这一任务。1970年代初，伽达默尔的健康变得脆弱，他的挚友克吕格（1972）、洛维特（1973）和沃尔夫冈·沙德瓦尔特（1974）的去世想必提醒着他自己生命的有限性，他患有高血压，医生给他开了药，这使他非常沮丧，并且使他认为很快自己也将不久于人世。[1] 因此他将自己所有的私人藏书出让给了哈密尔顿的麦克马斯特大学（有着他眉批的那些书都还在该大学的书架上，他是该大学的客座教授），自己只保留了那些最经典的书籍。但有一天，他决定停止服用药物。很快，他的血压问题消失了，他重新恢复了活力，并且开始定期与他的学生们打网球。

在他有生之年的日子里，他特别想完成两项重要计划：他关于诗学的研究和论柏拉图的著作。海德格尔就是焦急等待一睹他论柏拉图著作的人中的一个。[2] 考虑到他已经年事已高——谁知道

---

[1] 见伽达默尔1973年4月22日的信："最近一些时候，我的状态很糟糕，有时，我有高血压，鼻子、下颚疼痛不适。然后，周围又有种种让人沮丧的迹象：沙森病了，延森突然去世，洛维特病重……我自己的工作精力时好时坏。有时，我感到我已经做的一切都是很不重要的，而有待去做的对我来说又太难了。但后来我振作起来，意识到我们没有办法与自身保持距离。"
[2] PL, 182；AAP, 219. 伽达默尔还希望完成一本关于前苏格拉底哲学的书，他为此开设了许多课程。我们在他作品集第七卷的第一篇论文和1988年那不勒斯的课程中可以看到他的一些研究成果（《Au commencement de la philosophie》, Seuil, 2001）。

他又活了30年呢？——他觉得应该满足于写"短小的论文"，此外，1967—1976年，他以"短篇著作集"（*Kleine Schriften*）为标题出版了四卷著作。很长时间里它也是《真理与方法》的不可缺少的补充部分，它们激发了伽达默尔著作的第一轮法文翻译（《理解的技艺》1982年第一卷、1991年第二卷；《语言与真理》1995年；《哲学解释学》1996年）。随着时间的推移，他令人意外地使他论柏拉图的著作走向成熟，该书发表于第七卷，以"对话中的柏拉图"为题，同时也有论诗学的作品发表，发表于第八卷（《作为命题的艺术》，1993）。每次，论文汇编都呈现于著作集出版的框架之中。但最后，伽达默尔常常怀疑是否这样版本的"盖棺论定"对他后面工作的接受是一个阻碍。因此他很注意使这些著作的袖珍单行本可以印行，但他一直对此感到怀疑，特别是在这两本书的印刷量不大的情况下。这些研究成果来得太晚了吗？哲学越来越成为一个技术性的工作，它在向前发展吗？

当他委托我编辑一个《读本》（1997年），一本收集他的短篇论文的文选（它们就像一些小面包一样被出售）时，他要求我为他较为晚熟的关于诗学的工作留下一个重要位置。他是想借此强调，乃是艺术——而不只是关于人文科学中的真理的认识论问题——构成了他的解释学的真正锚点。在他1985年做的自我批判中，他还承认，从人文科学出发的观念只是呈现了他想揭示的解释学普遍性维度的非常有限的方面。

他并不想提出新的概括。这将会是一个新的独白。他更愿意回应问题和批评，面对新的挑战，尤其是当它们能引领他深入新的疑难时。正是由此他1970年代与哈贝马斯的争论和1980年代与德里达的争论——这里还应该提到其他几个人，包括历史学家莱因哈德·柯塞勒克（Reinhard Koselleck）[1]——为他的思想带来了新鲜空气。尽管在这两次论战中他提出了直接而广泛的异议，但他也从这些挑战中学到了许多东西，他以一种几乎可以说是青年人才有的活力把握到这些挑战，这只会让那些认为伽达默尔不过是一个老保守派的人们感到惊讶。

*

凭着对青年人才的敏锐洞察，伽达默尔很早就注意到了哈贝马斯早熟的才华。他在其论谢林的博士论文（1955）中崭露头角，给海德格尔留下了深刻印象，但哈贝马斯从没有想要出版它。他的批判精神首先体现在 1953 年他在《法兰克福汇报》对海德格尔所采取的立场上。[2] 哈贝马斯在那里表达了对海德格尔那年刚刚出版的《形而上学导论》讲稿的惊愕之感，该书包含一个有关国家社会主义运动的"内在伟大与真理"的段落，海德格尔没有做任何保留或解释说明。在 1945 年之后，这怎么可以想象？哈贝马斯对他们的老师们在国家社会主义问题上保持令人不安的沉默感到失望（战后他的在波恩的教授们，奥斯卡·贝克尔和埃里希·罗特哈克，也是狂热的纳粹分子），并且要求他们做出说明。在海德格尔那里，沉默甚至被代之以对国家社会主义伟大的更令人目瞪口呆的肯定。反感于海德格尔的态度，哈贝马斯很快转向霍克海默和阿多诺的法兰克福学派，希望在那里做他的教师资格论文。

---

[1] R. Koselleck/H.-G. Gadamer, *Historik und Hermeneutik* (1987), réédité sous le titre *Historik, Sprache und Hermeneutik. Eine Rede und eine Antwort*, Heidelberg, Munatius Verlag, 2000.

[2] 参见与伽达默尔的访谈，载于 *Communale. Heidelberger Wochenzeitung*, n° 9, 24 juillet 1986, 9. 当哈贝马斯发表《以海德格尔的方式反对海德格尔》时，他还仅仅 24 岁。这个文章的标题还是显得很温和的（该文再刊于 J. Habermas, *Profils philosophico-politiques*, Gallimard, 1974）。哈贝马斯后来对海德格尔持更为批判的态度，但他总是承认海德格尔给予了他决定性的推动力。

只是，阿多诺和霍克海默在他的问题上意见不一致，这在两人那里是不多见的情形，因为他们以其共同的著作而为人所知（即1947年那部著名但艰涩无比的《启蒙辩证法》）。阿多诺很器重他，但霍克海默觉得他看起来太"红"了，即太左和太激进了。因此他反对哈贝马斯在法兰克福任职，在那里哈贝马斯已经是一个知名的人物（在1961年法兰克福学派反对波普尔的实证主义的争论中，他已经扮演了一个显著的角色）。因此他不得不在马堡的沃尔夫冈·阿本德洛特（Wolfgang Abendroth）名下通过他的任职资格，阿本德洛特和马堡在当时都有着很"红"的名声。伽达默尔对马克斯和特迪相对立的这场争论感兴趣，想要看看哈贝马斯论文的原文。他知道哈贝马斯比较激进，不过这并不影响伽达默尔，因为他所关心的是哈贝马斯的哲学才华。他杰出的论文《公共领域的嬗变》证明了这点。伽达默尔对他如此印象深刻，以至于在1961年8月，甚至在哈贝马斯还没有结束在马堡的任职的情况下（这个职位只能延聘到次年），就为他提供了在海德堡的一个特聘教授的职位。这是非同寻常的，但在"学术名流"看来，伽达默尔这样做符合德国大学优良的老式传统做派（尼采也是这样获得巴塞尔大学教授职位的，这甚至在他获得他从未得到的那个博士学位之前）。伽达默尔倾向于他甚于卡尔-奥托·阿佩尔，后者是一篇论海德格尔的可靠论文的作者，像哈贝马斯和珀格勒一样，来自波恩的贝克尔和罗特哈克学派。[1] 由此哈贝马斯和伽达默尔在海德堡做了三年的同事。辈分和性情的巨大差异使他们两

---

[1] 1995年2月11日伽达默尔与北德电台的拉尔夫·路德维希的谈话："哈贝马斯，是我把他'运作'进大学的；甚至在他还没有获得授课资格时，我就让他来海德堡。" 关于霍克海默与哈贝马斯的矛盾，见 W. Winkler, « *Die Kiste bleibt zu. Neues zur Gründungslegende der Bundesrepublik : Horkheimer gegen Habermas, dawischen Adorno* », dans *Die Zeit*, n°39, 27 septembre 1996.

人关系疏远——伽达默尔从不以公开的方式质疑海德格尔的政治过失——但伽达默尔总是说,在他所有的同事中,哈贝马斯是他最欣赏的人。当然他私下有时会说——伽达默尔也免不了说些闲言碎语——哈贝马斯在他看来不是一个哲学家[1],但哈贝马斯是在以一种严格且不容置疑的原创性的方式工作。因此两人之间建立了相互信任和尊重的关系,这对他们共同的学生有好处:如果说伽达默尔给了他们对哲学传统的出色观念,哈贝马斯就给他们描绘了思想的新使命的一幅令人惊叹的画像,尤其是他成功地将法兰克福学派的观念、现象学传统的观念、语言哲学和科学哲学的思想结合起来。

无疑,海德堡是哈贝马斯1960年代初开展研究的地方。同样明显的是,尽管哈贝马斯更偏向于社会学和政治科学(当时它们对哲学班和所有学生是开放的),不过在海德堡他利用了自己的年龄,以更好地学习和了解他的"介绍人"伽达默尔(如果可以这么说的话)的解释学。他有将解释学以事实上原创的方式运用到当时的研究领域(社会科学认识论)的天才。关于这个问题他撰写了一份颇具分量的"研究报告"(300页),《社会科学的逻辑》,伽达默尔让该文在他的《哲学评论》特刊号(1967)上刊出,苏尔卡普出版社很快以书的形式重印了它。以观念史和批判讨论的独有感觉,哈贝马斯重构了19世纪以来对社会科学的反思的主要时刻,揭示了每一次新的反思阶段是如何诞生于之前的疑难的。这样一个严格的历史工作之前从未进行过,但很显然,这个"研究报告"是第一流的哲学家和社会学家的作品,并

---

[1] T. Baumeister, « *Hans-Georg Gadamer. Der Philosoph als Improvisator. Oder : "Uber die allmähliche Verfertigung der Gedanken beim Reden"* », 62.

且这并没有使他自己的政治信念变得神秘。哈贝马斯在这里承认伽达默尔占据了一个重要位置，虽然后者在《真理与方法》中并没有太多地谈到社会科学（主要是社会学、政治科学、经济学，乃至心理学和人类学，也还有法学）。当时社会科学经常被归入人文科学，对后者伽达默尔谈的很多。哈贝马斯向伽达默尔所做的若干突破致敬，尤其是他对社会科学的实证主义的"伟大"批判。哈贝马斯特别强调他的两个功绩：1. 伽达默尔表明，人的科学并不是像精确科学那样处理物理或量化的资料；2. 应该在这些学科中考虑解释者的偏见，而这些学科目前为止遵循的是观察者的不偏不倚的实证模型。伽达默尔尤其指出，社会成员对自己的理解是由语言编织起来的，而且这种语言有着一种自我反思的能力，因为它能使自身精细化，能容纳新的意义内容并超越自身的阻碍。在这点上，伽达默尔得以不仅超越社会科学一贯以来的实证主义和客观主义，而且也能超越维特根斯坦的观念，后者认为"语言游戏"构成了封闭于自身的不可渗透的圆圈。相反伽达默尔有助于人们看到，这些圆圈是"有孔隙的"，即它同等地向外部（所有意义内容都能够被翻译为语言）和内部（语言能够自我精细化）开放。在这点上，伽达默尔纠正了维特根斯坦。这是一个和原著一样天才的解读。然而哈贝马斯的这一解读叠加了一个批判：伽达默尔没有考虑社会科学及其认识"解放"的旨趣，在哈贝马斯看来精神分析和意识形态批判（以法兰克福学派的方式）是其范例。的确，《真理与方法》并没有处理这些学科，没有论及社会科学的特殊情形，在此意义上伽达默尔会很高兴看到他的思路能运用到这些领域中。只是，对社会科学的这一"遗忘"将哈贝马斯引向了对解释学的一个根本性批判：伽达默尔没有看到，精神分析和意识形态批判可能会动摇和超出（hinterfragen）对话者之间的深层认同（tragendes Einverständnis），《真理与方法》在对语言的分析中谈到这一认同。如果说这种批判的姿态是善意的，那么其结论则是严厉的：解释学应该被代之以意识形态的批判。两人之间的争辩由此而起。它围绕着关于社会科学逻辑的较为学术性的争论而展开，但其政治意蕴十分清楚：尽管有其理论上的突破，但解释学最终显得太过"保守"，因为它不敢质疑特定社会中的现存认同。但现存秩序可能被意识形态支配乃至操纵，这一意识形态是可能的，甚至必须被识破，然而识破必须在意识形态批判的帮助下进行，意识形态批判的任务就是揭露以理想认同或乌托邦认同为名的那种既有认同或虚假认同。如果说伽达默尔和人文科学的旨趣是（对"文化传统"的）理解的旨趣，那么哈贝马斯和他的社会科学的旨趣则表明自己更进一步，因为它想要"解放"和"批判"。后者是当时的口号，正是这些口号为法兰克福学生"议会外抗议"以及美国校园和法国1968年"五月风暴"期间的大学生暴动提供了精神动力。当时的青年学生以革命为志向，往往敌视所有源自传统和既定秩序的东西。在此背景下就可以理解，伽达默尔捍卫传统和权威的真理性的思想（尽管它发生在一个完全不同的语境中）是一个需要勇气去坚持的立场。

哈贝马斯是那个时期（这说明不了什么）革命青年的主要代言人之一。当然，他满足于将与伽达默尔的争论严格限定在"科学"层面，尤其是因为他有理由对伽达默尔表示感谢。哈贝马斯也与大学生的那些过激行为保持距离，后者导致了巴德尔团伙的一些恐怖主义行径。但他当时的确依然是同情学生造反的最著名理论家之一：1961年，他和其他作者一起出版了一部题为"学生和政治：

法兰克福学生政治意识的社会学分析"的书，该书在1967年出了第二版并且传播甚广。[1]该书努力阐明了在此"革命"时期青年学生应当承担的新角色。青年人继承了马克思交给无产阶级的部分先锋队功能，因为极为邪恶的意识形态使无产阶级屈服于资本主义和统治阶级的利益，导致人们不再能够信赖无产阶级了。

警察的一个悲剧性过失让事情火上浇油：在1967年6月2日反对伊朗国王的一次示威游行中，学生本诺·奥内佐格（Benno Ohnesorg）被杀了。[2]在葬礼后，一场大规模且情绪激动的关于"抵抗的条件和组织"的会议在汉诺威召开，它涉及的是对应该为年轻人不幸去世负责的"镇压的国家机构"和军工联合体的抵制。1967年6月9日哈贝马斯在那里发表了"大学生在德意志联邦共和国的政治角色"的简短讲话，后者有时作为学生造反的理论宣言而被理解和利用。他在那里特别指出："在联邦共和国，学生抵抗的任务乃是弥补理论视角的缺席，弥补在掩盖和污蔑面前敏感性的缺乏、在我们的法治和民主宪法的阐释和实践中激进性的缺乏，以及敏锐的想象和预见能力的缺乏，总之，乃是对疏忽的弥补。如果不能完全矫正，至少它可以揭露政策的这些缺失，这种政策的意图要是清晰的，手段要是正直的，其阐释和行为要是进步的。在这方面，我并没有低估学生的政治异见所具有的狭隘性。"[3]最后这一句评论表明哈贝马斯清楚意识到了仅仅由青年学生领导的政治抵抗可能有的局限性。但在当时紧张的气氛中，这

---

1 J. Habermas (avec J. von Friedeberg, C. Oehler und F. Weltz), *Student und Politik. Eine soziologische Untersuchung zum politischen Bewußtsein Frankfurter Studenten*, 1961, 2ᵉ éd. 1967 : Neuwied, Luchterhand. 也见 J. Habermas, *Protestbewegung und Hochschulreform*, Frankfurt a. M., Suhrkamp, 1968.

2 C. Grossner, *Verfall der Philosophie*, 1971, 165.

3 J. Habermas, *Protestbewegung und Hochschulreform*, 141.

一点并不那么醒目。

在回答哈贝马斯时，伽达默尔很有分寸地从未提及弥漫在大学的政治氛围，以使争论恰当地限定在哲学范围内。首先，伽达默尔对哈贝马斯将他的观念运用到社会科学领域感到高兴，因为这证明了他的思路的生命力。从狄尔泰时代起，社会科学仍与"国家科学"（sciences de l'Etat）接近，它并不真正属于《真理与方法》的范围，尽管伽达默尔经常谈到判例法及它在运用中的重要性。在质疑它们的经典对立时，伽达默尔在《真理与方法》中从自然科学与精神科学的传统二重性出发，并且特别是在历史、文学和神学（在那里传教士所完成的运用同时也是规定）研究中发现了它的典范。现在，哈贝马斯将它们与社会科学联结起来，在这些社会科学中，解释者的偏见和研究对象的语言结构同样是无可置疑的。这是真知灼见，但哈贝马斯据此进一步谴责伽达默尔的"保守主义"。不同于人文科学，社会科学并不仅仅试图理解文化传统，因为它们的"认识旨趣"乃是解放，这使它们成为最进步的科学。它的典范不是哲学或历史，而是精神分析和意识形态批判，其角色是以可能和预期的解放的名义质疑现存的秩序。一个"批判"的主题由此构成对人的科学的补充。在哈贝马斯心中，精神科学带有某种老旧和厚古薄今的色彩，特别是由于伽达默尔的典范乃是古代语文学中的经典作品。与之相对，社会科学和批判转向了将来，转向了人与人之间相互理解和承认的光明的未来。意识形态批判在这里愿意承担精神分析的治疗的使命，并且允许自己对现存社会状态做出破坏性的评判。正如马克思所希望的，这里涉及的不只是理解世界，而是改造世界。

在伽达默尔看来，这一批评过于理想主义、过于先知，总之，过于天真了。他首先怀疑是否可以将精神分析和治疗学的模型运用于社会学的理论家(在这里是哈贝马斯)。他强调指出,在精神治疗中,人们面对的的确是一位正受病痛折磨、求助于有技能的医生的病人。但是什么允许社会的精神治疗师说一个社会或它的其中一部分是生病的,或者说遭受着"交流的系统性扭曲"?在伽达默尔看来,乃是哈贝马斯对意识形态、对激励着他的话语的未言明的马克思主义者不够"批判"。很讽刺的是——只是伽达默尔换了说法来强调它——哈贝马斯以最大的攻击力揭露占统治地位的意识形态,但正是他的话语可能受到支配性意识形态的最大影响。正如他后来常常颇为机智地讲的:意识形态批判所缺乏的,可能正是对意识形态批判的意识形态批判。[1]

1991年,伽达默尔以同样的态度概述了他与哈贝马斯之间的分歧:"哈贝马斯总是说我没有认清现实,而我总是说正是他没有看清现实。我们一致认为在这点上我们存在分歧。"[2] 当时,重要的问题乃是知道谁捍卫了最"批判"的观点。对哈贝马斯来说,乃是伽达默尔缺乏批判地依赖于一个社会中现存的共识,后者代表了一个文化和语言共同体所共有的基础。哈贝马斯有理由说,我们有可能去质疑这一共识(对此伽达默尔并无异议),但他是依据对理想交往情境和治疗能力的预测——伽达默尔认为这很成问题——去进行质疑的。

如果说伽达默尔能够在这一如此激烈的交锋中展现出某种冷

---

[1] 与巴克豪森(Barkhausen)的谈话,载于 *Sprache und Literatur in Wissenschaft und Unterricht*, Paderborn/München, W. Fink, 1986, 97.
[2] 与伽达默尔的谈话,载于 *Sinn und Form* 43 (1991), 487-500. 伽达默尔与哈贝马斯之争所引发的二手文献非常多,关于它的历史背景,见 D. Ingram, «*The Historical Genesis of the Gadamer/Habermas Controversy*», in *Auslegung. A Journal of Philosophy* 10 (1983), 86-151, 关于其内容,见 «Que sais-je?», *L'Herméneutique*, 2006, 65-74.

静，这是因为这唤起了他某种似曾相识的感觉。在整个校长任职期间，特别是在1947年莱比锡大学建立新的"社会科学"系的激烈争论中，他就已经遭遇过至少可以与1967年相比的马克思主义口号。作为校长，他当时代表的是"资产阶级"当局。因此伽达默尔很熟悉那个角色，尽管他一直认为将大学教授简单地等同于"资产阶级"价值过于草率。对他来说，这个资产阶级世界在1918年就崩溃了，正如他1947年在一次讲话中解释的，这段话几乎可以原封不动地用于1968年："我们最近可怕的过去——其后果在今天包围着我们公民和物质生活的瓦砾中已经清晰可见——已经摧毁了我们人民的工人和资产阶级知识分子之间的关系。事实上完全可以说，德国知识分子在工人阶级的兴起中不再发挥着积极作用。但这不是因为它与资产阶级社会的价值紧密联系在一起。相反的观点是正确的。我们通常对德国知识分子和如今获得权利的工人阶级之间关系的看法并不符合现实。在第一次世界大战末以前，我们当中老一辈的人们就已经打破了与资产阶级时代的联系。到德国威廉政权垮台后那一代就更是如此，因为他们与主流社会秩序的关系和今天的革命工人阶级一样自由。"[1] 事实上，1914—1949年，伽达默尔是在贫困的环境下度过的，这样说绝不夸张，那种生活绝不是"布尔乔亚的"。

1968年，革命工人阶级被学生阶层取而代之，然而其中大部分的代表来自新兴资产阶级，战后"经济奇迹"的繁荣造就了这一阶级。最终，伽达默尔自己未受到学生激进主义的过分行为的影响。他乐于说，他受到优待要归功于他与哈贝马斯的友谊。[2] 但

---

[1] HGG, « Universität in unserer Zeit », Göttinger Universitäts-Zeitung, n°11, 9 mai 1947, 10.
[2] 1995年2月11日与北德电台的拉尔夫·路德维希的谈话（第13页）。

这很大程度上假定了哈贝马斯对造反学生的影响。即使哈贝马斯与他们有理论上的领导关系，他也完全不能控制他们，并且他还与那些他自己称为"左派法西斯分子"的人们有矛盾。这些人认为哈贝马斯令人失望，因为他拒绝人们从他的革命思想中引出"实践"的结果。当时他受到了十分恶意的批判，一些保守主义者对此带有某种幸灾乐祸的高兴，一种因他人的不幸而生的恶毒的快乐。伽达默尔的妻子有时说，现在轮到哈贝马斯品尝他自己酿的苦酒。伽达默尔总是懂得区分哈贝马斯的理论贡献和无政府主义青年。但其他一些人从未原谅他在当时与学生造反的结盟，尤其是因为它在德国大学的影响相当深远。

不过，伽达默尔的教学很少专断和教条主义，以至于他的大部分学生在反对权威和传统大学的革命青年运动中并没有达到这样的自觉意识，就像鲁迪格·布伯纳所回忆的那样："当抗议运动攻击在职教授的支配权时，在伽达默尔所任教的海德堡，人们并不真正理解这种事情的发生。"[1]他不是尽其所能地教育学生要独立思考，并且建议他们去听哈贝马斯的课程吗（恰恰是因为它不同于自己的）？这并不妨碍解释学与意识形态批判之争引起当时人们的关注。这是当时德国整个人文和社会科学以及其他学科所关心的哲学主题（法国当时正与六八年思潮斗争，只是这很少在大学中得到体现）。最简单的对立就是——但最简单往往意味着了解最大的财富——在"解释学理解"中看到了某种保守的东西，而在意识形态批判中看到了一种更"进步"的努力。伽达默尔显然并不认为自己处于这一对立中，因为他的书并不隶属于任

---

[1] R. Bubner, « *Fragen und Verstehen. Hans-Georg Gadamer zum achtzigsten Geburtstag* », in FAZ, 10 février 1980.

何政治筹划，无论是保守的还是进步的。尽管如此，这些阵营对他的解释学的普及并非没有贡献。伽达默尔著作的销量当时翻了三倍，一本题为"解释学与意识形态批判"（1971）的文集成为所有哲学学生的必读书目，它汇集了伽达默尔、哈贝马斯以及其他卷入争论的杰出人物如阿佩尔、布伯纳和博尔曼（Bormann）的相关论述。该书以伽达默尔的"答辩"结束，在那里他回应了针对他的主要批评，以沉着坚定且带有一种真正的陶醉的方式。[1]

这一争论在献给伽达默尔70岁的两卷本"纪念文集"（1970）中也占了主导地位，该书名为"解释学与辩证法"（辩证法这个使用非常广泛的术语可以回溯到马克思、黑格尔、柏拉图或法兰克福学派）。那些德国知名人物乃至外国人士都在该文集中出现（人们记得，在1960年的"纪念文集"中没有外国人士），其中包括阿佩尔、哈贝马斯、图根哈特、克吕格、洛维特、帕雷森（Pareyson）、利科、佩雷尔曼、库恩，当然还包括伽达默尔最亲近的学生们：布伯纳、康拉德·克拉默、舒茨、富尔达、亨利希、莱多、维拉和维赫尔。因为这是一本享有盛誉的书，许多人甚至因为未被邀请撰稿而感到恼怒。[2]1973年，该书甚至再版，对于一本"纪念文集"来说这是十分罕见的。[3]海德格尔和布尔特曼反而没有参加。他们为1960年的献礼做了一些事情，但1970年争论发生了巨大变化。新的一代，伽达默尔的那一代崛起了，所有人都试图用大师的思想来解释自己，但所有人都受到意识形态批判的吸引。保罗·利科认为解释学不能缺少弗洛伊德、马克思和

---

[1] « Réplique à Herméneutique et critique des idéologies », AC 1, 147-174.
[2] K. Cramer, « Gedanken über Hans-Georg Gadamer », dans M. Cepeda et R. Arango (dir.), *Amistad y Alteridad*, 63.
[3] Ibid.

尼采等怀疑大师，并且也认为（1973年）在意识形态批判中，解释学是不可或缺的补充。[1] 1985年，当意识形态批判的吸引力减弱时，他却把将解释学与哈贝马斯之间的争论看作"令人遗憾的"。[2]

40多年后，这一争论无疑已经失去了它的尖锐性，特别是在"意识形态批判"已经隐匿在哲学风景之后的情况下。伽达默尔有时说，柏林墙的推倒也许最终证明他是对的。哈贝马斯也从他与伽达默尔的争论中有所收获。当然他依旧是一个在德国备受尊敬的左翼知识分子，但在1970年后，他已经不再将精神分析看作他的社会批判理论的典范。1970年代中期，他重新（依据马克思的模式）提出了历史唯物主义的重建[3]，但他更多地是依赖交往理论的帮助。其基本思想是，语言致力于理解，并且能够在一个交互主体性市场中批判自身。然而，这是哈贝马斯从《真理与方法》第三部分学到的思想，尽管他曾用它来"以伽达默尔反对伽达默尔"。在他1981年的《交往行动理论》（这无疑是他的主要著作）中，解放的乌托邦思想被奠基于语言理解（l'entente）的期待或先天的商谈伦理所替代。若干年后，特别是在他的法哲学（《法律与民主》，伽利玛出版社，1997年）中，哈贝马斯认识到语言理解的原则是现代法律和国家的起规范作用的基础。对最后一点伽达默尔会感到高兴："啊，哈贝马斯刚刚发现了制度。"人们在这里的确可以说，在哈贝马斯那里有一个解释学的转向。

---

[1] P. Ricœur, «Herméutique et critique des idéologies» (1973), dans *Du texte à l'action*, Seuil, 1986, 333-361. 也见 *Pour une herméutique critique*, 362-377.
[2] P. Ricœur, *Temps et récit*, t. 3, Seuil, 1985, 314.
[3] 见 J. Habermas, *Zur Rekonstruktion des historischen Materialismus*, Suhrkamp, 1976, 该书法译本低调地冠以"马克思之后"的标题（*Après Marx*, Hachette, 1997）。

16

第二春

> 我对这个世界的影响是微乎其微的。在文化世界里，我被认为是某个指明了道路的人。会有人采纳这条道路吗？恐怕不会。在下一个世纪，我清楚意识到，人们会把我视为过气的哲学人物。现在呢？好吧！我是一个活生生的年代错误：我不再真的属于这个世界，但我依然在这个世界里。
>
> ——汉斯-格奥尔格·伽达默尔，1993 年[1]

如果说伽达默尔避开了大学学生抗议的漩涡，那是因为他幸运地在 1967—1968 年冬季学期末得以荣休，当时他 68 岁，他自己也意识到了这一点。[2]1968 年以后，他依然继续在海德堡教书。哲学系的系主任，他的学生迪特尔·亨利希，首先委托他代理他自己自 1968 年夏季学期到 1969—1970 年冬季学期的教授职位。[3]从体制城堡中解放出来后，他就满足于上课而不再直接介入大学政治的苦役。他热爱教学，在自动代理这三个学期之后，仍继续在海德堡开课，尤其是在夏季学期。只是在人们小心翼翼地让他了解到，他的课程和声望可能构成对他同事（其中大部分是他的学生）的竞争后，他才限制自己的教学。如果他夏季在海德堡开大课的话，那么他将在北美度过几乎整个秋天，在那里他经常作为客座教授，首先是华盛顿天主教大学（1969），然后是纽约州

---

[1] HGG, « Im Alter wacht die Kindheit auf », Die Zeit, 26 mars 1993.
[2] PL, 197 ; AAP, 237 : "我的职权和管理责任卸去后，我也免掉了大学改革的令人疲惫的经历，这种 '民主化' 改革妨碍了教师与学生之间的自然关系。"
[3] UAH, PA 3850.

的锡拉丘兹大学（1971）和汉密尔顿的麦克马斯特大学（1971—1974），最后是波士顿大学（1975—1986）。这一在美国教学的经历对他来说如同"第二春"[1]。

在退休前，伽达默尔已经收到了赴美讲学的邀请，特别是华盛顿天主教大学。他礼貌和礼仪性地拒绝了，因为他对海德堡大学还负有义务，同时也因为他不确信自己能用英语讲授。当他1968年初准备口授拒绝信时，他意识到自己的理由并不完全成立，因为他在海德堡的教学在1968年2月应该会结束。伽达默尔犹豫了，并且他总是犹豫不决，没完没了地权衡利弊，于是他妻子劝他接受："为什么不去呢？你又不会失去什么。"这是一个可疑的理由，但她非常清楚他的丈夫很快退休，需要他的舞台。她并不陪伴他，因为她需要照料女儿安茱莉亚，女儿1956年生，当时正在青春期，而此时学生造反风起云涌。她正追求着法官这一前程远大的职业，此外还是她所在的巴登－符腾堡州的网球大满贯冠军。

伽达默尔的英语足够好吗？人们能够在70岁初学习讲一门新语言吗？作为演说家他并无把握。因此他征询海德格尔早年一个杰出学生恩斯特·图根哈特的意见，后者正成功地寻求在德国引入盎格鲁－撒克逊分析哲学，并且他当时是伽达默尔的房客，租了他位于奇戈尔豪森的寓所的一个房间。图根哈特向来迟钝，对伽达默尔的英语没有什么深刻印象。于是他安排了伽达默尔与美国的访问教授的会谈，期间人们只讲英语。伽达默尔的表现很一般，但他在对话环节中表现得不是太坏，图根哈特给了他绿灯。

在他结束海德堡的正式课程短短几天之后，伽达默尔就开启

---

[1] PL, 198; AAP, 237.

了他赴美国的讲座之旅，他的人生"第二春"。他身上的浪漫主义或小资产阶级性情让他不信任飞机航班，他选择了乘坐"伊丽莎白女王"号轮船。首先他参与了在乡村音乐胜地那什维尔的范德堡大学召开的有关施莱尔马赫的一个研讨会，并在2月29日做了题为"施莱尔马赫的语言问题"的第一场报告。他很清楚他的报告是不好理解的，唯一的安慰是看到伟大的路德教徒格哈德·艾贝林（Gerhard Ebeling）的英语比他还糟糕。许多其他站点加入了那什维尔之旅，这让他见识了许多著名的美国大学，在那里他有时还见到一些他以前的同事。[1]他报告的其他主题还包括"图像和语词"以及"前苏格拉底哲学中的神圣概念"。[2]在他回来时，他与海德格尔交流他的感受：

> 很久以来我就想更详细地向您报告我对美国的印象，但我相信您一直打算在这个夏天来海德堡一趟。[……]我满足于报告这一点：在美国，您长时间以来且越来越被列入了哲学的无可置疑的经典作家行列。在那里，没有人敢像我们在这里习以为常的那样卑鄙。人们尤其注意到，在许多地方最年轻的人们已经从技术浪潮中摆脱出来。我这么说有一个确切的原因：在耶鲁，我和年轻的同事哈里斯（Harries）参观了艺术馆，在那里我看到了梅斯基尔希[3]的大师祭台的两个

---

[1] 1968年2月3日伽达默尔致海德格尔的信："为了填补退休的空闲，我接受了美国的邀请，于2月中旬到复活节期间到了美国。然而，对我感兴趣的并不是那里的哲学——对她来说，我甚至不是一个值得一见的'老家伙'。但正是在那里的哲学环境中，我的书在神学家和人文学科的专家（特别是批评家）那里获得了意想不到的关注。他们在那里看到了他们自身需要的合法化，而科学的哲学则对此感到不满足。因此我得以做一个小小的巡回讲座，但因为我乘船往返，所以只是到了四五个地方演讲（南方的范德比尔特、芝加哥、哈佛、耶鲁和巴尔的摩的约翰霍普金斯）。我希望有时间参观芝加哥、纽约和华盛顿的大博物馆，让自己能自由旅游。"事实上，伽达默尔访问了比他最初设想的更多的大学，其中包括德克萨斯大学。
[2] 见R. E. Palmer, *Hermeneutics. Interpretation Theory in Schleiermacher, Dilthey, Heidegger and Gadamer*, Evanston, Northwestern University Press, 1969, 256.
[3] 海德格尔的出生地。——译者注

16 第二春

百叶窗，我的年轻同事立刻催促我寄给您这里所附的小册子，在册子里（第49页）您会看到两幅图的复制和描述。您可以在这里看出一个征兆。在耶鲁，人们还问我是否有可能邀请您做一个学期的访问教授，而不要求任何义务。我想知道是否您会接受这样一次旅行的所有偶然，我也没有向这里的人们隐瞒这点。但事情是这样的：若能够多次地与您交谈，对于许多年轻的同事来说是十分重要的事情。[1]

海德格尔显然没有答应去美国。他也认为伽达默尔去美国可能太频繁了，相反他应该埋头撰写他的论柏拉图的著作。[2] 伽达默尔试图说服海德格尔，美国事实上并不符合我们对它的刻板印象：技术的狂热并没有让全世界沉迷，而正是在此语境中，海德格尔的哲学，包括他自己的哲学，能够得到在德国人们经常拒绝给予的承认。

在他第一次美国之旅中，伽达默尔很高兴得到他以前在海德堡的学生理查德·帕尔默（伊利诺斯州的麦克默雷学院）的陪同，后者当时出版了一部解释学导论的杰出著作《解释学：施莱尔马赫、狄尔泰、海德格尔与伽达默尔的阐释理论》（西北大学出版社，1969年）。这本书有助于美国和美国外的几代人在伽达默尔的著作还没有翻译过来的情况下初步了解他的思想。人们当然翻译了他的报告的文本，但伽达默尔阅读它们很费劲。与此同时，他感到自由地讲总是更好，即使在外国语中也是如此：他强调，讲话不是书写（eine Rede ist keine Schreibe）。这有助于他越来越流利地讲英语，那些记得他第一次尝试讲莎士比亚语言的人们对

---

[1] 1968年5月22日给海德格尔的信（JMHG 2002, 29）。
[2] 在海德格尔1972年2月29日写给伽达默尔的信里人们能感受到这种恼怒："我让您将您的谢林送到海德堡，因为我觉得它只会干扰您在美国的任务。"

此印象深刻。美国著名的希腊思想专家查尔斯·H.卡恩（Charles H. Kahn）对伽达默尔的进步感到惊讶，并且问伽达默尔这是如何可能的：你想做什么？伽达默尔回答他，修辞学是普遍的！[1]

重复性的教学肯定对此有帮助。由于解释学在美国还不广为人知——《真理与方法》1975年才译成英文——人们请求伽达默尔开设"现象学"的课程。因为这是当时美国给"欧陆"源头的哲学所冠以的名字，以区别于分析哲学。这个术语用以描述所有非分析哲学，并且能够汇聚海德格尔、萨特、黑格尔和胡塞尔等多种多样的作者。但是伽达默尔并不习惯这种现象学观念。现象学对他来说首先是面向事情本身的哲学，其典型代表是胡塞尔和海德格尔。这就是为何在波士顿的第一次课上当人们要求他介绍现象学时，他有开设"现象学"研讨班的想法，这个研讨班不是与某些确切的作者或文本关联，而是让人们学会有一个直观或一个思想（Einfall）。[2] 这一问题和研究方式让美国人震撼，也获得了成功，而且伽达默尔感到在研讨班上比在讲授的课堂或讲座报告上更自在适意。

受到他思想的吸引，他在华盛顿的学生耶稣会教父约瑟夫·弗拉纳根（Joseph Flanagan）试图邀请他1970年代初到波士顿学院。伽达默尔只是知道这是一所耶稣会大学，这让他联想到罗马的罗马学院，外面有100扇窗户，给人以权力和庄严的印象，这让他

---

[1] 安东尼奥·曼努埃尔·马丁斯（António Manuel Martins）讲的逸事（Coimbra）。
[2] 在他于天主教大学所开的更加出色的课程（但美国的课程并不总是有差异）中，伽达默尔重复了1968—1969年冬季学期他在海德堡所授的、海德格尔参与过的课程。参见1969年4月4日他给海德格尔的信（JMHG 2002, 37）："我的课程讨论'现象学运动'，我试着用英语以简洁和集中的方式重复我在海德堡所授的课程。我关于胡塞尔的新研究让我越来越发现该思想的悲剧性一面：如果没有再次回到它的思想的最简单和最古老的动机中，这种不断的自身再解释就不能真正解放自身。在复活节后，我想提出我自己思想道路的出发点。在您的著述的帮助下，我仔细地思考了时间和空间–时间。"

有些害怕。他觉得这些地方不适合他。因此他选择接受汉密尔顿的麦克马斯特大学（加拿大）的邀请，其中原因还包括他有一个侄子恩斯特·伽达默尔是那里的数学教授，可以照顾他。伽达默尔在那里讲学了四个秋天（1971—1974），在红枫的陪伴下他领略了加拿大秋天的魅力。在那里他交了许多朋友，其中包括利科的一个学生加里·B. 麦迪逊（Gary B.Madison）教授，并且他借逗留之便在加拿大和美国作报告，在这些地方他变得越来越知名。但弗拉纳根神父一直邀请他去波士顿学院。有一天他对他侄子说，去看看这所著名大学什么样的吧。他们乘车去了那里，伽达默尔被这个新英格兰的宏伟校园的魅力征服，它与罗马学院一点都不同。在接下来的 12 年（1975—1986）的秋季，他都在那里讲学。

欧洲的读者看到伽达默尔在这么多加入天主教或受天主教某种程度影响的大学任教可能会感到惊讶。这是因为在美国只有这些机构才以不同寻常的开放精神探讨非分析哲学。无疑这一非分析哲学有时带有托马斯主义的色彩，但这并没有使伽达默尔感到不适，因为这意味着人们有一定传统意识，并且这里的人们对希腊思想比别处更为重视。[1] 在波士顿，人们对伽达默尔关于柏拉图和亚里士多德的工作十分感兴趣，这让伽达默尔十分高兴，因为他并没有感到在欧洲人们对它们很关注，人们只是把他归作哈贝马斯的保守对立面。伽达默尔有时认为他关于柏拉图的研究是他更为原创的研究成果。[2] 由于他没有信心完成所承诺的关于柏拉图的著作[3]，在汉密尔顿和波士顿，他从人们对他的思想的欢迎中找

---

[1] 见 GW 10, 347.
[2] « I greci e la poesia : Colloquio con Hans-Georg Gadamer », in *Paradosso. Quadrimestrale di Filosofia*, n°(1992), 133.
[3] 1975 年 8 月 24 日伽达默尔写给赫尔穆特·库恩的信："现在我会成功地推进关于柏拉图的研究吗？我的生命力并没有足够充沛到能对此确信。"

到了某种安慰，在这里他可以培养北美的新一代哲学家。

在他写给海德格尔的最后一封信（1976年2月25日）中，他讲述了自己对波士顿的美好印象：

> 在这里美国人以信任的态度研读《存在与时间》，最近也包括《真理与方法》和《黑格尔的辩证法》。在无数善意的无知中，总是会遇到一两个让我们真正感到惊讶的人。我现在很清楚，尤其是天主教（爱尔兰的）要素是我们可以与之对话的。就此看来，这里的情况比加拿大要更好，因为在加拿大天主教要素代表了极少数派。但以您丰富的经验，您知道天主教传统在"思想"上有其自身的困难，尽管它并不比人们在支配一切的技术官僚那遇到的困难更大。这就是聪明的、有天赋的非天主教徒也喜爱天主教大学的哲学甚于在这个国家流行的不生育的"分析"哲学的原因。因此，无论如何，波士顿学院这所由耶稣会士创建的大学对我来说是一个很不错的地方。[1]

在波士顿，伽达默尔在耶稣会士安宁的家"罗伯特之家"里度过了幸福的几周，他在和神父的讨论中度过他的夜晚——时间很长，因为人们从18点起就提供晚餐。在那里他遇到了伯纳德·朗尼根（Bernard Lonergan）神父（1904—1984），论"人类理解"的不朽著作《洞见》（1957）的作者。在美国，人们经常将伽达默尔的解释学与朗尼根的解释学进行比较。[2]

因此，伽达默尔在美国讲学将近20年（1969—1986），他的

---

[1] JMHG 2002, 51.
[2] 见 « A conversation with Hans-Georg Gadamer », in *Method : Journal of Lonergan Studies*, 8 (1990), 1-13.

存在有助于解释学思想在新大陆的传播，更何况还有另一个欧洲教授保罗·利科在芝加哥大学任教。这两位解释学家在研讨会上相遇过，他们在交流时彼此尊敬，尽管这种交流实际上很少。[1] 随着时间的流逝，伽达默尔成为一个越来越有趣和受人欢迎的报告人。在华盛顿和汉密尔顿，他还是默默无闻的。甚至他的同事，常常是分析哲学的同事，也不知道他是谁。他们做哲学的方式与伽达默尔的方式相距甚远。在托马斯·库恩更为历史主义的科学哲学之后，在后期维特根斯坦和如奎因和罗蒂（他还听了伽达默尔的若干次课[2]）这样的作者转向实用主义之后，分析哲学自身也变得越来越"解释学"了，以至于所有人或几乎所有人最终都将伽达默尔看作一个绕不过去的对话者。[3]

美国大学的系统非常规范，人们经常要求伽达默尔在预先规定好的"缩略词"（柏拉图、亚里士多德中的关键文本、现象学）下面开设课程，以至于那些报名课程的人们并不总是知道他们是要与怎样的老师打交道。伽达默尔讲到，有一个学生在学期初来到他办公室，问他将要讲什么。伽达默尔回答说，柏拉图。他叹气说，见鬼，这是一门我修过的课……《真理与方法》1975年的出版使情况逐渐得到改观。正如在德国一样，人们越来越将伽达默尔尊为始于海德格尔和胡塞尔、康德和黑格尔的德国传统哲学

---

[1] 例如，见利科和伽达默尔关于"阐释的冲突"的讨论，载于 R. Bruzina et B. Wilshire, *Phenomenology: Dialogues and Bridges*, SUNY Press, Albany, 1982, 299-320，以及他们在值得怀念的渥太华"当今的理性"研讨会上的致辞（Ottawa, *Rationality Today/La rationalité aujourd'hui*, dirigé par T. Geraets, Presses de l'Université d'Ottawa, 1979）。
[2] 参见与罗蒂的对话（*Times Litterary Supplement*, 5 avril 2002）。
[3] 关于分析哲学的解释学转向，参见伽达默尔发表在1995年2月11日《法兰克福评论》上的访谈。"在加拿大安大略省女王大学有一个纯粹分析哲学的院系。我以前的一个学生——他是康德主义者——曾邀请我去那里，我们进行了富有教益的讨论。五年后他再次邀请我。但考虑到我的年纪，我不再喜欢旅行，所以对他说：'您知道，我清楚在您那里情况是怎样的。'但他回答我说，不，如今他们都变成了解释学家。"

的最后代表，而他与希腊的联系带来了一股新鲜的气息。伽达默尔为另一个时代和大陆的人们的思想辩护，谈论黑格尔或柏拉图就好像他们是同时代人。这让众多的美国学生入迷，在他看来，人们拥抱的是对支配美国乃至整个世界的技术迷恋的解毒剂。在他逗留美国期间，伽达默尔自己发现并非所有的事情都受科学技术思潮的支配，因为其他的一致性观念(solidarités)依然充满活力，例如共通感的信仰和传统的团结一致，在《真理与方法》中，共通感已经被恢复了声誉。他说，传统常常远比科学本身更强有力。[1] 他在美国的讲学由此使得他扩大了自己的世界经验，这种经验超出了德国的传统，在1969年以前他的思想和影响很大程度上还受到德国传统的限制。而作为回报，他贡献了他思想的国际影响。

*

不过，伽达默尔并非仅有这个"第二春"。事实上，人们可以在他那里谈到四次青春。他几乎没有享受第一次青春，因为他太早就面临命运的不幸，失去了他童年的甜蜜和无忧无虑：他母亲的去世、小妹妹的去世、需要照料的残疾哥哥、第一次世界大战的艰苦和它导致的真正的饥荒、1922年感染脊髓灰质炎，还不包括他父亲强加给他的铁一般的纪律。只是在1923年人们觉得他到了该结婚的时候，他才相对得到了一点解放，但伽达默尔在他的回忆录里承认他自己还没有准备好。[2] 他学习和教学的那些年，尽管蒸蒸日上，但不管对德国而言，还是在他自己个人层面上，都依然是艰难的岁月（包括他父亲的去世，他自己的健康状况一

---

[1] 见 « Traditionen sind der Wissenschaft oftmals weit überlegen ». *Ein Gespräch mit dem Heidelberger Philosophen H.-G. Gadamer*, in *Bild der Wissenschaft*, 6 (1986), 80-88 ; R. Boyne, Interview with HansGeorg Gadamer, in *Theory, Culture & Society* 5 (1988), 29.
[2] PL, 30 ; AAP, 39.

直不佳)。这就是为什么他只是在1968年退休后才经历了真正的青春,他的第二春。他成了一个真正周游世界的人,热衷于新的文化视野和语言(如英语、意大利语,后者直到那时他还只是入门)。这使得他可以在全世界旅行,并从他不断增加的声誉中获益,他像一个年轻的孩子一样品味他的声誉。

在1980年代后半段,伽达默尔致力于一项新工作:他的"作品集"的编辑。这项工作相当于给他带来了第三次青春。在准备每一卷时,他实际上都获得了青春焕发般的快乐,为此文集他愉快地撰写了新文章,借此收获了他最后这些年教学和研究的成果:以稳定的节奏出版了不少于10卷本,从1985年坚持到1995年。他从1985年启动这项工作,当时显然没有想到能看到这项工程的结束;他至少想要为它奠定基础。他的榜样是海德格尔去世前一年(1975年)开始编辑的《全集》。但伽达默尔不想像海德格尔一样弄成一个宏大的版本,纳入所有讲课稿、研讨班讲稿、手稿和所有未发表作品。伽达默尔并不把自己类比于海德格尔。因此他将自己的文集限定为10卷,用于发表他所偏好领域的研究:解释学(前两卷,《真理与方法》Ⅰ、Ⅱ)、现代哲学(第三、四卷,在这里黑格尔和海德格尔是他主要的对话者)、希腊哲学(第五到第七卷)、美学和诗学(第八、九卷),最后一卷呈现他对解释学的回顾并汇集他最后的文章。第七卷以及第八、九卷最让他满意,因为他在那里将1991年和1993年的工作分别带向了完成:论柏拉图和论诗学文本的工作。最后一卷1995年2月11日发行,他95岁生日那天,海德堡大学为此举行了激动人心的仪式——没有人知道是否有可能庆祝他的百岁生日,在仪式上保罗·利科发表了热情洋溢的献词,在发言中他可能是第一次公开尊称伽达默尔为他的老师。

由此相当于他的第四个青春开始了,因为他从持续十年的作品编辑的重担中解放了出来,这一工作滋养了他的教学(夏季期间他还在海德堡开课)和报告活动。他的报告是即兴做出的,其文本是以录音为基础的,他偏爱在有影响的苏尔坎普出版社的小丛书中出版它们,在那里他曾出版了第一本讲座集,《科学时代的理性》(1976)。类似地,他还在那里出版了文集《赞美理论》(1983)、《欧洲的遗产》(1989)和《健康之谜》(1993)。

1995年他的著作最后一卷的出版给他带来了一种新的平静——一个作者比他的作品活得更长,这是很少见的,而且这一工作他还是85岁时才开始——但也有某种不安。他不知道是否他应该制定新的写书计划。他的秘书——他在周一和周三向秘书口述他的信件——试图劝阻他这样做,认为他不再有从前的精力和敏锐了。但他仍然继续考虑上述计划,尤其是一本小书的计划,被设想为五章,论述"从语词到概念"的一般主题,他在最后的几次讲座中致力于这个问题,而且在谈话中他谈到同意我在1997年出版他的《读本》。[1] 该书总的想法是,任何一个概念都来自自身语言中的一个词语,并且如果它想要被言说,就必定可以回到语词。正是这一"现象学"的本质吸引了海德格尔并且引导了他的解释学。为此在海德堡甚至组织了一个小研讨班,在那里,伽达默尔在小圈子里呈现了他的哲学思想。然而,他再也未能给他的观念赋予令人满意的形式。

他最后的岁月也被一种新的孤独打上了烙印,这是一种老年人不可避免的孤独。他很难在没有别人帮助的情况下去任何地方,

---

[1] *Gadamer-Lesebuch*, Tübingen, Mohr, 1997 . 在该书中人们也能找到"从语词到概念"的小型报告。

特别需要他的年轻学生给他的帮助,这些学生很高兴在哲学家的陪伴下度过一些时间。他的活动减少,他有一种是"活生生的年代错误"的感觉,这对他如此天真而让人觉得像孩子的老年人魅力没有什么帮助。我知道做一个孩子是什么感觉,他还说:我做的一切都有问题(alles, was ich mache, ist falsch)。这暗示着他妻子用严厉的眼光审视他所做的所有事情。

礼堂和梯形教室的韵律让他怀念。他妻子说,他需要他的"掌声药丸",这会让他精神振奋。他不太灵便的双腿并不妨碍他在院子里锻炼足足半小时的固定式自行车,他的院子位于齐格尔豪森(ziegelhausen)高地的美丽住宅中,那里的空气远比坐落在盆地(由壮观的内卡峡谷所形成)中的海德堡老城区更为清新。那辆老旧生锈的自行车看起来也并不牢固。在75岁时,他才放弃网球这项他很喜欢的运动。国际象棋也是他喜欢的运动——如果算运动的话。他很自豪地说,冠军施特菲·格拉芙(Steffi Graf)是海德堡网球俱乐部的荣耀。在1965年俱乐部的75周年庆期间,他甚至撰写了一个关于网球的"苏格拉底式"对话,发表在1990年德国一家大报上[1],还引起了德国总统里夏德·魏茨泽克的兴趣。如果说海德格尔的标志性运动是滑雪,那么伽达默尔的就是网球:相对于他老师要挑战的是独自征服黑森林冰坡的陡峭曲线,激励伽达默尔的则是在一场策略和位置的耐心游戏中回应别人的发球和主动性,在那里如同在国际象棋中,防守和进攻融为一体。伽达默尔说,在这两种情形中,乃是大脑而不是身体得到刺激。这种对他人的主动性的回应在里尔克的诗中得到呈现,该诗在《真

---

[1] *Frankfurter Allgemeine Magazin* (Beilage der *FAZ*), 9 février 1990. 再刊于 *Esquissses herméneutiques* (2000), Vrin, 2004, 277-284.

理与方法》中被用作题词:"如果你只是接住自己抛出的东西,这算不上什么,不过是雕虫小技;只有当你一把接住永恒之神[……]朝你抛来的东西,这才算得上一种本领,但不是你的本领,而是某个世界的力量。"[1]

*

在1980年代的后半期,伽达默尔相信自己周游世界的岁月结束了。他的医生保罗·沃格勒(Paul Vogler)和妻子让他明白,飞机对于他这个年纪的人来说可能是危险的,从1987年起他就不再返回波士顿学院。越来越多的美国人和其他国家的人们开始来海德堡朝圣,为了和他见面。他的一小部分学生,尤其是美国学生,从1989年起组织在海德堡召开关于解释学的年度研讨会。伽达默尔彬彬有礼地参加了,不过很奇怪的是,德国学生对此会议并不是很感兴趣。伽达默尔的一些同事,可能有些嫉妒,嘲笑它是"伽达默尔节"(用美国话说)。他们不理解为什么美国人对像《真理与方法》这样的著作如此感兴趣。然而,这种兴趣只是伽达默尔思想所激起的国际反响的一个小迹象,该书被世界公认为德国哲学自尼采、胡塞尔和海德格尔以来最重要和最具创新的著作。的确,在当时德国哲学的重要一部分转向了分析哲学(它在盎格鲁-撒克逊世界的支配地位是不言而喻的),而外国人很少对德国人所从事的分析哲学感兴趣,尤其是德国在这里处于追赶的位置上。

海德堡的这些研讨会(它从未很正式)从1989年到2001年间一直在召开,时间是7月的第一个周末,每次都恰逢温网的决赛,

---

[1] 译文援引自《真理与方法》中译本。——译者注

在这些年，来自海德堡地区的施特菲·格拉芙和鲍里斯·贝克尔(Boris Becker)在这里庆祝他们最伟大的胜利。在此期间伽达默尔常常把时间分配给电视（这里只有网球是他真正感兴趣的）和研讨会，不过几乎总是以研讨会为主，虽然在海德堡酷热的山谷中，美国人在那常常读着很多伽达默尔并不总是非常理解的论文。他声称音响效果不好，但这并不妨碍他每次对刚刚读过的或以他为主题的论文发表高明的意见。这些发言激起了人们的比论文本身更大的关注和兴趣。他的评论大多是善意的，有时会有些批评，但他显然想尽量鼓励那些因时差而感到疲惫的发言人并要求他们给自己寄送他们的手稿。他也乐意在接下来的周一和周三在办公室接待他们，这种对话常常在人们带给他的苹果烧酒或其他酒的刺激下进行，并且使他感到非常兴奋。他并不希望有忠实的门徒，他的思想很少教条，他也想训练美国人或其他国家的人们通过自己来思考，即运用"现象学"以富有启发的方式谈论事情本身，而不是陷入引文之中。他并不喜欢自己被引用或成为介绍的对象。他更希望年轻人睁开自己的眼睛看，而不是被引文所束缚，但他的愿望并不总是能实现，甚至不被理解。这些研讨会有时涉及他著作框架所呈现的最后一卷的主题。在第七、八卷出版（但所有人都没有读过……）后，人们讨论他关于柏拉图的解读、他的美学，也包括他与海德格尔或德里达的关系。对他最近的工作和近年来的论战的这些讨论给他带来了活力，他总是希望延伸它们。在周日下午研讨会结束时（温网男子决赛期间），由伽达默尔做闭幕发言，他以惊人的专注力重新回顾了研讨会所呈现的一些思想，同时概述他的新观点。这个高潮之后很快是第二个高潮，因为在伽达默尔的发言后，报告人应伽达默尔的邀请在内卡根孔德

（Neckargemund）浪漫的露天咖啡座里举行最后的晚宴。人们在那里畅谈到深夜。但就像"会饮"结束时的苏格拉底那样，总是伽达默尔显得最清醒和节制。至少可以说，几乎总是。

*

直到他生命的最后一年，他都坚持每周一和周三去哲学系口述信件（他和秘书都没有电脑）。这并非不辛苦，也不是没有风险，因为摔一小跤对他来说都是致命的，但去研究所就是为他打开了一扇面向外在世界的窗户，将他从困居在齐格尔豪森的居所的与世隔绝中解放出来，在那里，他在一个有点狭窄的小办公室里度过他的时间。一堆文件堆在他的书桌上，他妻子不无道理地将书桌描述为"乱七八糟"。他叹气说，"我的时间都花在找东西中，但我经常忘记我要找的东西，而多半最终以找到更有意思的东西告终"。他收到数以百计的各种请求，感觉像是充当各种计划的"火车头"，它们或者有关团体的出版物、研讨会的组织（他的出席将提高其威望），或者是记者想要知道他对各种问题的意见。当然，人们经常利用他的名望，他对此也很清楚。然而他忠诚地服务于他以前的学生，在家里接待他们，并且热心地鼓励有天分的年轻人。在口述完信件后，在他的办公时间，他接待那些想拜访他的人，和他们一起去离他的研究所几步远的一个简朴但服务热情的酒吧。在那里，他与熟悉的对话者继续他们惯有的哲学讨论，以及与拜访者展开新的讨论，他们很高兴（如果不是惊喜的话）能与他们的课程和研讨班长时间所研究的哲学家见面。这有点像和柏拉图或黑格尔喝上一杯。

伽达默尔天性如此，因为他的能力不在于抽象的哲学建构，而在于对话、对他人的质疑的回应。他越来越强调，他的解释学的灵魂在于承认他人可能是有道理的。事实上，他很乐于捍卫自己的立场，但他为整个世界促使他的思想完善而感到高兴。

他的哲学是另一个时代，它强调进入我们理解的传统和仪式的重要性，强调人文主义的德行，在科技时代甚至尤其如此。有些人在他的解释学中看到对进步、创造、结构的意识形态（它沉迷于一个越来越技术的世界）的强有力矫正。这个世界从来就不是伽达默尔的：和海德格尔一样，他从没有驾照，也不懂电脑和笔记本电脑，并且在电视那里看到了"当代社会的奴隶锁链"，它总是阻止人们独立思考和学习（他如此喜爱的）对话。

在美国度过这么长的时间（1969—1986）之后，伽达默尔优先地考虑地理位置上更接近的目的地，而不一定考虑时间方面：直到1990年代末，他每年都会乘坐夜班列车到那不勒斯长途旅行，1980年代他成为那里的哲学研究所的一个广受好评和追捧的访问教授，该机构由富有的那不勒斯律师杰拉尔多·马洛塔（Gerardo Marotta）创立。[1] 那里极为优待他，在那不勒斯最好的酒店预订套房，在卡普里岛上给他提供一周的房间，为了他能适应意大利和准备他的课程。在那里，伽达默尔被视作另一个时代的智者和人文主义的拯救的先知。研究所对他的声誉的颂扬让伽达默尔受宠若惊。在意大利他成为媒体明星，他在报纸和电视上做无数的访谈。对于与意识形态批判（和海德格尔的反对者们）的争论在德国可能引起的敌意和论战他毫无感觉。甚至意大利共产党的机

---

[1] 特别见马洛塔盛赞他的文章：G. Marotta, « Mit Gadamer für ein Europa der Kultur », in *Begegnungen mit Gadamer*, Stuttgart, Reclam, 2000, 21-32. 也见A.Gargano, « *Hans-Georg Gadamer e l'Istituto italiano per gli Studi Filosofici* », in HGG, *Scritti su Parmenide*, a cura di C. Saviani, Napoli, Filema edizioni, 2002, V-XII. 关于意大利对伽达默尔的最初接受，见 V. Verra, « *Hans-Georg Gadamers hermeneutische Philosophie in Italien* », in *Heidelberger Jahrbücher* XXXIV (1990), 177-188.

关报《团结报》也称颂他为"现代苏格拉底",在后者那里,无知意味着对专家治理的现代文化的最好解毒剂。[1] 随着年纪渐长,他越来越少走动,他乐意去那不勒斯陪伴他那退休和孀居的女儿尤塔,她的丈夫,画家迪特尔·施托韦(Dieter Stöver)于1984年在62岁时去世。[2] 尤塔将一生都奉献给了慕尼黑公立高中的艺术教学,并且在她丈夫去世后自己也致力于绘画。

随着时间的流逝,他"依然健在"的事实给他带来难以置信和日益增加的声誉。他不断获得各种勋章、崇高的奖项(黑格尔奖、罗伊希林奖、汉斯-马丁-施莱尔奖,等等),以及荣誉博士,他的报告成为了大众"事件"。能够见到他对于听众来说本身就是一件大事,尽管这些听众常常对他的哲学一无所知。按照维克多·雨果在《悲惨世界》中的说法,伽达默尔于是属于"那些只是由于活得久而让人感到好奇的人"。他的名望和他作为另一个时代的哲学家的外表让他成为政治家经常喜欢的人物。他经常与德国总统会面,后者主持波恩奖章协会的年会,伽达默尔喜欢参加这个年会。罗马教皇保罗二世(他曾是波兰的伦理学教授,也是现象学的教授)邀请他参加冈多菲堡会议,在那里与列维纳斯、利科、查尔斯·泰勒等思想家讨论哲学。[3] 由于他是这个杰出群体中最年长的,他有权得到格外的尊重,并且总是作为他们的代言人对圣父的欢迎表示感谢。教皇方面公开感谢"上帝允许他向伽达默尔教授伸出欢迎之手"。

---

[1] 见 P.Lavatelli, *L'Unità. Giornale del Partito Communista Italiano*, 16 gennaio 1990.
[2] 关于他的著作,见 *Dieter Stöver 1922-1984, Jahresausstellung* 1987, Kunstverein Bad Tölz(以及伽达默尔关于"图像—诗歌—对话"的报告);有关迪特尔·斯托韦的手册 *Landerziehungsheim Reichersbeuern Max-Rill-Schule*, Jahresheft 1984-1985; *Dieter Stöver 1922-1984, Bilder und Zeichnungen*, Landesmuseum Oldenburg, 1990.
[3] 关于这次相遇,见 M.-A. Lescourret, *Emmanuel Levinas*, Paris, Flammarion, 1994, 297 s.

当他在波恩时，伽达默尔有时与赫尔穆特·科尔（Helmut Kohl）总理会面。后者告诉他，在海德堡求学那些年，他跟随历史学家沃尔瑟·彼得·富斯(Walther Peter Fuchs, 1905—1997)学习，并且有时说他也曾是伽达默尔的学生（伽达默尔并不记得）。科尔成为促进德国统一的伟大总理，在伽达默尔看来他激活了德国历史上的新关键时刻。像全世界那样，伽达默尔为柏林墙的推倒感到高兴，但他觉得统一的过程有点仓促。他非常清楚东德同胞的骄傲，在1990年年初一切都还没有决定时，他认为在两者间的鸿沟被填满之前，维持两个不同的德国可能更合理。[1] 科尔推动的货币联盟在他看来也是不现实的。但历史遵循它的轨迹和固有的现实主义特征，伽达默尔承认这一不可避免的特征，并且也意识到统一带来的好处。[2] 科尔可能已经体现了一种可靠的政治直觉，利用很快会关闭的半开大门来促进两德统一。伽达默尔总是说，哲学家在政治上并不是很有天分的，政治家的成功并不纯粹是理性方面的。他说，在一个科尔、撒切尔和里根等政治家备受知识分子羞辱的时代，政治家也需要某种精神上的单纯性。但知识分子能有更好的判断吗？伽达默尔似乎感到怀疑。

伽达默尔欣赏科尔为人的热忱。在与他于波恩的最后会面中，伽达默尔感受到了这点。科尔特意抽了几分钟与他见面。他还和伽达默尔谈到了他在海德堡的岁月和他的老师富斯。当时科尔叫

---

[1] 参见与多托里的谈话（《 Saluto questo secolo con gioia »,dans *La Repubblica Mercurio*, 10.2.1990, n°57）："人们如何能克服两个德国人之间的这种差异？不，在我看来，我不相信统一是马上给出的回答。"也参见《 La grande Germania aspetti: "L'unione si deve compiere con un'evoluzione graduale di 50 anni" », dans *La Sicilia*, 11 janvier 1990, XLVI, n°10, 3.

[2] 参见与伽达默尔的对话（《 Without poets there is no philosophy », dans *Radical philosophy* 69 [January-February 1995], 33 f.）："[问题:] 怎么看待德国的重新统一？你对此感到很惊讶吗？[伽达默尔:] 我感到惊讶。但我希望有一个联邦解决方案，因为如果没有统一的德国的压倒性力量，欧洲的观念会更容易形成。当然，我意识到这也许是不可能的，而且我们不应忘记毕竟它是一个不流血的过渡。所以我认为我们必须如其所是地接受它和充分利用它。"

道:"啊,我们一起给他写几句话。这会让他很高兴。"于是两人给科尔从前的老师、伽达默尔的熟人写了几行字。科尔以他特有的坦率对伽达默尔说:"您知道,教授先生,有时应该给人们带去快乐。"这就是伽达默尔记忆中的科尔,这位总理亲近人民而不是知识分子,他作为德国统一和欧盟边界废除的推动者而被载入史册。跨越了两次世界大战和"冷战"的伽达默尔,只能为欧洲历史这一迟来的理性而高兴。

17

与雅克·德里达的交锋

随着对希腊、传统和他的解释学新概念思考的推进，伽达默尔的思想不只是征服了美国的所谓大陆哲学院系，也引起了文学系和比较文学方向的文学工作者的兴趣。伽达默尔对此感到更高兴，因为这些年他致力于文学文本中的诗歌的研究。在1971年5月多伦多召开的一次研讨会上[1]——在那他可能遇到了著名理论家马歇尔·麦克卢汉（Marshall McLuhan，1911—1980）和诺思洛普·弗莱（Northrop Frye，1912—1991）——他汇报了关于"语词的真理"的思考，该文他宣称1972年发表，但直到1993年才在他著作集的第八卷中面世。[2] 这些思考是《真理与方法》的美学的延续，它们好像比其他方面的问题更让他费力。在这里，伽达默尔收到来自美国和欧洲的文学系的众多邀请，它们有助于伽达默尔推进这些工作。但在这个领域中，诗学的理论阐述比对诗歌的直接阐释要更困难。伽达默尔总是喜欢引用施莱尔马赫的话："我厌恶一切不是来自实践的理论。"[3]

伽达默尔的文学解释学的确引起了强烈的异议。继贝蒂之后，富有影响力的文学批评家赫希指责他放弃了可证实的阐释标准，但他的批评如此严厉，以至于无助于揭示他力图与之斗争的那个缺陷。[4] 这样说有一个更好的理由：如同大陆哲学本身那样，美国

---

[1] 1971年5月6日给马丁·米勒（Martin Mueller, *Comparative Literature*, University of Toronto）的信。
[2] 该文在《真理与方法》第三版后记中预告过（GW 2, 475；A 1, 116），"语词的真理"原文参见 GW 8, 37-57。
[3] GW 8, 374；PH, 187。
[4] E.D. Hirsch, *Validity in Interpretation*, Yale University Press, 1967. 关于伽达默尔在美国文学研究中的地位，见 J. Weinsheimer, *Philosophical Hermeneutics and Literary Theory*, Yale University Press, 1991.

的文学理论也寻求比实证主义认识论更让人满意的模型，后者所致力的阐释方法只能保证客观性。伽达默尔的文学解释学有助于美国的文学理论摆脱这一明显从精确科学那借用过来的模型。然而在等待伽达默尔关于诗学的研究出版期间，文学研究者们只能阅读《真理与方法》，而正是他的"相对主义"造就了在美国以"读者－反应理论"为人所熟知的学派，而且它还启发了德国的接受美学（尧斯，伊瑟尔）。在其较为狭义的版本中，它主张读者有助于文本意义的建构，这一观念被保罗·利科运用在更广泛的领域中，从而通向了认为"一切皆文学"（包括科学、理性和真理）的理论。这一论点事实上并不是伽达默尔的观点，尽管他捍卫修辞学的普遍性（然而这对他来说只是意味着意义和真理应该通过语言而被传递）。这也就是为什么雅克·德里达的解构最终在美国批评家的讨论中扮演了一个更为重要的角色，后者认为伽达默尔的解释学在这点上有些温和，没有实现与科学的客观性概念的彻底决裂。

正是在这一在法国已经很热烈、而后又输入美国的争论的背景下，伽达默尔和德里达之间的交锋变得不可避免，或至少说是十分值得期待。伽达默尔很长时间以来就对德里达的作品感兴趣，因为德里达是《存在与时间》的一个原创解读者，懂得人们只能从海德格尔对亚里士多德的解释出发去理解海德格尔。[1] 由此，

---

[1] 1989年1月23日伽达默尔写给恩斯特·贝勒（Ernst Behler）的信："我对德里达的阅读开始于1962年他的《存在与书写》(*Ousia et grammè*)，一直持续到1960年代末。我可能理解了一些内容，但我错误地以为德里达想要推进哲学，然而他想要做的恰恰是确认哲学的终结。只是在这个意义上，我才接受人们将我们的交锋表述为两种观点的交锋，正如您所做的那样（这里暗指的是贝勒的著作《海德格尔—德里达，德里达—海德格尔》[Munich, Schöning, 1988]，伽达默尔曾在《哲学评论》上为此撰写了一篇书评，见 *Philosophische Rundschau* 38 [1991], 175-177 = GW 10, 200-202）。这就是为何我没有用我的论述去规定德里达，如您所写的那样，我强烈捍卫所有交流的条件。按我的理解，一直以来德里达的解构创造了属于艺术范畴的文学。但有一件事情是人们不能指责我的，即认为我没有认识到艺术是通向解释学经验的不可或缺的道路。但我没有在这里看到哲学的终结，我看到的是它对哲学之继续发展的贡献。"

在1976年一个意大利研究机构想要邀请伽达默尔出席关于海德格尔的一个国际研讨会时，伽达默尔建议它也邀请德里达（和列维纳斯）[1]，在那以前伽达默尔只是在苏黎世的一次研讨会间隙与德里达有过短暂的会面，并且与他有过简短的通信。[2]

一切都注定了伽达默尔和德里达，海德格尔的两位最富有创造力和最杰出的继承者之间的交锋。一个是德国人，但亲近法国，另一个是法国人但他的著作是与德国哲学的持续对话。两人都以决定性的方式依赖于海德格尔，从他那里借用了最终概括他们自己思想的概念，也即解释学和解构（或拆解，前者"翻译"了后者）的思想。事实上，他们都受到《存在与时间》导言的同几页的启发，因为正是在这部分中，海德格尔以系统地拆解存在论历史的方式阐述了他的现象学解释学计划。恰恰相反，拆解和解释学对海德格尔来说从来都不是对立的。在1922年，他甚至强调"解释学只能以拆解的方式完成它的任务"。[3]海德格尔的课程和《存在与时间》的导论有助于我们理解何以如此：如果存在（以及此在）应该作为哲学主题而被重新赢获，那是因为它被存在论历史的传统所遮蔽。海德格尔试图"摧毁"（即疏通）这一传统，但这只有通过怀疑解释学才得以可能，后者探询导致这一阻碍的隐藏动

---

[1] 1976年12月22日伽达默尔给库恩克勒（H. Künkler）的信："就法国参加者而言，我坚持优先考虑列维纳斯。他是一个做出非常原创贡献的人。[……]博弗雷特（Beaufret）是一个非常友善的人。在弗莱堡的海德格尔纪念仪式上我遇到了他，那次活动十分顺利。至于海德格尔的可靠阐释者，有维也纳·马克思，我不同意他的观点，但这毋宁是一个优点。此外博弗雷特很谦虚，可能不愿意提供什么东西。但德里达最急切。在某种意义上他是博弗雷特的学生，他做了一些雄心勃勃和有趣的尝试，想用他自己的武器来超越海德格尔。"这一"海德格尔的遗产"的研讨会1979年1月9日和10日在帕多瓦召开，但德里达没有参加。伽达默尔在会上谈到了"海德格尔与希腊人"（CH, 159-172）。
[2] 1977年3月9日伽达默尔给德里达的信："多年来我一直是您的出版物的读者[……]我相信您关于海德格尔和尼采的关系的观点对海德格尔遗产的积极阐释是一个重要贡献。"
[3] M. Heidegger, *Interprétations phénoménologiques d'Aristote (1922)*, traduit par J.-F. Courtine, Paris, TER, Mauzevin, 1992, 31.

机。[1]在这一筹划中，德里达特别注重对存在和真理概念的解构的姿态，而伽达默尔更愿意强调它的解释学部分。[2]由此就有了解释学和解构"学派"的划分乃至分裂，但对海德格尔来说，这两者之间显然没有对立，甚至也没有差异。

无疑，伽达默尔和德里达使海德格尔的"解释学解构"在不同甚或对立的方向上发生转向，但在海德格尔的这两个解读者之间产生富有成效的争论当然是可以想象的，更何况他们的重要著作（都面世于1960年代）处理着非常接近的主题：阐释中的效果历史，艺术作品的游戏，尤其是作为所有阐释的不可逾越的要素的语言，更不用说他们的共同参照，柏拉图、黑格尔、胡塞尔和海德格尔。对富有成效的相互对话的希望促成了这场著名的交锋，但不巧的是它发生在巴黎歌德学院（1981年4月）。这是一次伽达默尔期待已久的会面。他多次敦促他学生曼弗雷德·弗兰克（Manfred Frank）组织该活动，然而德里达每次都拒绝。[3]当弗兰克就他关切的主题"文本与阐释"组织研讨会时，德里达最终同意出席，有许多法国人参加了这次会议，其中包括弗朗索瓦·拉吕埃勒（Francois Laruelle）、菲利普·福格特（Philippe Forget）和让·葛莱西（Jean Greisch），最后他们出版了题为"解释学与文字学"（CNRS，1977）的书。因此，这是一个包括弗兰克在内有六人参与的小型研讨会，而不是伽达默尔和德里达两个大人物之间的对抗。因此德里达肯定认为它并不必然是与伽达默尔的

---

[1] 欲更清楚了解语境，见 Ibid., 31："实际性的哲学解释学因而被指派[……]拆解已被接受的、支配性的阐明的任务，清理出隐藏的动机、暗含的倾向和道路，在解构的回返的帮助下洞察充当阐明之动机的起源。解释学只有通过解构的迂回才能完成它的使命。"
[2] 伽达默尔和德里达两人与海德格尔的关系，见我的研究：*Le Tournant herméneutique de la phénoménologie*, Paris, PUF, 2003.
[3] 见 Palmer, «*How Gadamer Changed My Life: A Tribute*», in *Symposium* 6 (2002), 222.

对话。但事实上，两人之间的这场对抗（或非－对抗）吸引了所有的关注：伽达默尔和德里达彼此有什么话要对对方说吗？在这一交锋中，曼弗雷德·弗兰克不是最糟的调解者，因为他自己致力于研究施莱尔马赫和伽达默尔的解释学，并且对结构主义和他称为"新结构主义"[1]的法国理论家很了解。他当时与德里达走得更近，但后来最终因为与哈贝马斯相近而与德里达关系不睦。[2]然而，在当时，他毋宁是亲德里达而对伽达默尔持批评态度的，特别是在他对施莱尔马赫的阐释中。

伽达默尔看起来渴望这次会面，而德里达似乎只是不情愿地被卷入其中。这一印象还将持续到整个会面过程及其后续中。为什么德里达表现得如此犹豫不决？这只有他本人能回答，但伽达默尔肯定不是对其完全无知，并且他没什么理由把德里达当作敌人，恰恰相反：自从他们共同的"老师"海德格尔去世后，他们俩就被公认为他们那个时代最杰出的两位思想家。相对于面对面的认识，伽达默尔无疑对德里达的作品有更好的认识。事实上伽达默尔有时会引用德里达的著作，而反之德里达则并没有，至少在他截至2003年前的作品中是如此。当然，德里达没有义务对伽达默尔的著作非常熟悉，该著作长达500多页，在法国并不知名，而且，唉！糟糕的翻译（《真理与方法》的节选法译本出版于1976年，删去了前100页）。在1981年，并且直到今天依然如此：伽达默尔的著作在法国还不是必读参考书，[3]不像在并且依

---

[1] 见 M. Frank, *Qu'est-ce que le néostructuralisme ?*, Cerf, 1989.
[2] 参见弗兰克写给德里达的悼文：« Aus Anlass seines Todes : Derridas Engagement », *Süddeutsche Zeitung*, 11.10.2004.
[3] 像让－弗朗索瓦·考特琳（Jean-François Courtine）这样在现象学上见多识广的专家甚至也在伽达默尔那里看到一个"追随者的形象"（*Revue de métaphysique et de morale*, octobre 2006, 429）。在我看来，这种情况只是在法国是如此。

然是在日耳曼、意大利、盎格鲁－撒克逊或西班牙世界中那样。造成这种现象有许多原因，但也许是因为法国人更多是将解释学与保罗·利科的思想联系起来，在1960年代，德里达是他的助手。并非不可能的是，他对利科的阅读预先规定了他对伽达默尔的解释学（然而与利科有着很大不同[1]）的理解。

在1981年两人相见时[2]，伽达默尔首先提交了一篇报告，在那里他呈现了自己的道路以及"解释学的挑战"，后者对他来说意味着与德里达的这次会面。他在那里表明了自己的立场，清楚地强调他与德里达不同和相近的地方，但他的文章是善意的，因为他把自己理解为对话的开始：每人都首先勾勒他的道路，然后再看对话把我们引向何方。然而德里达并不上道。他提交了一个报告"阐释签名（尼采/德里达）"[3]，在那里他完全没有影射伽达默尔或解释学，无疑他觉得在六人参与的研讨会中，他不必谈论其中一个。他可能误解了这次会面的意义，但这只是会面所引起的许多误会中的第一个。这是鲜为人知的，但德里达从未接受过他的文本以法文发表。他的报告并没有出现在1984年收录该次会谈论文的那期《国际哲学杂志》上。而德里达1981年所提交的文章可以以英文或德文的方式被阅读……[4]为什么德里达不想发表该文？其中的原因只与他有关，但有两个原因可以想见：他

---

[1] 见我的论文：« De Gadamer à Ricœur. Peut-on parler d'une conception commune de l'herméneutique ? », in G. Fiasse (dir.), *Paul Ricœur : De l'homme faillible à l'homme capable*, PUF, 2008, 37-62.
[2] 见我在《解释学的普遍性》（1993）和《解释学》（2006）中对这场争论的介绍。也见 « La rencontre de la déconstruction et de l'herméneutique », dans J.-F. Mattei (Dir.), *Philosopher en français*, Paris, PUF, 2001, 235-246.
[3] 原文应有误，标题疑为"阐释签名（尼采/海德格尔）"。——译者注
[4] J. Derrida, « Interpreting Signatures (Nietzsche/Heidegger) », dans *Dialogue and Deconstruction. The Gadamer-Derrida Encounter*, dirigé par D. Michelfelder et R.E. Palmer, Albany, SUNY Press, 1989, 58-71），以及 « Guter Wille zur Macht (II). Die Unterschriften interpretieren (Nietzsche/Heidegger) », Munich, UTB, 1984, 62-77. 美国的译者理查德·帕尔默向我保证，他翻译了德里达的法文文本，但在他的文章中没有看到。

可能认为他的文章与这些年间他在其他地方发表的关于签名和尼采的论文太过相似[1]，但也可能是德里达觉得他的报告没有谈到伽达默尔，与他的对话者想要发起的争论关联太少。选择尼采无疑并不是全无根据的，阐释的另一个实践与之有关，然而这篇文章对于与伽达默尔的公开对话来说不是一个好的出发点。

德里达与伽达默尔之间的对话是可能的吗？海德格尔主义者们要继续彼此井水不犯河水吗？由此德里达被邀请向伽达默尔提几个问题，他很乐意地同意，但也坦承这对他造成负担。这就是德里达向伽达默尔所提的三个小问题，他同意1984年将之发表[2]，这些问题由此推动了解释学与解构之间的整个争论。但让许多人无疑也包括伽达默尔感到惊讶的是，德里达表现得并不是很随和，远不是像伽达默尔那样强调对话的意愿，而是倾向于表明自己与对话者的意图之间的无限距离，这从第一行就可以看出，它带着些许不抱幻想的语调："在昨天晚上的报告和讨论期间，我想知道，为了重新把握我们刚刚听到的一些话，除了不可能的辩论、反问和无从寻找的对象，这里是否还有着别的东西。我一直在这么问自己。"我们不确定这是世界上最外交辞令的开头，但它透露出了德里达的不耐烦，仿佛他不惜一切代价想要指出，这场"对话"他并不感兴趣。所提出的三个问题证实了这点，尽管它们很出色。德里达首先询问是否伽达默尔所说的理解的"善良意志"不过是通向了康德的善良意志（尽管以间接和十分次要

---

[1] 文章的内容实际上与德里达1980年代初发表的著述相似，特别是 J. Derrida, « Otobiographie de Nietzsche », dans J. Derrida, C. Lévesque et al., *L'Oreille de l'autre*, VLB, Montréal, 1982, 15-56, 以及 *Otobiographies. L'enseignement de Nietzsche et la politique du nom propre*, Galilée, 1984. 但并非完全相同。

[2] J. Derrida, « Bonnes volontés de puissance (Une réponse à HansGeorg Gadamer) », *Revue internationale de philosophie* 1984, n°151, p. 341-343.

的方式），并且更根本的是还通向了"意志形而上学"和海德格尔所说的"意愿的主体性"（伽达默尔当然不会承认自己是主体性的形而上学，相反当他谈到在主体性之上的历史的工作时，他是在努力超越该形而上学）。而后德里达询问是否该善良意志和伽达默尔所假定的一致同意能够与更为精神分析的解释学协调起来（伽达默尔这次在这里认出了他与哈贝马斯争论的其中一个论题）。德里达质问，为了纳入精神分析，仅仅扩大阐释的语境是否足够，或者说，它难道不是更意味着谈论语境的破裂？德里达所主张的阐释自认为更接近于尼采所从事的阐释（伽达默尔的报告表明他十分清楚德里达思想的这一更为尼采式的定向）。[1] 在他第三个问题中，德里达指责了"善良意志的公理系统 [！]"所使用的某些概念（诸如"理解"和"经验"的公理系统），这让我们更清晰地瞥见不同于解释学的"另一种对文本的思考"[2]：是否真的有某种一般被接受的"经验"，它涉及的是一劳永逸的"理解"，甚至是否有"那个"理解本身？

现在回过来看，人们可以衡量德里达问题的倾向和旨趣所在，辩论所引发的大量专题文献证实了这点，但在当时，它引起了某种惊愕。首先，伽达默尔承认很难理解德里达向他提出的这些问

---

[1] 见德里达所区分的两种阐释类型，一种转向起源、试图辨认意义，另一种肯定游戏而拒绝真理（*L'Ecriture et la différence*, Seuil, 1967, collection « Points », 427）。也见 J. Derrida, *De la grammatologie*, 73：" 人们可以称游戏为先验所指的不在场，它作为游戏无限性，即作为存在 – 神学和在场形而上学的动摇。[……] 因此在试图理解世上所有形式的游戏之前，它乃是我们首先应该思考的世界之游戏。"德里达还附加了注释：" 很显然，在海德格尔（比较 *La Chose*, trad. in *Essais et conférences*, 214 s. *Le Principe de raison*, 1955-56, tr. fr., 240 s.）、芬克（*Le Jeu comme symbole du monde*, 1960）、法国的艾克塞洛斯（*Vers la pensée planétaire*, 1964；*Einführung in ein künftiges Denken*, 1966）的思想中，我们依然将眼前这些主题回指向尼采。"然而，这一游戏的观念在《真理与方法》中已经扮演了开创性的角色。

[2] Ibid., 343.

题[1]，而参与者们也一直没有或完全没有认出德里达直截了当提出的问题所指向的《真理与方法》的解释学。这场非-接受的最终结果是，德里达反对感到惊愕的伽达默尔。一个给予好客理想如此重要地位的思想，对伽达默尔的思想怎能表现得如此不好客呢？尽管两种思想之间存在着分歧、众所周知乃至可以预料到的这些差异，难道不是至少有可能，通过阐明他们与海德格尔或尼采等作者的关系，对标明了解释学和解构的这些差异达成相互了解（s'entendre）吗？然而，了解（倾听）的观念在德里达看来已经是可疑的了。伽达默尔探究它的目的只是为了更好地凸显这些差异，而德里达则逃避它且似乎质疑这一原则：如果说对于解释学而言，倾听和理解原则上总是可能的，那么德里达则警惕它们，好像它们是形而上学的陷阱或幻想。

如果说德里达和伽达默尔一样受到现象学的影响，那么他也同样（如果不是更加）强烈地受到尼采和结构主义的影响，后者使得他对他的德国对话伙伴的人文主义和解释学传统投以批判性的目光。伽达默尔尚未对结构主义思想展开讨论，后者更多在法国而不是德国被发扬光大，而尼采还是少有德国人敢公开推崇的作者。因此伽达默尔遇到的是他完全不熟悉的批评：在与贝蒂、赫希、阿尔伯特或哈贝马斯的争论中，人们总是指责他放弃了真理和客观性的古典概念。在其中伽达默尔总是被当作"相对主义者"甚至是"尼采主义者"。而现在，德里达事实上指责他停留在真理的传统概念之中，并且由此再次落入了"形而上学"。形而上学在这里被理解为一种寻求认识事物的终极意义的思想，其

---

[1] HGG, « Et pourtant : puissance de la bonne volonté » (Une réplique à Jacques Derrida), *Revue internationale de philosophie* 1984, n°151, 344.

在西方的统治被归于一种由符号游戏引发的对立系统。在德里达看来，伽达默尔由此并没有足够彻底地解构继承自形而上学的意义、真理和理解观念。解释学观念本身有着某种让他感到不快的东西，因为它看起来渴望对事物的终极和综合的理解，后者让人联想起他的著作想要解构的黑格尔以及形而上学的历史。德里达甚至在1980年代中叶的文章中，以未点名但很难不指向伽达默尔的方式，呼吁"解释学原则的根除"。[1]

根除解释学原则？这是可能的甚或是人们希望的吗？这个毫不妥协的公式并没有在两位哲学家的直接争论中起作用，只是伽达默尔非常清楚，正是这个理解观念本身让德里达感到恼火。但震惊的伽达默尔自问，如何可能弃绝理解？与一位质疑理解和真理观念的对话者争辩格外困难，因为德里达似乎不再坚持对话观念，甚至不再谋求与伽达默尔的对话，就好像这完全是徒劳的行为。伽达默尔努力去尝试说明，理解和对话绝不是形而上学，也不会导致形而上学。相对于伽达默尔关注那种只要我们去倾听并寻求理解都将获得的经验，德里达更重视那些断裂的、中断的和他异性的"经验"（如果可以这么说的话，因为这个观念对他来说似乎不适用了），后者趋于表明理解和倾听的限度。德里达所依赖的精神分析不是教导我们，理解并不总是可能的，而且常常愚弄我们？

随着时间流逝，伽达默尔更清楚地把握了德里达批判的内容：德里达通过询问是否与他者的关系乃是一种理解关系来质疑解释学本身。他已经明白，德里达将理解的意志与一种支配和总体化的行为联系在一起，因此它伴随着某种"暴力"。这一批

---

[1] J. Derrida, *Schibboleth. Pour Paul Celan*, Paris, Galilée, 1986, 50.

判事实上并非无的放矢。伽达默尔也希望再次遇到德里达时能回应这些问题。伽达默尔一直期待再次会面,但德里达并未受到第一次见面的激励而是对之表示拒绝。伽达默尔不想停留在第一次缺乏理解的失败中,它感觉像是一次错失的机会。这促使他在1985—1989年间撰写了新的文章讨论他与解构的交锋,而且还在多次的谈话中谈到这次交锋。[1] 此外,这次争论也在美国和德国受到许多关注(但远不如法国)。当狄安娜·米切费尔德(Diane Michefelder)和理查德·帕尔默1989年出版一本关于这次交锋的阵容强大而富有启发的文集时,它收到了伽达默尔的两篇新论文(在"伽达默尔回应交锋"的标题下),但德里达拒绝参与,甚至拒绝了主编的采访。他的学生,尤其是美国的学生,曾极力劝说他恢复与伽达默尔的对话,或以某种方式回应对方,他就是不为所动。2000年,他还拒绝参与献给伽达默尔百年诞辰的《纪念文集》。这种沉默无疑激怒了伽达默尔和他的跟随者们,不过德里达完全有权保持沉默。无疑,他认为1981年那场他不大感兴趣的争论已经失败了,他不想再参与其中了:表明伽达默尔倾听思想的限度的最好方法难道不就是不再继续对话?无论如何,他曾向他的一个学生透露说,这次交锋对他来说是一个"不太重要的事件"(non-événement),一件没有发生和不值得关注的事件。[2]

---

[1] HGG, *Hermeneutik–Asthetik–Praktische–Philosophie .Hans-Georg Gadamer im Gespräch*, éd. Carten Dutt, Heidelberg, Universitätsverlag C. Winter, 1995;法译本 *Herméneutique - Esthétique - Philosophie pratique: Dialogue avec Hans-Georg Gadamer*, Montréal, Fides, 1998.
[2] N. Oxenhandler, « *The Man with Shoes of Wind : The Derrida-Gadamer Encounter* », *Dialogue and Deconstruction*, 268. 这些话(以口头的方式)传到了德里达那里:"我的印象是,没有什么事情真正发生。我能够展开一种立场来回应伽达默尔,但这要花很多精力,而这不是我现在想做的。"(1987年7月8日在新罕布什尔州)

*

然而很少人知道，1981年并不是伽达默尔和德里达之间的最后一次交锋。还有其他因为记录不完善而（依然）轶失的内容。除了两人之间通信以外（它们不多，总共12封）——这可以在他们给其他通信人的信件中直接或间接地得到暗示，也不用说在争论中断后德里达在伽达默尔的著述中所占据的不断增加的分量，在伽达默尔和德里达之间至少还有另外三次见面。

首先，1988年2月他们在海德堡再次相遇[1]，他们和菲利普·拉古-拉巴特（Philippe Lacoue-Labarthe）一块被海德堡大学文学系邀请出席维克多·法里亚斯（Victor Farias）著作《海德格尔与纳粹》出版的座谈会，后者掀起了一轮新的"海德格尔事件"，在法国被媒体大肆宣扬。伽达默尔和德里达都同意，在该书中看到了对海德格尔的一个不恰当的，甚至不诚实的解读（德里达说，法里亚斯给人以他只读过一个小时海德格尔著作的印象）。两人还都在后面几周期间发表了关于法里亚斯的文章，特别是在《新观察家》（1988年1月22—28日）上。因此他们的讨论不再围绕解释学和解构，这不是合适时机，而是涉及海德格尔。伽达默尔和德里达都不想为海德格尔"洗脱罪名"，然而他们都拒绝基于一个同样充满偏见的文本而让他的哲学声誉扫地。面对共同的"敌人"（他们并没有很多），海德格尔的两位继承人同意搁置争议和团结一致。[2] 两人之间一直有着被掩盖了的相互一致和超越了彼此哲学立场差异的相互尊重。

---

[1] 见 *Dialogue and Deconstruction*, 295, n. 3. 会议在海德堡大学的法国研究所举行，主题是"海德格尔与政治"。除 Günter Zehm, « *Wenn es um Heidegger geht, reicht der Hörsaal nicht aus* », *Die Welt*, 8 février 1988.
[2] 伽达默尔和德里达的发言尚不为人所知，但有一份米哈耶·卡里-格鲁伯（Mireille Calle-Gruber）提供的两人的交流记录将很快出版。

两位思想家再一次相会是1993年3月在卡普里岛,当时詹妮·瓦提莫和德里达组织了一场小型的关于宗教问题的研讨会。[1]直到那时,这个主题在德里达和伽达默尔的著作中还是付诸阙如的,而现在出人意料地成为了1990年代哲学的潮流。这一宗教方面的议题在海德格尔的继承者那里意味着什么?它有几个明显的触发因素,其中包括原教旨主义的崛起。伽达默尔在这里也看到了柏林墙的倒塌的后果:在曾经鼓舞了如此多的智识力量的意识形态崩溃之后,哲学家们发现,那个马克思预言要消亡的宗教在民众的生活中依然保持着强大的力量。海德格尔研究者们的哲学兴趣也受到海德格尔《全集》未发表部分的出版的影响,后者表明海德格尔一直保持着对宗教的热切关注:他不仅在青年时代的课程中谈到宗教,而且在后期的手稿(1989年的《哲学献词》)中他还在世俗的世界中呼唤一个即将到来的上帝。毋庸置疑,列维纳斯的著作也让有关神圣的论题再次成为可通达的,这使得多明尼哥·杨尼考(Dominique Janicaud)谈到令人惊讶的"现象学的神学转向"。在他们这十年的著述中,瓦提莫和德里达还经常谈到他们与他们青年时期信仰(分别是基督教和犹太教)的关系。不过很可惜的是,人们对伽达默尔和德里达在卡普里的交流所知甚少。德里达在会上报告了他的"信仰与知识"的论文,文中并没有丝毫影射伽达默尔,而伽达默尔写了一篇后记,他与德里达的争论也完全没有在文中被提及。[2] 1981年那次遗憾的争论对于

---

[1] J. Derrida et G. Vattimo, éd., *La Religion. Séminaire de Capri sous la direction de Jacques Derrida et Gianni Vattimo*, Seuil, 1996, 以及德里达和伽达默尔的文本。

[2] *La Religion. Séminaire de Capri sous la direction de Jacques Derrida et Gianni Vattimo*, Seuil, 1996, 221-233. 在1990年代,瓦提莫致力于关于信仰的重要且很私人的论文,特别是 *Espérer croire*, Seuil, 1998 (*Credere di credere*, 1996),由于他不仅被视作海德格尔主义者,也被看作接近马克思主义的尼采派,这就更令人惊讶。

他们来说已经成为一桩了结了的公案了？

按照伽达默尔的精神，这场争论并没有真正结束，因为真正的对话没有终点。他有时让他的一些对话者致力于在法国和德国之间搭建桥梁，他希望有机会去弥补这一对话的缺失。在雅克·普兰（Jacques Poulain）令人愉快的倡议下，两人之间的最后一次会面1993年11月17日安排在哲学国际学院。还有许多著名的哲学家参与了这次会见，包括保罗·利科、让-吕克·南希、菲利普·拉古-拉巴特和加比斯·科尔蒂安（Garbis Kortian）。[1] 人们可能借此想告诉伽达默尔的是，他在法国有真正的听众，但同一论坛上许多在场的参与者都并不支持伽达默尔和德里达之间的直接对话。伽达默尔当时已经是93岁值得尊敬的老人，他以"解释学与解构"为题为论坛开篇，在报告中他希望再次向对话者表明，他的思想与德里达作品中经常谈到的撒播、延异和书写的观念具有亲缘性。[2] 德里达的主要想法——至少伽达默尔所理解的（原谅他这么做）——是认为意义从未亲身给出，而总是"延迟的"，通过符号不断唤起它的在场，然而并不生产它。但这一意义随时间而无止尽撒播的观念难道不是位于他自己的效果历史意识原则（它并不支配它的规定性）的核心处吗？伽达默尔希望让德里达明白，理解视域的观念绝不是总体化，因为视域是某种通过延异的游戏而随我们移动的东西，虽然你期望，但永远达不到它。他的解释学不是已经谈到了作为一个事件（它"伴随着我们"而发生）的理解吗？他并不是主张说我们总是能理解，而只是提醒说我们

---

[1] 参见托马关于这个主题的文章：D. Thoma, «*Elefantentanz. Gespräch ubers Gespräch* », FAZ, 8 décembre 1993.
[2] 这一未刊讲座稿的要点，以"论解释学的踪迹"（« Sur la trace de l'herméneutique » [HR, 189-219]）为题在后来的年份里发表。

是理解和意义的存在，恰恰是因为它经常使我们的理解遭遇失败。人们完全可以在这里谈论一个理解的延异，它从未达到固定的终结或"在场"。伽达默尔从布尔特曼那里学到，对自身的恰当理解正是在于认识到人们从未成功获得对自身的理解。在这里伽达默尔并不需要德里达提醒他所有理解的局限性乃至暴力。在他看来，这些限度构成了海德格尔所启示的实际性解释学的出发点，它一直以来就拒绝意义的绝对在场这一理想。不过伽达默尔可能很受德里达批评的触动，据此批评，理解的意志是受对他异性进行"帝国主义"占有的欲望所驱使的，它有剥夺他者的差异的危险。当我在理解他者时，我真的理解它吗？我如何能接近其差异，如果我只是从我的筹划出发去理解它？这里不是有理由对这样一种占有的理解保持警惕吗？

在这里，伽达默尔自认为能够回答德里达的异议，因为对他来说，理解首先是向他者及其理性保持开放。然而，德里达或德里达支持者们的批评——因为德里达并没有很清楚地阐述——可能促使后来的伽达默尔对理解的领会做出明确表述（如果不是修正的话）。在《真理与方法》中，理解最初还是从运用和占有的观念出发而被思考的：理解就是去接受陌异的内容。但这一占有不是有越过人们试图欢迎的他者之差异的危险吗？在《真理与方法》1986年第5版所添加的一个不显眼但富有启发意义的注释中，伽达默尔写道："在理解中，人们总是冒着将陌异者'据为己有'和否认他异性的危险。"[1] 在这段几乎意味着自我批评的断裂中，德里达没有被提及，但我们不禁会认为，这一对太过据为己有的理解的危险的新关注，体现了伽达默尔1980年代与德里达的内

---

1 VM 321 (GW 1, 306).

在对话的结果。这促使他在整个理解事件中更多地强调对作品的自我放弃（se désapproprier de soi）。从 1980 年代开始，当列维纳斯的著作在德国也得到很好了解时，伽达默尔越来越多地谈到解释学的灵魂就在于承认他人可能是正确的。[1] 理解在这里意味着向他者和他的理性保持开放，并且由此而自我放弃。如果理解也是一种占有，这只是因为它必定是对他者的质疑的回应。因而伽达默尔并没有否定自己的概念，而只是改变了他强调的重点。

同样，在其后来的著述中，伽达默尔更多谈到"语言的限度"[2]而非语言的普遍性。他的解释学的基本经验不再像《真理与方法》中那样真正基于理解的普遍可表达性（"能被理解的存在就是语言"），而是越来越考虑表达的限度。"哲学解释学的最高原则"，伽达默尔现在说，是"我们从未能够说出我们想要说的东西"。[3]他 1985 年的其中一篇重要论文甚至标题就是"语言的限度"。[4]

而德里达——他总是坦承并没有很好地把握《真理与方法》——无疑并没有认识到伽达默尔的著作中的这些修正，更不用说他的解释学概念所发生的改变。在 1993 年 11 月 17 日见面期间，既幸运又不幸，德里达没什么机会回应伽达默尔。他很高兴就被"邀请"参加这类讨论和会面的意义说几句话。但太多思想

---

[1] 例如，见 1990 年 11 月 10 日与《南德报》（*Süddeutsche Zeitung*）的谈话（再刊于 *Information Philosophie* 1991, cahier 3, 27）。再晚一点的还有 « Un entretien avec Hans-Georg Gadamer », dans *Le Monde* du 3 janvier 1995. 这个表述在克尔凯郭尔《轮作》的文本中有其回响，伽达默尔喜欢引用它："知道在上帝面前人类总是犯错，这令人欣慰。"（GW 10, 70 ; HR, 96 ; *Das Erbe Europas*, Frankfurt a. M., Suhrkamp, 1989, 30, 167. ; trad. *L'Héritage de l'Europe*, 23, 151) 两个表述之间的关系伽达默尔在《关于健康的秘密》中也有所提示（*Über die Verborgenheit der Gesundheit*, Frankfurt a. M., Suhrkamp, 1993, 109）。
[2] 关于这个主题，见伽达默尔他 1985 年令人惊讶而标志性的论文《语言的限度》（GW 8, 350-361 ; PH, 169-184）。
[3] HGG, « L'Europe et l' *oikumènè* », GW 10, 274; trad. fr. *La Philosophie herméneutique*, Paris, PUF, 1996, 230. 也见库恩 - 贝尔塔姆（Kuhne-Bertram）、若迪（Rodi）对伽达默尔的访谈： « Die Logik des verbum interius », dans le *Dilthey-Jahrbuch* 11 (1997-98), 19-30.
[4] PH, 169-184.

家应邀讲话，使得伽达默尔和德里达之间的对话（再一次）并没有真正发生。一场更私密的见面当然是有组织的，在此期间伽达默尔想要向德里达表达敬意，说自己像他一样受到艺术和文学的真理经验的启发。然而十分敏感的德里达有些恼火，因为对他来说艺术是真理经验外的任何东西。人们看到，甚至伽达默尔尝试做的最善意的比较，对伽达默尔来说也是冒险的。相反他意识到，德里达对这个对话并不太感兴趣，事情可以到此为止了。德里达依然是德里达，一个像他那样的天才尤其没有必要转变成伽达默尔主义者。

*

如果说德里达是敏感的，那么他也有令人难以预料的惊喜之举。当越来越多人不抱期待时，德里达在伽达默尔去世仅仅几天后（2002年3月13日）发表了一篇关于他的文章，让世界感到惊讶。在20年的沉默后，德里达接受了德国最大的日报《法兰克福汇报》（保守派媒体！）的邀请，于2002年3月23日发表一篇献文支持伽达默尔（该文从未以法文的形式面世，但这可能是德里达的健康状况变得很不稳定，妨碍了他这样做）。[1] 献文在各方面都是杰出的，格外宽厚，抱以完全和解的姿态，和德里达后期的许多文章一样。文章的标题是"他多么睿智！我的引路人汉斯-格奥尔格·伽达默尔"。随后的2003年，他在伽利略出版社出版了一本小书《公羊，不间断的对话：两个无限之间，诗》，其中发表了德里达2003年2月5日在海德堡大学纪念伽达默尔时所宣读的致敬演讲的原文。在那里，德里达通过详尽地评注保罗·策兰

---

[1] J. Derrida, « Wie recht er hatte. Mein Cicerone Hans-Georg Gadamer », FAZ, 23 mars 2002；法译本载于 Contre-jour 9 (2006), Montréal, 87-91.

的一首诗向伽达默尔致敬，伽达默尔自己在1973年为该诗写了一本书。[1]

德里达由此同意继续他与伽达默尔的对话，但他只是在伽达默尔去世后，当他者不再能够回应时，才这样做。当然，2002年和2003年的这两篇文章都属于特定情境下的讲话：德里达是应德国报纸编辑和海德堡大学的邀请，后者还刚刚授予他"伽达默尔讲席"客座教授。但对于已被可怕病魔纠缠的德里达来说，这些邀请他本可以拒绝，就像他在伽达默尔活着时所做的那样。在朋友去世之后继续对话，在德里达那里并不是偶然的。在他看来，对话和友谊乃是某种"死后"才存在的东西。他关于友谊的优秀文章[2]有助于我们理解这是为什么。根据德里达，友谊的根本法则就在于两个朋友知道其中一个将先于另一个死去。这位朋友知道，幸存者要携带他的朋友继续生活。友情所暗示的忠诚只有在其中一个朋友死去的时刻才真正体现出来："无条件的忠诚被朋友的死亡或彻底不在场所标记，在那里另一个人不再能够回应他，不再在我们前面，更不用说交流、表示某种承认、报答。"[3]

这就是为什么德里达在《公羊》中选择策兰的诗"世界已经离去，我承载你"（Die Welt ist fort, ich muß dich tragen）作为主题。这是德里达在伽达默尔去世后所做的一点事情。以接受与伽达默尔对话的方式（但只是在他逝世后），德里达想要铭记他对伽达默尔的友谊，在他2002年和2003年的文章之前无疑没有人谈到过这种友谊。

---

[1] HGG, *Qui suis-je et qui es-tu ? Commentaire de Cristaux de Souffle de Paul Celan* (1973), Paris, Actes Sud, 1987.
[2] J. Derrida, *Politiques de l'amitié*, Galilée, 1994.
[3] J. Derrida & A. Spire, *Au-delà des apparences*, Bordeaux, Editions Le Bord de l'eau, 2002, 52.

对德里达来说，一切显得是，只有在活生生对话及它的可能性本身中断后，真正的对话才得以开始。德里达在某个地方写到，乃是在交谈中断的时候，对话才开始。在这方面，人们可以回忆德里达1981年他向伽达默尔提出的第二个问题，在那里，面对"活生生的"对话的思想[1]，他表达了保留意见。这种观念在他看来是"有极大问题的"（伽达默尔的明显混乱之处）。德里达针锋相对地提出"死后"对话的友谊。这无疑可能与他经常说的所有讲话和书写的遗嘱性质有关：对于它的作者来说，它是朋友必须携载于身的遗留下来的遗产。

《公羊》的小标题强调了这点，当他谈到"不间断的对话"（dialogue ininterrompu）时。这两个术语是珍贵的，首先是对话这个术语，人们可能会觉得它更像是伽达默尔式而非德里达式的，但人们看到，德里达完全不拒绝这个词，虽然他以不同的方式去实践它。然而德里达恰恰是在它中断时，在伽达默尔去世（interrompu）时，才谈到"不间断的"（ininterrompu）对话。如果我们考虑到中断的观念在1981年德里达所提问题中扮演的角色，这个观念就不再寻常了。在那里，德里达已经询问，是否理解的观念毋宁应该从中断的观念而非从伽达默尔所预设的连续性观念出发被理解。德里达确实说："人们可能会询问，是否理解（Verstehen）的条件远不是昨天所说的'关系'（rapport）的连续，它难道不是关系的中断，某种中断的联系，所有中介的悬

---

[1] J. Derrida, « Bonnes volontés de puissance (Une réponse à Hans Georg Gadamer) », *Revue internationale de philosophie* 1984, n°151, 342： "关于这个语境，伽达默尔教授总是对我们说，它是'生命'（vécu）的语境，这是他的用词，在活生生的对话中，在活生生对话的活生生经验中[强调系原文所加]的语境。这是昨天晚上我们关于融贯语境、系统或不系统的融贯（因为并非所有融贯都必然是系统的形式）所讲的一切中最决定性的地方之一，在我看来也是最成问题的地方之一。"

置吗？"[1]

《公羊》中所追求的不间断的对话在两个方面展开："两个无限之间，诗"。这些无限是什么？很难讲，不过诗这个同位语对此有所预示。在德里达看来，他与伽达默尔的对话乃是针对他理解诗以及话语本身的方式的一个无限争论。这个标题会让伽达默尔这个文学上的重要朋友感到高兴，但德里达对诗歌（特别是策兰的诗歌）所提出的实际上是一种非常不同的解读。我们的两个路径，似乎表明德里达回指向一个无限，只是不再是同一个（"两个无限"）：在伽达默尔关于理解的研究中，有关的是灵魂与他自身的无限对话，而德里达毋宁思考的是在死亡的绝对无法言表（它刚刚打击了伽达默尔，并且如此残酷地等待着德里达自己）面前，与语言的延异密切关联着的无限。这一围绕着策兰的具体诗篇的不间断对话，因而是关于诗歌、文学、语言和我们与死亡的照面的解释学和解构之观念的对话（或非-对话，因为一个总是蕴含着另一个）。

选择保罗·策兰的诗不再只是一个偶然。没有人不知道他是大屠杀的伟大而悲剧的诗人，伽达默尔1973年曾写了一篇文章献给他，但伽达默尔在那里奇怪地并没有谈到大屠杀。人们有时不怀好意地批评他这点。德里达并没有直接指责他这点，但他自己的解读反复回到大屠杀的无限痛苦。它涉及哲学及其责任的阐释，后者无疑也是德里达与伽达默尔的对话所处理的问题。在2002年3月23日的文章《他多么睿智！》中，当德里达表明他对策兰的解读非常不同于伽达默尔时，他已经以更温和的方式指

---

[1] J. Derrida, « Bonnes volontés de puissance (Une réponse à Hans Georg Gadamer) »,*Revue internationale de philosophie* 1984, n°151, 343.

出这个问题了。

在《法兰克福汇报》的更简短的文章中，德里达还天才地从处理生命的两种方式出发概述了他与伽达默尔的差异。相对于伽达默尔肯定生命，并且以"乐观随和的"方式享受生命，德里达承认自己做不到。他甚至说，如果他有些逃避他们的学生所鼓动的对话，这是因为他认为伽达默尔从未死去，这使得他无限地推迟他们终有一天要到来的交锋时刻。德里达认为伽达默尔是不朽的。作为支持，他的话很好地表达了他的情感：

> 我不相信伽达默尔的死。我做不到。斗胆地说，我已经习惯了相信伽达默尔从未过世。相信他不是一个有死的人。[……]自从1981年，我们第一次在巴黎相见（但我已经读过他的著作，虽然我从未读完，无疑常常读得不深入，读得太快），所有来自他的东西带给我一种从容，对此我有一种印象，是伽达默尔本人亲自将它传递给我。我那么喜欢看着他活着，讲话，笑，走路（即使有点跛），吃喝。比我都要有活力！我羡慕在他身上那种肯定生命的力量。它显得不屈不挠。我甚至相信伽达默尔应该不死，因为我们需要这个绝对的见证人，目击并参与世纪的所有哲学辩论。我还承认别的事情，这像是一个托辞：我相信，就像一直以来我们的情形表明的那样，他的不朽使得我们几乎总是延迟真正"讨论"的时刻。在美国和在欧洲，许多我们共同的朋友为此一直督促我们。他们中的有些人抱怨我，有些人甚至指责我从未参与到伽达默尔看起来已经打开的好客的对话中，而没有总是像他那样，在1981年4月的巴黎，在歌德学院，我似乎已经逃避了对话。我准备好相信他们没有错。[1]

---

1 J. Derrida, « *Comme il avait raison* », dans *Contre-jour* 9 (2006), 87-88.

在德里达看来，他与伽达默尔的区别在于与生命的不同关系。当伽达默尔似乎贪婪地享受生命时，德里达知道他无法做到。它是悲剧和残酷的生活，被死亡和痛苦所覆盖，大屠杀是其最明显和最沉默的提醒。这一悲剧萦绕于语言，被意义的无限延异所贯穿。意义、生命、在场，甚至上帝本身，只是在场的符号，它从未向德里达给出，因为它本身仅仅返回新的符号。这些符号因而叠加在生活上，叠加在生命的呼吸上，德里达想要在生命的呼吸那引出遗忘，这个遗忘使他遭受形而上学的话语。被符号秩序所系统覆盖的生命或差异的持续主题，乃是德里达著作中的一个主旋律，无疑也是他的解构的核心秘密。即使解构想要肯定符号的游戏[1]，解构也知道它不能与生命本身和解。但在伽达默尔那里，德里达隐约看到与生命的另一种关系。无疑这种"肯定的"关系对他来说总是显得有些可疑。但在他死后的敬意中，德里达感叹到，他"嫉妒"伽达默尔身上肯定生命的这一独特力量。解释学是一种肯定生命、抗拒包围着它的死亡的方式。

---

[1] J. Derrida, « La structure, le signe et le jeu dans le discours des sciences humaines », dans *L'Ecriture et la différence*, Seuil, 1967, collection « Points », 427.

18

尾声：百岁老人！

伽达默尔人生最后的顶点是2000年2月11日的100周岁庆祝会。至少40年以来，伽达默尔的所有"整数"周年纪念都以"纪念文集"、研讨会、在主要刊物上致敬的方式被彰显。整数数字在德国包括了以5结尾的数字（利科在95周年致敬演讲时说得不太确切："但这不是一个整数数字"）：60、65、70、75、80、85、90、95……每次人们都感觉这是最后一次纪念的机会，但每一次都像之前一样并非如此，伽达默尔总是在那里，作为存在的活生生的、幸福的年代错误。这是一个奇迹，因为他父亲61岁去世，母亲终年34岁，两位祖父母也都没有超过56岁。意识到他的遗传，1950年已婚时伽达默尔对妻子凯特说，他将在60岁去世。而他不是一直教导说哲学家是坏的预言师吗？

百岁纪念是例外。无数的纪念文章在媒体上发表，有一些将全部版面都给了伽达默尔，例如2000年2月12—13日的《新苏黎世报》。其中最引人注目的致敬文章是尤尔根·哈贝马斯的[1]，他还热情地对这本1999年以德文出版的传记（伽达默尔本人1997年将它推荐给他的出版方西贝克）给予了鼓励和夸赞。他认为在海德格尔和历史主义之后，伽达默尔尝试恢复哲学乃至形而上学的崇高地位。伽达默尔成功地在世代之间架起桥梁，恢复以莱布尼茨、赫尔德、康德、费希特、谢林、黑格尔、施莱尔马赫、

---

[1] J. Habermas, « Wie ist nach dem Historismus noch Metaphysik möglich? Zum 100. Geburtstag Hans-Georg Gadamers », in Neue Zürcher Zeitung 12-13 Februar 2000, 再刊于 « Sein, das verstanden werden kann, ist Sprache ». Hommage an Hans-Georg Gadamer, Francfort, Suhrkamp, 2001, 89-99.

狄尔泰和胡塞尔为代表的德国哲学的高贵血统。即使他想接受他们的挑战,他也并没有真正追随尼采或海德格尔,对于德国人来说尼采和海德格尔是很成问题的,对将他们与德国的有害部分联系起来的哈贝马斯来说更是如此。伽达默尔总是给予这个伟大传统以更多的谦卑、更多的开放,通过使交流的哲学成为可能,更多地向世界开启,就像哈贝马斯自己做的那样。

周年纪念日的上午,他的朋友和最亲近的学生聚在他在布切纳克尔航(Büchsenackerhang)的寓所,从9点起畅饮香槟。房间里堆满了礼物,阳光灿烂,伽达默尔的大花园里开满了番红花,2月11日左右的海德堡,春天已经露出了她美好的面容。当然,他的出版商西贝克为他筹划了"纪念文集"——《解释学的道路》,这是1960年以来的第六本(如果不是第七本)纪念文集[1],这应该创了纪录。这还不包括献给伽达默尔和解释学的各种文集,其中包括大约30种标题。这远不是那天上午献给他的唯一重要的刊物。雷克拉姆家族以廉价小黄书闻名的出版社献给他一本小书,在那里他的一些学生谈到了他们"与伽达默尔相遇"。[2] 在那周中,这本书甚至出现在德国的畅销书名单中。这还不是全部:像60岁生日时那样,图宾根的乔治·西贝克(Georg Siebeck),十分出人意料地带来了一本伽达默尔的新书《解释学纲要》(弗林出版社,2004年),他的最后一本书,它可以被看作伽达默尔著

---

[1] 1960年和1970年的《纪念文集》之前已提到过了:《更新思想中的希腊人的存在》(*Die Gegenwart der Griechen im neueren Denken*, Mohr Siebeck, 含有海德格尔的文章)和《解释学与辩证法》两卷(*Hermeneutik und Dialektik*, Mohr Siebeck)。1980年则有《古代哲学在当下的意义》(*Die antike Philosophie in ihrer Bedeutung für die Gegenwart*, Heidelberg, Winter Verlag, 1980)。1990年相当于有三本:《马丁·海德格尔学会年鉴》特刊(1990)、《海德堡年鉴》特刊,及在美国出版,凯瑟琳·怀特(K. Wright)主编的纪念文集《阐释的节日》(*Festivals of Interpretation*, Albany, SUNY Press, 1990)。

[2] *Begegnungen mit Gadamer*, Stuttgart, Reclam, 2000.

作集的第十一卷（最后一卷）。另一个惊喜来自西贝克先生的沉重袋子：为了周年纪念，他顺利首发出版了伽达默尔著作的一个袖珍、价格适中（160欧元）的版本，即以十卷形式呈现的文集第一版。

一系列研讨会烘托了这一事件。研讨会如此之多，以至于彼此时间上有些冲突。2月9、10日，来自海德堡的年轻而大胆的研究者们组织了一个关于"解释学和语言的限度"的小型研讨会，在那里伽达默尔的思想与自维特根斯坦以来语言哲学的新进展相遇。11、12日庆祝会的组织者不满意，并且以学者们常有的小心眼，怀疑他们想利用诸多外国哲学家的出席来推动他们的活动。大领主伽达默尔并不介入纠纷，并且大概疑惑为什么人们在他的主题上弄出这么多名堂。

最重要的庆典在2月11日17点钟举行，在大学最大的阶梯教室，新礼堂当时显得太小了（它必须能容纳大约1500人），以至于仪式在其他房间转播，这些房间也挤满了人。转播图像出现在德国所有新闻频道的开头。全世界的哲学家相聚在那里，哈贝马斯、阿佩尔、罗蒂、瓦提莫、利科，以及伽达默尔的所有学生。校长特别提到了哈贝马斯、利科和传记作者的出席。校长、哲学系主任、鲁迪格·布伯纳、事件的主人（伽达默尔）、海德堡科学院主席分别做了精彩演讲，但德国总统约翰内斯·劳（Jahannes Rau）和巴登-符腾堡州州长埃尔温·托伊菲尔（Erwin Teufel）做了最重要的发言。

托伊菲尔很早就认识伽达默尔，他是伽达默尔的真正粉丝（fan）。在他的讲话（无疑是他自己写的稿子）中，他颂扬了在伽达默尔著作中他所发现的宽容、理解和对话的美德，认为它们是当代世界特别是政治领域中所不可或缺的。他说,有些人曾批评伽达默尔是 19 世纪最后一个"文化的资产阶级思想家"(Bildungsbürger)。他大声疾呼,他们搞错了,伽达默尔毋宁是 21 世纪第一个思想家。他的著作实际上呼唤文化的对话,并且指示着意识形态时代的终结,这些意识形态使许多民族陷入深渊。人们能感到伽达默尔是一个为人类未来开辟道路的政治思想家。这话出自同样知名的政治人物之口,显得尤为可信。他对伽达默尔著作的可靠而质朴单纯的认识给在场哲学家们留下了深刻印象,不过可能尤尔根·哈贝马斯是个例外,因为基民盟的政治家无法抵抗在公共话语中谴责意识形态的新马克思主义批判之危害的诱惑。但哈贝马斯——恰恰是在与伽达默尔争论之后,已经和意识形态批判保持了一定距离——显得很高兴,并且无疑像其他人一样被政治家的质朴单纯所征服。阶梯教室满是鲜花,庆典上鸣响着乐团所演奏的贝多芬序曲以及勃拉姆斯小提琴协奏曲的第二乐章的美妙旋律。德国庆祝着他们拥有的最美好事物,音乐和哲学。公众被他的魅力所征服,不止一次地感谢伽达默尔恢复了德国这样饱受创伤的国家的优秀传统。这是海德格尔学生的一个伟大成就。

伽达默尔最后以他惯有的朴实做了发言。他首先感谢年轻人不辞辛苦地出席庆典来纪念像他这样的老人。他强调自己并不比其他人更有智慧,但他的生活经验告诉他,每个个体都必须自己做出决定,而不能满足于跟随规则。在谈到劳和托伊菲尔时,他说很高兴注意到政治家们越来越意识到这点。所有了解伽达默尔工作的人都知道他对能够限制个体自由和判断的优越规则保持警惕,因为在这里智慧更多地是基于经验、传统和共通感(sensus communis）。经久不息的欢呼表明，也许出人意料，年轻人更易于接受他的思想和感谢古老智慧给予他们的信心。

在激动人心和规格很相称（尽管有些长，有六人发表演讲）的典礼结束后，事情变得更混乱了。刚刚结束的庆典是由海德堡大学和海德堡科学院组织的。而海德堡市也想以自己的仪式来纪念她的哲学家，仪式很快在施塔特哈勒（Stadthalle）举行，离新礼堂1000米。这是一个令人愉快的倡议，但人们本可以想到，对于百年庆典来说这可能是一个繁忙的日子。海德堡市发出了含糊的邀请，预告将会是向伽达默尔致敬的晚餐或宴会。但所有想来的人都可以来，并且最终大家都来了……没有安排座位，除了海德堡市长旁边，伽达默尔和他妻子所坐的席位外。座位围绕着伽达默尔发散，人们似乎没有意识到施塔特哈勒已经成了一间西班牙旅馆。那里应该有60张桌子，但很快都被抢到椅子的那些人占据。而带着他们的请柬继续到来的客人、贵宾和知名人物就可想而知了。那些可怜的贵宾们只好站着，因为没有人想让位子给他们：哈贝马斯、利科、阿佩尔、詹妮·瓦提莫，罗蒂、艾米罗点·列多（Emilio Lledó）等好多人只能看着混乱的局面，有时带着某种消遣的心态，等待着某些事情发生或秩序安定下来。但混乱一直持续。市长在某个时间致辞，但没有人听，因为人群太嘈杂了。她努力为环境的喧闹给出一个"民主"的解释，强调"整个城市"以这种方式（情况的确如此）感谢她的哲学家。人们在一面巨大的中国锣上演奏音乐，显然是为这个场合专门编的当代音乐作品。很遗憾！完全听不见，这个音乐作品是完全不适合的。巴勒莫市市长（他被四名保镖围着，因为他是黑手党著名的、勇敢的敌人）在那授予了伽达默尔巴勒莫荣誉市民的称号。

这些想法是好的，但受邀嘉宾很早就离开了大厅，他们站累了，避到海德堡老城的酒庄去歇息。在那里，解释学对话的精神至少在小圈子里得到保持。伽达默尔忙得不可开交：在四个小时中，他需要与所有人握手，接受他们的祝贺，他们排着队对他说，在他们的生命中他是多么重要。市长一直微笑着，但伽达默尔妻子生气了。

在红酒的帮助下，当他第二天上午参加一个更"学术"的研讨会（还是在新礼堂召开，但不再那么拥挤）时，伽达默尔坚持下来了，甚至比其他人精神更好。会议邀请了三位杰出的报告人：瓦提莫（都灵）代表拉丁国家，罗蒂（维吉尼）代表新世界，迈克尔·施尼森（Michael Theunissen）（柏林）代表德国哲学。他们描画了伽达默尔作品接受的令人印象深刻的全景图，尽管以不同方式呈现：瓦提莫和罗蒂欢迎伽达默尔语言学的相对主义，预示着一个给予对话而非真理以优越性的"伽达默尔式世界新文化"，而施尼森更学术地讨论了伽达默尔如何处理对传统的占有问题。伽达默尔再一次彬彬有礼地回应，但认为这些演讲对他来说有些抽象和困难。他承认，问题在于他的年龄，但在他看来这些报告并没有足够贴近生活世界和现象学，即没有奠基于事情本身的真实经验。借此，他指责一大部分当代哲学过多地关注自身而不是事情本身。不过，这一切都是以尊敬的方式说出来的，并且认同的精神占据主导。

两天后，2月14日，托伊菲尔州长邀请伽达默尔夫妇和百来位客人参加在斯图加特的古老城堡里盛大晚宴，那里的氛围比施塔特哈勒要庄严得多（但大家都在那里讲话……）。再一次，伽达默尔得站立一个多小时与所有人握手并接受他们的祝贺。伽达默尔夫人脸色苍白。州长邀请了他治下最优秀的人物，所有校长、主教和企业家，而伽达默尔夫妇这边则邀请了他最亲近的学生们。第二天，轮到图宾根大学和西贝克出版社组织关于伽达默尔的研讨会。他将出席研讨会的消息被传得像是真的，因此最大的礼堂挤满了人，但伽达默尔在斯图加特晚宴后优先选择了回到海德堡。

4月19日，伽达默尔曾在关键年代担任其校长的莱比锡大学再次通过政治和哲学演讲向他致敬。[1] 伽达默尔夫人并没有前往。她对我说："我从里面知道在莱比锡有三座监狱，这就够了。"伽达默尔由他女儿尤塔陪同，尤塔战争期间在莱比锡长大。他们一起观看了托马斯基什（Thomaskirche）的圣马太受难曲表演，巴赫曾是那儿教堂的主人。两人都非常激动，不仅是因为表演的出色，更因为他们知道这将是他们在一起的最后一次旅行。尤塔一直错误地认为自己"不够聪明"（她的话），这是以他父亲这个精神巨人的眼光来看。著名人物的孩子有时会谦逊地评价自己。1950年父母的分开对她有很深的影响。当时她和母亲弗丽达搬到了慕尼黑，她所敬爱的父亲没有陪伴在她身边。伽达默尔在海德堡组建了新的家庭，《真理与方法》给他带来了世界性的声誉，让他得以到世界各地去旅行。因此，对尤塔来说，痛苦的距离依然存在。她与画家迪特尔·斯托韦结婚，她是在法兰克福学习艺术时认识他的。我们记得，斯托韦于1984年62岁时去世。伽达默尔知道这对他女儿来说所意味着的痛苦，因而与她和她的三个孩子走得更近，到巴伐利亚阿尔卑斯山的伦里斯去看望她，每个星期天都给她打电话。尤塔因而重新找到了她的父亲，尽管伽达

---

[1] Martin, M., « *Schweigen heißt verstehen wollen. Doppelte Vergangenheiten: Ein Leipziger Festakt für den hundertjährigen Philosophen Hans-Georg Gadamer* », dans Die Welt, 22 avril 2000.

默尔不是愿意表达对孩子感情的那一代人,他的两个女儿可能认为伽达默尔的学生比她们受到他更多的关注而感到沮丧。

在她1991年作为艺术教师退休后,尤塔自己也转向绘画。她的灵感来自波罗的海海岸,年轻的时候她和父母在这里度假,现在重新统一后她有可能故地重游。在她父亲百岁生日之前,海德堡的美国–德国学院为她最近的作品布置了一个题为"尤塔·斯托韦:海和它的踪迹"的展览。伽达默尔参加了2月8日的开幕式,尤塔第一次感到父亲真正欣赏她的工作。因此这次生日纪念不仅凝聚了知识界,也修复了父亲和女儿之间的裂隙。

2000年4月莱比锡之旅后,伽达默尔不再经常旅行。在7月与美国人的研讨会结束时,他站起来郑重宣布,这将是他最后一次参加这一自1991年起每个夏天举办的会议。参与者感到难过但很理解:所有美好的事物都有其结束。不过他们决定2001年举办一个小型研讨会,并且邀请伽达默尔参加(如果可以的话)。这个研讨会的确举办了,并且伽达默尔也参加了。很难想象拒绝一次解释学对话的邀请。

2001年9月11日,伽达默尔像全世界一样震惊地目睹了针对世贸大厦和五角大楼的袭击。它标志了被欧洲战争和"冷战"所支配的20世纪的结束,并且将世界抛入了新的警戒状态中。对伽达默尔来说,这表明原教旨主义的狂热是有可能的。同时,他的亲人注意到伽达默尔智力能力令人不安的退化。他的行动能力已经有一段时间受到限制了——他说:"感谢上帝,他并不需要用他的腿思考"——但现在他的精神也受到影响。他是否患有脑血管的小故障、栓塞或某种疾病?他没有明确地对任何人讲,但他的家人注意到他不再和以前一样了。

他继续接待客人和接受访谈。在 2001 年 9 月 25 日《世界报》的访谈中，人们还询问他对"9·11"事件的看法。他回答说："这对我来说变得非常可怕。"（Es ist mir recht unheimlich geworden.）[1] 这个表述指的是世界对他来说变得很陌生。对"9·11"袭击来说这是对的，但回想起来，它可能也让人想起他自己的精神状态。他整个一生致力于理解，而他现在遇到了一个让他苦恼的限制：是的，是的，他说，我们应该始终努力彼此倾听，但在阿拉伯世界里，我们遇到了这种差异，这一对对话和理性的彻底质疑。为什么？他指出，这可能与阿拉伯世界赋予死亡的不同意义有关，但他完全不知道这一"21 世纪的第一次世界大战"将如何发展。

但他并没有失去希望。在针对他 102 岁生日、被德国所有报纸刊载的一次访谈中，他重复了他最后几年中最重要的，甚至是唯一的"学说"："人类不能没有希望地活着；这是我没有任何保留地捍卫的唯一论题。"[2]

记者们于是追问是否这意味着对上帝和未来生活的信仰。不，伽达默尔耐心地回答，我并不相信未来生活，"尽管我总是对自己说，能够相信上帝应该是一个安慰。"[3]

人们经常询问他关于死亡的问题。他满足于回答："你想要什么，死亡是构成生活的最令人讨厌的事情之一。"他似乎听任自己即将到来的死亡："我很快不得不离开这一切，我所要做的只是支配我的事情。这是非常让人不愉快的。"他感到惶恐不安

---

1 « *Es ist mir recht unheimlich geworden. Mit 101 Jahren sieht der Philosoph Hans-Georg Gadamer den ersten Krieg des 21. Jahrhunderts* », *Die Welt*, 25 septembre 2001.
2 « *Die Menschen können nicht ohne Hoffnung leben* », dans *Rhein-Neckar-Zeitung*, 11 février 2002. 另见主流杂志《明星》在伽达默尔死后发表的访谈（*Stern*, 21 mars 2002, 244-246）。
3 *Bild-Zeitung*, 11 février, 2001.

吗?"不,并不,只是一切变得如此困难。"[1]当他的学生迪特尔·亨利希最后一次拜访他时,他再次告诉亨利希人不能没有希望地活着,辅以举起手的姿势,露出拇指和食指之间的微小空隙,他的手已经变得很瘦了。[2]

102岁生日之后不久,另一个向他致敬的研讨会于3月1—2日举行,这次由伽达默尔1990年代经常在此讲学的意大利那不勒斯哲学研究所组织。它的主题对于一个伽达默尔支持者来说是现代的和很不寻常的:"美学、解释学和认知科学"。

议程宣布伽达默尔将参加讨论。整个事件被视作与他的对话,尤其是因为他选择了一些参与者。其中有詹妮·瓦提莫,然后是欧洲议会的共产党代表莱纳·维赫尔和这一阵营的其他作者,他待他们像儿子一样。但在会议开始时,伽达默尔的席位是空着的,两天都是如此。这很意外,因为研讨会——特别是小型讨论组——尽管让人疲惫,却离析出他身上拥有的最好的东西,给他(正如给他的听众)回报以存在的增加。几个月前,在2001年5月,我看到他与邀请他的学生讨论诗歌不少于6小时,那些学生最后比他还要疲惫。2月28日我与他通过电话,他的声音比较微弱,但他很乐意参加会议,他说,那儿有值得一见的人。3月1日上午,他的年轻学生卡斯滕·杜特(Carsten Dutt,他和伽达默尔发表了一些很精彩的访谈录[3])去找他,他感觉很糟糕以致很难参加会议。应他的要求,我第二天前去拜访他。他从床上起身,像一贯的那

---

[1] *Rhein-Neckar-Zeitung*, 11 février, 2002 ; *Stern*, 21 mars 2002, 245.

[2] D. Henrich, « *Das Gespräch der Welt. Im Denken – ein Mensch : Der Philosoph und Deuter Hans-Georg Gadamer ist im Alter von 102 Jahren gestorben* », *Süddeutsche Zeitung*, 15 mars 2002.

[3] HGG, *Hermeneutik–Asthetik–Praktische-Philosophie.Hans-Georg Gadamer im Gespräch*, éd. Carten Dutt, Heidelberg, Universitätsverlag C. Winter, 1995;法译本: *Herméneutique–Esthétique–Philosophie pratique : Dialogue avec Hans-Georg Gadamer*, Montréal, Fides, 1998.

样慷慨而谦恭,但我明白我是最后一次见他了。他想知道我在忙些什么。我回答:我正在翻译《海德格尔的道路》。他的眼睛一亮,接着开始谈到海德格尔,回忆起青年海德格尔与他父亲的谈话,后者教了他一点哲学。我不知道伽达默尔从哪里得知这些,因为海德格尔很少谈论他的父母。[1]

由此他强调在年轻男孩的生命中父亲的重要性。我们聊到了刚刚结束的研讨会,它部分处理了离他的研究有些远的领域——认知科学。他说,啊,我们会看到,这是新一代的崛起,我们会看到的。

他抱怨小腹的疾病使他没法参加会议。病痛会消失,他很确信。他不得不忍受某种他不能很好消化的东西。这可能并不严重,但他的病依然存在。一周后,他被救护车带到海德堡大学医务室接受肠梗阻手术。对于他这个年纪的人来说,这一点也不容易,但他奇迹般地经受住了手术的考验。当他从麻醉中醒来时,他惊讶于自己恢复了活力。他心情很好,像个小孩一样兴奋。3月12日,他向他的长期仰慕者之一克劳斯·科赫(Klaus Koch,他到处跟着伽达默尔,不停地拍照,一个真正的铁杆支持者)透露,在他病痛之后,对生活充满了深深的感激之情。医生对他的恢复状况印象深刻,宣布他可以回家了。晚上,他喝了一碗汤和一杯红酒。他心怀希望。第二天早上,接近10点30分,他心脏病发作并失去意识。当天晚上20点30分,在他女儿安德烈娅(Andrea)和女婿面前,他魂归天国。

尽管人们早有准备,他的去世仍让全世界感到震惊。他是

---

[1] 伽达默尔还提及过这点,如我后来在他最近的访谈(发表于 *Corriere della Sera Corriere della Sera*, 15.3.2002)中发现的那样。

受人文主义滋养的时代,而非渗透了我们今日文化的技术世界图景之时代的最后一个见证人。他活过这么长时间的事实提醒我们,另一种文化、伟大的文化是可能的。今天还有他那个高度的思想家吗?真的没有。因此哀悼是深沉的,尽管如此高龄(mathusalémien)去世是正常的事情。最后一次,各大报章登满了悼念文章。米兰的《意大利晚邮报》称他是欧洲的最后一位大师,《莱茵内卡报》称他是20世纪的哲学大师。[1] 他的离去标志着一个时代的结束,人们都感到失去了一个朋友、一个导师和一个典范。罗马教皇约翰·保罗二世,尽管自己身体虚弱,还是发了一封吊唁电报,在其中他尊这位哲学家为"高贵的人文主义者",在冈多菲堡他们曾会面过几次,"通过会面,他感受到伽达默尔追求真理时的正直、他思想的敏锐和他对对话者与基督教遗产价值的深刻敬意。"甚至雅克·德里达也打破20年的沉默,如我们已经看到的那样,在德国最著名的日报《法兰克福汇报》上发声。德里达说,如果他允许自己"几乎总是推迟(与伽达默尔)真正讨论的时刻",这是因为他习惯于相信(别忘了)"伽达默尔永远不死","他不是一个趋向死亡的人"。[2] 在所有人当中,他应该是不朽的,因为对德里达和其他人来说,他是卓越地活着,是对生命的肯定。因此所有人都需要这一对生命的"绝对见证",特别是因为他以乐观的态度穿越了如此危险重重的一个世纪。

伽达默尔是乐观的,并且一直如此。在他看来,悲观主义者、失败主义者(Miesmacher)不够诚实:他试图说服自己一切都很糟,

---

1 « *Gadamer : l'ultimo maestro dell'Europa* », *Corriere della Sera*, 15.3.2002.
2 J. Derrida, « Comme il avait raison », dans *Contre-jour* 9 (2006), 87-88.

但恰恰是因为他希望这是错的。[1] 在为事情的幸福逆转而感到惊喜的秘密希望中，他降低了自己的期待。人不能没有希望地活着。

根据伽达默尔家人的意愿，他简短不公开的葬礼在尔豪森的科普费尔（Köpfel）墓地举行，离伽达默尔家里一箭之遥。为了避免好奇的人们，葬礼的地点是保密的，只有亲属和最亲近的学生参加。伽达默尔并没有像海德格尔那样为葬礼做准备，因为这是他一直延迟的课题。他想活着，安德烈娅说。死后发生的事情与他无关。因此，家人从他过去25年间所能透露的模糊愿望中获得启发，知道他希望基督教的葬礼，可能是他的仪式意义的一个见证，但他不希望有讲道。人们应该满足于在葬礼上朗诵一些赞美诗（家人很快选择了诗篇90、123、23、39和93）。无疑，这个家庭比伽达默尔更反教权，不想要具体的宗教仪式，不过新教牧师却在仪式中加入了赐福和主祷文。伽达默尔是马勒的忠实拥趸，仪式在旧唱片马勒歌曲"世界已离我远去"的音乐声中结束。这无疑让他的学生们想起作为《真理与方法》开篇的里尔克诗篇（我们已经引用过）："只有当你一把接住游戏的永恒同伴朝向你抛来的东西，这才算得上一种本领，但不是你的本领，而是一个世界的力量。"现在，永恒的同伴从世界中隐退。

正如阿尔布雷特·韦尔默（Albrecht Wellmer）所说，"很难相信伽达默尔已经死了，如同早些时候很难相信他还活着"。[2] 整个世界习惯于他的存在，他的去世造成了一个真空。首先是德国哲学内部的真空，因为自1920年代以来他参与了所有争论，并

---

[1] 见 « Die Kindheit wacht auf. Gespräch mit dem Philosophen Hans-Georg Gadamer », Die Zeit, n°13, 26.3.1993, 23: "事实上，我认为所有悲观主义都不诚实。生活充满希望。人们可能看到摆在自己面前的难以解决的问题，这让我们苦恼。但陷入悲观主义则有点不够诚实。"
[2] A. Wellmer, Die Zeit, 25 mars 2002.

且自 1960 年代以来主导了这些争论。他的影响如此强烈,使得那一代甚至他之后成长起来的几代德国哲学家黯然失色,哈贝马斯是唯一的例外:他培养了富有才华的学生,但在他们那里老师的声音总是能被听见并且越来越受到尊重,遮蔽了他们。自 2002 年以来,德国哲学依然在寻找,人们想知道它是否能恢复到它从前的水平。

在他家庭中造成的空白也是巨大的。在他生命最后的几年中,他的妻子凯特常常与他相处很困难。她没有隐藏必须照顾年老丈夫的恼怒,她在公开粗暴对待伽达默尔中获得快乐,尽管伽达默尔要求并不高:他从不抱怨,一天只吃一顿,满足于能够让自己感到温暖的最简单饭菜。所有人都猜到,伽达默尔对她来说是一个负担,只是觉得她如此公开地表现出来有点让人难以接受。因此,大家都认为他的去世对她来说是个解放。但这并非全部实情。她并没有得到解放,而是不知所措。在此之前,她的生活由桥牌、网球和她丈夫组成,但至此以后不再有动力激励她。我去拜访过她几次。她以更私人的方式谈到她丈夫,但对我说她不再听到任何人讲话了。她不再有家人,她的兄弟在战争期间死了。她显得悲伤、孤独而抑郁。我对自己说,这不会持续很久,她会重新找到生活的某种乐趣,因为她总是为自己的独立而自豪。她身体健康、热爱运动,她丈夫去世时她才 80 岁。所有人都料想她还会活很长时间。但命运女神(Les Parques)做出了别的选择。2006 年年初,她网球锻炼回来,下到房子的地窖中拿一瓶汽酒,在楼梯上滑倒,撞到了头,陷入昏迷。2006 年 5 月 13 日,她去世了,和她丈夫同是 13 日,现在在她丈夫旁边安息(Requiescant in pace)。

1900年2月11日	伽达默尔生于马堡。他是艾玛·卡洛琳·约翰娜·格威尔和马堡大学私人讲师（教学职位）约翰内斯·伽达默尔博士的第二个儿子。家人住在拉恩斯特拉斯（Lahnstrasse），后来搬家到阿富勒斯特拉斯（Afföllerstrasse）。
1902年10月	伽达默尔一家迁居到布雷斯劳，在那约翰内斯·伽达默尔被聘任为药物化学教授。一家人住在药物化学研究所的公寓中，鞋桥（Schuhbrücke）38/39。
1902年11月23日	伽达默尔的妹妹去世，她1902年7月7日出生。
1904年5月24日	伽达默尔的母亲在阿尔伯蒂宁堡死于糖尿病。
1905年8月28	伽达默尔父亲再娶了海德薇格·海丽。
1907年9月	进入圣灵学校。
1909年4月1日	全家离开了研究所的住所，住到了奥恩大街8号公寓。
1914年复活节	伽达默尔和大他两岁的哥哥受洗按手礼。 从1914年起，伽达默尔在圣灵中学选修人文学习课程（希腊语和拉丁语）。
1914年8月1日	第一次世界大战爆发。伽达默尔被动员到车站分拣士兵的行李。圣灵中学成了军事医院。在两年的时间里，这些学生在其他机构继续他们的课程学习。
1916年3月24日	约翰内斯·伽达默尔被任命为政府枢密顾问（荣誉称号）。

1916年7月—11月	索姆河会战,此战中267000名德国士兵战死。伽达默尔后来说,这场壕沟战役的荒谬性使他质疑现代性进步的信念。
1918年3月13日	圣灵中学的高中毕业会考。
1918年4月22日	注册布雷斯劳大学的德国文学专业。期间伽达默尔学习了许多其他人文科学课程(艺术史、心理学、哲学、历史、东方研究、梵文)。
1918年8月	不得不放弃去洛桑旅行以提高他的法语水平的计划(由于政治、军事和经济处境的恶化)。 1918年夏天,他阅读了特奥多·莱辛的著作《欧洲和亚洲》和《纯粹理性批判》。其他印象深刻的阅读:克尔凯郭尔,《非此即彼》;托马斯·曼,《一个不关心政治者的观察》,赫尔曼·邦,《无国籍人》,诗人斯特凡·格奥尔格和陀思妥耶夫斯基。
1919年夏季学期 (4月—7月)	跟随学习并注册理查德·赫尼希斯瓦尔德的课程"科学哲学导论",这对伽达默尔来说是新康德主义的一个导论。在他的第三个学期,他获许参加赫尼希斯瓦尔德的高级研讨班(针对高年级学生)。
1918—1919年	在布雷斯劳大学的三个学期中,伽达默尔跟随特奥多尔·西布斯和欧根·库内曼学习德文,跟随理查德·赫尼希斯瓦尔德、朱利叶斯·古特曼(Julius Guttmann)、马蒂亚斯·鲍姆加特纳和齐格弗里德·马尔克学习哲学,跟随罗伯特·霍尔茨曼(Robert Holtzmann)、曼弗雷德·司迪梅(Manfred Stimming)和约翰·西格尔谢(Johannes Ziekursch)学习历史,跟随恩斯特·科尔内曼(Ernst Kornemann)学习古代史,跟随贝尔哈德·帕恰克(Bernhard Patzak)学习艺术史,跟随马克斯·施耐德(Max Schneider)学习音乐学,跟随阿尔方斯·希尔达(Alfons Hilka)学习罗曼语研究,跟随奥托·施拉德尔和阿尔伯特·希勒布兰特(Albert Hillebrandt)学习梵文,跟随弗朗兹·普雷托里乌斯学习伊斯兰研究,跟随勒维·路德维格·舒金学习英语,跟随奥托·卢梅尔学习物理学,跟随威廉·沃尔兹(Wilhelm Volz)学习地理学。
1919年4月1日	约翰内斯·伽达默尔被任命为马堡大学教授,继承了他老师恩斯特·施密特的教席。通常提交给部长的是三个名字的名单,最终约翰内斯·伽达默尔得到了这唯一的职位。

	他的教学开始于 4 月 25 日，但他家人还留在布雷斯劳，直到 9 月 30 日才全家团聚。
1919 年 10 月 1 日	搬家到马堡，住在马尔巴赫大道 15 号。伽达默尔由此在马堡继续他的学习，在那里他跟随保罗·纳托普和尼古拉·哈特曼学习哲学，跟随沃格特（Vogt）、埃尔斯特（Elster）和维尔德（Wrede）学习德文，跟随司汤梅勒（Stengel）和弗里德里希·沃尔特斯学习历史，跟随理查德·哈曼学习艺术史，跟随鲁道夫·布尔特曼学习神学，跟随恩斯特·罗伯特·库尔提乌斯学习罗曼语研究。1920 年遇到了格哈德·克吕格，后者和伽达默尔一样是哈特曼的学生。
1921 年 4 月 26 日—9 月 8 日	在慕尼黑大学度过了夏季学期，在那里向海因里希·沃夫林学习艺术史，向莫里茨·盖格、A. 普凡德尔和 K. 希尔德布兰特学习哲学。在盖格的一次研讨班上，他第一次听到人们谈到海德格尔和他的影响。在慕尼黑遇到卡尔·洛维特。
1922 年	约翰内斯·伽达默尔当选为马堡大学校长。
1922 年 5 月 17 日	博士口试（Rigorosum）。主题关于"柏拉图对话中快乐的本质"（保罗·纳托普指导），未发表。这篇论文源于保罗·纳托普的鼓励，他在著作《观念学说》第二版的附录中提出研究柏拉图那里的快乐观念的必要性。论文得到"优秀"的评语，口试则得到"良好"的评价。
1922 年 8 月	成为马堡地区肆虐的脊髓灰质炎传染病的受害者，被迫隔离几个月。 期间读到胡塞尔的《逻辑研究》和纳托普给他的海德格尔手稿《解释学处境的显示》。他被征服了，决定到弗莱堡（布赖斯高）跟随海德格尔继续他的学习。
1923 年 4 月 20 日	与弗丽达·克拉茨结婚。
1923 年 4 月—7 月	在弗莱堡度过夏季学期，在那里他参加了海德格尔的几门课程，当时还是私人课程。也遇到了胡塞尔。结识了海德格尔圈子里的人（奥斯卡·贝克尔、瓦尔特·布罗克、朱利叶斯·艾宾浩斯；卡尔·洛维特为了博士毕业，在慕尼黑度过他的夏季学期[1]）。

---

[1] 见凯特·布罗克－奥尔特曼斯（Käte Bröcker-Oltmanns）的后记，载于 M. Heidegger, *Ontologie (Hermeneutik der Faktizität)*, GA 63, Frankfurt am M. 1988, 114.

1923年7月29日—8月23日	经济危机期间，伽达默尔在海德格尔位于托特瑙的小屋里度过了四个星期。
1923年10月	跟随他的老师到了马堡，海德格尔刚在那里被任命为编外教授。
1924年	第一次发表《尼古拉·哈特曼的认识论的形而上学》（《逻各斯》1923—1924）和《哲学中的体系观念》（《纳托普纪念文集》），这些论文中海德格尔课程的影响是很明显的。这个时期，伽达默尔还打算跟随哈特曼攻读博士学位。
1924年8月17日	保罗·纳托普去世。
1924年12月	海德格尔邀请伽达默尔陪同他在鲁尔地区的会议之旅，以指导研讨班，但鲁尔被占领使得该计划被取消。
1925年	受到海德格尔和他的学生越来越成功的刺激，尼古拉·哈特曼离开了马堡，接受了科隆的马克斯·舍勒的教席。因此伽达默尔接手了哈特曼的寓所，奥克什大道39号。在弗里德兰德的研讨会上做了关于沃纳·耶格尔的亚里士多德遗传阐释的报告。这项研究1928年发表在《赫尔墨斯》杂志上，构成他对古典语文学的一个真正贡献。
1925年4月	在古典语文学研究阶段（跟随弗里德兰德和洛马茨奇）伊始，海德格尔一封言辞有些严厉的信使他怀疑自己的哲学能力。伽达默尔由此酝酿了更为谦虚的计划：成为语文学家或希腊语教授。
1926年10月8日	女儿尤塔出生。卡尔·洛维特将成为她的教父。
1927年7月20日	古典语文学国家考试（用拉丁文撰写一篇关于品达的文章）。主考官是弗里德兰德、洛马茨奇和海德格尔。在他希腊文和拉丁文的课程中，他获得了"良好"的评语，在"哲学预备教育"的辅助学科中，获得了"优秀"的评语。海德格尔很满意伽达默尔在国家考试中的表现，答应指导他做资格论文。
1928年	弗里德兰德打算指导他古典语文学的资格论文，但伽达默尔更想跟着海德格尔准备国家论文，海德格尔刚刚被任命为弗莱堡大学教授。

年 表

1928 年 4 月 15 日	伽达默尔的父亲在马堡死于癌症。海德格尔曾拜访过他父亲，向他保证他儿子有很好的未来。
1928 年 5 月 1 日	收到应急基金会一笔每月 250 马克、为期两年的研究奖金，资助他关于希腊自然哲学的研究。他的同事和朋友格哈德·克吕格收到一笔类似的奖金，资助他关于高级经院哲学的本体论的研究。
1929 年 2 月 16 日	关于"古代黑格尔辩证法"的课程。
1929 年 2 月 23 日	马堡"哲学伦理学中友爱的角色"的就职课程。 在马丁·海德格尔指导下完成的题为"柏拉图的《斐里布篇》的阐释"的哲学博士论文，该论文 1931 年以"柏拉图的伦理辩证法"为题以修正版的方式出版。凭借它，伽达默尔成为马堡大学的私人讲师。除了奖金，伽达默尔还可以收取适当的学费维持，其数目取决于注册他课程的学生的人数。
1929 年夏季学期	在马堡的第一门课："伦理学诸问题"。
1929 年 10 月 24 日	纽约证券交易所的黑色星期四使世界经济陷入危机之中，这个危机对魏玛共和国来说是致命的。
1930 年 5 月 1 日	资助他希腊物理学研究的应急基金奖金延长一年。
1930 年 7 月 10 日—12 日	受保罗·弗里德兰德尔邀请，参加著名的有关"古典作品"的瑙姆堡会议（沃纳·耶格尔、爱德华·弗兰克尔、理查德·哈德、沃尔夫冈·沙德瓦尔特等），在会上遇到了赫尔穆特·库恩。
1931 年	《柏拉图的伦理辩证法》在莱比锡的迈纳出版社出版。
1931 年 5 月 1 日	应急基金的奖金没有得到延续。针对私人讲师的资助申请也被驳回了。伽达默尔的财政状况变得非常不稳定。他满足于像洛维特（负担有社会哲学的教学任务）的助教那样每个月 50 马克的微薄收入，他与克吕格一起分享这个职位，后者的资助也没有得到延续。
1931 年 5 月 27 日	哲学系要求为伽达默尔设立伦理学和美学教学职位。由于普遍的财政状况，这个要求被拒绝了。

1931 年 7 月 28 日	伽达默尔收到每月 170 马克报酬，作为他在马堡大学每周 3 小时教学工作的适度补偿。
1932 年 3 月 23 日	哲学系为伽达默尔再次提出伦理学和美学教学职位的申请。因为同样的理由被再次驳回。
1933 年 1 月 30 日	希特勒掌权。根据未经证实的资料[1]，伽达默尔当时是德意志民族党的党员。德意志民族党是一个带有君主主义倾向的保守、平民和民族的党派，1933 年 6 月 27 日被希特勒的纳粹党解散。在 1932 年 11 月的选举中，德意志民族党以 8.4% 的选票，成为 1933 年 1 月 30 日纳粹党在联合执政中掌权的小伙伴。其主席胡根堡（报业大亨）控制和"限制希特勒"的愿望完全是幻想和天真幼稚的。[2] 在访谈中，伽达默尔曾说，这些资料是假的，他当时毫无疑问是德国民主党（一个小的中间党派）的党员。像他那样的马堡知识分子只是鄙视纳粹那野蛮而粗俗的特征。伽达默尔所在的马堡大学阶层形成了一个明显非政治的绿洲。[3] 后来他认识到，当时他政治上不够成熟。[4] 他的"非政治"态度后来导致他遭遇纳粹组织给他带来的痛苦。
1933 年 4 月	到巴黎旅行。遇到亚历山大·科耶夫和列奥·施特劳斯。
1933 年 4 月 21 日	海德格尔成为弗莱堡大学校长，由此坚定地表态支持国家社会主义。他在马堡的学生们（伽达默尔、克吕格、洛维特和克莱因）对此感到震惊甚至害怕。[5]
1933 年 8 月 24 日	伽达默尔终于获得 1933—1934 年冬季学期的伦理学和美学的教职（从 10 月 1 日起），作为马堡大学的私人讲师的身份，基本工资为 300 马克／月。

---

1 见 G. Leaman, *Heidegger im Kontext. Gesamtüberblick zum NSEngagement der Universitätsphilosophen*, Hamburg/Berlin, Argument Verlag, 1993, 40.
2 见 R. Hofman，*Gechichte der deutschen Parteien. Von der Kaiserzeit bis zur Gegenwart*, München/Zürich, Piper, 1993, 170.
3 *Hans-Georg Gadamer on Education, Poetry, and History. Applied Hermeneutics*, 1992, 142.
4 见 *Hans-Georg Gadamer on Education, Poetry, and History. Applied Hermeneutics*, 1992,143："你问我的政治问题有关我自己还不成熟的时期。"（... für die meine Aufmerksamkeit nicht gereift war.）
5 见 K. Löwith, Mein Leben in Deutschland, 33："他的决定使他的学生惊讶，因为到那时为止他几乎没有对政治问题表态，对此也没有明确的看法。"在接受北德电台（9.2.95, 4 [ms.]）的拉尔夫·路德维希的访谈时，伽达默尔也肯定了这一判断："像所有海德格尔以前的学生一样，当他突然成为校长并卷入政治时，我感到震惊。这对我们来说是无法理解的。幸好我在马堡有几个犹太朋友。这让我避免了所有幻想。"

1933 年 11 月 10 日	"大学教授和德国高等学校支持阿道夫·希特勒和国家社会主义国家的宣言",在 11 月 11 日公民投票之际。该宣言在莱比锡的大会期间发表,当时海德格尔校长做了发言,公开宣言被理解为"向世界智慧的呼唤!"(诸如此类),它旨在向外部世界表明德国教授对希特勒的支持。宣言很快被翻译为五种语言。其中也包括了伽达默尔(以及他的马堡同事克吕格和沃纳·克劳斯)的签名。伽达默尔后来证实,在教授大会上没有人提出反对意见,当时呈现的这个宣言无疑被理解为只是一个签名而已。[1]
1934 年	自然哲学史第四次大会在基尔召开,有光盘记录。[2]
1934 年 1 月 24 日	在人文中学之友协会之前,"柏拉图与诗人"会议召开,鲁道夫·布尔特曼担任会议主席。
1934 年 4 月 23 日	海德格尔辞去弗莱堡大学校长职务。
1934 年 5 月	受到基尔大学的邀请,1934 年夏季学期接替理查德·克罗纳的职位,后者由于是犹太人而被停职。伽达默尔的好友兼同事卡尔·洛维特在 1934 年夏季学期和 1934—1935 冬季学期也被马堡解除职位了(正式给出的是研究方面的理由)[3]。
1934 年 6 月 17 日	副总统弗朗兹·冯·帕彭(属于德国中央党,天主教背景)在马堡的重要讲话中谴责了一党制。克吕格就这个问题写信给伽达默尔。
1934 年 6 月 30 日	恩斯特·罗姆的"政变"。希特勒声称镇压冲锋队领导恩斯特·罗姆的政变,借此暗杀了他的百余名政敌(其中包括罗姆和前总理施莱歇尔)。由此他巩固了自己的权力,并表现得无所顾忌。在老总统兴登堡 1934 年 8 月 2 日去世后,总统和总理的职位合并为元首。
1934—1935 年冬季学期	伽达默尔再一次代理克罗纳在基尔的工作。
1935 年 4 月	伽达默尔申请马堡大学非永久编外教授的职衔,这是担任

---

1 见伽达默尔的访谈:« ... die wirklichen Nazis hatten doch überhaupt kein Interesse an uns ». Hans-Georg Gadamer im Gespräch mit Dörte von Westernhagen, in Das Argument 182 (1990), 548.
2 见 UAM, PA, 24.
3 Chronik der Preussischen Universität Marburg 1934 (40 Jg.), 58.

	六年私人讲师后的一个正常申请,但他的请求被教师协会拒绝了(无疑是因为政治的原因)。
1935 年 9 月 15 日	由于纽伦堡种族法案,卡尔·洛维特失去了他在马堡的职位。在他离开的前一天,他在布尔特曼家里见到了伽达默尔、克吕格和 E. 弗兰克。[1] 在之后的信件中,洛维特向伽达默尔提出,不再做他女儿尤塔的教父,但伽达默尔拒绝了这一请求。 同一时间,因为同样的理由,埃里希·弗兰克教授也被解职了。他 1935 年 12 月 31 日退休,但继续生活在马堡直到 1939 年离开这里前往美国。在 1935—1936 年冬季学期,伽达默尔被委托接替他的哲学教席。[2]
1935 年 10 月	伽达默尔自愿参加了针对教师的国家社会主义学会,位于接近但泽的魏希塞尔明德。这个学术营受在教育部颇有影响纳粹法学家威利·格莱斯帕赫领导,他后来为伽达默尔成为教授提供了帮助。[3]
1936 年 1 月 4 日	教师协会批准授予伽达默尔以非永久编外教授的职衔[4](无疑是他参加国家社会主义教师学会的一个结果)。
1936 年夏季学期	继续代理弗兰克在马堡的教席。然而这将是最后一次,因为这个教席 1936 年夏季学期被撤销了。[5] 伽达默尔的课程"艺术与历史(精神科学导论)"在接下来的几年里重复进行,它可能被视作《真理与方法》(1960)的原始提纲。
1936 年 11 月	前往法兰克福参加海德格尔关于艺术作品起源的讲座,但没有私下与海德格尔会面。
1937 年 4 月 20 日	最终被任命为马堡大学非永久编外教授。
1937 年 10 月	伽达默尔收到哈勒大学提供的古典语文学替补职务,但他拒绝了。花两周时间与 W. 布罗克和克吕格一起拜访在托特瑙的海德格尔。[6]

---

1 Karl Löwith, *op. cit.*, 81.
2 *Chronik der Preussischen Universität Marburg*, 1935, 58.
3 1937 年 7 月 28 日伽达默尔给洛维特的信。另见 PL, 57; AAP, 71.
4 UAM, PA, 13.
5 *Chronik der Universität Marburg für* 1936(42), 52.
6 1937 年 12 月 12 日给洛维特的信。

1937年11月	患慢性胃肠炎，不得不在柏林住院六周。
1938年3月28日	德国教育部的海因里希·哈米亚茨为伽达默尔提供了1938年夏季学期莱比锡大学阿诺德·盖伦的哲学替补教席。
1938年9月	到意大利旅行，参观了科莫、米兰、热那亚、比萨、佛罗伦萨、锡耶纳、阿西西和威尼斯。
1938年11月9日	"水晶之夜"（反犹太大屠杀）。
1938—1939年冬季学期	继续替补莱比锡哲学教席。
1939年1月1日	被任命为莱比锡大学正式教授和哲学系主任。在候选小名单上，他比西奥多·黑林和汉斯·李普斯更受认可，他们有更多成果和更知名，但两人都是不折不扣的著名纳粹。显然这损害了他们的利益。
1939年4月15日	全家迁居到莱比锡栗子（Kastanien）大道1号。
1939年4月—7月	伽达默尔作为正式教授的第一门课程讲授"艺术与历史"。
1939年7月8日	莱比锡的就职讲课"黑格尔与历史精神"。
1939年8月23日	希特勒与斯大林之间的互不侵犯条约。伽达默尔在托特瑙拜访海德格尔时得知这个消息。海德格尔称赞它是歌德与陀思妥耶夫斯基精神的相会。
1939年9月1日	希特勒入侵波兰。第二次世界大战爆发。
1940年1月	在佛罗伦萨德国研究所做讲座："《面包与美酒》作为荷尔德林历史意识的表达"。
1940年3月	在埃里希·詹森和D.马恩克突然去世后，马堡大学为伽达默尔提供哲学教席。
1940年4月	在魏玛做关于"黑格尔与古代辩证法"的报告。他正在写关于这个主题的一本小书。
1940年5月10日	德国军队占领荷兰、比利时和法国。担心欧洲三十年的新战争，伽达默尔去拜访海德堡的卡尔·雅斯贝尔斯。

1940 年 7 月	得到明斯特大学哲学教席的提名。[1]
1940 年 8 月 18 日	在柏林进行商谈后,伽达默尔放弃了马堡、明斯特和德累斯顿为他提供的职位。
1940 年 10 月 7 日	在马堡做关于"荷尔德林与古代文化、德国观念论的历史哲学的关系"的报告。
1941 年 5 月 21 日	受伽达默尔邀请,海德格尔到莱比锡做报告。
1941 年 5 月 29 日	伽达默尔在巴黎的德国研究所做关于"赫尔德思想中的人民与历史"的报告。
1941 年 6 月 22 日	希特勒进攻苏联。大屠杀开始。
1941 年 7 月	伽达默尔与科默莱尔和克吕格拜访在托特瑙的海德格尔。
1941 年 11 月 15 日	在萨克森科学院做关于"形而上学的前史"的报告,伽达默尔刚被选为该院院士。该文刊登在 1950 年海德格尔 60 周年的《纪念文集》中。[2]
1941 年 12 月 16 日	在柏林的哲学德国协会做"哲学真理问题"的报告。[3]
1942 年 11 月	在莱比锡歌德协会做"歌德与哲学"的报告。 在萨克森科学院做"古代哲学中的存在概念"的报告。
1943 年	伽达默尔成为克洛斯特曼出版社一部文集的主编,后者要出版"可供军队中的学生和大学教学用"的简短经典文本。J. 艾宾浩斯打算准备康德卷,瓦尔特·布罗克准备赫拉克利特卷,克吕格准备莱布尼茨卷。伽达默尔准备翻译亚里士多德《形而上学》的第 12 卷。它于 1948 年在法兰克福出版。
1943 年 2 月 2 日	德国在斯大林格勒投降。第二次世界大战的转折点。
1943 年 2 月 23 日	卡尔·雅斯贝尔斯 60 岁生日。伽达默尔为《纪念文集》撰写了文章"康德与上帝问题",该书未能出版(雅斯贝尔

---

1 UA PA 488, Bl. 70.L
2 GW 6, 9. 见 *Deutsche Literaturzeitung* 63 (1942), 187.
3 参见沃尔夫冈·埃克斯莱本撰写的关于这次会议的负面报道(Institut für Zeitgeschichte, MA 141/5, #0345545-7)。

	斯的妻子是犹太人，雅斯贝尔斯从1937年起就被勒令停止教学）。
1943年6月6日	在布拉格做关于荷尔德林的报告，题目可能是"荷尔德林与未来"[1]，该文是为《古代》杂志准备的，但未能发表。
1943年6月	荷尔德林百年纪念。伽达默尔参加了在图宾根召开的纪念活动，做了"荷尔德林与古代"的发言。
1943年9月	到康斯坦茨湖度假。伽达默尔可能去拜访了海德格尔。
1943年10月	伽达默尔表态支持他马堡的同事，罗曼语言学家沃纳·克劳斯，后者由于卷入"红色团体"的抵制运动而受到死刑威胁。在一封声援信中[2]，伽达默尔强调了克劳斯"不稳定的精神状态"。在当时的情况下，这有助于他脱罪并将死刑减刑为监禁。
1943年12月4日	莱比锡市中心基本上被盟军轰炸摧毁。莱比锡大学92栋建筑中的58栋受到打击。
1944年	在德累斯顿丹特学会做"普罗米修斯与文化悲剧"的报告。这个报告使他受到谴责，人们指责他有"天主教政治"倾向，但校长没有采纳这种奇怪的指责。[3]
1944年1月12日	在莱比锡大学的大会议程中做"库萨的尼古拉与现代科学的观念"的报告。
1944年3月12日—4月4日	到葡萄牙旅行，在那里以法文和德文在里斯本、科英布拉和波尔图的德国研究所做报告，主题分别为"歌德与哲学"，"当代德国哲学中的历史问题"和"普罗米修斯与文化悲剧"。在那里他遇到了奥尔特加·加塞特(Ortega y Gasset)和冯·魏茨萨克。[4]
1944年4月	在从葡萄牙的回程中，伽达默尔得知唯一的兄弟在靠近比勒费尔德的伯特利去世。他哥哥从小就患有慢性癫痫。

---

[1] 奥斯卡·许雷尔1943年6月12日给伽达默尔的信。
[2] 发表于 Lendemains, 18. Jahrgang, 69/70, 1993, 147.
[3] 伽达默尔给格洛斯纳的信，引自 C. Grossner, *Verfall der Philoso-phie. Politik deutscher Philosophen*, Hamburg, 1971, 235, 其他访谈类似。
[4] PL, 121; AAP, 147-148.

1944年6月6日	盟军登陆诺曼底。伽达默尔从他的学生玛丽安·戈德勒，卡尔·戈德勒的女儿那里得知这个消息。
1944年6月	伽达默尔受邀在巴黎德国研究所做关于"歌德与哲学"的报告，但报告后来被取消，官方给出的理由是学期提前了[1]，但法国的军事处境可能才是根本原因。
1944年6月15日—25日	到布雷斯劳旅行，在那伽达默尔试图说服维克托·冯·魏茨萨克接受在莱比锡的职位。[2]
1944年7月20日	克劳斯·冯·施陶芬贝格刺杀希特勒。莱比锡的前市长卡尔·戈德勒参与了这一密谋，伽达默尔与之过从甚密。戈德勒1945年2月2日被处决。伽达默尔的学生、助手和亲密朋友凯特·莱克布施在被曾听到他反对希特勒言论的女同事揭发后不久被逮捕了。[3] 她被"人民法院"起诉，有死刑之危。这个指控最初因"证据不足"被驳回，因为一位也曾听过莱克布施言论的朋友（格特鲁德·贝尔托尔特 [Gertrude Bertoldt]）拒绝对此发表意见。但K.莱克布施继续被关押在柏林监狱里，直到盖世太保"裁定"他的案子。1945年4月她被转移到拉文斯布鲁克营房，但是在1945年4月23日柏林市区被无间歇轰炸时得以逃脱。
1944年7月25日	马克斯·科默莱尔去世。伽达默尔1944年8月5日在马堡大学发表简短纪念言说。
1944年9月	在马格德堡做"赫尔德与尼采中世界历史观的命运"的报告。
1945年1月—4月	伽达默尔受到"人民冲锋队"（为了战争的全德总动员）的动员。他每周日都得到莱比锡附近的兵营里。由于他1922年脊髓灰质炎的感染，被免除了所有兵役。
1945年4月18日	美国军队到达一片废墟的莱比锡。
1945年5月8日	德国投降。
1945年5月16日	莱比锡大学新校长选举，受到美国人支持的伯恩哈德·施韦策当选。

---

1 UAL, PA 488, Bl. 126.
2 UAL, PA 488, Bl. 86. 也见 HGG, *Breslauer Erinnerungen*.
3 根据凯特·莱克布施的回忆（1995年7月14日的访谈），她曾说："狗[指希特勒]被谋杀的那天将是我生命中最快乐的一天。"

1945年5月19日	应新校长的要求，伽达默尔担任包括所有语文学－历史学专业和科学的大哲学系的代理系主任，直至可以举行常规投票。
1945年7月2日	苏联军队代替了撤出莱比锡的美国军队。
1945年7月5日	伽达默尔被选举为大哲学系的系主任。考古学家伯恩哈德·施韦策继续担任校长。
1945年9月22日	在柏林哲学大会期间做"哲学对于新教育的重要性"的报告。[1]
1945年11月26日	除了作为哲学系主任，伽达默尔还成为心理研究所和心理学－教育学研究所的临时负责人。
1945年12月2日	在莱比锡文化俱乐部做"文化俱乐部的目标和任务"的报告。
1946年1月21日	当选为莱比锡大学校长。
1946年2月5日	莱比锡大学重新开启。校长伽达默尔发表讲话"科学的原初特征"。
1946年7月1日	发表莱布尼茨诞辰300周年纪念讲话，莱布尼茨生于莱比锡。
1946年10月	在弗莱堡旅行，寻求西德地区的工作。[2]
1946年11月2日	可能由于统一社会党（共产主义政党）的煽动，伽达默尔校长成为《莱比锡日报》的攻击对象。伽达默尔完全看不到在莱比锡重振民主的希望，更加促使他想谋求西德的职位。
1947年4月22日	在柏林的德国民主复兴文化俱乐部做"艺术与科学的哲学关联"的报告。[3]
1947年5月1日	在与学生代表的座谈会上，伽达默尔谈到了德国统一问题。[4]

---

1 *Über die Ursprünglichkeit der Philosophie*, Berlin, Chronos Verlag, 1948，repris dans KS I, 11-21.
2 H. Ott，*Martin Heidegger. Unterwegs zu seiner Biographie*, Frankfurt, Campus Verlag, 1988, 319.
3 载于 *Über die Ursprünglichkeit der Wissenschaft*, 1948.
4 UAL, Rektorat 152.

1947 年 8 月 1 日	工人阶级出身学生的比例问题在莱比锡大学造成危机。伽达默尔做"工人学习与大学"的演讲。[1]
1947 年 8 月 14 日	遵守六周的规定期限,伽达默尔宣布将在 1947 年 10 月 1 日辞去校长职务。
1947 年 9 月	当弗丽达·伽达默尔将伽达默尔的个人日常用品运到法兰克福时,它们被警察扣押了,伽达默尔接受了法兰克福的一个职位。
1947 年 10 月 1 日	开始在法兰克福的教学,首先是以接替的名义,因为伽达默尔直到 1948 年 7 月 1 日才被任命为那里的正式教授。[2]
1947 年 11 月 7 日	10 月 31 日,伽达默尔回到莱比锡参加校长交接仪式。他在家中被刑事警察逮捕,并被苏联军官审问了好几天,对方没有明显的动机,但很可能与检举揭发有关。这个案子让展开调查的莱比锡市长感到羞愧。
1948 年 3 月 30 日—4 月 9 日	去门多萨(阿根廷)参加世界哲学大会,在会上他谈到了"历史理性的限度"。期间再次见到洛维特(当时他到了纽约的新学院)和库恩。
1948 年 4 月 23 日—26 日	伽达默尔在战争结束后第一次拜访海德格尔,这离他们第一次相会有 25 年了。
1948—1949 年冬季学期	在法兰克福大学与美国哲学家查尔斯·哈特肖恩(Charles Hartshorne, 1897—2000)开设关于莱布尼茨的共同研讨班。
1949 年 4 月 28 日	伽达默尔收到海德堡大学的召唤,让他去担任雅斯贝尔斯的教席。他于 1949 年 9 月 2 日同意了。[3] 他的正式任命 1949 年 10 月 15 日生效。1949 年夏季学期期间,伽达默尔已经是海德堡大学的临时教授。他 1949 年夏季的课程讨论"西方形而上学的终结",研讨班则关于笛卡尔的《沉思集》。1949—1950 年冬季学期、1950 年夏季学期、1950—1951 年夏季学期,伽达默尔在海德堡和法兰克福(在这里他是他自己的代替者)开课。[4]

---

[1] « Arbeiterstudium und Universität », Kultur & Kritik. Leipziger philosophische Zeitschrift, März 1994, Heft 6, 112-122 (avec notes de V. Caysa et K.-D. Eichler).
[2] UAH, PA 3849.
[3] UAH, H IV, 572-12.
[4] UAH, PA 3849.

1949年9月26日	海德格尔60岁生日。为了打破围困着海德格尔的沉默之墙，伽达默尔在克洛斯特曼为他出版了《纪念文集》。[1] 该书1950年以"共济"为标题出版，荣格尔兄弟、卡尔·洛维特和罗马诺·瓜尔蒂尼为之撰写了文章。
1950年6月29日	伽达默尔与凯特·莱克布施搬家到海德堡。
1950年7月8日	在法兰克福与凯特·莱克布施结婚。
1950年7月31日	与阿多诺和霍克海默参加纪念尼采去世50周年的广播节目。
1951年4月6日	由于伽达默尔的提议，洛维特收到了来自海德堡大学的橄榄枝。他在海德堡的教学开始于1952年。1953年洛维特出版了论他老师的严厉著作《海德格尔：贫困时代的思想家》，这触怒了海德格尔。
1951年5月27日	当选为海德堡科学院院士。发表"近三十年的哲学"的简短演说，在演说中他宣告了一种"解释学理论"。他用自己的下一个十年献身于这一工作。
1951年8月5日	前往达姆施塔特听海德格尔的报告"筑·居·思"。
1952年1月30日	在图宾根，克吕格50岁生日聚会上，提出了《真理与方法》的基本思路。不久之后，克吕格成为了伽达默尔在法兰克福的继任者。1953年，克吕格不幸中风，这影响了他的语言表达和创造力。
1953年8月20日—26日	参加布鲁塞尔的国际哲学大会。
1953年	在不来梅做"精神科学中的真理"的报告。
1953年	与赫尔穆特·库恩一起创立批判讨论的杂志《哲学评论》，编辑工作由凯特·莱克布施负责。
1955年	在法兰克福做"什么是真理"的报告。
1956年9月27日	女儿安德烈娅出生。

---

[1] Vgl. H. Ott, 334.

1957年6月26日—27日	到弗莱堡看望海德格尔,当时海德格尔为大学500周年纪念做关于"同一律"的报告。
1957年10月21日—25日	在马堡校友之会期间做"习俗与历史性"的讲座(与布尔特曼、富克斯、亨利希、莫尔岑及其他人展开讨论)。
1957年11月19日—30日	作为梅西耶红衣主教教席的所有者,伽达默尔以法文做了五场关于"历史意识问题"的报告。
1958年	在威尼斯美学国际会议上做关于"审美意识批判"的报告。
1958年5月	在概念史工作小组会议上,做关于"共通感概念"的报告。
1958—1959年冬季学期	伽达默尔第一次享受休假学期的生活,"以完成紧迫的科学工作"。[1]
1960年2月11日	《真理与方法》出版。同一时间出版的有伽达默尔60岁的《纪念文集》,标题为"希腊人的在场",其中包括海德格尔的一篇论文(《黑格尔与希腊人》)。
1961年	在米兰和罗马做报告,尤其是"关于自身理解问题"的报告,该文1962年发表在献给克吕格60岁《纪念文集》上。遇到艾米利奥·贝蒂。
1961年	在瓦尔德堡做"论哲学伦理学的可能性"的有影响力的报告,讲座稿1963年发表。
1961年10月	尤尔根·哈贝马斯开始他在海德堡的教学生涯。伽达默尔为他争得了哲学编外教席,甚至在他完成资格论文之前,这是不同寻常的。[2]霍克海默和阿多诺在哈贝马斯的问题上有过争执,伽达默尔很快认识到了哈贝马斯的才华。
1962年	伽达默尔成为海德堡大学校长的候选人,但被弗里茨·恩斯特战胜。
1962年	与最优秀的黑格尔专家们一起创立"黑格尔协会"。在巴黎做"20世纪哲学基础"的报告(GW 4)。

---

[1] 1958年7月29日伽达默尔写给斯图加特文化部长的信(UAH, PA 3850)。
[2] R. Wiggershaus, *Die Frankfurter Schule*, München/Wien. Hanser, 1986, 625.1961年12月22日伽达默尔写给卡尔·洛维特的信。

1965年2月11日	65岁生日,他的学生在他寓所前以火炬队列形式(procession aux flambeaux)庆祝。[1]
1966年4月	离开他在贝格施特拉塞的公寓,前往靠近海德堡,位于齐格尔豪森的家布切纳克尔航53号。
1966年夏季学期	新的年假。
1966年10月	作为德国哲学学会的主席,他在海德堡组织了关于"语言问题"的大型会议。
1967年	他的《短篇著作集》的前两卷在莫尔·西贝克出版。
1968年	《柏拉图的辩证伦理》增补第二版出版。关于画家韦尔纳·肖尔兹(Werner Scholz)的书出版(Recklingshausen, Verlag Aurel Bongers)。
1968年2月14日	退休。但伽达默尔并没有停止教学。在1969—1970年冬季学期前,他都代理着自己的哲学教席。[2] 后来他继续在海德堡授课,特别是夏季学期期间。
1968年2月	第一次到北美旅行,在那他参加了范德堡大学(田纳西州,纳什维尔)召开的施莱尔马赫国际会议。访问美国的几所大学,讲座的主题是"图像和语词"与"前苏格拉底哲学中的神圣观念"。
1968年9月2日	在第14届世界哲学大会(维也纳)上做开幕报告"论理性的力量"。在那遇到了卡尔·波普尔,波普尔在伽达默尔解释学的某些要素中认出了自己[3],还遇到了扬·帕托切克,他为8月21日苏联军队进入布拉格而感到震惊。
1969年2月14日	在伽达默尔在海德堡大学的最后常规课程(关于"黑格尔与海德格尔")上,海德格尔做了简短发言。不过这并不是伽达默尔在海德堡的最后一次课。
1969年4月	第二次旅居美国。在各地做报告,包括纽约(在歌德之家论保罗·策兰)、滑铁卢(加拿大)和华盛顿的美国天主教大学。

---

1 Heidelberger Tagesblatt, 13/14.2.1965 (UAH, PA 3850).
2 UAH, PA 3850.
3 C. Grossner, *Verfall der Philosophie*, 1971, 220. 关于波普尔对伽达默尔的评价,见 Ibid., 285.

1969年6月20日—21日	在海德堡筹备庆祝海德格尔80岁生日的研讨会,洛维特参加了。
1970年2月11日	伽达默尔70岁,两卷本的重要《纪念文集》(《解释学与辩证法》)出版。解释学与意识形态批判之间的交锋在这里达到顶点。
1971年	这一年获得许多荣誉。被授予功勋骑士勋章,获得普福尔茨海姆市的罗伊西林(Reuchlin)奖和德国大十字勋章。
1972年	出版七卷本集体作品《新人类学》的第一卷,与保罗·沃格勒医生合作。在挪威和北美的美国旅行。
1972年9月	赴巴黎的歌德研究所参加研讨会。1973年发表他对策兰的《呼吸的结晶》的阐释文章,《我是谁与你是谁?》。
1976年	在苏尔坎普出版讲座文集《科学时代的理性》。
1976年5月26日	海德格尔在梅斯基希去世。伽达默尔在从挪威的回程中得知这个消息。他没有参加葬礼,因为考虑到这个仪式是为亲密家人保留的。
1976年12月16日	在弗莱堡纪念马丁·海德格尔。伽达默尔发表演讲"作为上帝精神"。
1977年	伽达默尔出版自传《哲学的学徒生涯》《美的现实性》(雷克拉姆)和诗学阐释文集《诗学》(苏尔坎普)。
1978年	由卡尔·温特(Carl Winter)出版一份长期研究成果《柏拉图与亚里士多德中善的观念》。
1978年10月27日—11月13日	爱荷华大学客座教授。伽达默尔做关于"解释学与文学"的十场讲座。11月在明尼阿波利斯的"现代语言协会"大会上做"杰出的文本"的报告。
1979年6月13日	获得斯图加特市的黑格尔奖。哈贝马斯在变得很著名的标题"海德格尔式外省的城市化"下发表献给伽达默尔的赞词。伽达默尔谈到了"黑格尔的遗产"。
1980年	南非、加利福尼亚和南美的讲座之旅。

1980年2月11日	海德堡召开庆祝伽达默尔80周岁的研讨会("古代哲学及其对当代的意义",由他的学生维赫尔、海德堡、卡尔·温特组织)。
1980年4月	在杜布罗夫尼克校级大学中心参加"解释学与艺术"研讨会。在那里他遇到了来自东方国家的学者。这些会面促使了后来的维也纳人类科学研究所的诞生。
1981年4月25日—27日	在巴黎的歌德研究所遇到雅克·德里达。
1981年5月12日—19日	受邀到那不勒斯大学哲学系和那不勒斯的意大利哲学研究所,伽达默尔在那里回顾了这些年的讲座和课程。
1982年	应天主教神学院邀请前往波兰。自1945年后第一次再见到布雷斯劳(弗罗茨瓦夫)。
1983年	《海德格尔的道路》(莫尔·西贝克)出版。《赞美理论》(苏尔坎普)出版。
1983年8月	在冈多菲堡由人类科学研究所组织的研讨会上,遇到教皇保罗二世。
1985年	《著作集》第一批(第五卷和第六卷)出版,涉及希腊哲学研究。致敬莱因哈德·柯塞勒克85周岁的研讨会。
1986年	《真理与方法》的第五版出版,它构成了《著作集》的第一卷。第二卷同时出版,它以自我批评开篇。
1986年5月25日	伽达默尔第一次海德格尔协会的研讨会,它于海德格尔去世10周年期间在梅斯基希召开。做报告:"马丁·海德格尔道路的统一性"。1987年和1990年,他参加了该协会的其他研讨会,他是这个协会的唯一荣誉成员。
1986年6月15日	获得卡尔-雅斯贝尔斯奖。
1987年	维克多·法里亚斯关于海德格尔与国家社会主义的著作掀起了新的"海德格尔事件"。伽达默尔谈到了海德格尔对纳粹的介入,特别是在1988年2月在海德堡与德里达公开会面期间。

1987年5月6日	获汉斯·马丁·施莱尔 (Hanns Martin Schleyer) 奖。
1989年	《欧洲的遗产》（苏尔坎普）出版。
1989年7月	关于伽达默尔的一系列研讨会的第一次会议在海德堡召开，聚集了北美和欧洲的许多研究者。
1989年11月9日	柏林墙的倒塌。随后两德于1990年10月3日统一。伽达默尔最初认为，在一定时间里保持两德的分裂状态是合理的。
1990年2月11日	90岁。海德堡科学院和海德格尔协会在海德堡组织向伽达默尔致敬的研讨会。纪念文集《阐释的节日》在美国出版，还有许多杂志向伽达默尔致敬。
1993年	《西方哲学的开端》（在那不勒斯的讲座稿，瑟伊出版社，2001年）和《健康的哲学》（苏尔坎普）出版。
1993年10月20日	第一次在德国的新省，伽达默尔为莱比锡大学冬季学期的开学做简短发言。
1993年11月17日	与雅克·德里达在巴黎再次相遇，保罗·利科也在场。
1994年2月28日	德里达与瓦提莫关于宗教问题的卡普里岛对话。
1995年2月11日	95周岁那天，《著作集》的最后一卷（第十卷）出版。海德堡大学为伽达默尔庆祝，保罗·利科发表了"权威的悖论"的献词。
1995年	获得罗马的国家科学院的安东尼奥·费尔特里内利（Antonio-Feltrinelli）奖，奖金3亿里拉。
1995年7月7日—9日	海德堡的解释学年会致力于讨论青年海德格尔的解释学及伽达默尔对它的继承。伽达默尔在会上谈到了他在马堡的往事。
1996年2月12日	96周岁的第二天，伽达默尔收到了母校布雷斯劳（弗罗茨瓦夫）大学颁发的荣誉博士学位。[1]
1997年	在世哲学家文库为伽达默尔保留一卷。

---

[1] *Rhein-Neckar-Zeitung* vom 13. Februar 1996.

1997年1月6日—10日	那不勒斯循环讲座:"概念之词"。
1997年3月	获布拉格大学荣誉博士。
1997年7月13日	被授予耶拿大学荣誉成员。遇到画家埃米尔·舒马赫(Emil Schumacher)。[1]
1997年12月13日	荣获罗马的卡普·齐尔切奥(Capo Circeo)奖。
1998年7月10日—12日	参加主题为"从语词到概念"的解释学年会。
1999年7月2日—4日	参加七月份"作为哲学的解释学"研讨会。
2000年2月11日	在海德堡举行伽达默尔百岁纪念的盛大庆典,参加的有德国总统约翰内斯·劳,巴登符腾堡州州长埃尔温·托伊菲尔和许多重要哲学家,包括保罗·利科、哈贝马斯和罗蒂。伽达默尔最后一本书《解释学纲要》出版。
2000年2月12日	关于伽达默尔的研讨会在海德堡召开,瓦提莫、罗蒂和施尼森参加。
2000年2月14日	州长在斯图加特城堡以丰盛的晚宴接待伽达默尔,伽达默尔邀请了他最亲近的学生参加。
2000年4月19日	莱比锡大学庆祝伽达默尔一百岁寿辰。伽达默尔与女儿尤塔参加,萨克森州文化部长汉斯·约阿希姆·迈尔发表简短讲话:"贫困时代的哲人"。
2000年6月30日—7月2日	参加海德堡关于"解释学有何意义?"的年度研讨会,伽达默尔宣称这是他最后一次参加。
2001年9月11日	纽约和华盛顿发生恐怖袭击。在9月25日接受《世界报》的访谈中,伽达默尔表达了他的不理解,但依然坚定地肯定:"人不能没有希望地活着"。
2002年2月11日	在家庆祝最后一个生日。

---

1 « *Zunkunft ist Herkunft* ». *Gadamer und Schumacher in Jena*, Jeaner Universitätsreden 7, 1997.

2002年3月1日—2日	意大利哲学研究所在海德堡为伽达默尔102岁组织小型研讨会。受病痛困扰,伽达默尔未能参加。
2002年3月13日	汉斯-格奥尔格·伽达默尔在海德堡大学医院逝世。
2002年3月18日	在齐格尔豪森的科普费尔公墓举行不公开的葬礼。
2006年5月13日	凯特·莱克布施-伽达默尔去世。

附 记
APPENDICE

本传记的方法论和缘起

撰写此书的想法萌生于 1980 年代末。当时，维克多·法里亚斯的著作出版引发的新海德格尔事件在法国造成轩然大波。该书有助于让那些不知情的人们了解到，海德格尔与纳粹的妥协比海德格尔派愿意承认的要更严重。在伽达默尔那里，不时也有类似的问题提出。当时，我研究了伽达默尔的政治倾向和他在纳粹期间的著述。很快我就清楚了，伽达默尔的所作所为完全不能与海德格尔相提并论，他在 1933 年只是个无名小辈：海德格尔是作为德国当时最伟大的哲学家而为人所知，而伽达默尔只是个年轻的私人讲师，不为公众所知。但由于我没有查阅所有档案，因此就有了更进一步研究伽达默尔的想法。慢慢地，更详尽的传记的计划成型了。

我 1976 年结识伽达默尔，当时他在北美任访问教授，到渥太华和蒙特利尔做报告。我和他有过数次访谈，在此期间我和他谈到了我以德文进行较大研究的想法。在他的邀请下（这当然是很平常的事），我于 1977 年到海德堡在他指导下学习，但由于海德堡哲学系刚刚失去了它的几乎所有教授，被其他地方召唤去了，所以我到图宾根去做论文，这部分是由于伽达默尔为我推荐了那里的柏拉图专家。在这些年里，我定期到海德堡（有时是图宾根）去见他，以及邀请他去魁北克——当我在那里任年轻教授时。这些年我们一直有见面，但只是到了1990年，我们之间才建立起更亲密的信赖关系，在此之前我只是对他思想感兴趣的众多年轻学者中的一个。在他90岁时，人们邀请我到海德堡做"伽达默尔与奥古斯丁"的报告，以向他表达敬意。伽达默尔开始对我有一种特殊的情感，我从他的信中也感受到了这点。[1] 他对我1991年出版的《哲学解释学导论》的评价也很好，为该书1993年的法文版撰写了序言。

于是我向他询问他对传记的看法，为此我征求了至少他外部的合作（一些访谈和查阅文献的授权，在那里，找到了他的一些信件）。因为他年事已高，我并不认为这个长期的计划能够在他有生之年完成，但得到他的配合是很宝贵的，因为这样我就有机会向他提出以后不再有机会向他提出的问题。

他似乎很感兴趣，尽管他的第一反应是鼓励我研究更值得关注的主题。他说得很谦虚，不过也是因为德国的哲学家们与传记有着别扭的关系。在海德格尔学派中，人们倾向于认为，在一个哲学家的生活中，唯一重要的是他的思想。但有些人怀疑，他这么说是因为他有一些东西想要掩盖吗？

我向伽达默尔解释，我的想法是写一部尽可能客观的传记，它既不是圣徒传记，也不是审判的法庭或"官方的传记"。我的意图是尽可能以历史文献为依据追溯伽达默尔的生活事迹，我开始收集资料并向他提出问题：1）他的信件（伽达默尔让我接触

---

[1] 见 HGG, *La Philosophie hermeneutique*, PUF, 1996, 227.

他办公室可以找到的信件,并且授权我查阅他保存在他的通信人文档那的信件);2)与他有关的历史文件和档案(他任教过的大学里的个人卷宗和与他有关的所有证据);3)我所能够拜访和询问到的他生活的见证人、他的同事、朋友和亲属;4)他所生活的时代和阶层的历史重构;5)他的哲学文本和自传;6)与伽达默尔的访谈。

基拉姆(Killam)基金、加拿大人文科学研究委员会和洪堡基金的资助,使得我可以长时间逗留在海德堡和德国。这些年里,伽达默尔的学生们知道我在撰写传记,他们的协作常常给予我宝贵的帮助。我对他们给予我的帮助怀有同等的感激之情:理查德·帕尔默(Richard E.Palmer),劳伦斯·施密特(Lawrench K.Schmidt),约翰·克利里(John Cleary),鲁迪格·布伯纳,莱纳·维赫尔,克丽斯塔·霍尔农(Christa Hornung),曼弗雷德·里德尔(Manfred Riedel),沃尔夫冈·威兰,康拉德·克拉默,克劳斯·施蒂希韦(Klaus Stichweh),埃米利奥·莱多,格瑞姆·尼克尔森,迪尔特·米斯格尔德,约翰·罗伯逊(John Robertson)及其他人。他的学生和美国翻译者约尔·威舍默(Joel Weinsheimer)表示有兴趣在耶鲁大学出版社出版它,他在那里主持一套丛书。我还不知道用哪种语言来撰写它,在德语、英语和法语之间犹豫不定,也不确定什么时候能够写完。我预计它将在伽达默尔去世后面世,因为伽达默尔当时已经94岁了。威舍默向我保证,这对耶鲁来说不是问题,和出版社依然可以签订合同。我同意了。

在这些年,特别是1994—1996年我生活在海德堡期间,我与伽达默尔的关系很亲密。我们每周至少见面三次,有时讨论哲学,有时做传记的访谈(许多都有录音),有时近郊远足、参观展览、看电视网球赛或和他家人买箱装葡萄酒。我相信，我们的关系是基于相互尊重和不同寻常的信任，这些东西比友谊本身更罕见。这种亲近使我建立了两条方法论规则。首先，我很警惕地（也许有些小题大做）尽可能采信当时的文献而非伽达默尔本人的回忆。我这样做无疑是出于谨慎：伽达默尔的在场是如此显著，使得我想要以强迫自己拉开一定客观距离的方式来努力抵抗。无疑，在伽达默尔还在世时，我将我的传记文本在让别人阅读前先交给伽达默尔过目，因为我在那里引用了一些伽达默尔可能不想要发表的信件和证据。再一次重复，真实情况是我从没有想过在他活着时完成这项工作。

但在查阅所有手头资料和长时间采访伽达默尔后，我慢慢开始撰写第一章，告诉我自己没有什么事情能够改变他的青年和成长岁月。我最终用德文写的传记，因为我在其中引用了存档信件和文件，我认为用它们原来的语言表达它们会更好。我的工作顺利推进，到1997年秋天，手稿完成了。伽达默尔依然健在。该怎么办？把手稿锁在抽屉，在他去世后再公之于众？这是我的第一反应。然而，历史学家的关切促使我将它呈给伽达默尔过目，此外再没有别人：显然他比其他人能更好地指出事实的错误，并为我提供一些补充的信息。在他去世后，这将不再可能，永远也不可能。不过我确实感到很担心，因为我知道他自己、所有海德格尔派对一般传记类型的态度（尽管他自己喜欢谈论哲学家和个人的生活，就像人们在他自己的文本中可以发现的那样，这是他的一个自相矛盾之处）。一道目光从远处投射在他生活上，这自然不会是他自己的生活。我本来希望没有完成，但出于良心上的考虑，所以我向伽达默尔说明，我已经完成了我的工作。如果他愿意，我可以将书稿交给他，让他自由地决定读还是不读。应他的要求，我从容地将手稿给了他。

什么也不期待，在几周的时间里我不敢给他打电话。一个月后，我收到了来自他的出版商乔治·西贝克的卡片："亲爱的先生，我们彼此不认识，不过伽达默尔先生对我说，您撰写了一部关于他的传记。能看到它我会很高兴。"这是我从伽达默尔那里收到的第一个信号，间接的信号。我很快致电伽达默尔询问卡片的事情，以及将书稿托付给他的出版商是否合适。他回答，"是的，是的，这很合适，我的确将该书推荐给了西贝克。"因此，我将文稿寄给了西贝克先生，两周后他回复我："我读了您的书稿，很激动（begeistert）。我希望明年能出版该传记。"

等等不是更好吗？西贝克先生认为这完全没有必要，因为书稿中几乎没有透露什么完全秘密的东西（不包含具有明显理智或政治意义的内容：显然因为这个原因，我谈到了1944年他的朋友和后来的妻子凯特·莱克布施的被捕，以及他的婚姻状况）。西贝克先生肯定与伽达默尔和他妻子多次讨论过书稿出版的时机。两人都有准否决的权利，因为我在其中引用了没有他们许可就不能发表的私人信件和证言。他们完全表示同意。因此我就与西贝克先生和耶鲁出版社（它保留了英文出版的权利）合作。

书面世于1999年2月。它很快激起了一连串的反响，在德国主要报章上有50余篇评论，在这里没必要乏味地谈论它们。我还收到了许多让我很高兴的更为私人的书信，其中特别包括鲁迪格·布伯纳、于尔根·莫尔特曼（Jürgen Moltmann）、汉斯·克拉默（Hans Krämer）、让－吕克·马里翁（Jean-Luc Marion）、让－弗朗索瓦·考特琳（Jean-Francois Courtine）、雷米·布拉格（Rémi

Brague)、格扎维埃·蒂利埃特(Xavier Tilliette)、弗兰科·沃尔皮(Franco Volpi)、詹尼·瓦提莫、特德·基泽尔(Ted Kiesel)、曼弗雷德·里德尔、弗里德里-希威廉·冯·赫尔曼和尤尔根·哈贝马斯,哈贝马斯用传真写信给我,给我以很大的惊喜:"热烈祝贺这本传记的出版,我和我妻子都高兴地读了它,特别是它涉及了我自己传记的一部分。"(1999年3月9日的传真)。哈贝马斯在伽达默尔100周岁时所发表的文章中,慷慨地谈到了该书。

批评的讨论也在进行中。这本书收到了一些赞扬——德国报纸显得有些拘谨,不太习惯哲学家的传记——但也有批评意见,主要有两类:有些人批评我给伽达默尔"洗刷污点"(特别是那些觉得德国知识分子过于妥协,并且很明显没有看过全文的人),其他一些人批评我对伽达默尔过于好奇或想要纠缠于有些德国人不喜欢谈论的纳粹往事。对一些人来说它过于随和通融,对另一些人来说又太异端,可能这是我找到了我所希望的恰当平衡点的标志。

2000年2月11日,人们邀请我参加伽达默尔百岁寿辰庆典。伽达默尔夫妇为我在庆祝会上留了一个位置,在利科、哈贝马斯、海德堡市长和德国前总统理查德·冯·魏茨萨克旁边。三天后,他们邀请我赴斯图加特堡的致谢晚宴,它由巴登-符腾堡州州长提供。在接下来的两年里,我经常再见到伽达默尔,而且总是在温暖而热情的氛围中。他多次向我表达他的感激。这都是一本传记所能希望的结果。但对于这行文字的作者来说,这本传记的写作,以及它的法语新版本,都将是一个感谢的过程。

伽达默尔1994年以前的所有作品和译本的完备文献目录,见《伽达默尔文献(1922—1994)》(Etsuro Makita, *Gadamer Bibli-ographie(1922-1994)*, Frankfurt am Main-Berlin-Bern-New York-Paris-Vienne, Peter Lang, 1995)。它更新于http://www.ms.kuki.tus.ac.jp/KMSLab/makita/gdmhp_d.html。

1. 汉斯-格奥尔格·伽达默尔的著作

1.1 伽达默尔德文作品的标准版本

1985—1995年,伽达默尔在出版商莫尔·西贝克那里出版了他的《著作集》(*Gesammelte Werke*)十卷本,它不是一个完整的版本(*Gesamtausgabe*)。2000年,这个标准版本(简写为GW)以袖珍套装的方式出版(UTB2115)。这个版本代替了五卷本形式的《短篇著作集》(*Kleine Schriften*),后者由莫尔·西贝克在1967年(第1、2卷)、1972年和1977年出版。伽达默尔著作的法译本主要取自《短篇著作集》。

下面是GW各卷的目录一览:

第一卷:《解释学Ⅰ:真理与方法。哲学解释学基础》(*Hermeneutik I : Wahrheit und Methode. Grundzüge einer philosophischen Hermeneutik*, 1986,2^e éd.1990)。这是第五版修正版,没有序言和后记,它们现在放在第二卷中。

第二卷:《解释学Ⅱ:真理与方法。补录—索引》(*Wahrheit und Methode. Ergänzungen–Register*, 1986,2^e éd. 1993)。其中包含了伽达默尔关于解释学的最重要的短篇论文,其中包括1965年的序言、1965年和1972年的后记,以及自我介绍(1973)和自我批判(1986)的文章。

第三卷:《新哲学Ⅰ:黑格尔》(*Neuere Philosophie I : Hegel*)。

第四卷:《新哲学Ⅱ:问题—构型》(*Neuere Philosophie II : Probleme –*

Gestalten, 1987）。涉及对历史概念、时间的秘密、伦理学、人类学和赫尔德等的研究。

第五卷：《希腊哲学Ⅰ》（*Griechische Philosophie I*, 1985）。

第六卷：《希腊哲学Ⅱ》（*Griechische Philosophie II*, 1985）。

第七卷：《希腊哲学Ⅲ：对话中的柏拉图》（*Griechische Philosophie III : Plato im Dialog*, 1991）。

第八卷：《美学与诗学Ⅰ：艺术作为命题》（*Asthetik und Poetik I : Kunst als Aussage*, 1993）。包括了伽达默尔关于艺术和美学的最完整的理论反思文章。

第九卷：《美学与诗学Ⅱ：解释学的实施》（*Asthetik und Poetik II : Hermeneutik im Vollzug*, 1993）。

第十卷：《解释学回顾》（*Hermeneutik im Rückblick*, 1995）。

1.2 伽达默尔著作法译本

《柏拉图的辩证伦理》（*L'Ethique dialectique de Platon* [1931], Paris, Actes Sud, 1994）。

《真理与方法——哲学解释学纲要》（*Vérité et méthode. Les grandes lignes d'une herméneutique philosophique* [1960], traduction [partielle] par Etienne Sacre et revue par Paul Ricœur, Paris, Seuil, 1976）。

《真理与方法——哲学解释学纲要》（*Vérité et méthode. Les grandes lignes d'une herméneutique philosophique* [1960], traduction intégrale revue et complétée par Pierre Fruchon, Paris, Seuil, 1996）。

《历史意识问题》（*Le Problème de la conscience historique*, Paris, Publications universitaires de Louvain/Paris, éditions Béatrice-Nauwelaerts, 1963, réédition Seuil, 1996）。

《我是谁与你是谁？——对保罗·策兰〈呼吸结晶〉的评注》（*Qui suis-je et qui es-tu ? Commentaire de « Cristaux de Souffle » de Paul Celan*, Paris, Actes Sud, 1987）。

《哲学学徒生涯》（*Années d'apprentissage philosophique* [1977], traduit par Elfie Poulain, Paris, Criterion, 1992）。

《美的现实性》（*L'Actualité du Beau* [1977], traduit par Elfie Poulain, Paris, Alinea, 1992）。

《作为柏拉图-亚里士多德问题的善的观念》（*L'Idée du bien comme enjeu platonico-aristotélicien* [1978], traduit par P. David et D. Saatdjian, Paris, Vrin, 1994）。

《欧洲的遗产》（*L'Héritage de l'Europe* [1989], traduit par Philippe Ivernel, Paris, Rivages, 1996）。

《健康的哲学》（*Philosophie de la santé* [1993], traduit par Marianne Dautrey, Toulouse, Editions Mollat, 1998）。

《尼采对立面——查拉图斯特拉的戏剧》（*Nietzsche l'antipode. Le drame de Zarathoustra*, Allia, 2000）。

《哲学的开端——前苏格拉底哲学解读》（*Au commencement de la philosophie. Pour une lecture des Présocratiques*, Seuil, 2001）。

《海德格尔的道路》（*Les Chemins de Heidegger* [1983, 1987], traduit par J. Grondin, Vrin, 2002）。

《解释学纲要》（*Esquisses herméneutiques* [2000], traduit par J. Grondin, Vrin, 2004）。

《解释学回顾》（*L'Herméneutique en rétrospective* [1995], traduit par J. Grondin, Vrin, 2005）。

1.3 伽达默尔论文集的法译本

《理解的艺术：解释学与传统哲学》（*L'Art de comprendre. Ecrits I : Herméneutique et tradition philosophique*, traduit par Marianna Simon, Paris, Aubier-Montaigne, 1982）。

《理解的艺术：解释学与人文经验领域》（*L'Art de comprendre. Ecrits II : Herméneutique et Champs de l'expérience humaine*, traduit par Isabelle Julien-Deygout, Philippe Forget, Pierre Fruchon, Paris, Aubier, 1991）。

《语言与真理》（*Langage et vérité*, traduit par Jean-Claude Gens, Paris, Gallimard, 1995）。

《哲学解释学》（*La Philosophie herméneutique*, traduit par J. Grondin, Paris, PUF, 1996）。

《解释学与哲学》（*Herméneutique et philosophie*, Beauchesne, 1999）。

《提问希腊人——对前苏格拉底、柏拉图和亚里士多德的研究》（*Interroger les Grecs. Etudes sur les Présocratiques, Platon et Aristote*, traduit par F. Renaud *et al.*, Montréal, Fides, 2006）。

1.4 伽达默尔自传文本

《哲学学徒生涯——一个回顾》（*Années d'apprentissage philosophique. Une rétrospective*, traduit par E. Poulain, Paris, Criterion, 1992）。

《自我简介》（« Autoprésentation », dans HGG, *La Philosophie herméneutique*, Paris, PUF, 1996, 11-62 ; *Selbstdarstellung* [1975], dans GW 2, 1986, 479-508 ; « Reflections on my Philosophical Journey », in *The Philosophy of Hans-Georg Gadamer*, edited by L. E. Hahn, The Library of Living Philosophers, Open Court Publishing Company, Peru, Illinois, 1997, 3-63）。

《马堡回忆》(*Marburger Erinnerungen I* [Studentenjahre], dans la revue de l'université de Marbourg *Alma mater philippina*, Sommersemester 1973, 23-27 ; II [Studentenjahre],Ibid., Wintersemester 1973-1974 ; III[Niemandsjahre], Ibid., Sommersemester 1974, 15-19 ; IV (Dozentenjahre), Ibid., Wintersemester 1974-1975, 21-24 [correspond au texte des *Années d'apprentissage philosophique*]）。

《哲学与解释学》(Philosophie und Hermeneutik, in *Philosophische Selbstbetrachtungen*, Bern/Frankfurt a. M. München, Herbert Lang, 1976, vol. 2, 33-41）。

《理查德·克罗纳的回忆》(Erinnerungen an Richard Kroner, in *Frankfurter Allgemeine Zeitung*,3. Dezember 1977, n° 281, Bilder und Zeiten, 6）。

《黑格尔的遗产》(*Das Erbe Hegels* [1980], in GW 4, 463-483）。

《关于卡尔－海因茨·福尔克曼－施勒克的纪念词》(*Gedenkworte auf Karl-Heinz Volkmann-Schluck 1914-1981*, in Kölner Universitätsreden, n° 59, 1983, 8-17）。

《埃德蒙德·胡塞尔的回忆》(Errinerungen an Edmund Husserl, in *Edmund Husserl und die phänomenologische Bewegung : Zeugnisse in Text und Bild*, hrsg. von Hans Rainer Sepp, Fribourg/München : Verlag Karl-Alber, 1988, 13-16）。

《历史与当下的中学与大学——伽达默尔教授讲座》(Schule und Hochschule in Geschichte und Gegenwart. Festvortrag von Prof.Dr h.c. Hans-Georg Gadamer, in *Schule zum Heiligen Geist in Breslau gegründet 1538 : Ein Rückblick nach 450 Jahren*, Verein in Alter Heiliger Geister zu Breslau E.V. Sitz Remscheid, 1988）。

《肤浅与无知——关于维克多·法里亚斯的出版物》(Oberflächlichkeit und Unkenntnis. Zur Veröffentlichung von Victor Farias, in *Antwort. Martin Heidegger im Gespräch*, hrsg. von G. NESKE und E. KETTERING, Pfullingen, Neske, 1988, 152-156）。

《记忆》(Erinnerung, in *Jahrbuch der deutschen Schillergesellschaft*, 34, Jahrgang 1990, 464-468）。

《哲学的遭遇》(Philosophische Begegnungen, in GW 10, 373-440）。

《回忆瑙姆堡, 1930 年五旬节》(Erinnerung an Naumburg, Pfingsten 1930, in *Philologus* 139 [1995], 341-343）。

《弗罗茨瓦夫的回忆》(Breslauer Erinnerungen, in K. BAL et J. WILK[dir.], *Gadamer und Breslau/Gadamer I Wroclaw*, Acta Universitatis Wratislaviensis No 1922, Wroclaw,Wydawnuctwi Uniwersytetu Wrockawskiego, 1997, 203-208）。

1.5 伽达默尔的档案

伽达默尔未出版的通信可以在马尔巴赫文学档案馆（Deutsches Literaturchiv）找到或查询到。克劳斯·施蒂希韦热情地为我提供了伽达默尔致洛维特的书信复本，我非常感谢。在伽达默尔生前，我得到他的授权，允许我在他的通信人的档案里阅读他的信件，尤其是海德格尔、布尔特曼、雅斯贝尔斯、克吕格、库恩、艾宾浩斯及其他人。有关伽达默尔的案卷、信件和文件可以在如下档案馆中查阅到：巴伐利亚州立图书馆（Bayerische Staatsbibliothek, Munich）、柏林档案中心（Berlin Document Center）、国家秘密档案馆（Geheimes Staatsarchiv Preußischer Besitz, Berlin）、黑森州档案馆（Hessisches Staatsarchiv Marbourg）、当代史研究所（Institut für Zeitgeschichte, Munich）、赫尼希斯瓦尔德档案馆（Richard-Hönigswald Archiv, Bonn）、艾宾豪斯档案馆（Julius-Ebbinghaus-Archiv, Munich）、石勒苏益格－荷尔斯泰因州立档案馆（Landesarchiv Schleswig-Holstein, Kiel）、下萨克森州和哥廷根大学图书馆（Niedersächsische Staats-und Universitätsbibliothek Göttingen）、德累斯顿州立档案馆（Staatsarchiv Dresden）、弗罗茨瓦夫州立档案馆（Stadtarchiv Wroclaw）、格奥尔格档案馆（Stefan George Archiv,Stuttgart）、法兰克福大学档案（Universitätsarchiv Frankfurt）、海德堡大学档案馆（Universitätsarchiv Heidelberg）、莱比锡大学档案馆（Universitätsarchiv Leipzig）、慕尼黑大学档案馆（Universitätsarchiv München）、弗罗茨瓦夫大学档案（Universitätsarchiv Wroclaw）、海德堡大学档案馆手稿部（Universitätsbibliothek Heidelberg[Handschriftenabteilung]）。

1.6 伽达默尔发表的通信

《围绕〈真理与方法〉的通信》（STRAUSS, L./GADAMER, H.-G., « Correspondance autour de *Vérité et méthode* »,dans *Philosophie* 75 (2002), 76-86 ; « Correspondence concerning Wahrheit und Methode », in *Independent Journal of Philosophy* 2 [1978], 5-12）。

《给海德格尔的六封信》（HGG, *Sechs Briefe an Martin Heidegger*, in JMHG, 1999）。

《马丁·海德格尔致汉斯-格奥尔格·伽达默尔书信选》（*Ausgewählte Briefe Martin Heideggers an Hans-Georg Gadamer*, in JMHG, 2005-2006）。

1.7 伽达默尔的孤立信件

1919 年 12 月 22 日理查德·赫尼希斯瓦尔德给伽达默尔的信和伽达默尔 1995 年 3 月 27 日及 1995 年 4 月 24 日评论施密德·科瓦兹的信件 (Lettre de

Richard Hönigswald à HGG du 22. 12. 1919 avec une lettre de HGG la commentant à W. Schmied-Kowarzik du 27.3.1995 et du 24.4.1995, dans W. SCHMIED-KOWARZIK [dir.], Erkennen – Monas – Sprache. Internationales Richard-Hönigswald-Symposion Kassel 1995, Würzburg, Königshausen & Neumann, 1997, 455-460)。

《1919—1944年的信件和记录》(KOMMERELL, Max, *Briefe und Aufzeichnungen 1919-1944*, Freiburg, Verlag Olten, 1967)。

1943年维尔纳·克劳斯的信（Brief zur Entlastung von Werner Krauss aus dem Jahre 1943，in *Lendemains*, 18. Jahrgang, Heft 69/70[1993], 147-148)。

1950年2月13日霍克海默致伽达默尔的信，以及伽达默尔1950年3月15日回给他的信（Lettre de Max Horkheimer à HGG du 13.2.1950 et de HGG à Max Horkheimer du 15.3.1950, dans Max HORKHEIMER, *Gesammelte Schriften*. Band 18 : Briefwechsel 1949-1973, Frankfurt am Main, S. Fischer, 1996, 114 et 122-123)。

1961年2月18日致埃米利奥·贝蒂的信（Lettre à Emilio Betti du 18.2.1961, dans E. BETTI, *Die Hermeneutik als allgemeine Methodik der Geisteswissenschaften*, Tübingen, Mohr Siebeck, 1962, 51-52)。

1969年10月26日马丁·海德格尔给伽达默尔的信（Lettre de Martin Heidegger à HGG du 26.10.1969, dans JMHG, 1990, 9-10)。

1970年3月17日给格洛斯纳的信（Lettre du 17.3.1970 à C. Grossner dans C. GROSSNER, *Verfall der Philosophie.Politik deutscher Philosophen*, Reinbek bei Hamburg, Christian Wegner Verlag,1971, 234-237)。

1970年11月21日，1971年12月2日和1972年2月29日海德格尔致伽达默尔的信（Lettres de Martin Heidegger à H.-G. Gadamer du 21.11.1970, 2.12.1971 et 29.2.1972, dans HGG, *La dialettica di Hegel*, Traduzione e nota critica a cura di Riccardo DOTTORI, Genova, Marietti, 2e éd. 1996, 182-188)。

1985年给弗雷德·多迈尔的信（Lettre du 1er juin 1982 à Richard Bernstein, dans R.J. BERNSTEIN, *Beyond Objectivism and Relativism : Science, Hermeneutics and Praxis*, Philadelphia, University of Pennsylvania Press, 1988, 261-265)。

1.8　已发表的与伽达默尔的访谈

《与伽达默尔的广播和电视访谈》(Pour les entretiens radiophoniques et télévisés avec Gadamer, voir la liste établie par Richard Palmer dans Hahn, L.E. [dir.], *The Philosophy of Hans-Georg Gadamer*, The Library of Living Philosophers Vol. XXIV, Chicago and La Salle, Il., Open Court Publ., 1997, 590-599)。

《反对技术统治的"共通感"，与汉斯-格奥尔格·伽达默尔的对话》(« Sensus communis » gegen Technokratie. Gespräch mit Hans-Georg Gadamer,in Claus

GROSSNER, *Verfall der Philosophie. Politik deutscher Philosophen*, Reinbek bei Hamburg, Christian Wegner Verlag, 1971, 219-233）。

《阐述：作者对伽达默尔的访谈》（Presentacion. Entrevista del autor con H.-G. Gadamer, in A. ORTIZ-OSES,*Mundo, hombre y lenguaje critico. Estudios de filosofia hermeneutica*, Salamanca,Ediciones Sigueme, 1976, 9-11）。

《列奥·施特劳斯的回忆：与伽达默尔的谈话》（Recollections of Leo Strauss : An Interview with Hans-Georg Gadamer, in *The Newsletter* [Politics Department, University of Dallas, Irving], vol. II [1978], n° 1, 4-7）。

《与伽达默尔的谈话》（Samtal med Hans-Georg Gadamer, in *Kris : Kritik Estetik Politik* [Stockholm]，n°13/14, November 1979, 6-13）。

《德国的悲剧是哲学：思想家汉斯－格奥尔格·伽达默尔，在存在主义与哲学的圆圈中》（La tragedia alemana es filosofica : El pensador Hans-Georg Gadamer, en elciclo Existencialismo y filosofia, in *El País*, 30 Marzo 1979, 33）。

《汉斯－格奥尔格·伽达默尔 80 岁：与哲学家对谈》（Hans-Georg Gadamer wird 80 : Gespräch mit dem Philosophen, in *Kölner Stadt-Anzeiger*, 9/10 Februar 1980）。

《意想不到的道路》（I sentieri dell'imprevisto, in *Rinascita*, 12, 21 Marzo 1980, 25-26）。

《汉斯－格奥尔格·伽达默尔与哲学的能力》（Hans-Georg Gadamer et le pouvoir de la philosophie, in *Le Monde Dimanche*,19 avril 1981, XII-XII）。

《哲学解释学反思了理解成功的条件：采访伽达默尔》（Den filosofiske hermeneutikk reflekter over betingelsene for at forstaelse overhodet kan lykkes : Intervju jed Hans-Georg Gadamer, in *Dyade* [Oslo], 4 [1981],29-47）。

《阐释和真相（与阿德里亚诺·法布里斯访谈）》（Interpretazione e verità [colloquio con Adriano Fabris], in *Teoria. Rivista semestrale diretta da* V. SAINATI e R. RAGGIUNTI, 2 [1982], 157-175）。

《柏拉图？在酒吧遇到他：今日哲学家的工作 1：汉斯－格奥尔格·伽达默尔》（Platone ? L'ho incontrato in un bar : Il mestiere di filosofo oggi, 1 : Hans-Georg Gadamer, in *Il Messagero*, 15 juillet 1982, 3）。

《伽达默尔论施特劳斯：一个访谈》（Gadamer on Strauss : An Interview, in *Interpretation. A Journal of Political Philosophy*, 12/1[1984], 1-13）。

《访谈：科尔德·巴克豪森与汉斯－格奥尔格·伽达默尔对话》（Interview. Cord Barkhausen spricht mit Hans-Georg Gadamer, in *Sprache und Literatur in Wissenschaft und Unterricht*, Paderborn-Schöning-München, W. Fink,57, 1986, 90-

100）。

《我们被允许辩论？与海德堡哲学家伽达默尔的对话》（Wir dürfen doch ein Streitgespräch führen ? Gespräch mit dem Heidelberger Philosophen H.-G. Gadamer, in *Communale. Heidelberger Wochenzeitung*, 29, 19.Juli 1986, 9）。

《团结的联系并不真实。与哲学家汉斯－格奥尔格·伽达默尔的对话》(Wir dürfen doch ein Streitgespräch führen ? Gespräch mit dem Heidelberger Philosophen H.-G. Gadamer, in, *Communale. Heidelberger Wochenzeitung*, 30, 24, Juli 1986, 9)。

《传统往往优先于科学：与海德堡哲学家汉斯－格奥尔格·伽达默尔的对话》（Die verbindenden Solidaritäten sind nicht wirklich lebendig. Gespräch mit dem Heidelberger Philosophen H.-G. Gadamer, in *Communale. Heidelberger Wochenzeitung*, 30, 24 Juli 1986, 9）。

《汉斯－格奥尔格·伽达默尔：平行的故事（与马尼亚戈·兰普尼亚尼和佐贺伦的对谈）》（Hans-Georg Gadamer : Storie Parallele [Interview avec V. Magnago LAMPUGNANI et G. ZOHLEN], in *Domus. Monthly Review of Architecture Interiors Design Art*, n° 670, Marzo 1986, 17-28）。

《与伽达默尔的访谈》（Entretien avec Hans-Georg Gadamer, in *Notes et documents : Pour une recherché personnaliste* 11 [1986], 46-47）。

《与克劳斯·大卫的谈话》（Interview with Klaus DAVI, in *Flash Art International*, n° 136, October 1986 ;repr. in *Art and Philosophy*, Giacarlo Politi, Deitore, Parma, 1991, 19-30）。

《汉斯－格奥尔格·伽达默尔》（Hans-Georg Gadamerrel, in *Vigilia* [Budapest], 52 [1987], n° 4 [avril], 296-300 [Interview avec G. R. ILLES]）。

《汉斯－格奥尔格·伽达默尔访谈》（Interview with Hans-Georg Gadamer, in *Theory, Culture & Society : Explorations in Critical Social Science*, 5 [1988], 25-34）。

《与伽达默尔对话》（Dialogo con Hans-Georg Gadamer, in *Cuadernos de etica*, Asociacion Argentina de Investigaciones Eticas, Buenos Aires, n° 8, December 1989, 69-86）。

《……真正的纳粹对我们丝毫不感兴趣》（«... die wirklichen Nazis hatten doch überhaupt kein Interesse an uns ». HansGeorg Gadamer im Gespräch mit Dörte VON WESTERNHAGEN, in *Das Argument,*182 [1990], 543-555）。

《错误的艺术——与哲学家汉斯－格奥尔格·伽达默尔交谈》（Die Kunst, unrecht haben zu können. Gespräch mit dem Philosophen HansGeorg Gadamer, in *Süddeutsche Zeitung*, 10/11 Februar 1990, Feuilleton, 16. ; repr. in *Information Philosophie*, 1991/3, 21-28）。

《智慧的方法——与路易吉·阿莫迪奥的访谈》（Il Metodo della saggezza [Interview avec Luigi Amodio], in *Il Mattino*, 20 gennaio 1990, 13）。

伽达默尔在那不勒斯庆祝自己的 90 岁生日，在那里他做了系列讲座：《德国的伟大方面》（La grande Germania aspetti. Intrevista a Hans-Georg Gadamer, in *La Sicilia*, 11 Gennaio 1990）。

《愉悦地迎接这个世纪——与多托里的对话》（Saluto questo secolo con gioia. Interview con R. DOTTORI, in *La Repubblica Mercurio*, 10.2.1990, n° 57）。

《米歇尔·鲍尔与汉斯－格奥尔格·伽达默尔的谈话》（A conversation with Hans-Georg Gadamer [avec Michael BAUR], in *Method : Journal of Lonergan Studies*, 8 [1990], 1-13）。

《伽达默尔教授访谈》（Gadamer professzorral, Interjuk, in *Kultura és hit* [Budapest], 2 [1990], n° 1[March], 1-13 [Interview avec Gyula Robert Illés]）。

《汉斯－格奥尔格·伽达默尔："怀疑的年轻人是年轻的哲学家"》（Hans-Georg Gadamer : « Il giovane che dubita è un giovane filosofo », in *Campus* 3, n° 9, Settembre 1990）。

《无可救药的乐观主义者》（L'inguaribilie ottimista, in *Il Messaggero* [Roma], 5 Dicembre 1991, n° 113, 17）。

《汉斯－格奥尔格·伽达默尔访谈》（Gespräch mit Hans-Georg Gadamer, in *Sinn und Form*, 43, [1991], 487-500）。

《汉斯－格奥尔格·伽达默尔论教育、诗学和历史——解释学运用》（*Hans-Georg Gadamer on Education, Poetry, and History. Applied Hermeneutics*, edited by D. MISGELD and G. NICHOLSON, SUNY Press, Albany, 1991, Interviews :« The German University and German Politics. The Case of Heidegger », 3-14 ;« Writing and the Living Voice » 63-71; « Historicism and Romanticism », 125-131; « The 1920s, 1930s, and the Present : National Socialism, German History, and German Culture », 135-153）。

《伽达默尔：一个世纪的思想》（Gadamer : Un siglo de pensamiento, in *Diario 16* [Madrid], 2, März 1991）。

《希腊人与诗歌：与汉斯－格奥尔格·伽达默尔对话》（I greci e la poesia : Colloquio con Hans-Georg Gadamer, in *Paradosso. Quadrimestrale di Filosofia*, n° 1 [1992], 133-138）。

《汉斯－格奥尔格·伽达默尔访谈》（Conversaciones con Hans-Georg Gadamer, in *Revista de Filosofia FARO* [Universidad de Playa Ancha de Ciencias de la Educacion, Valparaiso], n° 2 [1992], 121-141）。

《哲学解释学普遍性的一些维度：与汉斯－格奥尔格·伽达默尔的谈话》

(Some Dimensions of the Universality of Philosophical Hermeneutics: A Conversation with Hans-Georg Gadamer, in *Journal of the Indian Council of Philosophical Research*, 9 [1992], n° 3 [May-August], 123-135)。

《思考规则：与汉斯-格奥尔格·伽达默尔的谈话》(Pensare le regole. Dialogo con Hans-Georg Gadamer [a cura die B. CAPORALI], in *ATQUE. Materiali tra filosofia e psicoterapia* 5, 1992, 169-178)。

《伽达默尔："政治的灵魂乃是承诺"》(Gadamer : « El alma de la politica es el compromiso », in *Diairio* 16 [Madrid], section Culturas, 18 [1993], n° 385, 27, Febrero 1993)。

《人，重新发现对话的文明》(Uomo, riscorpi la civiltà del dialogo, in *Il Mattino* [Napoli], section Cultura & spettacoli, 3 janvier 1993, 15)。

《人类坐在船上：与海德堡哲学家伽达默尔谈论他的工作和我们时代的问题》(« Die Menschheit sitzt in einem Kahn. » Ein Gespräch mit dem Heidelberger Philosophen Hans-Georg Gadamer über sein Werk und Probleme unserer Zeit, in *Rhein-Neckar-Zeitung*, 11 Februar 1993 [entretien avec C. DUTT])。

《对话中的伽达默尔：解释学—美学—实践哲学》(*Hans-Georg Gadamer im Gespräch : Hermeneutik – Asthetik – praktische Philosophie*, dirigé par C. DUTT, Heidelberg, Carl Winter, 1993 ; HGG, *Herméneutique– Esthétique – Philosophique pratique*, traduit par D. IPPERCIEL, Montréal, Fides, 1998)。

《"童年觉醒"与哲学家汉斯-格奥尔格·伽达默尔对话》(« Die Kindheit wacht auf. » Gespräch mit dem Philosophen Hans-Georg Gadamer, in *Die Zeit*, n° 13, 26.3.1993, 22-23)。

《德国的俄罗斯人：伽达默尔与马拉乔夫的谈话》(Russen in Deutschland : Hans-Georg Gadamer im Gespräch mit V. MALACHOV, *Mesotes* 3 [1993], 145-151)。

《伽达默尔："闪电刺穿了神话的黑夜"》(Gadamer : « E il lampo squarcio la notte del mito » [avec Renato Parascandolo], in *L'Unità*, 30 Maggio 1994, 8)。

《伽达默尔说：克莱斯特、诺瓦利斯和荷尔德林的秘密……》(Parla Gadamer : « Il segreto di Kleist Novalis e Hölderlin... », in *L'Unità*, 8 agosto 1994 [avec Francesco Fanelli])。

《汉斯-格奥尔格·伽达默尔，"希腊人，我们的老师"：与格伦·莫斯特的对话》(Hans-Georg Gadamer, « Die Griechen, unsere Lehrer ». Ein Gespräch mit Glenn W. MOST, in *Internationale Zeitschrift für Philosophie*, 1994/1, 139-149 ; traduit dans HGG, *Interroger les Grecs. Etudes sur les Présocratiques, Platon et Aristote*, traduit par F. RENAUD et al., Montréal, Fides, 2006, 331-348)。

《海德格尔与尼采："尼采败坏了我"》（Heidegger und Nietzsche : « Nietzsche hat mich kaputtgemacht », in *Aletheia* 5 [1994], 6-8）。

《今日哲学：与真理哲学词典的对话》（Philosophie heute. Gespräch zum Aletheia-Wörterbuch der Philosophie in *Aletheia* 6 [1994], 6-8）。

《与汉斯-格奥尔格·伽达默尔的对话》（Un entretien avec Hans-Georg Gadamer, in *Le Monde*, 3 janvier 1995）。

《哲学家汉斯-格奥尔格·伽达默尔的谈话》（Das Gespräch. Der Philosoph Hans-Georg Gadamer. Befragt von R. Ludwig, Sendung des Norddeutschen Rundfunkes am 9. 2. 1995, Kulturmagazin, Redaktion : Wilhelm Heinrich Pott）。

《"……不，我不想说最后一句话。"与哲学家伽达默尔谈论语言的非暴力性》（«...nein, das letzte Wort will ich gar nicht haben. » Ein Gespräch mit dem Philosophen Hans-Georg Gadamer über die gewaltlose Macht der Sprache, in *Frankfurter Rundschau*, 11.2.1995, 8）。

《奴隶链：汉斯-格奥尔格·伽达默尔，德国哲学德高望重的长者，关于电视公司的危险》（An der Sklavenkette. Hans-Georg Gadamer, Nestor der deutschen Philosophie,über die Gefahren der Fernsehgesellschaft, in *Die Woche*, 11.2.95, p. 23）。

《没有人想成为一名哲学家，除非他疯了。》（« Keiner will doch Philosoph werden, wenn er nicht verrückt ist. » Ein Gespräch mit Hans-Georg Gadamer über die Philosophie, die Zukunft der Universität, die Jugend und das Alter, in *Unispiegel* [Heidelberg], Februar 1995, 3）。

《访谈：汉斯-格奥尔格·伽达默尔，"没有诗人，就没有哲学家"》（Interview : Hans-Georg Gadamer, « Without poets there is no philosophy », in *Radical philosophy* 69 [January-February 1995], 27-35）。

《与汉斯-格奥尔格·伽达默尔的谈话》（A Conversation with Hans-Georg Gadamer, in *Journal of the British Society for Phenomenology* [26], 1995, 116-126）。

《伽达默尔："这不是什么新鲜事"》（Gadamer : « Das ist doch nichts Neues », in *Ruprecht* [35], mai 1995, 3）。

《海德格尔与黑格尔》（Heidegger und Hegel : Daß von Hegel eine beständige Irritation ausgeht, in *Aletheia* 9 [1996], 7-8）。

《教育精神——与哲学家汉斯-格奥尔格·伽达默尔交谈》（Zum Ethos erziehen. Gespräch mit dem Philosophen Hans-Georg Gadamer [avec C. Quarch et G. Planer-Friedrich], in *Evangelische Kommentare* 6/1996, 333-335）。

《与汉斯-格奥尔格·伽达默尔交谈》（Entrevista con Hans-Georg Gadamer, in *Revista de la Asociación española de neuropsiquiatría* [59], 1996, 511-524）。

《布雷斯劳的学习岁月——对汉斯－格奥尔格·伽达默尔的访谈 (Breslauer Studienjahre. Hans-Georg Gadamer im Gespräch [avec R. GRASSL],*Schriften des Forschungsprojektes zu Leben und Werk Richard Hönigswalds an der Universität Mannheim*, hrsg. von G. GROTH, Heft 1, Forschungsbericht Nr. 40, 1996 ; repris in *Pädagogische Rundschau* 51 [1997], 115-139）。

《与汉斯－格奥尔格·伽达默尔交谈》（Entrevista con Hans-Georg Gadamer, in *L'Espresso*, 24 Ottobre 1996）。

《对〈著作集〉及其效果史的回顾性对话》（Dialogischer Rückblick auf das Gesammelte Werk und dessen Wirkungsgeschichte, in *Gadamer-Lesebuch*, dirigé par J. GRONDIN, Tübingen, Mohr, 1997, 280-295）。

《通过转型继续：对哲学家汉斯－格奥尔格·伽达默尔的访谈》（Fortwirken durch Verwandeln. Ein MUT-Interview mit dem Philosophen Hans-Georg Gadamer [avec J. BECKER], in *Mut. Forum für Kultur, Politik und Geschichte*, Juni 1997, Nr. 358, 32-39）。

《人类缺少什么——汉斯－格奥尔格·伽达默尔与迪特尔·亨利希和约亨·赫里斯奇的对话》（ Was dem Menschen fehlt. Gespräch zwischen Hans-Georg Gadamer, Dieter Henrich und Jochen Hörisch, in U. BOEHM[dir.], *Philosophie heute. Gespräche mit Ulrich Beck, H.-G. Gadamer, Jürgen Habermas, Hans Jonas*, u.a., Frankfurt/New York : Campus Verlag, 1997, 177-193）。

《画廊谈话》（« Galeriegespräch » in « *Zukunft ist Herkunft* ». *Hans-Georg Gadamer und Emil Schumacher – Ehrenbürger der Universität*, Jenaer Universitätsreden, Jena 1997,11-34）。

《内在语词的逻辑：与汉斯－格奥尔格·伽达默尔的访谈》（Die Logik des verbum interius. Gespräch mit Hans-Georg Gadamer, in *Dilthey Jahrbuch* 11, 1997-1998）。

《节日缺席的严重性：汉斯－格奥尔格·伽达默尔与布兰德的对谈》（Uber den Ernst des Fehlens von Festen. Hans-Georg Gadamer im Gespräch mit R. BULAND, in *Homo ludens* 8, 1998, 20-41）。

《与尼奥利和弗兰科·沃尔皮的对话》（Gadamer : « Viracconto questo secolo aggrappato al Titanic » [entretien avec A. GNOLI et Franco VOLPI], in *La Repubblica*, 2 septembre 1999）。

《"还剩下什么？"汉斯－格奥尔格·伽达默尔访谈》（« Was bleibt ? » Hans-Georg Gadamer im Gespräch, in *Welt am Sonntag*, 26. Dezember 1999）。

《伽达默尔：没有孤独的一百年》（« Gadamer : Cent'anni senza solitudine »,

in *Corriere della sera*, 7 Febbraio 2000, 19）。

《自由需要自由：汉斯-格奥尔格·伽达默尔今天 100 岁——与海德堡哲学家的访谈》（« Freiheit braucht Freiräume. Hans-Georg Gadamer wird heute hundert Jahre alt – RNZ-Gespräch mit dem Heidelberger Philosophen », von D. ROTH und H. VOGT, *Rhein-Neckar-Zeitung*, n° 34, 11 Februar 2000）。

《人类已经破解了他的基因代码。他现在可以上升为造物主了吗？》（« Wir bauen uns einen Homunkulus » Der Mensch hat seinen Gen-Code geknackt. Darf er sich nun zum Schöpfer erheben ? Hans-Georg Gadamer im Gespräch mit Heimo SCHWILK », in *Welt am Sonntag*, 2 Juli 2000）。

《艺术的真理，伽达默尔的看法》（« La vérité de l'art, selon Gadamer », in *Le Monde*, 16.3.2001, XII）。

《世界伦理与国际正义——与达米亚诺·卡纳内的对话》（« Ethos mondiale et giustizia internazionale. Dialogo a cura di Damiano Canale », in *Ars Interpretandi* 6 [2001], 1-13）。

《这对我来说非常可怕——在 101 岁时，哲学家汉斯-格奥尔格·伽达默尔看到了 21 世纪的第一次战争》（« Es ist mir recht unheimlich geworden, Mit 101 Jahren sieht der Philosoph Hans-Georg Gadamer den ersten Krieg des 21. Jahrhunderts », *Die Welt*, 25 September 2001）。

《伽达默尔对话：反思与评论》（*Gadamer in Conversation. Reflections and Commentary*, edited by R. E. PALMER, New Haven, London, Yale University Press, 2001）。

《人活着不能没有希望》（« Die Menschen können nicht ohne Hoffnung leben », in *Rhein-Neckar-Zeitung*, 11 février, 2002）。

《对话录》（Hans-Georg Gadamer et S. VIETTA, *Im Gespräch*, München, W. Fink, 2002）。

《20 世纪的教训：与里卡多的哲学对话》（H.-G. Gadamer, *Die Lektion des Jahrhunderts*. Ein philosophischer Dialog mit Riccardo DOTTORI, Münster, Hamburg, London, Lit Verlag, 2002）。

《无知：伽达默尔的"宗教转向"》（Extraits d'un entretien avec J. ZIMMERMANN conduit le 26.2.2002 dans ZIMMERMANN, J., « Ignoramus : Gadamer's 'Religious Turn' », in *Symposium* 6 [2002], 203-217）。

2. 伽达默尔生活的见证和他生前发表的献词

《汉斯-格奥尔格·伽达默尔》（Hans-Georg Gadamer, in *Internationales*

Biographisches Archiv, Ravensburg, Munzinger-Archiv, 50/1994）。

《帝国军事法庭上的克劳斯》（BARCK, K., Werner Krauss vor dem Reichskriegsgericht, in *Lendemains* 18[1993], nos 69/70, 137-150）。

《我爱柏拉图，但我更爱真理"：哲学家汉斯－格奥格尔·伽达默尔的肖像》（BOEHM, U., « Lieb ist mir Plato, aber noch lieber ist die Wahrheit » : Porträt des Philosophen Hans-Georg Gadamer, WDR-FernsehenWest 3, 28 mars 1988[ms.]）。

《特蕾莎·奥罗佐科对国家社会主义下伽达默尔的工作的分析并不令人信服》（BREUER, S., Mit Platon in den Führerstaat ? Teresa Orozcos Analyse von Gadamers Wirken unter dem Nationalsozialismus überzeugt nicht, in *Frankfurter Allgemeine Zeitung*, 4 décembre 1995）。

《问题与理解，汉斯－格奥尔格·伽达默尔 80 周岁》（BUBNER, R., Fragen und Verstehen, Hans-Georg Gadamer zum achtzigsten Geburtstag, in *Frankfurter Allgemeine Zeitung*, 10 février 1980）。

《给伽达默尔的颂词》（ ... Daß die Welt als ganze dem Menschen zugänglich bleibt. Laudatio von Prof. Dr Rüdiger Bubner zur Ehrenpromotion von Hans-Georg Gadamer, in *Universität Leipzig*. Mitteilungen und Berichte für die Angehörigen und Freunde der Universität Leipzig, Oktober 1996, 6-9 ; repris sous le titre « Laudatio auf HansGeorg Gadamer », in *Sinn und Form* [49] 1997, 5-13）。

《作为教育的哲学道路：海德格尔与他在海德堡的两个弟子》（CHO, Kah Kyung, « The Way of Philosophy as Paideia : Heidegger and His Two Disciples in Heidelberg », in *Philosophy and Culture*, vol. I, May 2007, 1-39）。

《哲学的灰色崇拜——献给汉斯－格奥尔格·伽达默尔 85 岁生日》（CORTE, A., Graue Eminenz der Philosophie. Zum 85. Geburtstag von HansGeorg Gadamer, in *Südkurier*, 11.2.1985）。

《关于汉斯－格奥尔格·伽达默尔的"黑格尔辩证法"与黑格尔－海德格尔－伽达默尔的的关系》（DOTTORI, R., Kritisches Nachwort. Zu 'Hegels Dialektik' von H.G. Gadamer und zum Verhältnis Hegel-Heidegger-Gadamer, in *Bijdragen* 38 [1977] 176-192）。

《伽达默尔是海德堡的福星——这位著名哲学家获得该市的公民奖章》（Für Heidelberg war Gadamer ein Glücksfall. Der berühmte Philosoph erhielt Bürgermedaille der Stadt, in *Rhein-Neckar-Zeitung*, 23 septembre 1993）。

《有限性的痕迹》（GERIGK, H.-J., Die Spur der Endlichkeit, in *Rhein-Neckar-Zeitung*, 11 février 1995）。

《倾听哲学诗人伽达默尔》（GIGANTE, M., Ascolto Gadamer poeta della

filosofia, in *La Repubblica*, 18 gennaio 1996）。

《正确话语的智慧：汉斯－格奥尔格·伽达默尔的一幅肖像》（GRONDIN, J., Die Weisheit des rechten Wortes. Ein Porträt Hans-Georg Gadamers, in *Information Philosophie* 1994, Heft 5, 28-33）。

《……伽达默尔在海德格尔面前》（... Gadamer vor Heidegger, in *Internationale Zeitschrift für Philosophie*, 1966, 197-206）。

《前见的哲学（汉斯－格奥尔格·伽达默尔）》（GROSSNER, C., Die Philosophie des Vorurteils [Hans-Georg Gadamer], in *Die Zeit*, 3.4.1970 ; repris dans C. Grossner, *Verfall der Philosophie. Politik deutscher Philosophen*, 53-63）。

《黑格尔与海德格尔之间的哲学》（HERRMANN, H., Philosophie zwischen Hegel und Heidegger. Zu Hans-Georg Gadamers Kölner Vortrag über « Europäischen Historismus », in *Frankfurter Allgemeine Zeitung*, 25 février 1952, n° 47）。

《教与学：哲学家汉斯－格奥尔格·伽达默尔八十周岁》（HOCHKEPPEL, W., Lehren und Lernen. Der Philosoph Hans-Georg Gadamer wird achtzig, in *Die Zeit*, 8.2.1980）。

《给汉斯－格奥尔格·伽达默尔的颂词》（LEHMANN, K., [Laudatio de Hans-Georg Gadamer], in *Hanns Martin Schleyer Preis 1986 und 1987*, Köln, Bachem, 1987 [Veröffentlichungen der Hanns Martin Schleyer-Stiftung, Bd. 24], 27-33）。

《人文科学研究所：它如何发展起来的》（MICHALSKI, K., The Institute for Human Sciences : How it Has Developed, in *Institute for Human Sciences Newsletter* [34] March-April 1992, 5-8）。

《哲学的"古代形象"和纳粹国家——与伽达默尔的访谈》（OROZCO, T., Das philosophische 'Bild der Antike' und der NS-Staat. Fragen zum Interview mit Hans-Georg Gadamer [avec Dörte von Westernhagen in *Das Argument* 182 [1990], 543-555, in *Das Argument* 182 [1990], 556-558）。

《暗示的艺术——汉斯－格奥尔格·伽达默尔哲学访谈》（Die Kunst der Anspielung. Hans-Georg Gadamer philosophische Intervention im NS, in *Das Argument. Zeitschrift für Philosophie und Sozialwissenschaften*,1995 [37], 311-324）。

《柏拉图式的暴力：伽达默尔纳粹时期的政治解释学》（*Platonische Gewalt. Gadamers politische Hermeneutik der NS-Zeit*, Berlin, Argument-Sonderband, 1995）。

《汉斯－格奥尔格·伽达默尔》（PALMER, R. E., Hans-Georg Gadamer, in *Encyclopedia of Philosophy*, Supplement, 1996）。

《伽达默尔怎样改变了我的生活：一个献词》（PALMER, R. E., How Gadamer Changed My Life : A Tribute, in *Symposium* 6 [2002], 219-230）。

《谈论起源，贺汉斯-格奥尔格·伽达默尔 60 寿辰》（PFLAUMER, R., Gespräch mit der Herkunft. Zum 60. Geburtstag von Hans Georg Gadamer am 11. Februar 1960, in *Rhein-Neckar-Zeitung*, 10-11.2.1960[Nr. 34], p. 5）。

《相信生命与岁月：贺汉斯-格奥尔格·伽达默尔 90 寿辰》（POGGELER, O., Vertrauen zum Leben und zur Gunst der Stunde. Der Philosoph Hans-Georg Gadamer wird 90, in *Die Welt*, 11.2.1990）。

《对弗莱堡判决的批评：海德格尔教导伽达默尔，伽达默尔教导莫雷斯》（QUARCH, C., Kritik der Freiburger Urteilskraft. Heidegger lehrte Gadamer Philosophie, Gadamer lehrt ihn Mores, in *Frankfurter Allgemeine Zeitung*, 22.10.1997）。

《和解的哲学》（RITTER, H., Konziliantes Denken. Der Philosoph Hans-Georg Gadamer wird neunzig, in *Frankfurter Allgemeine Zeitung*, 10.2.1990, n° 35, 27）。

《伽达默尔逸事》（ROSS, J., Schmuggel. Gadamers Geheimnis, in *Frankfurter Allgemeine Zeitung*, 11.2.1995）。

《真理问题：海德堡大学哲学教授汉斯-格奥尔格·伽达默尔博士 65 寿辰》（SINN, D., Die Frage nach der Wahrheit. Der an der Universität Heidelberg lehrende Philosoph Professor Dr Hans-Georg Gadamer wird 65 Jahre alt, in *Mannheimer Morgen*, 11 Februar 1965, Nr. 34, 18）。

《政治解释学：汉斯-格奥尔格·伽达默尔的早期思考》（SULLIVAN, R., *Political Hermeneutics : The Early Thinking of Hans-Georg Gadamer*, University Park, Pennsylvania State University Press, 1989）。

《大象起舞：关于对话的对话》（THOMA, D., Elefantentanz. Gespräch übers Gespräch [sur la rencontre entre Gadamer et Derrida à Paris 1993], in *Frankfurter Allgemeine Zeitung*, 8.12.1993）。

《为什么理查德·霍尼希斯瓦尔德没有出现在德国战后的哲学中》（VAHLAND, J., Warum Richard Hönigswald in der deutschen Nachkriegsphilosophie nicht vorkommt, in *Merkur* [49], Heft 12, Dezember 1995, 1147-1151）。

《伽达默尔，不同寻常的意义》（VATTIMO, G., Gadamer, un senso non troppo commune, in *La Stampa* [Torino],18 Aprile 1996, 14）。

《我们在话语中——斯图加特市为伽达默尔颁发黑格尔奖》（WEIGEND, F., Im Gespräch, das wir sind. Stuttgarts Hegel-Preis für HansGeorg Gadamer, in *Stuttgarter Zeitung*, 15.6.1979, 34）。

《语言的循环——致汉斯-格奥尔格·伽达默尔 65 岁生日》（WIEHL, R., Der Kreis der Sprache. Hans-Georg Gadamer zum 65. Geburtstag, in *Rhein-Neckar-Zeitung*, 10-11.2.1965）。

《经验与实践哲学——汉斯-格奥尔格·伽达默尔90周岁》（Erfahrung und philosophische Praxis. Hans-Georg Gadamer wird 90, in *Rhein-Neckar-Zeitung*, 10-11.2.1990 [n° 34]）。

《反对工具理性的堕落——哲学家汉斯-格奥尔格·伽达默尔70岁生日》（WIELAND, W., Gegen die Degradierung der Vernunft zum Werkzeug. Der Philosoph Hans-Georg Gadamer zum 70. Geburtstag, in *Frankfurter allgemeine Zeitung*, 11.2.1970）。

《德国象牙塔的围城》（WOLIN, Sheldon S., Under Siege in the German Ivory Tower [review of Gadamer's *Philosophical Apprenticeships*], in *The New York Times Book Review*, July 28, 1985, 12）。

3. 献给伽达默尔的悼念文章

《汉斯-格奥尔格·伽达默尔，哲学家作为即兴创作者；或者"谈话中逐渐形成的思想"》（T. BAUMEISTER, « Hans-Georg Gadamer. Der Philosoph als Improvisator. Oder : "Uber die allmähliche Verfertigung der Gedanken beim Reden" » in M.Cepeda y R.Arango[dir.], *Amistad y Alteridad*.Homenaje a Carlos B.Gutierrez, Universidad de los Andes, Bogotá, 2009,57-68）。

《哲学家伽达默尔去世，享年102岁》（BOHN, U., Philosoph Gadamer starb mit 102, *Bild-Zeitung*, 15 mars 2002, 7）。

《视域的有限性》（BORCHMEYER, D., Der Philosoph des zwanzigsten Jahrhunderts. Zum Tode des großen Heidelberger Gelehrten Hans-Georg Gadamer, *Rhein-Neckar-Zeitung*,15 mars 2002, 3）。

《20世纪的哲学家——伟大的海德堡学者汉斯-格奥尔格·伽达默尔去世》（CRAMER, K., Gedanken über Hans-Georg Gadamer, dans M. Cepeda y R. Arango [dir.], *Amistad y Alteridad*. Homenaje a Carlos B. Gutiérrez, Universidad de los Andes, Bogotá, 2009, 69-86）。

《关于伽达默尔的思考》（CRAMER, K., Gedanken über Hans-Georg Gadamer, dans M. Cepeda y R. Arango [dir.], *Amistad y Alteridad*. Homenaje a Carlos B. Gutiérrez, Universidad de los Andes, Bogotá, 2009, 69-86）。

《现代解释学之父汉斯-格奥尔格·伽达默尔去世》（DELACAMPAGNE, C., Mort de Hans-Georg Gadamer, le père de l'herméneutique moderne, *Le Monde*, 15 mars 2002）。

《"他如此睿智！我的引路人汉斯-格奥尔格·伽达默尔》（DERRIDA, J., « Comme il avait raison ! Mon Cicérone Hans-Georg Gadamer », dans *Contrejour*

9, printemps 2006, 87-91 [Wie recht er hatte ! Mein Cicerone HansGeorg Gadamer, *Frankfurter Allgemeine Zeitung*, 23 mars 2002])。

《公羊——不间断的对话:两个无限之间、诗歌》(*Béliers. Le dialogue ininterrrompu : entre deux infinis, le poème*, Paris, Galilée,2003)。

《语言是世界的光。对于汉斯-格奥尔格·伽达默尔的去世:学生、朋友和同事铭记这位伟大哲学家的作品和工作》(*Die Zeit*, 20 mars 2002 : *Die Sprache ist das Licht der Welt. Zum Tod von HansGeorg Gadamer : Schüler, Freunde und Wegbegleiter erinnern sich an das Werk und das Wirken des bedeutenden Philosophen*. Hommages de Charles Taylor, Gianni Vattimo, Richard Rorty, Jürgen Habermas, Albrecht Wellmer et Rüdiger Bubner)。

《鲜花盛开纪念"海德堡的智者"汉斯-格奥尔格·伽达默尔在家中去世:最后安息之地在齐格尔豪森墓地》(DITSCH, S., Ein Blumenmeer ehrt den 'Weisen aus Heidelberg'. Abschied von Hans-Georg Gadamer im engsten Familienkreis : Die letzte Ruhestätte ist auf dem Friedhof Ziegelhausen, *Mannheimer Morgen*, 19 mars 2002)。

《仅仅倾听他人——纪念哲学家汉斯-格奥尔格·伽达默尔逝世》(FLASCH, K., Einfach dem Anderen zuhören. Zum Tode des Philosophen HansGeorg Gadamer, *Berliner Zeitung*, 15 mars 2002)。

《艾琳·费切尔和阿克塞尔·洪奈斯的悼词》(*Frankfurter Rundschau*, 15 mars 2002 : Hommages de Iring Fetscher et Axel Honneth)。

《平静而自由》(FUHR, E., Gelassen und frei, *Die Welt*, 15 mars 2002)。

《汉斯-格奥尔格·伽达默尔,1900—2002》(GRONDIN, J., Hans-Georg Gadamer 1900-2002, *Le Devoir*, 16 mars 2002)。

《海德堡伟大哲学家去世》(Heidelbergs großer Philosoph ist tot, *Rhein-Neckar-Zeitung*, 15 mars 2002, 1)。

《世界的对话:哲学家和解释者伽达默尔去世,享年 102 岁》(HENRICH, D., Das Gespräch der Welt. Im Denken – ein Mensch : Der Philosoph und Deuter Hans-Georg Gadamer ist im Alter von 102 Jahren gestorben, *Süddeutsche Zeitung*, 15 mars 2002, 17)。

《时事的批判观察者》(HUBNER, W., Kritischer Beobachter des Zeitgeschehens, *Sächsische Zeitung*, 15 mars 2002)。

《理解的技艺与责任——哲学家汉斯-格奥格尔·伽达默尔去世,享年 102 岁》(JAMME, C., Die Kunst und die Pflicht des Verstehens. Der Philosoph HansGeorg Gadamer ist im Alter von 102 Jahren gestorben, *Die Welt*, 15 mars 2002)。

《解释学循环的疑难——哲学家汉斯-格奥格尔·伽达默尔去世，享年102岁》（KAUBE, J., Die Quadratur des hermeneutischen Zirkels. Im Alter von 102 Jahren ist der Philosoph Hans-Georg Gadamer gestorben, *Frankfurter allgemeine Zeitung*, 15 mars 2002, 1）。

《汉斯-格奥格尔·伽达默尔去世，这位哲学家教导理解他人的技艺》（KRAUTHAUSEN, C., Muere Hans-Georg Gadamer, el filósofo que enseñó el arte de comprender el otro, *El País*, 15 mars 2002）。

《美丽风景作为哲学对话的场所——海德堡没有伽达默尔会怎样？》(NICKEL, E., Platon speist im Weißen Bock. Das landschaftlich Schöne als Gesprächsraum der Philosophie – Was wird aus Heidelberg ohne Gadamer ?, *Frankfurter Allgemeine Zeitung*, 18 mars 2002, 56)。

《汉斯-格奥尔格·伽达默尔（1900—2002）》（POGGELER, O., Hans-Georg Gadamer (1900-2002), *Journal for General Philosophy of Science* 34 [2003], 1-13）。

《最初是信使》（RIEDEL, M., Am Anfang war der Bote, *Der Tagesspiegel*, 15 mars 2002）。

《从内部质询偏见——理解一切意味着享受延迟的快乐：纪念汉斯-格奥尔格·伽达默尔逝世》（RITTER, H., Um ein Vorurteil von innen bittend. Alles verstehen heißt das Glück der Verspätung auskosten : Zum Tode des Philosophen Hans-Georg Gadamer, *Frankfurter Allgemeine Zeitung*, 15 mars 2002, 49）。

《与波斯特尔的访谈》（RORTY, R., [Interview avec Danny Postel], *Times Litterary Supplement*, 5 avril 2002）。

《纪念伽达默尔去世：当代最伟大的哲学家之一——代表作〈真理与方法〉》（SEIBEL, J., Der Herr der Fragen. Zum Tod Hans-Georg Gadamers – Einer der größten Philosophen der Gegenwart – Hauptwerk Wahrheit und Methode, *Die Rhein-Zeitung*, 15 mars 2002）。

《哲学家伽达默尔去世，享年102岁》（SEVERINO, E., Socrate sulla spiaggia. Morto a 102 anni il grande filosofo Gadamer, *Corriere della Sera*, 15 mars 2002）。

《理解原则——悼念哲学家汉斯-格奥尔格·伽达默尔》（SPINNLER, R., Prinzip Verstehen. Zum Tode des Philosophen Hans-Georg Gadamer, *Stuttgarter Zeitung*, 15 mars 2002）。

《悼词》（*Süddeutsche Zeitung*, 15 mars 2002, 17 : Hommages de Hans-Friedrich Fulda, Hermann Lübbe, Julian Nida-Rümelin, Richard Schröder, Peter Sloterdijk, Peter Wapnewski）。

《悼词》（*Symposium. Journal of the Canadian Society for Hermeneutics and Postmodern*

Thought 6, n.1, 2002, Hommages de J. Grondin, Gary B. Madison et Jeff Mitscherling）。

《回忆伽达默尔》（TAYLOR, C., « Remembering Gadamer », *Newsletter of the Institute for Human Sciences/Institut für die Wissenschaften vom Menschen* 76 [Spring 2002, Nr. 2], 10-14）。

《来自远方的使者——经验的解释学：对汉斯-格奥尔格·伽达默尔逝世的纪念》（THOMAS, C., Der Bote aus der Ferne. Hermeneutik der Erfahrung : Anmerkungen aus Anlass des Todes von Hans-Georg Gadamer, *Frankfurter Rundschau*, 15 mars 2002）。

《伽达默尔如何？》（VOGT, H., Was ist mit Gadamer ?, *Rhein-Neckar-Zeitung*, 10 juin 2002 [voir « Antwort », in der *Rhein-Neckar-Zeitung* du 11 juin 2002 : « Gedenkfeier für Gadamer 2003 »]. WENISCH, A. R）。

《他是一位真正的老师》（WENISCH, A. R., « Er war ein wirklicher Lehrer ». Eine Suche nach Spuren eines außergewöhnlichen Menschen : In memoriam Hans-Georg Gadamer, *Rhein Neckar-Zeitung*, 16-17 mars 2002）。

《值此汉斯-格奥尔格·伽达默尔博士逝世之际》（WORFFEL, U., « Zum Tode des Philosophen Prof. Dr Hans-Georg Gadamer », in *Schlesischer Kulturspiegel* 37 [2002], 22）。

《无知：伽达默尔的"伦理转向"》（ZIMMERMANN, J., « Ignoramus : Gadamer's 'Religious Turn' », in *Symposium* 6[2002], 203-217）。

4. 关于伽达默尔哲学的二手文献概述

《纯粹解释学批判》（ALBERT, H., *Kritik der reinen Hermeneutik*, Tübingen, Mohr Siebeck, 1994）。

《规范观念抑或真理的到来？关于有效理解的可能性问题的伽达默尔式尝试性回答》（APEL, K.-O., « Idées régulatrices ou advenir de la vérité ? A propos de la tentative gadamérienne de répondre à la question de la possibilité d'une compréhension valide », dans Deniau, G. et Gens, J.-C. [dir.], *L'Héritage de Hans-Georg Gadamer*, Paris, collection Phéno, 2003, 153-180）。

《弥合深渊：海德格尔与伽达默尔》（BERNASCONI, R., « Bridging the Abyss : Heidegger and Gadamer », *Research in Phenomenology* 16 [1986], 1-24）。

《超越客观主义和相对主义：科学、解释学和实践》（BERNSTEIN, R.J. *Beyond Objectivism and Relativism : Science, Hermeneutics and Praxis*, Philadelphia, University of Pennsylvania Press, 1988 [avec une lettre de Gadamer en annexe, 261-265]）。

《当代解释学：解释学作为方法，哲学与批判》（BLEICHER, J., *Contem-*

porary Hermeneutics. Hermeneutics as Method, Philosophy and Critique, London/Boston, Routledge and Kegan Paul, 1980)。

《解释学的语言：对话中的伽达默尔与海德格尔》（COLTMANN, R., The Language of Hermeneutics : Gadamer and Heidegger in Dialogue, Albany, SUNY Press, 1998）。

《想象力的认识——汉斯-格奥尔格·伽达默尔的解释学现象学》（DENIAU, G., Cognitio imaginativa. La phénoménologie herméneutique de HansGeorg Gadamer, Paris, Vrin, 2002）。

《解释学与真理的揭示——对海德格尔、伽达默尔和利科作品的研究》（DI CENSO, J., Hermeneutics and the Disclosure of Truth. A Study in the Work of Heidegger, Gadamer and Ricœur, Charlottesville, University Press of Virginia, 1990）。

《世界从未失去：信任的解释学》（DOSTAL, R. J., « The World Never Lost : The Hermeneutics of Trust », in Philosophy and Phenomenological Research 47 [1987], 413-434）。

《利科与伽达默尔论阐释与解读》（FREY, D., L'Interprétation et la lecture chez Ricœur et Gadamer, Paris, PUF, 2008）。

《解释学、语言与存在论——伽达默尔中柏拉图主义的鉴别》（FRUCHON, P., « Herméneutique, langage et ontologie. Un discernement du platonisme chez H.-G. Gadamer », in Archives de philosophie 36 [1973], 529-568 ; 37[1974], 223-242, 353-375, 533-571）。

《伽达默尔的解释学》（FRUCHON, P., L'Herméneutique de Gadamer. Platonisme et modernité, Paris, Cerf, 1994）。

《伽达默尔对应用的虔信派概念的重估》（GENS, J.-C., « La réévaluation par Gadamer du concept piétiste d'application », in L'art du comprendre, n° 4, février 1996, 24-37）。

《自然的解释学的要素》（GENS, J.-C.,Eléments pour une herméneutique de la nature, Paris, Cerf, 2008）。

《理性的解释学时代》（GREISCH, J., L'Age herméneutique de la raison, Paris, Cerf, 1985）。

《解释学的我思：哲学解释学与笛卡尔遗产》（GREISCH, J.,Le Cogito herméneutique. L'herméneutique philosophique et l'héritage cartésien, Paris, Vrin, 2000）。

《用另一只耳倾听：圣经解释学的哲学挑战》（GREISCH, J.,Entendre d'une autre oreille. Les enjeux philosophiques de l'herméneutique biblique, Paris, Bayard, 2006)。

《解释学的普遍性》（GRONDIN, J., *L'Universalité de l'herméneutique*, Paris, PUF, 1993）。

《汉斯-格奥尔格·伽达默尔导论》（GRONDIN, J.,*Introduction à Hans-Georg Gadamer*, Paris, Cerf, 1997, 2007）。

《当代思想的解释学视域》（GRONDIN, J.,*L'Horizon herméneutique de la pensée contemporaine*, Paris, Vrin, 1993）。

《现象学的解释学转向》（GRONDIN, J.,*Le Tournant herméneutique de la phénoménologie*, Paris, PUF, 2003）。

《解释学》（GRONDIN, J.,*L'Herméneutique*, Paris, PUF, « Que sais-je ? », 2006, 3e éd. 2011）。

《社会科学的逻辑及其他论文》（HABERMAS, J., *Logique des sciences sociales et autres essais*, Paris, PUF, 1987）。

《阐释中的合法性》（HIRSCH, E. D., *Validity in Interpretation*, New Haven, Yale Univ. Press, 1967）。

《碎裂的现象学》（Janicaud, D., *La Phénoménologie éclatée*, Paris, L'Eclat, 1998）。

《论接受美学》（JAUSS, H. R., *Pour une esthétique de la réception* [1970], Gallimard, 1977 [surtout l'essai de 1970 « L'histoire de la littérature : un défi à la théorie littéraire », 21-80]）。

《解释学的批判》（Kramer, K., *Kritik der Hermeneutik*, München, Beck, 2008）。

《阐释的语境——对汉斯-格奥尔格·伽达默尔的〈真理与方法〉的反思》（MACINTYRE, A., « Contexts of Interpretation. Reflections on Hans-Georg Gadamer's Truth and Method », in *Boston University Journal* 24 [1976], 41-46）。

《解释学：施莱尔马赫、狄尔泰、海德格尔和伽达默尔的阐释理论》（Palmer, R.E., *Hermeneutics. Interpretation Theory in Schleiermacher, Dilthey, Heidegger and Gadamer*, Evanston, Northwestern University Press, 1969）。

《解释学与他者的声音：重读伽达默尔的哲学解释学》（RISSER, J., *Hermeneutics and the Voice of the Other. Re-reading Gadamer's Philosophical Hermeneutics*, Albany, SUNY Press, 1997）。

《哲学与自然之镜》（RORTY, R., *Philosophy and the Mirror of Nature*, Princeton Univ. Press, 1979, paperback 1980; tr. fr. *L'Homme speculaire*, Paris, Seuil, 1990; « De l'épistémologie à l'herméneutique », in *Dialectica*, 33, 1979, 165-188）。

《汉斯-格奥尔格·伽达默尔的认识论：前见的合法化》（Schmidt, L.K., *The Epistemology of Hans-Georg Gadamer. An Analysis of the Legitimization of Vorurteile*, Francfort, Peter Lang, 1987）。

《理解解释学》(SCHMIDT, L.K., *Understanding Hermeneutics*, Stocksfield, Acumen, 2006)。

《伽达默尔解释学理论的伦理维度》(SMITH, P. C., « The Ethical Dimension of Gadamer's Hermeneutical Theory », in *Research in Phenomenology* 18 [1988], 75-92)。

《解释学与人的有限性:走向一种理解的伦理理论》(SMITH, P. C., *Hermeneutics and Human Finitude : Toward an Ethical Theory of Understanding*, New York, Fordham University Press, 1991)。

《破碎的传统:汉斯-格奥尔格·伽达默尔哲学解释学的起源》(STANLEY, J.W., *Die gebrochene Tradition. Zur Genese der philosophischen Hermeneutik Hans-Georg Gadamers*, Würzburg, Königshausen & Neumann, 2005)。

《从文本到行动——解释学文集Ⅱ》(RICŒUR, P., *Du texte à l'action. Essais d'herméneutique II*, Paris, Seuil, 1986)。

《时间与叙事(第三卷)》(RICŒUR, P., *Temps et récit*, tome 3, Paris, Seuil, 1985)。

《伽达默尔的转向》(RICŒUR, P., « Retour de Gadamer », in *Libération*, 4 juillet 1996)。

《经验、记忆、知识:伽达默尔解释学中的真理概念研究》(TEICHERT, D., *Erfahrung, Erinnerung, Erkenntnis: Untersuchungen zum Wahrheitsbegriff der Hermeneutik Gadamers*, Stuttgart, Metzler, 1991)。

《两个视域:海德格尔、布尔特曼、伽达默尔和维特根斯坦特殊参照下的新约解释学与哲学描述》(THISELTON, A.C., *The Two Horizons. New Testament Hermeneutics and Philosophical Description with special Reference to Heidegger, Bultmann, Gadamer and Wittgenstein*, Eerdmans Publishing Company, 1980)。

《视域融合》(TUGENDHAT, E., « The Fusion of Horizons » [c.r. de Gadamer, *Truth and Method*], in *The Times Literary Supplement*, 1978, 565)。

《超越阐释》(VATTIMO, G., *Au-delà de l'interprétation*, Paris, Editions universitaires de Boeck, 1997)。

《伽达默尔:解释学、传统与理性》(WARNKE, G., *Gadamer : Herméneutique, tradition et raison*, Paris, Editions universitaires de Boeck, coll. Le Point philosophique, 1991)。

《伽达默尔的解释学:〈真理与方法〉解读》(WEINSHEIMER, J., *Gadamer's Hermeneutics. A Reading of Truth and Method*, New Haven, Yale University Press, 1985)。

《伽达默尔:哲学解释学》(WEISS, I., *Gadamer. Une herméneutique philosop-*

hique, Paris, Vrin, 2009）。

5. 广泛探讨伽达默尔和解释学的文集、团体和期刊号

《解释学与辩证法》（*Hermeneutik und Dialektik*, 2 tomes, Tubingen, Mohr, 1970）。

《解释学与意识形态批判》（*Hermeneutik und Ideologiekritik*, Francfort, Suhrkamp, 1971）。

《解神话与意识形态》（E.CASTELLI[dir.], *Démythologisation et idéologie*, Paris, Aubier, 1973）。

《文化解释学》（*Cultural Hermeneutics* 2/4 [1975]）。

《新文学史》（*New Literary History* 10/1[1978]）。

《诗学》（*Poétique* 39[1979]）。

《古代哲学的当代意义：纪念汉斯-格奥尔格·伽达默尔80岁学术讨论会》（R.Wiehl[dir.], *Die antike Philosophie in ihrer Bedeutung für die Gegenwart: Kolloquium zu Ehren des 80. Geburtstages von Hans-Georg Gadamer*, Heidelberg, Carl Winter, 1980）。

《解释学：问题与回顾》（G.SHAPIRO et A.SICA [dir.], *Hermeneutics. Questions and Prospects*, Amherst, 1984）。

《哲学国际杂志》（*Revue internationale de philosophie* 51[1984]）。

《解释学与实践》（R.HOLLINGER[dir.], *Hermeneutics and Praxis*, University of Notre-Dame Press, 1985）。

《解释学与现代哲学》（B.WACHTERHAUSER[dir.], *Hermeneutics and Modern Philosophy*, Albany, SUNY Press, 1986）。

《国际哲学季刊》（*International Philosophical Quarterly*, 27/1[1987]）。

《对话与解构：伽达默尔—德里达的交锋》（D.MICHELFELDER et R.E.PALMER[dir.],*Dialogue and Deconstruction. The Gadamer-Derrida Encounter*, SUNY Press, 1989）。

《阐释的节日：论汉斯-格奥尔格·伽达默尔的工作》（K.WRIGHT[dir.], *Festivals of Interpretation. Essays on Hans-Georg Gadamer's Work*, Albany, SUNY Press, 1990）。

《哲学档案》（*Archives de philosophie* 53 [1990]）。

《理解与发生：马丁·海德格尔学会年鉴》（*Verstehen und Geschehen. Jahresgabe der Martin-Heidegger-Gesellschaft* [1990]）。

《伽达默尔与解释学》（H.SILVERMAN[dir.],*Gadamer and Hermeneutics*, New

York, routledge, 1991)。

《汉斯-格奥尔格·伽达默尔论教育、诗学与历史》(D.MISGELD et G.nICHOLSON[dir.], *Hans-Georg Gadamer on Education, Poetry, and History*, Albany, SUNY Press, 1992)。

《理解与阐释：理性的解释范式》(J.GREISCH[dir.],*Comprendre et interpréter. Le paradigme herméneutique de la raison*,Paris，Beauchesne, 1993)。

《解释学与真理》(B.WACHTERHAUSER[dir.], *Hermeneutics and Truth*，édité par Northwestern University Press, Chicago, 1994)。

《相对主义的幽灵：哲学解释学中的真理、对话与实践智慧》(L.K.SCHMIDT[dir.],*The Specter of Relativism. Truth, Dialogue, and Phronesis in Philosophical Hermeneutics*, Northwestrn University Press, Evanston, Illinois, 1995)。

《国际哲学杂志》(*Internationale Zeitschrift für Philosophie*, 1996 [cahier 2])。

《汉斯-格奥尔格·伽达默尔的哲学》(L.E.HAHN[dir.], *The Philosophy of Hans-Georg Gadamer*, The Library of Living Philosophyers, LaSalle, Il., Open Court Publishing, 1997)。

《拉瓦尔神学与哲学》(*Laval théologique et philosophique* 53, février 1997, cahier 1)。

《哲学国际杂志》(*Revue internationale de philosophie* 67, 2000, cahier 3)。

《伽达默尔解释学中的语言与语言性》(L.K,.SCHMIDT[dir.], *Language and Linguisticality in Gadamer's Hermeneutics*, Lanham[Maryland], Lexington Books, 2000)。

《剑桥伽达默尔指南》(R.DOSTAL[dir.],*The Cambridge Companion to Gadamer*, Lanham[Maryland], Lexington Books, 2000)。

《伽达默尔的世纪：汉斯-格奥尔格·伽达默尔纪念文集》(Malpas JEFF. Arnswald UlRICH et Kertscher JeNS[dir.],*Gadamer's Century. Essays in Honor of Hans-Georg Gadamer*, Cambridge, Mass., MIT Press, 2002)。

《智慧：跨文化对话杂志》(*Sophia. Rivista di dialoghi interculturali*, 5[2002])。

《人与神圣之间：哲学与神学解释学》(WIERCINSKI[dir.], *Between The Human and The Divine. Philosophical and Theological Hermeneutics*, Toronto, The Hermeneutic Press, 2002)。

《汉斯-格奥尔格·伽达默尔的遗产》(DENIAU,G. et GENS, J.-C[dir.], *L'Héritage de Hans-Georg Gadamer*, Paris, collection Phéno, 2003)。

《英国现象学学会期刊：伽达默尔纪念专号》(*Journal of the British Society for Phenomenology, Gadamer Memorial Volume*, vol.34, n.3, octobre 2003)。

《理解伽达默尔》(M. WISCHKE et M. HOFER [dir.], *Gadamer verstehen /*

Unders-tanding Gadamer, Wissenschaftliche Buchgesellschaft, Darmstadt, 2003)。

《艺术、解释学、哲学：在 20 世纪背景下思考汉斯－格奥尔格·伽达默尔》（I.M.FEHER[dir.], *Kunst, Hermeneutik, Philosophie: Das Denken Hans-Georg Gadamer im Zusammenhang des 20. Jahrhunderts*, Universitätsverlag Winter,Heidelberg, 2003）。

《美学—解释学—神经科学：意大利哲学研究所的海德堡伽达默尔论坛》（O.BREIDBACH et G.ORSI[dir.],*Asthetik-Hermeneutik-Neurowissenschaften. Heidelberger Gadamer-Symposium des Istituto Italiano per gli Studi Filosofici*, Münster, LIT-Verlag, 2004）。

《21 世纪初的解释学，发展与当代论争》（NESCHKE[dir.], *Les hermeneutiques au seuil du XXI° siecle, Evolution et débat actuel*, Louvain, Peteers, 2004)。

《伽达默尔的遗产》（J.J.ACERO,J.A.NICOLAS,J.A.P.TAPIAS,L.SAEZ, J.P.ZUNIGA[dir.],*El legado de Gadamer*, Editorial Universidad de Granada, 2004）。

《哲学解释学的十个关键词》（M.BEUCHOT et F.ARENAS-DOZ[dir.], *Diez palabras clave en la hermeneutica filosófica*, Estella, Editorial Verbo Divino, 2006）。

《伽达默尔与人文学科》（M.AGUILAR RIVERO et A.M.GONZALEZ VALERIO[dir.],*Gadamer y las humanidades*，Mexico, Facultad de Filosofia y Letras, Unam, 2007)。

《范式：哲学批评的回顾》（*Paradigmi, Revista di critica filosofica* 3[2008]）。

《比喻》（*Trópos* 2, 2009）。

《解释学哲学与柏拉图：伽达默尔对斐利布斯的回应》（C.J.GILL and F.RENAUD[dir.], *Hermeneutic Philosophy and Plato. Gadamer's Response to the Philebus*，Sankt Academia, Studies in Ancient Philosophy, 2010）。

《解释学的效应：伽达默尔的〈真理与方法〉发表 50 年后》（J.MALPAS and S.ZABALA[dir.], *Consequences of Hermeneutics. Fifty Years After Gadamer's Truth and Method*，Evanston, Il., Northwestern University ress, 2010）。

图书在版编目（CIP）数据

伽达默尔传：理解的善良意志 /（加）让·格朗丹
(Jean Grondin)著；黄旺，胡成恩译. —上海：上海
社会科学院出版社，2020
书名原文：Hans-Georg Gadamer
ISBN 978-7-5520-2995-6

Ⅰ.①伽⋯ Ⅱ.①让⋯②黄⋯③胡⋯ Ⅲ.①伽达默
尔(Gadamer, Hans-Georg 1900—2002)—传记 Ⅳ.①B516.59

中国版本图书馆CIP数据核字（2020）第013122号

上海市版权局著作权合同登记号：09-2019-1123

拜德雅·人文档案

伽达默尔传：理解的善良意志
Hans-Georg Gadamer. Une biographie

著　　者：	［加］让·格朗丹（Jean Grondin）
译　　者：	黄　旺　胡成恩
责任编辑：	熊　艳
书籍设计：	左　旋
出版发行：	上海社会科学院出版社
	上海顺昌路622号　邮编：200025
	电话总机：021-63315947　销售热线：021-53063735
	http://www.sassp.cn　E-mail: sassp@sassp.cn
照　　排：	重庆樾诚文化传媒有限公司
印　　刷：	上海盛通时代印刷有限公司
开　　本：	1240mm×915mm　1/32
印　　张：	16.75
字　　数：	375千字
版　　次：	2020年4月第1版　2020年11月第2次印刷

ISBN 978-7-5520-2995-6　　　　　　　　定价：98.00元

版权所有　违者必究

Hans-Georg Gadamer. Une biographie, by Jean Grondin, ISBN: 9782246685814

Copyright © Editions Grasset & Fasquelle, 2011.

Current Chinese translation rights arranged through Divas International, Paris.
巴黎迪法国际版权代理（www.divas-books.com）.

Simplified Chinese translation copyright © 2020 by Chongqing Yuanyang Culture & Press Ltd.
All rights reserved.

版贸核渝字（2016）第 186 号